365일 깊이 있는 성경통독

교회: 성경통독새벽기도회로 성경통독
직장: 신우회 · 선교회에서의 성경통독
개인: 매일 3장 전후 읽기로 성경통독

전교인 성경통독대학 (1년 과정)

성경통독 365일 2

제2권(3개월분) / 전4권

구약 : 역사서(수~에)
신약 : 마가, 고전~고후

성서연대표 별매

기독교문사

성경통독 365일 2

1판 1쇄 인쇄 2008년 3월 10일
1판 1쇄 발행 2008년 3월 17일

지은이 신현주
발행인 한동인

펴낸곳 (주)기독교문사
등 록 제1-c0062호
주 소 서울 종로구 충신동 5-13
출판부 T. 741-5184-5 F. 744-1634
특판부 T. 744-1633 F. 744-1635
도매부 T. 741-5181-3 F. 762-2234
직영서점 기독교문사
서울 종로구 종로5가 412-2
T. 2266-2117-9 F. 2266-6397

책값은 뒤표지에 있습니다.
ISBN 978-89-466-0944-0 94230
ISBN 978-89-466-0945-7 94230(세트)

Web www.kclp.co.kr
e-mail kclp@kclp.co.kr

기독교문사는 독자와 함께 기독교 출판문화를 이끌어 가겠습니다.
공급처 기독교문사 도매부 T. 741-5181-3 F. 762-2234

전교인 성경통독대학 (1년 과정)

성경통독 365일 2

제2권(3개월분) / 전4권

구약 : 역사서(수~에)

신약 : 마가, 고전~고후

머 리 말

성경은 생명의 양식이기에 언제나 읽어서 삶의 표준으로 삼고 예수님을 섬기며 하나님 나라에 가는 길을 안내받아야 합니다. 교회로부터 성경을 읽으라는 독려는 많이 받지만 '거리'가 제공되지 않으므로 실제 개인적으로 성경을 읽거나 별도의 성경공부반에 참여하여 꾸준히 공부하는 분들은 적습니다.

실로암성경학교는 지난 20여 년간의 사역 중에 특히 한국 교회의 성경 읽기 운동에 힘써 오며 성경을 깊이 있고 체계 있게 통독하는 〈주간성경공부〉(**5년 과정**)와 〈성경통독 오십주간〉(**1년 과정**), 〈성서연대표〉, 〈성서대지도〉 등의 교재를 개발하였습니다. 그동안 국내외 650여 교회 5만 5천여 성도들이 실로암의 교재를 사용했으며, 해외의 교포교회들도 교재를 수입하여 사용하고 있습니다.

금번의 전체적인 개정 작업 중에 〈성경통독 365일(1년 성경통독)-신간〉은 〈성경통독 이백주간(4년 성경통독)-주간성경공부 개정〉과 연계하여 기존의 주간 단위의 교재 개념을 넘어서 시대의 변화에 따라 '성경통독 새벽기도회'나 개인이 매일 성경을 읽어 1년에 통독(1~2회)하는 교재로 새롭게 집필했습니다. 2천년대 한국 교회가 '성공과 감동'에만 매여 있어 기본을 잃어버리는 감이 있기에 말씀으로 돌아와서 성경을 통독해야 함을 인식하고 사명감으로 이 책을 발간합니다.

이 책의 진정한 저자는 늘 배려해 주신 시무하는 교회이며, 협력해 주신 영동성서연구회 목사님들과 사진자료와 성서지도 등 자료를 제공해 주신 이원희 목사님과 안양대 원용국 박사님, 늘 격려해 주신 성명희 · 전영섭 · 정훈우 목사님, 기도해 주신 윤석진 선교사님, 박성은 목사님, 서승아 전도사님께 감사드립니다.

믿음의 아버지 김형준 목사님, 은사이신 장신대 강사문 박사님, 한국구약학회 회원들과 미국 코헨대학교 박사원장 Dr. Paul S. Kang 교수님과 Dr. Ronald Vandermey 교수님께 감사드립니다. 어려울 때 도움이 되어 주신 김송자 권사님 · 조병훈 집사님, 그리고 시험 사용과 교정 봉사에 힘쓰신 여러분께도 감사드리며 특히 조남용 · 신정임 목사님의 정성스런 노고에 감사합니다.

미흡한 면이 많음에도 저희의 성경통독 사역과 이 책의 가치를 인정해 주셔서 추천해 주신 신학자와 목회자들께, 그리고 출판을 기꺼이 맡아 주신 출판사 관계자 여러분께, 또한 이 교재를 사용해 주시는 독자 여러분께 감사드립니다.

오직 성경을 붙잡고 기도하며
실로암성경학교 대표저자 신현주 목사와 협력저자 일동

<성경통독 365일> 안내

〔**성경통독 365일**〕 교재로 성경을 공부하며 통독하는 이 프로그램에 참가하신 여러분을 환영하며 축하합니다. 하나님께서 여러분의 눈을 열어 주셔서 주의 기이한 법을 보며(시 119:18), 마음이 뜨거워지며(눅 24:32) 말씀의 조명 아래서 살 수 있게 되기를 바랍니다.

이 과정은 매일 일정한 분량을 읽어서 **365일**, 즉 **1년 동안** 성경 전체를 체계 있고 깊이 있게 통독하며 공부합니다. 누구나, 언제든지 참가할 수 있으며, 시간이나 공간적인 제한을 받지 않습니다. 아울러 신앙연륜에 관계없이 성경을 통독하며 공부할 수 있어 교회적으로 폭넓게 활용되는 장점이 있으며 연계된 자료(365 가정예배・새벽기도회, 4권 완간 후 발간)를 참고하여 새벽기도회의 활용도 가능합니다.

4권으로 한 것은 구약성경의 4구분(율법, 역사, 시가, 예언)을 기준으로 하고, 신약은 복음서 4권에 서신서를 4구분한 것입니다. 매 분기 구약성경을 먼저 읽고 이어서 신약성경을 읽습니다.

커리큘럼에 복습 문제도 두어, 읽은 것을 종합적으로 다시 보게 하는 일정도 들어 있습니다.

아래의 일정은 연초에 시작하는 것을 기준(1월 1일~12월 31일)으로 했으나, 연중에 시작해도 매권이 3개월씩 커리큘럼이 되어 있으므로 1년간에 마치는 것은 같습니다.

구분 / 권수	기 간	구약 읽기		신약 읽기		합계
제1권	첫 번째 3개월 (1일~90일)	창~신 (율법서)	5권	마, 행, 롬	3권	**8권**
제2권	두 번째 3개월 (91~181일)	수~에 (역사서)	12권	막, 고전, 고후	3권	**15권**
제3권	세 번째 3개월 (182~273일)	욥~아 (시가서)	5권	눅, 갈~벧후	15권	**20권**
제4권	네 번째 3개월 (274~365일)	사~말 (예언서)	17권	요, 요일~계	6권	**23권**

공부에 앞서

새벽기도회에 활용하거나, 성도들이 교회의 지도로 가정에서 공부할 때의 순서

1. **기도**- 먼저 기도를 하여 하나님께서 주시는 말씀을 들을 수 있는 귀가 열리게 해야 합니다. 성령의 조명하심이 있어야 말씀을 바르게 볼 수 있습니다.
2. **정독**- 문제에 답을 달려고 하지 말고, 먼저 주어진 성경 본문을 열린 마음으로 읽어서 전체적인 내용을 파악하고 하나님께서 주시는 말씀을 듣고자 하는 자세를 가집시다.
3. **해설**- 해설은 "오늘의 말씀", "말씀 묵상", "깊은 연구"의 3단계로 되어 있으므로 본문에 대한 해설을 읽으면 성경을 더욱 입체적으로 볼 수 있습니다. 고고학이나 최신 자료 등은 성경 연구에 많은 도움을 줄 것입니다.
4. **문제**- 성경을 읽으면 답이 눈에 보일 정도로 쉽지만 그러나 아무리 성경을 많이 아는 사람도 성경을 읽지 않고는 답을 쓸 수 없으므로 성경을 몇 번 정독하게 됩니다. 또한 지루하지 않도록 문제의 형식을 다양화했습니다.
5. **묵상**- 공부한 후에는 그 말씀을 다시금 마음에 새기고 그 말씀대로 살기 위하여 묵상을 합니다. 말씀의 적용만이 성경공부의 진정한 보람이 될 것입니다.

<서시>

한숨과 눈물

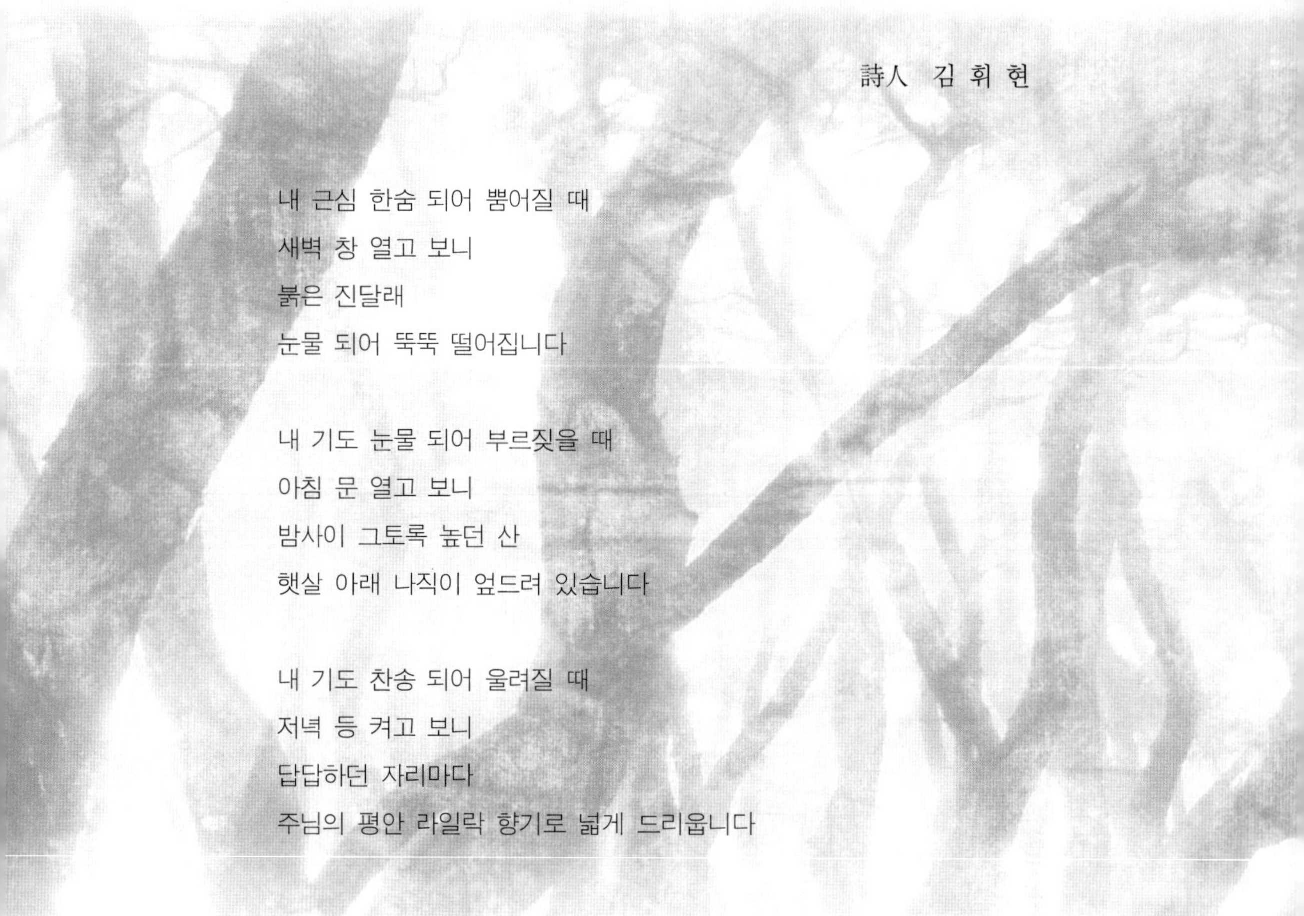

詩人 김 휘 현

내 근심 한숨 되어 뿜어질 때
새벽 창 열고 보니
붉은 진달래
눈물 되어 뚝뚝 떨어집니다

내 기도 눈물 되어 부르짖을 때
아침 문 열고 보니
밤사이 그토록 높던 산
햇살 아래 나직이 엎드려 있습니다

내 기도 찬송 되어 울려질 때
저녁 등 켜고 보니
답답하던 자리마다
주님의 평안 라일락 향기로 넓게 드리웁니다

* 시인 김휘현은 〈기독공보〉 신춘문예에 당선되므로 문단에 등단하였다. 장로회 신학대학과 매코믹신학교에서 신학과 목회상담을 공부하였다. 저서로는 시집 〈당신이 나를 깨우시려면〉, 기도집 〈정결한 마음 주소서〉, 상담사례집 〈목사님 궁금해요〉, 〈목사님 답답해요〉, 강해집 〈성령행전〉, 〈세상이 감당치 못할 사람〉 등이 있다. 영락교회 상담목사를 거쳐 현재 구로반석교회 담임목사이다.

◀ 목　차 ▶

♣♣♣♣♣♣♣♣♣♣♣♣♣♣♣♣♣♣♣♣♣♣♣♣♣♣♣♣♣

성경통독 365일 2

(두 번째 3개월)

♧♧♧♧♧♧♧♧♧♧♧♧♧♧♧♧♧♧♧♧♧♧♧♧♧♧♧♧♧♧

♣♣♣♣♣♣♣♣♣♣♣♣♣♣♣♣♣♣♣♣♣♣♣

교재 활용 10대 지침

한국 교회는 2천 년대에 '성공과 감동' 두 가지 마인드가 주류를 이루고 있으나, 실제 더 중요한 것은 그 바탕인 교과서, 즉 성경을 읽어 기초를 튼튼히 해야 함에도 불구하고 성경 읽기를 무시하고 당장 눈앞의 결과만 기대하는 문제가 있습니다. 힘들어도 기초를 튼튼히 세워야 합니다.

보고 듣는 것에 익숙한 디지털 시대에 읽고 써야 하는 아날로그 방식의 성경통독이 부담스러운 것은 사실이지만, 성경통독에는 왕도가 없으며 몸과 마음과 시간을 미련하게 투자해야 합니다.

오랜 신앙생활에도 불구하고 성경통독을 하지 못한 분들이 많습니다. 교회의 성경공부 프로그램들이 성경의 일부분만을 공부하는 경향이 있을 뿐 아니라 특정한 일부 사람들만 참여하므로 전체적이지 못한 한계점이 있습니다. 그나마 최근에는 성경공부를 소홀히 하기까지 합니다.

이러한 문제의 해결 방안인 이 교재는 매일 성경을 체계 있고 깊이 있게 365일 동안 읽어서 1년에 성경통독을 하는 데 목표를 두었습니다. 그냥 해설만을 위한 교재가 아니라, 일정한 분량의 성경을 읽고, 읽은 것에 대한 해설을 참고하며 핵심적인 부분들을 다시 문제로 풀어 보면서 말씀을 되새깁니다. 그리고 매일 본문에 맞는 예화를 함께 넣어 적응점을 높였습니다.

교회는 공동체로서 작은 모임도 전체와 연결 지으며, 전체적인 것도 소외되는 개인이 없으면 이상적이라 할 수 있는데, 이런 면에서 〈성경통독 365일〉은 전 교인을 대상으로 할 수 있기에 특정한 요일에 모여서 일부 교인만 하는 성경공부와는 달리 이상적입니다.

1. 전 교인 가정 성경통독과 새벽기도회 진도를 맞추세요.

교회의 지도로 전 교인이 교재를 구입하고 교회의 주보에 매 주간 읽을 범위를 안내합니다.

① **'개인 성경통독'**으로 개인이 집에서 정해진 날짜대로 성경을 읽고 문제풀이를 합니다.

② **'성경통독 새벽기도회'**에 활용하면 매일 정해진 본문을 읽으면 1년에 1번 통독이 되지만 2일 분을 하루에 읽으면 1년에 2번 통독이 됩니다. 요즘엔 금요기도회 후에 토요일 새벽기도회나 주일 새벽기도회를 모이지 않는 경우가 있는데, 보충은 다른 날에 하루 분을 더 읽으면 됩니다. 또는 주일 저녁에 지난 월~금(토)의 분량과 당일(토, 일) 분을 읽어 종합할 수도 있습니다. 새벽기도회에 나올 때마다 이 교재의 커리큘럼 난에 공부(문제)한 것에 대해 확인하셔도 좋습니다.

그러나 굳이 365일에 맞추지 않고 모일 때마다 날짜를 기록(□월 □일)하면서 통독을 하면 실제 400일 이상 걸릴 수도 있습니다. 첨부된 커리큘럼은 1월 1일에 시작하여 3개월 단위로 책 한 권씩을 떼면서 12월 31일에 통독을 마치는 것을 기준으로 하였으므로 참고하시고 응용하십시오.

목회자는 '성경통독 새벽기도회'를 통하여 매일의 본문 중에서 한 단락을 간단한 설교로 하여 교인들과 진도를 같이 나갑니다(참고: 〈성경통독 365일 가정예배 · 새벽기도회〉, 4권 완간 후 출간).

③ **'성경통독반'**을 교회에서 구성하여 교인들이 집에서 3~7일 분을 예습해 오고, 교회에서 매 주간에 한 번씩 모여 목회자가 지도해 주는 방법으로 매일 성경통독에 도움을 줄 수 있습니다.

위의 ①②③을 적절히 조정하여 사용하세요. 주간 교재로는 〈성경통독 이백주간〉을 권합니다.

④ **'주보성경공부'**를 위하여 주보에 싣기를 원하시면 저작권자인 실로암성경학교와 계약 하에 사용하셔야 합니다. 무단 복사 복제 시에는 '저작권법'의 제재를 받습니다.

2. 본서와 연결된 교재들도 활용하세요.

365일간 매일 성경을 읽어서 통독하는 데 중심을 두었고 한정된 지면에서 최대한 중요한 자료를 제공했습니다. 따라서 매일 성경 읽기를 위한 해설을 읽고 문제에 답을 달면서 재검토하는 과정에서 전체적인 읽기에 관심을 가지십시오. 이 과정을 1년간 마치고 더 깊은 자료로 주간 개념으로 깊이 있는 4년간 통독 프로그램인 〈성경통독 이백주간〉(전4권)이나 50일(또는 50주간 1년)에 통독하는 〈성경통독 오십일〉을 활용하십시오.

3. 복사해서 사용하거나 주보에 문제를 그대로 내지 마세요.

교재를 복사하거나 또는 문제만을 주보에 베껴 내는 것은 이 교재의 성격과 다르며 정당한 방법도 아닙니다. 성경을 통독하려는 목적이 좋은 만큼 방법도 좋게 해야 합니다. 어떤 문제들은 해설을 꼭 읽어 보아야 답을 달 수 있으며, 성경 통독을 할 때에도 해설을 함께 공부해야 효과적입니다.

4. 하루에 평균 3장씩을 읽어 1년에 통독하는 과정입니다.

1년에 통독하기 위해서는 매일 성경을 읽는 습관이 중요합니다. 물론 마음만 먹으면 매일 30분 정도를 투자하여 주어진 분량을 읽고 문제에 답을 다는 것은 어려움이 없습니다.

답을 쉽게 달도록 해당 구절을 적어 놓았지만 일단 성경을 다 읽고 나중에 답을 달도록 하여 해당 범위를 통독하는 데 마음을 쓰도록 해야 합니다.

5. 어느 교단이나 사용할 수 있습니다.

신학적으로나 신앙적으로 차이가 나면 어쩌나 염려하실 필요가 없습니다. 이 교재는 목회자의 입장에서 쓰였고 이미 초교파적으로 시험 사용해 왔습니다. 해설은 늘 보편적인 입장을 견지했으며 첨예한 신학적인 문제나 논쟁이 될 만한 것들은 다루지 않았습니다.

또한 신·구약성경학자들과 중진 목회자들로부터 감수와 추천을 받아 검증된(〈성경통독 이백주간〉: '주간성경공부'를 개정) 교재로부터 파생되었으므로 교단에 관계없이 사용할 수 있습니다.

6. 어느 때든지 시작할 수 있습니다.

매년 1월 1일을 기점으로 시작하여 연말에 마치도록 계획해도 좋지만 도중에 시작해도 이듬해 그 날짜로 돌아오면 통독을 하게 되는 것은 마찬가지입니다. 3개월 단위로 교재가 발행되므로 교회가 이 프로그램을 시작하면서 어느 때든지 통독 1일째를 기점으로 커리큘럼을 작성할 수 있습니다.

교회가 이 공부를 진행하는 중에도 개인이 도중에 시작할 수 있으며 특히 새로운 권으로 들어갈 때에 함께 시작하면 1년 후에는 처음으로 돌아오게 되므로 수료하는 시간적인 차이만 있지 성경을 통독하는 것은 같습니다. 그러나 같이 시작하여 같이 끝내야 관리가 쉽습니다.

7. 전 교인을 대상으로 하세요.

이 교재는 청장년을 위한 성경통독 과정이긴 하지만, 초·중·고등학생 모두 사용할 수 있습니다. 그러므로 교회에서는 전 교인을 대상으로 실제 성경통독에 참여할 교인들을 모집해서 교재 대금(등록금)을 받고 운영하되, 새로운 교인들이 동참하도록 개방하고 홍보해야 합니다.

세례교인은 의무적으로 참여하도록 하고, 구역장(속장)들로 하여금 전 구역원(속원)들이 함께 공부하도록 격려하되 어려운 교인이나 새신자는 교재 대금을 구역(속)에서 부담해도 좋습니다. 본인이 교재 대금을 부담해야 책임 있게 공부를 합니다. 시간을 내어 교회에 모여 공부하는 것이 아니므로 70~80퍼센트의 교인들이 참여하여 전 교인 성경통독의 붐이 일어납니다.

8. 다음 것들을 준비해야 합니다.

1) 세미나 참석 - 실로암성경학교의 세미나에 참석하여 교재의 성격과 운영지침, 공부 방법, 성서역사 강의(성서연대표 활용법)를 듣고 실시하는 것이 남의 말만 듣고 시작하는 것보다 유리합니다. 세미나에 참석을 하지 못하더라도 실로암성경학교에 전화로 상담(016-354-5554)하시고, 교재 활용 10대 지침을 꼭 읽고 시도하십시오. 또는 지역 목회자 모임에 강사를 초빙하여 준비할 수 있습니다.

2) 홍보 및 설득 - 이 프로그램을 도입하기로 결정을 하면 교회적인 공감대를 얻는 것이 중요합니다. 당회와 제직회, 구역회 등에 설명도 하고, 다짐도 받아야 합니다. 중직들은 성경을 잘 안다는 착각에 빠지는데, 실제는 그렇지 않습니다. 전 교회적인 성경통독의 분위기가 되도록 주보에 광고를 하며 홍보를 합니다. "매일 30분 투자로 성경 1년 1독!", "성경통독, 당신도 할 수 있다!"

3) 교재와 자료 활용 - 각자의 교재를 갖도록 필요한 수량만큼 주문하면 됩니다. 단체로 실로암성경학교로 주문 시에는 교재와 별도로 〈관리명부〉가 파일로 제공됩니다. 이 자료를 활용하면 공부하는 교인들의 상태를 담임목사님이 한눈에 보게 되어 목회적인 자료(격려 및 심방대상)가 됩니다. 계속 공부하던 교인이 성경 읽기를 중단했다면 심방을 해야 할 대상입니다.

9. 성경통독반 모임을 가지십시오.

'개인 성경통독' 교재로만 사용할 경우 집에서 읽는 것으로 끝내지 말고 별도의 모임(성경통독반)을 갖습니다. 물론 이 교재로 '성경통독 새벽기도회'를 하더라도 3개월 단위로 전 4권이므로 각 권을 마칠 때마다 전체 모임을 가지면 좋습니다. 이 모임에 성경통독을 하다가 며칠 밀려 포기한 교인, 새로 시작하기를 원하는 교인들을 함께 참석시켜서 동기유발을 해 주십시오. 이런 모임에 성경통독의 전문가(이 책의 저자)나 성서신학자를 강사로 초빙해서 말씀을 들으면 유익할 것입니다.

10. 설교에 활용하십시오.

적어도 출석 교인의 반 정도, 또는 70~80퍼센트 이상이 성경통독에 참여하는 것을 보게 되는데, 그렇다면 이는 전 교회적인 프로그램이므로 목회자의 설교 마인드가 공부하는 교인들과 같아야 합니다. 주일 낮이나 저녁 예배 설교, 또는 수요성서 강해나 새벽 설교를 이 교재의 진도와 맞추면 성경 전체를 살펴보는 설교 계획을 갖는 장점도 있습니다. 그러나 설교 범위로는 넓기 때문에 그 중에 한 본문을 선정하여 설교를 해야 합니다.

결론적으로 이런 운영에 대해 아이템과 이끄는 일은 담임목사의 마인드와 연결됩니다. 부교역자를 통하여 운영할 때에도 마음을 쏟아야 전 교인 성경통독에 성공합니다.

한국 교회는 성경을 읽으라고만 강조했지 적절한 자료를 제시하지 못했습니다. 이 교재는 쉽게 사용하도록 커리큘럼화되었으므로 전 교회적인 프로그램으로 수용하면 큰 효과를 거둘 것입니다.

교재 구입이나 활용에 대한 문의는 언제든지 저희 실로암성경학교로 연락하십시오. 목회자 한 사람 뒤에는 은혜를 사모하는 여러 성도들이 있다는 사실을 기억하고 연구 결과를 나누기 원합니다.

(www.sbs66.net / 실로암성경학교 대표 신현주 목사, 016-354-5554)

교과과정

성경통독 365일 (두 번째 3개월) 계획표

구약: 역사서 〈여호수아~에스더〉, 신약: 〈마가복음, 고린도전서~고린도후서〉

4월	전체	책	장 수	제 목
1	91	여호수아	1-3	약속의 땅에 들어감
2	92		4-6	기념비, 여리고 정복
3	93		7-9	아이성 정복과 기브온
4	94		10-12	정복 전쟁의 승리
5	95		13-16	요단 동편, 서편 분배
6	96		17-20	요단 서편의 땅 분배
7	97		21-24	여호수아 고별 설교
8	98	사사기	1-3	불완전한 정복
9	99		4-8	드보라, 기드온의 활동
10	100		9-12	여러 사사들의 활동
11	101		13-16	삼손의 성공과 실패
12	102		17-18	종교적 타락
13	103		19-21	도덕적 타락
14	104	룻	1-4	모압 여인 룻
15	105	수, 삿, 룻		수, 삿, 룻 복습
16	106	사무엘상	1-4	사무엘의 등장
17	107		5-8	사무엘의 활동
18	108		9-12	왕으로 세움 받은 사울
19	109		13-16	사울의 범죄
20	110		17-20	국민적 영웅 다윗
21	111		21-24	사울의 추격과 다윗의 도피
22	112		25-28	파멸로 가는 사울
23	113		29-31	사울의 죽음
24	114	사무엘하	1-4	유다의 왕, 다윗
25	115		5-8	다윗의 통일 왕국의 확장
26	116		9-12	다윗의 범죄와 회개
27	117		13-16	압살롬의 반역
28	118		17-20	다윗의 환궁
29	119		21-24	다윗 왕가의 여러 일들
30	120	삼상, 삼하		삼상, 삼하 복습

5월	전체	책	장 수	제 목
1	121	열왕기상	1-3	솔로몬의 왕위 계승
2	122		4-6	성전건축 시작
3	123		7-9	성전낙성 및 여러 건축들
4	124		10-12	솔로몬의 타락과 왕국분열
5	125		13-16	분열왕국의 여러 왕들
6	126		17-19	선지자 엘리야의 활동
7	127		20-22	아합, 여호사밧, 아하시야
8	128	열왕기하	1-3	엘리야의 승천
9	129		4-7	엘리사의 사역
10	130		8-10	예후의 숙청 작업
11	131		11-14	아달랴, 요아스의 통치
12	132		15-17	북국 이스라엘의 멸망
13	133		18-21	히스기야의 개혁
14	134		22-25	남국 유다의 멸망
15	135	왕상, 왕하		왕상, 왕하 복습
16	136	역대상	1-3	아담에서 왕의 계보까지
17	137		4-9	이스라엘의 지파들
18	138		10-13	왕위에 오른 다윗
19	139		14-17	법궤를 예루살렘으로 옮김
20	140		18-21	다윗의 전쟁에 관한 기록
21	141		22-25	성전 예배를 준비
22	142		26-29	다윗의 유언과 기도
23	143	역대하	1-5	솔로몬의 성전건축
24	144		6-9	왕국의 영화로움
25	145		10-14	분열왕국 왕들의 통치
26	146		15-18	아사와 여호사밧의 통치
27	147		19-23	여호사밧에서 아달랴까지
28	148		24-28	요아서에서 아하스까지
29	149		29-32	히스기야의 개혁 통치
30	150		33-36	유다의 마지막 왕들
31	151	대상, 대하		역대상, 역대하 복습

6월	전체	책	장 수	제 목
1	152	에스라	1-3	제1차 귀환(스룹바벨)
2	153		4-6	성전 건축 봉헌
3	154		7-8	제2차 귀환(에스라)
4	155		9-10	에스라의 개혁
5	156	느헤미야	1-2	제3차 귀환(느헤미야)
6	157		3-4	성벽 건축자들
7	158		5-7	성벽 재건을 마침
8	159		8-10	율법의 재건(에스라 실록)
9	160		11-13	성곽봉헌,개혁(느헤미야실록)
10	161	에스더	1-3	왕비가 된 에스더
11	162		4-6	죽음 앞에 놓인 유다인
12	163		7-10	구원 받은 유다인(부림절)
13	164	스, 느, 에		스,느,에 복습
14	165	마가복음	1-3	복음의 시작
15	166		4-6	예수님의 이적들
16	167		7-9	베드로의 신앙고백
17	168		10-12	예루살렘 입성과 가르침
18	169		13-14	종말 예언 및 유월절 만찬
19	170		15-16	고난과 부활
20	171		1-16	마가복음 복습
21	172	고린도전서	1-3	교회 안의 분열
22	173		4-7	교회 안의 무질서
23	174		8-10	우상제물, 역사의 교훈
24	175		11-13	은사에 대한 가르침
25	176		14-16	은사, 부활, 바울의 계획
26	177	고린도후서	1-4	바울의 교회를 향한 태도
27	178		5-7	바울의 복음 사역의 자세
28	179		8-10	바울의 복음 사역의 동기
29	180		11-13	바울의 복음 사역의 권위
30	181	고전, 고후		고전, 고후 복습

일자는 1월 1일을 기점으로 했을 때의 표준 예입니다.

제2권 역사서 교재 활용 안내

실로암성경학교의 〈성경통독 365일〉은 오랫동안 전문적인 연구와 실제 시험 사용 등을 거쳐 출간이 되었으나 아직 미흡한 면이 있습니다. 이 교재 사용에 있어서 몇 가지 안내 말씀을 드립니다.

〈1〉 편집 방향

1. '유대', '유다'와 '메시야', '메시아' 표기: 구약성경에는 '유다'로 표기되어 있고, 신약성경에는 '유대'로 표기되어 있으므로 본서의 구약 부분에는 '유다'로, 신약에는 '유대'로 표기합니다. 또한 개역한글판, 개역개정판 성경에 표기되어 있는 '메시야'는 현대 맞춤법에 따라 본서에서는 '메시아'로 표기합니다.

2. 오자 수정: 교재를 사용 중에 오자나 문제점을 발견하시면, '전화'나 '이메일' 또는 '게시판'에 글을 올려놓으십시오. 그러면 확인하여 '자료실'에 올려 공유하도록 하겠습니다.(www.sbs66.net 참고).

3. 배경 그림 삭제: 1권에서 멋있으라고 넣은 해설 위와 문제 아래의 배경 그림이 오히려 교재를 깔끔하게 보이지 않게 하므로 2권부터는 배경 그림을 삭제하고 출간을 합니다.

〈2〉 성서연대표

1. 제2권 구약 '역사서': 여러 왕이나 주변국과의 관계들도 있으므로 한눈에 보는 '성서 연대표'가 필요합니다. 〈성경통독 365일〉에는 연대표 첨부나 해설은 없고 별매를 합니다.

2. 정평 있는 연대표: 이 연대표는 성경공부를 하는 교회나 신학대학에서 사용을 하던 정평이 있는 것입니다. 여러 차례 수정 작업을 했으며 전통적인 견해와 비평적인 견해를 함께 실었고, 금번에 기독교문사 편집진과 함께 재수정을 하여 출간을 합니다(국2절, A4 4배 크기, 접지, 고급 봉투).

3. 구입 안내: 1매 정가 5천원. 3매 이상 10% 할인, 10매 이상 15% 할인, 50매 이상 20% 할인(4,000원)하여 특별 보급을 합니다. 1매 구입도 송료는 본사가 부담합니다.

구입처: 실로암성경학교나 기독교문사(서점에서는 판매하지 않습니다)

〈3〉 교재 사용 실제 및 세미나

1. 사용 교회들 다수: 신년도부터 또는 3월부터 성경통독새벽기도회를 하는 교회들이 교재를 대량으로 구입하고 있습니다. 이 교재는 교회의 사이즈와 관계없이 사용이 가능합니다.

2. 운영이나 활용자료: 인터넷에서 다른 교회들의 자료(운영 방법, 사용 사례)를 볼 수 있으며, 귀 교회의 활용에 대한 아이디어가 있으면 공유할 수 있게 게시판에 올려 주십시오.

3. 무료 세미나: 대표 저자가 이 교재를 사용하는 교회의 주일저녁(또는 수요일) 예배에서 '성경통독을 잘 하려면'을 설교합니다. 필요시 예배 후에 교사들을 위한 '성서연대표' 강의도 추가할 수 있습니다. 그 다음날(월, 또는 목요일)에는 지역 목회자 세미나를 하면 좋습니다. 초청한 교회는 교통비와 숙소를 제공해 주시고, 지역 목회자 세미나 참석은 무료입니다. 교재는 원하는 분만 구입을 하면 됩니다.

(강의 내용: ① 교재 내용 검토, 활용 방안, ② 성서연대표 강의)

◇ 본 교재의 활용이나 세미나에 대한 문의는 실로암성경학교로 하시면 안내해 드립니다.

자료 보너스 3 역사서란 어떤 책인가?

1. 역사서에 대하여

기독교에서 통칭 사용하는 '역사서'를 기독교와 유대교가 다르게 구분하고 있다.

1) 기독교: 율법서, 역사서, 시가서, 예언서로 네 구분할 때에 역사서에 속한다.

즉 오늘날 우리가 사용하는 구약성경에서 '역사서'는 〈여호수아〉부터 〈에스더〉까지 12권을 일컫는 말이다. 신약성경의 역사서는 〈사도행전〉 한 권 뿐이다.

2) 유대교: 토라(율법서), 네비임(예언서), 케투빔(성문서)으로 세 구분하여 기독교에서 역사서로 구분하는 것을 다르게 구분한다.

* 예언서: 〈여호수아〉, 〈사사기〉, 〈사무엘〉, 〈열왕기〉 들은 역사서가 아닌 예언서로 구분한다.
* 성문서: (오축)- 〈룻기〉, 〈에스더〉 (역사)- 〈에스라〉, 〈느헤미야〉, 〈역대기〉 등

유다인들은 역사서라는 개념이 없고 우리가 '역사서'라고 부르는 것 중에서 〈여호수아〉, 〈사사기〉, 〈사무엘〉, 〈열왕기〉를 '전기예언서'라 하고, 〈룻기〉, 〈역대기〉, 〈에스더〉는 '성문서'라고 한다. 그 이유는 단순한 역사가 아니라 하나님께서 직접 관여하신 예언적인 역사이기 때문이다.

역사서를 더 큰 관점에서 본다면 1) 율법서(모세오경), 2) 신명기적 역사서, 3) 역대기적 역사서로 나눌 수 있다. ('율법서'는 모세오경으로서 제1권의 〈자료 보너스 1〉을 참고)

1) 신명기적 역사서는 앞에서 말한 '전기 예언서'에 해당되며, 신명기적 사관으로 〈여호수아〉, 〈사사기〉, 〈사무엘서〉, 〈열왕기서〉를 기록했을 것이라는 데서 기인한 말이다(룻기는 성문서).

여기에는 다음과 같은 기록이 있다.

① 예배 처소의 단일화(예루살렘)
② 유일신 하나님 경배
③ 이방 풍속 거부 및 이방인과 혼인 · 교류 금지
④ 하나님과 이스라엘의 관계를 조건부 언약관계로 이해(순종하면 복, 불순종하면 저주)

2) 역대기적 역사서는 〈역대기〉, 〈에스라〉, 〈느헤미야〉를 일컫는 말이다(에스더는 성문서에 속한다). 신명기적 역사서는 모세오경에서 이어지는 관계에 있으나, 역대기적 역사서는 다시 한 번 아담부터 거슬러 올라간다. 또한 뒷부분도 신명기적 역사의 마지막 부분보다 더 후대의 일을 기록하고 있다. 여기에는 다음과 같은 기록이 있다.

① 아담부터 이스라엘의 몰락, 국가 재건까지의 기록
② 남국 유다 중심으로 기록
③ 다윗과 솔로몬의 성전 중심의 치적 강조
④ 다윗(삼하 11장)과 솔로몬의 문제점(왕상 11장)은 기록하지 않음
⑤ 레위인들의 위상 정립 중심

2. 역사서의 상하권에 대하여

현대의 대부분의 성경에는 〈사무엘서〉, 〈열왕기〉, 〈역대기〉가 상하 두 권으로 나누어져 있으나 히브리어 원전에는 한 권으로 되어 있었다. 특히 〈역대기〉는 성문서의 맨 마지막에 배치하여 〈에스라〉, 〈느헤미야〉와 함께 한 권의 책으로 되어 있었다.

주전 3세기경 흩어진 유다인을 위해 당시의 통용어인 헬라어로 구약성경을 번역했는데 이때에 분량이 너무 많으므로 상하로 나누었다. 이 헬라어 번역 구약성경을 '칠십인역'(LXX)이라고 하는데, 12지파에서 6명씩 모두 72명이 번역 작업에 참여했다 하여 그렇게 이름을 붙였다. 신약성경의 구약 인용은 칠십인역에 따른 것이다.

책이름도 〈사무엘서〉는 '왕국기'(Book of the kingdom) 1, 2, 〈열왕기〉는 '왕국기' 3, 4였다가 제롬의 불가타역(Latin Vulgate)에서 왕국기 1, 2는 〈사무엘상, 하〉로, 왕국기 3, 4는 〈열왕기상, 하〉로 불렸다. 히브리어 성경도 주후 1517년부터 다니엘 봄베르크(Daniel Bomberg)가 히브리어 성경을 개정하여 〈사무엘서〉, 〈열왕기〉, 〈역대기〉를 각각 상하 두 권으로 나누어 지금까지 이르고 있다. 〈역대기〉는 히브리어로는 그 이름이 '디브레 하야밈'인데 그 뜻은 '그때의 그 사건들'로서 우리 식으로는 '역대기'라 부르고 있다.

그러므로 상권・하권에 특별한 의미를 부여하거나 구분할 필요가 없이 한 권으로 보면서 성경을 통독하면 그 흐름을 잡기가 더 쉽다.

3. 역사서는 무엇을 말하는가?

역사서는 이스라엘의 가나안 정복, 사사 시대, 왕정 시대, 바벨론 포로와 귀환 시대가 나온다.

모세가 죽은 후에 이스라엘 백성들이 여호수아의 인도로 약속의 땅 가나안을 정복하고(그 시기는 ① 주전 15세기 중반, ② 주전 13세기 초, 두 가지 설이 있다) 땅을 분배한다(여호수아). 사사들이 통치하는 지파동맹체(Amphictiony)로 운영되다가(사사기, 룻기), 위대한 사사요 제사장인 사무엘의 등장과 백성들의 요구로 사울이 왕으로 세움 받고 통일 왕국을 세운다(사무엘상).

그리고 위대한 왕 다윗의 통치는 신정 정치의 대리인 역을 감당한다(삼하, 대상). 지혜의 왕 솔로몬이 통일 왕국의 3대 왕이 되었으나 강제 노역으로 백성들의 불만이 쌓여 가고 이방 신을 섬기므로 남북 왕국으로 나뉘고(왕상 12장), 여러 왕이 통치하다가 북국 이스라엘은 19대 왕 호세아 때에 앗수르 제국에 의해 멸망하고(주전 721년, 왕하 17장), 남국 유다는 계속 유다 족속이 통치했으며 20대 왕 시드기야 때에 바벨론 제국에 의해 멸망되어 바벨론 포로가 된다(주전 587년, 왕하 25장, 대하 36장).

예레미야의 예언처럼(렘 25장) 바벨론 제국을 무찌른 바사의 고레스 왕의 해방령으로 귀환하여 성전을 재건한다(주전 538년, 에스라, 에스더의 사건은 에스라 6장과 7장 사이의 시기이다). 그리고 느헤미야가 귀환하여 성벽을 재건한다(주전 445년, 느헤미야).

예언자들은 주로 왕정 시대에 활동했으며, 일부는 바벨론 포로 중(에스겔, 다니엘)이나 바벨론 포로 후(학개, 스가랴, 말라기 등)에 예언하였다.

〈여호수아〉를 소개합니다

제목에 대한 해설

기독교는 본서를 역사서로 분류하지만 히브리어 성경에서는 전(前) 예언서에 속한다. 본서의 제목은 중심인물을 따라 〈여호수아〉라 불린다. 히브리어를 보면 여호수아라는 말은 네 가지로 표현되는데, 여호수아(신 3:21), 호세아(민 13:8), 여호수아(수 1:1, 신 3:21과 히브리어는 다름), 예수아(느 8:17)가 그것이다. 70인역에서는 '예수스 나우스', 즉 '눈의 아들 여호수아'로 표현되며 후대의 라틴 불가타역이나 영어역들은 '여호수아'라 하였고 한글 성경도 이를 따랐다.

저자 및 저작 연대

여호수아가 일부를 기록하고 그 후 본서의 사건을 목격한 사람들에 의해 완성되었으며 통일 왕국이 설립되기 전인 주전 11세기 이전에 기록되었다고 본다.

현대 학자들은 여호수아로부터 전승되어 온 것을 주전 950년경부터 여러 사람이 포로 후기까지 기록한 것으로 본다.

구조 및 주요 내용

크게 세 부분으로 나뉜다.

첫 번째, 1-12장에는 가나안 정복 전쟁이 나오고,

두 번째, 13-21장에는 지파들 간의 땅의 분배와 (13-19장), 도피성 설치와 레위인 거주지(20-21장),

세 번째, 22-24장에는 요단 동쪽으로의 귀향과 여호수아의 고별사 및 세겜 계약이 나온다.

시대적 배경

이스라엘이 가나안에 입주할 당시에 북부 메소포타미아나 남쪽의 애굽 모두 강력한 힘을 지닌 통치 체제를 갖지 못하고 있었다. 따라서 가나안에 영향력을 행사하지 못했고 이 틈에 이스라엘보다 100여 년 전에 바다의 백성이라 불리는 블레셋이 해안을 중심으로 정착했고, 중심부에는 군소 도시 국가들이 작은 왕국을 이루고 있었다. 바로 이러한 때에 이스라엘이 가나안을 정복해 들어갔던 것이다.

교훈과 메시지

1) 여호수아서의 '거룩한 전쟁'

모든 전쟁은 여호와께 속한 것으로 하나님의 명령과 그 지시에 순종하면 승리할 수 있고 불순종하면 패배할 수밖에 없다는 것이 거룩한 전쟁(Holy War)의 의미다. 예를 들어 여리고 점령의 승리(7장)와 아이성 공격의 실패(7장)를 들 수 있다.

2) 여리고 성 점령과 기생 라합의 구원(6장)

이스라엘은 요단을 건너 길갈에서 할례를 행하고 유월절을 지킨다. 그리고 여호와의 명령대로 여리고 성 주위를 칠 일간 돌아 성을 무너뜨려 정복한다. 이스라엘의 승리는 군사적 전술이 아니라 하나님께서 그들의 선조들과 언약한 땅을 주신다는 언약의 성취이며 전쟁의 승리는 여호와의 장중에 있음을 알게 한다.

여리고 성에서 기생 라합의 구원은 여호와의 구원이 혈연이나 민족성에 의한 것이 아니라 새로운 선택과 결단에 의해 가능함을 보여 준다. 이러한 구원은 예수 그리스도를 통한 구원의 도리를 제시한다.

3) 기브온 족속과의 화친(9장)

기브온 족속은 이스라엘을 대항하여 싸우지 않고 변장을 하여 이스라엘을 속이고 화친을 맺는다. 화친 계약의 성립 문제는 비록 속아서 했다 하더라도 여호와의 이름으로 체결한 것이므로 파기할 수 없다는 인식을 한다. 이러한 족장들의 결정이 갖는 권위와 온 회중의 순종은 오늘의 교회에도 큰 교훈이 된다.

4) 도피성과 레위 지파에게 나누어진 성읍들

20-21장을 보면 요단 동서편에 분산해 세워진 6개의 도피성은 레위 지파의 대사회 기능을 보게 된다. 하나님의 법으로 처리할 수 없는 상황에서 보호받아야 할 사람의 신변을 보호하고 하나님의 법이 부당하게 집행됨을 막음으로써 하나님의 법의 온당성을 지키는 것이다.

또한 각 지파에서 얻은 기업 내에서 레위인을 위해 48개의 성읍을 내어 주어 레위인들이 각지에 분포하여 살게 되므로 중앙집중식 제의가 발달하기 전 단계로 이들은 신앙적 예배 행위를 지파 단위로 진행해 나갈 수 있었다.

[오늘의 말씀] 여호수아 1장~3장 : 약속의 땅에 들어감 → 먼저 성경 읽기

전반부 1-12장은 가나안 정복 전쟁, 후반부 13-19장은 가나안 땅 분배에 대한 기록이다.
(1장) 모세의 뒤를 이은 여호수아는 지도자로서 하나님의 함께하심을 힘입어 가나안 정복 준비를 마치고,
(2장) 여리고에 두 정탐꾼을 보내어 정탐을 한다.
(3장) 그리고 제사장을 앞세우고 요단을 건너 약속의 땅 가나안에 첫발을 딛는다.

[말씀 묵상]

1. 여호와의 종 모세를 이어 이스라엘의 지도자가 된 여호수아에게 하나님은 단순히 격려가 아니라 반석 같은 확신과 승리를 예견하신다. 하나님은 여호수아에게 "내가 모세와 함께 있던 것 같이 너와 함께 있을 것임이라"(1:5)라고 하심으로 **'임마누엘의 하나님'**임을 보여 주신다. 모세와 함께하신 하나님은 여호수아, 베드로, 바울과 함께하심처럼 오늘 그대와 함께하신다(마 28:20).
2. 하나님은 1장 7-8절에 '형통하리라' 하셨는데, 우리가 형통하기를 바라기 전에 그 전제 조건에 관심을 가져야 한다. 그리하면 네 길이...형통하리라(1:8)라는 말에 유의하라.

[깊은 연구]

1. 율법서와 예언서의 연결 문제

기독교회가 일반적으로 이해하는 역사서들의 대부분이 실제 유다인들의 타나크(성경: 토라, 네비임, 케투빔의 첫 자)에서는 네비임(예언서)에 속한다. 물론 〈여호수아〉도 예언서 중의 하나다. 율법서 끝에서는 모세를 '선지자'(예언자)라 하여(신 34:10) 모세의 위대성을 보여 준 율법서와 이어지는 책인 예언서(기독교에서 '역사서'로 구분한 것들 대부분도 포함한다. 룻기, 역대기, 에스더 제외)에서도 모세의 정체성을 강조하는 의미가 있다. 이러한 율법서와 예언서의 연결은 성문서에서도 이어진다. 다시 말해 구약 전체에 모세라는 인물을 포진시켜 그가 하나님의 대리자임을 타나크(성경)에서는 보여 준다.

2. 여호수아의 이름과 신분에 대하여

'여호수아'의 원래 이름은 '호세아'(민 13:8, 신 32:44)로서 '구원'을 의미한다. 신약성경의 히브리 식 이름이 여호수아이다. 예수님께서 '인류의 구원자'이시듯 여호수아는 '이스라엘의 구원자'로서 살았다.

여호수아는 ① 모세의 시종이었으며(출 24:13, 수 1:1), ② 아말렉과의 전쟁 때에 군대장관이었고(출 17:9-10), ③ 모세가 바란 광야 가데스에서 보낸 열두 정탐꾼 중 갈렙과 함께 담대히 말한 자로(민 14:16), ④ 모세의 후계자가 되어 지도자로서 가나안 정복을 승리로 이끌었다(민 27:18-23, 수 1:1).

■ 아모리족 다섯 왕의 목을 매달다(수 10장)
가나안 정복전쟁은 하나님이 함께하는 전쟁이었다. 여호수아의 군대는 기브온에 진을 친 아모리 연합군 다섯 왕을 정복하고 그들의 목을 매달았다(수 10:26).

통독	91
확인	

공부　여호수아 1장~3장 : 약속의 땅에 들어감

1. 여호수아는 누가 죽은 후에 그의 후계자가 되었나?(수 1:1, 출 24:13, 신 34:9) -
2. 하나님은 여호수아와 어떻게 하겠다고 약속하셨나?(1:5) -
3. 여호수아가 백성의 유사들에게 양식을 예비시킨 이유는?(1:10-11) -
4. 백성들은 모세에게 했던 것 같이 여호수아에게도 어떻게 하겠다고 했나?(1:17) -
5. "마음을 강하게 하고 담대히 하라"는 하나님 말씀이 나온 세 절은?(1장) -
6. 눈의 아들 여호수아가 (　　　)에서 두 사람을 (　　　)으로 가만히 보내며 그들에게 이르되 가서 그 땅과 (　　　)를 엿보라 하매 그들이 가서 (　　　)이라 하는 기생의 집에 들어가(2:1).
7. 우리가 듣자 곧 (　　　)이 녹았고 너희의 연고로 사람이 (　　　)을 잃었나니 너희 하나님 여호와는 (　　　　　　　　)이시니라(2:11).
8. 우리가 이 땅에 들어올 때에 우리를 달아 내리운 창에 이 (　　　　)을 매고 네 부모와 형제와 네 아비의 (　　　)을 다 네 집에 모으라(2:18).
9. 너희는 스스로 (　　　) 하라 여호와께서 내일 너희 가운데 (　　　)를 행하시리라. - (3:　절)
10. 사시는 하나님이 너희 가운데 계시사 (　　　　) 족속과 (　　　　) 족속과 (　　　　) 족속과 (　　　　) 족속과 (　　　　) 족속과 (　　　　) 족속과 (　　　　) 족속을 너희 앞에서 정녕히 (　　　　) 줄을 이 일로 너희가 알리라. - (3:　절)
11. 궤를 멘 자들이 요단에 이르며 궤를 멘 (　　　　)들의 발이 물가에 잠기자...흘러가는 물은 온전히 (　　　　) 백성이 (　　　　) 앞으로 바로 건널 새. - (3:　-　절)

▲▼△▽ -----≪헛수고하는 인생≫----- ▽△▼▲

고향을 떠났다가 20년 만에 금의환향한 중년 여성이 초등학교 동창생들과 호텔 커피숍에서 만났다. 세월의 간격을 넘어 금세 마음이 열렸다. 친구들의 선물이 호텔 30층 특실에 있다는데 마침 엘리베이터가 고장이었다. 세 친구는 '10층 단위로 자신의 인생을 이야기하자'며 계단을 오르기 시작했다.

한 친구는 동창과 결혼했는데, 백수건달이라기에 함께 울었다. 11층부터는 다른 친구가 시부모와 시동생들 등쌀에 고생한다고 말하여 또 울며 20층에 이르렀다. 다음으로, 금의환향한 친구가 서울에서 공장에 다니며 수모를 딛고 성공한 이야기를 하자 함께 펑펑 울며 어느새 30층 특실에 이르렀다. 그런데 이 친구가 안색이 파래지며 한 마디를 하자 모두 뒤로 자빠졌다.

"아차! 프론트에서 룸키(방 열쇠)를 안 받아 왔네!~"

♧ ♧ ♧

아무리 수고를 하고 올라가서 선물이 가득한 30층의 특실 앞에 선들 열쇠가 없으면 무슨 소용인가? 인생에서 고생과 수고로 많은 것을 얻었어도 마지막에 인생의 '마스타 키' 되는 예수님 없는 인생은 헛것이 된다. 열심히 사는 것도, 돈을 버는 것도 좋지만 애써서라도 예수님은 만나야 한다. 이스라엘이 요단을 건널 때에 하나님 없이 자신들의 노력으로만 건널 수 있었겠는가. 제사장들이 하나님을 의지하였듯이 모든 문제의 열쇠는 하나님 안에 있다.

(여호수아 3:17) 여호와의 언약궤를 멘 제사장들은 요단 가운데 마른 땅에 굳게 섰고 온 이스라엘 백성은 마른 땅으로 행하여 요단을 건너니라

신현주, 〈예화철학〉, 〈예화산책〉, www.sbs66.net

[오늘의 말씀] 여호수아 4장~6장 : 기념비, 여리고 정복 → 먼저 성경 읽기

(4장) 이스라엘이 요단 건넘을 기념하여 길갈에 열두 돌을 기념비로 세우고
(5장) 언약의 백성의 상징인 할례를 행한 후에 유월절을 지킨다. 그 땅 소산을 먹은 후 만나가 그쳤다.
(6장) 본격적인 정복전쟁이 시작되었다. 믿음으로 여리고를 무너뜨린다.

[말씀 묵상]

1. 이스라엘이 요단을 건넘은 역사적인 큰 사건이다. 여호수아는 열두 돌로 기념비를 세우고 이스라엘 자손들에게 "후일에 너희 자손이 그 아비에게 묻기를 이 돌은 무슨 뜻이냐 하거든"(4:21)이라며 요단을 마른 땅 같이 건넘에 대해 현재뿐 아니라 미래지향적 의미를 함께 부여했다.
2. 미련한 것 같은 방법, 여리고 성을 돌기만 해도 성이 무너진다니 믿어지는가?(6장) 그러나 하나님의 명령을 따라 무장된 자 → 나팔 부는 제사장 → 언약궤 → 후군(백성)으로 이어지는 여리고 성을 도는 행렬은 일곱째 날 나팔 소리와 함께 큰 소리를 질러 여리고 성을 무너뜨린다. 가장 미련한 것 같은 이 방법이 오늘도 그대로 적용되어 복음을 거부하는 집을 돌았더니 복음으로 정복되었다.

[깊은 연구]

1. 할례는 어떤 의미가 있는가? (수 5:2-9)

애굽에서 나온 구세대는 죽었고 광야에서 태어난 신세대는 할례를 받지 아니하였으므로 하나님은 이스라엘 백성들에게 길갈에서 할례를 행하도록 명하셨다. 할례란 오늘날의 포경수술 같은 것이다. 할례를 행함으로써 이스라엘 백성들은 자신들이 하나님의 자녀라는 사실을 깨닫고 조상 아브라함과 맺은 언약의 할례를 자신들도 시행하므로 언약 아래의 백성임을 체험하게 되었다(창 17:9-14). 〈제1권 통독 10일째 참고〉

2. 종려의 성읍, 여리고 (수 6장)

1) 여리고 성은 이스라엘에 의해 무너졌다(6장). 여리고 성은 '종려의 성읍'(신 34:3, 삿 3:13)으로도 불렸으며, 주전 7천 년에 이미 성읍이 생겼을 정도의 고도(古都)이기도 하다. 홍망을 되풀이하며 **구약 시대의 여리고, 신약 시대의 여리고 및 비잔틴 시대의 여리고** 등 세 곳에 그 유적을 남겼다.

2) 옆의 단면도에서 보듯 여러 층은 각 시대를 따라 형성된 것으로 **거주층(생활층, 단층, 삶의 자리)으로 불리는 텔(Tell)**이다. **가스탱**은 흙벽 더미와 성벽의 그루터기를 "여호수아 앞에서 무너져 내린 성벽"이라 했고, **케니언**은 "부식 때문에 폐허가 된 여리고의 많은 흔적이 사라졌다"며 안타까워했다.

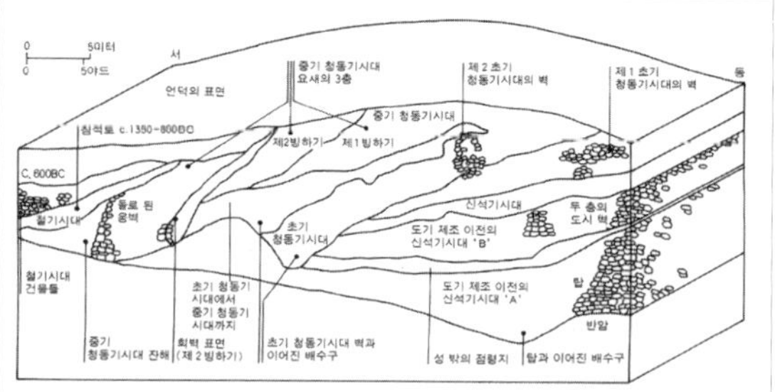

■ 여리고 발굴을 보여 주는 단면도(수 6장)
이 단면도는 존 가스탱(John Garstang, 리버플대학교, 1930-1936에 발굴)에 이어 1952년에 여리고를 발굴한 캐슬린 케니언(Kathleen Kenyon, 런던대학교)이 작성했다.

통독	92
확인	

공부

여호수아 4장~6장 : 기념비, 여리고 정복

1. 열두 명을 택할 때의 기준은 무엇인가?(4:2) -
2. 열두 돌을 기념비로 세운 뜻은 무엇인가?(4:6-7) -
3. 모세가 이른 것 같이 무장하고 먼저 건넌 지파와 그 숫자는?(4:12-13) -
4. 여호와께서 여호수아를 크게 하신 결과는?(4:14) -

◇ 다음 중 서로 관계있는 말씀을 찾아 줄로 연결하세요(5-9문, 5장).

5. 아모리, 가나안 왕 　　가) 부싯돌로 칼을 만듦 　　a) 그 달 십사일 저녁
6. 할례를 행하라 　　나) 유월절 지킴 　　b) 가나안 땅의 열매를 먹음
7. 여리고 평지 　　다) 칼을 빼어 손에 든 사람 　　c) 네 발에서 신을 벗으라
8. 만나가 그침 　　라) 요단 물 말리고 건넴을 들음 　　d) 광야 노중에서 난 자에게
9. 여호와의 군대장관 　　마) 그 땅 소산 먹은 다음날 　　e) 마음이 녹고 정신을 잃음

◇ 다음은 누구의 말이나 행동인지 찾아 쓰세요(6장). {보기} 여호수아, 여호와, 백성들, 제사장 일곱

10. 내가 여리고와 그 왕과 용사들을 네 손에 붙였다(2). -
11. 일곱 양각 나팔을 잡고 여호와 앞에서 진행하며 나팔을 불었다(8). -
12. 너희는 외치지 말며 너희 음성을 들레지 말며 너희 입에서 아무 말도 내지 말라(10). -
13. 이 성과 모든 물건은 여호와께 바치되 기생 라합과 그 집에 동거하는 자는 살리라(17). -
14. 나팔 소리를 듣는 동시에 크게 소리 질러 외치니 성벽이 무너졌다(20). -
15. 여리고 성을 건축하는 자는 저주를 받아, 기초 쌓을 때에 장자를 잃을 것이다(26). -

▲▼△▽ -----《재정으로 여리고 성 수리》----- ▽△▼▲

목사님께서 학생들이 성경공부를 제대로 하고 있는지를 확인하기 위해 중등부실로 가서 한 학생에게 물었다. "여리고 성은 누가 무너뜨렸지?" 그랬더니 그 학생은 놀라면서 "나는 여리고 성 근처에도 안 갔는데요. 내가 무너뜨리지 않았습니다." 하고 말했다. 목사님은 담당선생님을 불러 학생들 성경공부를 어떻게 시켰느냐고 문책했고 담당선생님은 "이 학생은 거짓말을 안 합니다. 결코 무너뜨리지 않았을 겁니다."라고 말했다. 목사님은 담당전도사를 책망하니 그 전도사는 "제 교육 방침은 '진실'입니다. 여리고 성 근처에도 안 갔다면 그게 진실입니다."라고 대답했다. 화가 난 목사님이 당회를 소집했다. 장로님들이 말했다.

"이미 무너진 여리고 성, 어쩌겠습니까? 우리 교회가 재정을 부담하여 보수해 주지요."

♧ ♧ ♧

학생들이 성경을 모른다는 교육의 문제를 지적한 것이다. 성경은 성령의 조명하에 교육과 연구하는 과정을 통하여 배우고 가르치며, 깨닫는 대로 실천하는 것이 이상적이다.
베뢰아 교인들은 말씀을 들을 때에 잘 받았고, 또한 날마다 성경을 상고하는 모범적인 교회로 소개되고 있다. 현대의 교인들은 노력해야 하는 성경공부보다 쉽게 접하는 찬양을 선호하는 경향이 있으나 조화를 이루어야 할 것이다.

(여호수아 6:20) 백성은 외치고 제사장들은 나팔을 불매 백성이 나팔 소리를 듣는 동시에 크게 소리 질러 외치니 성벽이 무너져 내린지라

신현주, 〈예화철학〉, 〈예화산책〉, www.sbs66.net

[오늘의 말씀] 여호수아 7장~9장 : 아이 성 정복과 기브온 → 먼저 성경 읽기

(7장) 아간의 범죄로 아이 성 공격은 실패하나 죄 문제를 해결한다.
(8장) 재도전으로 아이 성을 정복한다.
(9장) 자만해진 이스라엘은 여호와께 묻지 아니하고 기브온에 속아서 화친조약을 맺는다.

[말씀 묵상]

1. 예기치 않던 기브온의 문제에 직면했을 때, 이스라엘의 지도자들은 실패를 하고 만다(9장). 근본 원인은 어디에 있었던가? "어떻게 할 것을 여호와께 묻지 아니"(9:14)한 데에 있었다. 그들은 그동안의 승리로 자만해 있었다. "선 줄로 생각하는 자는 넘어질까 조심하라"(고전 10:12)라고 하지 않았던가? 우리가 교회를 섬길 때도 많은 경험이 있다고, 능력이 있다고 하여 또는 이성적인 판단이 앞서서 기도하지도 않고(여호와께 묻지 아니하고) 행하는 영적 무지함은 없는가?

[깊은 연구]

1. 아간의 범죄와 가족의 죽음 (수 7:24-26)

아간은 아골 골짜기에서 그의 가족과 함께 돌에 맞아 죽임을 당하고 그의 소유물은 불살라졌다(7:24-26). 아간의 범죄로 그의 가족이 함께 죽임을 당하는 것은 율법에 어긋나는 것이었다(신 24:16). 아마도 이스라엘 백성들의 무분별한 충동에 의해 그의 가족들까지 죽임을 당한 것으로 보인다. 아간은 돌에 맞은 뒤 불태워졌는데, 이러한 사형법은 흔히 살인자나 배교자(신 13:5-10), 여호와의 이름을 훼방한 자(레 24:10-16), 안식일을 범한 자에게 가해졌다(민 15:32-35).

2. 가나안 정복 지도를 보세요. (제1권 부록지도, 이원희, 스펙트럼 성서지도)

1) 요단 저편에서 강한 나라로 알려졌으나 모세가 정복했던(민 21:21-35) 아모리 왕 시혼과 바산 왕 옥에 대한 사건은 기생 라합에게까지 알려져 있을 정도였다(수 2:10). 그 땅은 르우벤, 갓, 므낫세 반 지파에게 약속된 땅이다(민 31:33, 수 12:1-6).

2) 기브온은 이스라엘이 여리고와 아이 성을 정복했다는 소식에 놀라 그들은 먼 지역에서 온 사신처럼 꾸며서 이스라엘을 속이고 언약을 맺으므로 그들의 생명을 보존한다(9장). 기브온의 위치는 1956-57년의 고고학적 발굴 결과로 현재의 예루살렘에서 북서쪽으로 약 9.6km 떨어진 엘 집(El-Jip)이라는 곳으로 밝혀졌다. 무너진 여리고와 기념비를 세운 길갈도 지도에서 눈여겨 두라.

3) 여호수아와 이스라엘의 가나안 정복 순서는 중앙부(6-9장), 남부(10장), 북부(11장) 순서로 진행되어 모두 31왕을 정복한다(12:24).

■ 아간이 죽임을 당한 아골 골짜기(수 7장)
아간의 범죄로 아이 성 정복에 실패하고 아간과 그의 가족이 아골 골짜기에서 처형을 당한다.

통독	93
확인	

공부 여호수아 7장~9장 : 아이 성 정복과 기브온

1. 정탐꾼들이 제안한 수, 여호수아가 보낸 수, 아이 성 사람들에게 죽은 수로 짝지은 것은?(7장)
   1) 삼천, 삼천, 삼십육　　2) 이삼천, 삼천, 사십육　　3) 이삼천, 삼천, 삼십육
2. 여호와께서 여호수아에게 말씀한 전쟁에 진 이유가 무엇인지 한 단어로 쓰면?(7:1, 11) -
3. 아간의 족보를 연결하세요(7:18). - (______지파 → _______→ 삽디 → _______ → 아간)
4. 아간이 노략한 물건은 무엇인가?(7:21) -
5. 온 이스라엘이 어디로 가서 아간에게 속한 것을 돌로 치고 불살랐나?(7:22-26) -

◇ 다음 각 항에서 틀린 곳 한 곳을 찾아 밑줄을 긋고 맞게 고치세요(6-9문, 8장).

6. 여리고에서 했던 것처럼 아이와 왕에게 행하고, 탈취한 물건과 가축은 여호와께 바쳐라. →
7. 삼만 명가량이 벧엘과 아이 사이에 매복하고 나머지는 아이를 유인한 후 성을 정복했다. →
8. 이스라엘이 광야로 유인된 아이 거민과 성내에서 죽인 남녀가 이만 이천 명이었다. →
9. 여호와를 위하여 에발산에 단을 쌓은 것은 철 연장으로 다듬은 새 돌로 만든 단이다. →
10. 여호수아와 이스라엘과 더불어 싸우려 한 사람에는 O표, 아닌 것에는 X표 하세요(9:1-2).
    1) 가나안　2) 아모리　3) 여리고　4) 헷　5) 기브온　6) 히위　7) 아이
11. 기브온 사람들이 거짓으로 꾸민 것에는 O표, 아닌 것에는 X표 하세요(9:4-5).
    1) 전대　2) 부대　3) 모자　4) 옷　5) 신　6) 생선　7) 아기　8) 떡
12. 기브온 거민에게 속아서 언약을 맺은 이스라엘의 실수의 근본 원인은?(9:14) -
13. 기브온 거민들은 저주를 받아 무엇이 되리라 했나?(9:23) -

▲▼△▽ -----≪늦기 전에 토설해야 한다≫----- ▽△▼▲

5학년 태영이는 고무줄 새총을 만들어서 기회만 있으면 새총 쏘는 연습을 했다. 어느 날 집에서 기르는 닭을 향하여 쏘았더니 닭 머리에 명중하여 닭이 죽어 버렸다. 놀라서 바깥에 나갔다가 저녁 무렵에 돌아왔는데 엄마가 "닭을 개가 물어 죽였나 보다." 하며 닭고기 요리를 해 주었다.

이튿날 학교 가는 길에 누나가 "태영아, 용돈 2천원만 줘라." 하기에 "왜 누나에게 내 돈을 줘야 해?" 했더니, 누나는 "네가 닭을 쏘아 죽인 것을 내가 봤어." 하므로 태영이는 가슴이 철렁했다. 그렇게 시작한 협박은 용돈, 청소, 잦은 심부름으로 이어졌고, 견디다 못한 태영이는 어머니에게 사실을 자백하고, 마음에 자유를 얻었다. 그 사실을 알지 못하는 누나가 청소를 시키자 동생이 말했다.

"이제 내 자유로운 마음을 누나가 빼앗을 수 없어."

♧ ♧ ♧

남의 약점을 이용하여 협박하고 남을 자기의 종으로 삼는 것은 사탄의 전략이므로 믿음으로 이겨야 한다. 우리가 죄를 품고 살 때에 마음의 평화와 자유를 잃고 괴로운 마음을 가지고 산다. 문제가 있는 것을 회개하고 토설할 때에 자유를 얻는다(시 32:3-4). 죄를 지으면 죄의 종이 되고 회개하면 하나님의 종이 되어 자유를 얻어 의의 종으로 행복한 삶을 살게 된다. 이김은 나중에 사실이 밝혀진 때는 이미 늦었던 것이니.

(여호수아 7:20) 아간이 여호수아에게 대답하여 가로되 참으로 나는 이스라엘 하나님 여호와께 범죄하여 여차 여차히 행하였나이다

신현주, 〈예화철학〉, 〈예화산책〉, www.sbs66.net

[오늘의 말씀] 여호수아 10장~12장 : 정복 전쟁의 승리 → 먼저 성경 읽기

이스라엘은 하나님의 도움으로 아모리 연합군을 무찌른다. 남부의 왕들을 정복한 데 이어 북부의 왕들을 정복한다.
(10장) 남부 연합군인 하솔의 연합군도 무찌른다.
(11장) 북부 가나안도 정복하므로 여리고를 정복(6장)한 후 그 땅에 오랜만에 전쟁이 그쳤다.
(12장) 여호수아와 이스라엘은 모두 31왕을 정복한 것이다.

[말씀 묵상]

1. 정복전쟁에 관한 기록에서 "네 손에 붙였으니, 네 손에 주었노니"라는 표현을 계속 보게 된다. 이스라엘의 승리는 여호와의 싸우심이지 그들 자신의 능력은 아니다(10:14). 내 삶에 있어 내 손의 승리도, 건강도, 물질도, 지혜도 하나님께서 붙여 주셔야 나의 것이 된다.
2. 아모리 연합군과의 전쟁 때에, 여호와께서 이스라엘에게 승리를 주시기 위해 태양을 멈추셨다(10:12-14)는 사건에 대해 '미국의 우주연구소에서 그 시간을 계산해 냈다'는 등의 이야기는 허구라고 창조과학회가 발표한 적이 있으나 아직도 그런 글을 제시하는 경우가 있다. 성경을 굳이 과학으로 입증해 낼 필요는 없다. 분명한 것은 하나님께서 이스라엘에게 승리를 주시기 위하여 실제 태양을 멈추셨다는 성경 본문 그대로를 믿으면 된다. 그 승리가 오늘은 그대에게 있기를!

[깊은 연구]

1. 가나안 정복전쟁의 기간은 얼마나 걸렸나? (수 11:18)

1) "여호수아가 그 모든 왕과 싸운 지는 여러 날이라"(11:18) 했는데, '여러 날'이란 실제적으로 계산해 보면 7년이라는 기간을 말한다. 출애굽한 지 2년 되던 해에 가데스 바네아에서 정탐꾼으로 가나안 땅을 다녀온 갈렙의 당시 나이는 40세로서(14:7, 내 나이 사십 세에 여호와의 종 모세가 가데스 바네아에서 나를 보내어 이 땅을 정탐케 하므로...) 이스라엘이 가나안 땅에 들어설 때 갈렙의 나이는 78세였다.

2) 가나안 정복전쟁이 끝난 뒤 영토를 분배받는 과정에서 갈렙이 자신의 나이를 85세라고 말한 것으로 보아 이스라엘 백성들이 가나안을 정복하는 데 7년이 걸렸다는 계산이 나온다(14:10).

2. 고고학의 보고(寶庫)인 하솔 (수 11장)

북부 가나안의 왕들도 남부 가나안의 왕들처럼(10:1-5) 반 이스라엘 동맹을 맺는다(11:1-5). 이 동맹의 수도인 '하솔'은 납달리 지파의 땅에 있었다. 하솔 연합군은 많은 군대가 동원되었으나 여호수아의 군대는 말 뒷발의 힘줄을 끊었고, 하솔 왕을 칼로 쳐 죽이고, 하솔에 불을 지르므로 승리를 한다(11:9-15). 하솔에서 고고학적 \인 자료가 많이 발견되어 이곳을 '고고학의 보고(寶庫)'라 부른다.

■ 하솔의 유적(돌기둥과 그들의 신앙)
이스라엘은 요단을 건너 길갈에 열두 돌을 세워 기념과 증거로 삼았다(수 4:9, 20). 사진의 석비와 유물은 하솔의 이교 신전에서 발굴되었다. 이곳의 거주자들은 여호수아와 그의 군대에 의해 진멸되고 하솔은 불태워졌다(수 11:13-14).

통독	94
확인	

공부

여호수아 10장~12장 : 정복 전쟁의 승리

1. 아모리 연합군의 다섯 왕은 각각 누구인가?(10:1-5) -
2. 아모리 사람들과의 전쟁에서 여호와께서 자연을 통하여 도우신 두 가지 일은?(10:10-13)
   - 1)   2)
3. 여호수아가 싸운 왕들이 누구인지 그들의 성읍의 이름을 모두 쓰세요(10:28-39 내에서만).
   -
4. 여호수아가 모든 왕과 그 땅을 단번에 취할 수 있었던 이유는?(10:42) -
5. 하솔 연합군과 싸우는 이스라엘에게 하나님이 가르쳐 주신 전략은?(11:6) -
6. 여호수아가 (   )만 불살랐고 산 위에 건축된 (   )들은 이스라엘이 불사르지 아니하였으며 이 성읍들의 모든 (   )과 (   )은 이스라엘 자손들이 탈취하고...(11:13-14).
7. 이스라엘 자손과 화친을 맺은 사람은?(11:19) -
8. 요단 저편(요단강을 중심으로 동쪽)과 요단 이편(서쪽, 즉 가나안)은 각각 누가 정복했나?(12장)
   1) 저편(1-6절) -   2) 이편(7-24절) -
9. 모세가 정복한 왕에는 '모세', 여호수아가 정복한 왕에는 '여호수아'라고 쓰세요(12장).
   1) 예루살렘 왕 -   2) 하솔 왕 -   3) 바산 왕 옥 -
   4) 여리고 왕 -   5) 아모리 왕 시혼 -   6) 게셀 왕 -
10. 요단 저편(가나안 동편)의 땅을 차지한 지파는?(12:6) - ①   ②   ③
11. 여호수아와 이스라엘 자손이 가나안 땅에서 쳐서 멸한 왕은 모두 몇인가?(12:24) -

▲▼△▽ -----≪뱃속에서 나온 칫솔과 쇠톱≫----- ▽△▼▲

병원을 찾은 40대 남자의 위에서 칫솔과 쇠톱이 여러 개 나왔다. 생활보호 대상자인 김씨(44세, 부산 금사동)는 사회복지사의 도움으로 병원에서 CT촬영 등 정밀 검사를 한 결과 이물질을 발견하고 수술을 하여 솔 부분이 없는 12~14cm의 칫솔 9개와 12cm의 쇠톱을 뱃속에서 꺼냈다.

의사는 "이전에 수술을 받은 적이 없는 점으로 미루어 3~4년 전에 삼킨 것으로 추정되며, 이물질(異物質)이 위에서 부식되면서 복통을 일으킨 것 같다"고 말했다.

이웃 주민들은 "몇 년 전부터 심한 알코올 중독 증세로 정신과 치료까지 받은 김씨가 술에 취해 칫솔과 쇠톱을 안주로 착각하고 먹었을 가능성이 높다"며 의아해했다.

"아무리 그래도 그 긴 칫솔을 노가리로 알고 삼켜지겠나?"

♧ ♧ ♧

불가사의한 일들이 많이 있다지만 어떻게 구부러지지도 않는 긴 칫솔과 쇠톱이 목을 넘어갔는지 신기하기만 하다. 술안주가 없어서 아마 잘못 알고 먹었겠지만, 먹을 것이 많음에도 더 이상한 것을 먹는 자들은 공직자나 정치인으로서 세월이 지난 후에는 언제나 배탈이 크게 나서 뉴스거리가 된다. 독인 줄 알고도 괜찮겠지 하고 먹는 어리석음 대신 구별하는 지혜와 결단이 요구된다. 이스라엘은 하솔만 불살랐고, 성읍들은 불사르지 않고 탈취한 것들을 구분하였다.

(여호수아 11:13-14) 여호수아가 하솔만 불살랐고 산 위에 건축된 성읍들은 이스라엘이 불사르지 아니하였으며 이 성읍들의 모든 재물과 가축은 이스라엘 자손들이 탈취하고

신현주, 〈예화철학〉, 〈예화산책〉, www.sbs66.net

[오늘의 말씀] 여호수아 13장~16장 : 요단 동편, 서편 땅 분배 → 먼저 성경 읽기

전반부 1-12장은 가나안 정복 전쟁, 후반부 13-19장은 가나안 땅 분배에 대한 기록이다.
(13장) 정복된 땅의 분배로 요단 동편에 르우벤, 갓, 므낫세 반 지파에게 땅이 분배된다.
(14장) 갈렙은 모세가 자신에게 약속한 헤브론을 요구하여 얻는다.
(15장) 각 지파에게 요단 서편(가나안의 땅)이 분배된다. 유다 지파에게 땅이 분배된다.
(16장) 그리고 에브라임 지파에게 땅이 분배된다.

[말씀 묵상]

1. 여호와께서 여호수아에게 13장 1-7절을 말씀하실 때, 군대장관과 같은 지도자로서의 임무는 끝났지만 정치적인 지도자로서 해야 할 일은 많이 남아 있었다. 그것은 아홉 지파 반에게 1) 불평 없이 땅을 분배하여 정착하도록 하며, 2) 그 땅에 남아 있는 원수들을 몰아내도록 격려하는 일이었다.
2. 땅을 차지하고 싶은가? 갈렙은 정복전쟁이 끝난 후 과거에 모세가 약속한 땅을(민 13:22) 요구하고 아낙 자손의 땅 **헤브론**을 얻게 된다(14:6-15). 그는 "나와 함께 올라갔던 내 형제들은 백성의 간담을 녹게 하였으나 나는 나의 하나님 여호와를 온전히 좇았음"을 강조한다. 그래서 세월이 지난 후 자신있게, "이 산지를 (지금) 내게 주소서"(14:12)라고 말할 수 있었다. 갈렙은 돌에 맞을 것도 각오한 담대한 그의 가나안 정복에 대한 확신(민 13-14장)은 믿음대로 이루어졌다. "온유한 자는 복이 있나니 저희가 땅을 기업으로 받을 것임이요"(마 5:5)라고 예수님께서도 말씀하셨다.
3. 성경을 읽을 때에 땅을 분배하는 내용이 기록된 본문에 나오는 알 수 없는 성읍과 촌락의 이름들, 발음도 어렵고 애매한 가족의 이름들, 쓸데없어 보이는 세부적인 땅의 경계들로 인해 지겨워서 오늘의 내게 그것들이 무슨 의미가 있는 것일까를 생각한다. 이스라엘과 여호수아의 입장에서 보면 힘들여 싸운 끝에 전쟁은 그치고 나팔 소리와 함께 조상들에게 약속되었던 땅을 분배받을 때에 그것이 내 땅의 분할이라면, 세세한 목록 하나인들 놓치겠는가?

[깊은 연구]

1. 블레셋은 누구인가? (수 13:2-3)

정복되지 못한 땅의 첫 번째로 **블레셋 사람의 온 땅**을 소개하고 있다(13:2-3). **블레셋 사람**은 주전 12세기 초 지중해의 그레데 섬(암 9:7) 방면에서 애굽으로 침입코자 했으나 애굽의 람세스 3세에 의해 격파되고 이스라엘과 거의 동시대에 연안지방에 정주한 민족이다. 그 출신은 분명치 않으나 바다의 사람(해적)이었던 것으로 추측한다. 그들은 후에 5개의 도시국가(13:3에 보면 가사, 아스돗, 아스글론, 가드, 에그론)로 형성됐고, 그 영향력이 커서 늘 이스라엘에게 위협이 되었다(삼상 6:17). 〈통독 107일째 "깊은 연구" 참고〉

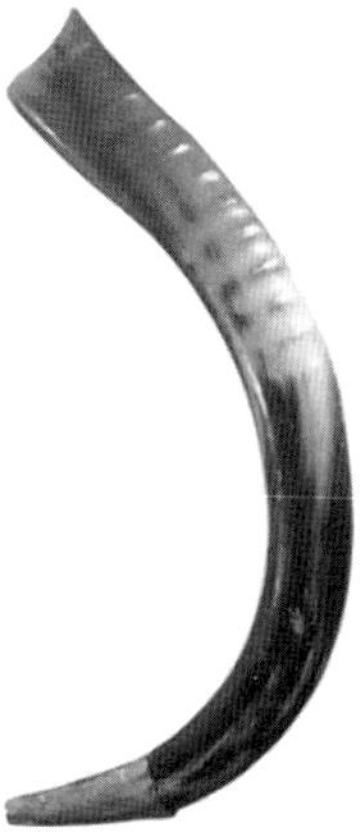

■ 뿔나팔 쇼파르
이스라엘은 정복전쟁 때에 나팔을 불었다. 여리고 성을 돌던 중 일곱째 날 제사장이 쇼파르(shofar)를 불며 백성이 소리를 지르자 여리고 성도 무너졌다(수 6장).

통독	95
확인	

공부

여호수아 13장~16장 : 요단 동편, 서편 땅 분배

1. 여호수아가 나이 많아 늙었을 때에 땅을 다 얻었나, 아니면 남아 있었나?(13:1) -
2. 레위 지파에게는 기업을 주지 않은 이유는?(13:14, 33) -
3. 범죄케 하므로 이스라엘 자손이 도륙하는 중 칼날에 죽은 자는?(13:22, 민 31:8) -
4. 이스라엘 자손이 취한 가나안 땅을 분배하는 일을 한 사람들은?(14:1) -
5. 요셉 자손이 나누어진 두 지파의 이름은?(14:4a, 16:4) -
6. 레위 사람에게 아무 분깃도 주지 아니하고 오직 무엇을 주었나?(14:4b) -
7. 갈렙이 사십 세에 어떻게 했기에 모세가 땅을 약속했나?(14:6-9) -
8. 갈렙이 땅 분배를 요구한 때의 나이는?(14:10) -
9. 여호수아가 갈렙에게 준 땅과 그 옛 이름은?(14:13-15) -
10. 유다 자손의 지파가 그 가족대로 제비 뽑은 땅의 극남단은 (　　　) 지경에 이르고...(15:1).
11. 서편 경계는 (　　　)와 그 해변이니 (　　　) 자손이 그 가족대로 얻은 사면 경계가...(15:12).
12. 옷니엘의 아내는 (　　　)이며 그의 아비 갈렙이 (　　　)을 그에게 주었다(15:16-20).
13. 예루살렘 거민 (　　　)을 유다 자손이 쫓아내지 못하였으므로 여부스 사람이 오늘날까지 유다 자손과 함께 (　　　)에 거하니라(15:63).
14. 여리고, 벧엘 등은 어느 자손이 제비를 뽑은 기업인가?(16:1-4) -
15. 요셉 자손은 두 지파가 되었는데 그 이름은?(16:4) - 1)　　　　　　2)
16. 게셀에 거하는 누구를 쫓아내지 아니하였으므로 그들이 사역하는 종이 되었나?(16:10) -

▲▼△▽ -----≪그대의 나이는 얼마나 되었나요?≫----- ▽△▼▲

〈조선왕조실록〉에 기록된 왕들의 평균 수명은 44세다. 가장 오래 산 왕은 영조로서 82세까지 사셨고, 그 다음으로 태조가 73세, 세종대왕은 53세에 돌아가셨다. 왕들이 장수하지 못한 이유는 여러 가지겠지만 가장 큰 원인 세 가지는 '운동부족', '보약중독', '정력소모'이리라.

불로초를 구하던 진시황도 49세까지밖에 살지 못했는데, 현대의 의학자들은 인간의 수명이 120세, 또는 150세가 가능하다고 주장한다. 그렇다면 의학자들의 주장대로 우리나라 국민의 평균 수명이 120세라고 한다 해도 40~50년은 더 살아야 할 것 같은데 그대는 얼마나 살 것 같은가?

'얼마나 살았느냐'도 중요하지만, '어떻게 살았느냐'는 더 중요한 일이므로 가치 있는 삶을 위한 자세가 필요하다.

♧ ♧ ♧

젊은이는 살아온 날들보다 더 살 것이며, 늙은이는 살아온 날들보다 적게 살 것은 자연적인 이치지만 이를 잊고 산다. 일생에 자랑할 것은 '수고와 슬픔' 뿐이라고 모세도 노래했고(시 90편), 야곱은 '험악한 세월'을 살아왔음을 증언하고 있다(창 47:9).
그대의 나이는 몇이며, 앞으로 어떻게 살 것인지를 살펴보는 것도 아름답고 지혜로운 일이다.
가나안을 정복한 갈렙은 45년 전의 땅에 대한 약속을 85세가 되어 받게 되었다.

(개역, 수 14:10) 이제 보소서 여호와께서 이 말씀을 모세에게 이르신 때로부터 이스라엘이 광야에 행한 이 사십오 년 동안을 여호와께서 말씀하신 대로 나를 생존케 하셨나이다 오늘날 내가 팔십오 세로되

신현주, 〈예화철학〉, 〈예화산책〉, www.sbs66.net

[오늘의 말씀] 여호수아 17장~20장 : 요단 서편 땅 분배 → 먼저 성경 읽기

(17장) 므낫세 반 지파에게 땅이 분배되었다.
(18장) 실로에는 회막이 세워지므로 이스라엘 예배의 중심지가 된다. 베냐민 지파에게 땅이 분배된다.
(19장) 나머지 여섯 지파에게 땅을 분할하므로 일단 땅 분배는 끝난다.
(20장) 땅 분배가 끝난 후 이어서 부지중 살인자를 위한 도피성을 택정한다.

[말씀 묵상]

1. 이스라엘은 가나안 땅을 분배하면서 "이스라엘 자손의 온 회중이 실로에 모여서 거기 회막을 세웠으니 그 땅이 이미 그들의 앞에 돌아와 복종하였음"(18:1)은 희망적인 말씀이다. 아직 일곱 지파에게 땅이 분배되지 않은 상태에서 먼저 신앙적인 기강을 세워 가나안 정복과 땅 분배가 하나님의 섭리임을 상기시킨다. 이처럼 무슨 일이든지 믿음으로 할 때에 가장 귀하다.

[깊은 연구]

1. 열두 지파와 분할된 땅

1) 12지파에게 분할된 땅의 지도를 보라. 〈제1권 부록 지도 참고〉 므낫세가 두 곳인 이유는 요단을 중심으로 동서로 반(半, 2분의 1)지파씩 나뉘어 땅을 분할받았기 때문이다.

2) 이스라엘은 12지파로 형성되었다. 야곱의 열두 명의 아들이 그 기원이 되며 그들의 출생은 창세기 29, 30, 35장에서 찾아볼 수 있다. 가나안에 있던 이들은 광야에서의 종살이를 거쳐 그 후손들이 출애굽할 때에 더욱 강한 12지파 동맹이 된다. 이들은 광야에서 진을 칠 때 법궤를 중심으로 그 위치가 정해졌고(민 3:2-31), 이스라엘이 진행할 때도 그 위치가 정해졌다(민 10:11-36).

3) 야곱의 열두 아들의 이름대로 12지파가 형성되었다. 그 중에 레위(수 13:14, 18:7, 21장)는 제사장과 성전 봉사를 위해 특별히 구분되어 계수에서 빠졌음에도 11지파가 아닌 12지파가 된 것은 요셉 자손의 경우 므낫세와 에브라임 두 지파로 나뉘었기 때문이다(수 14:4).

2. 열두 지파와 그 기업(基業, 수 13-19장)

1) 12지파 중에 ① 므낫세 반 지파(13:29)와 ② 르우벤(13:15), ③ 갓(13:24)은 **요단 동편(강 건너편)**을 기업으로 받았고, ④ 유다(15:1), 요셉 자손의 ⑤ 에브라임(16:5), 므낫세 반(17:1), ⑥ 베냐민(18:11), ⑦ 시므온(19:1), ⑧ 스불론(19:10), ⑨ 잇사갈(19:17), ⑩ 아셀(19:24), ⑪ 납달리(19:32), ⑫ 단(19:40)은 **요단 서편(가나안 땅)**을 받았다. 〈12지파 이름이 기록된 곳을 성경에서 찾아 그 이름에 색연필로 {　} 표를 하라.〉

2) '기업'은 '企業'이 아닌 '基業'으로서 '상속', '유업', '분깃', '몫', '후사'의 뜻이 있다. 가나안 땅을 기업으로 받은 것은 정복으로 받은 것이 아니라 신앙적으로 하나님의 은혜로 받은 것이다. 즉 하나님은 당신의 복을 온 세상에 미치게 하기 위하여 그 터(基)로서 먼저 자기 백성을 택하시고 이들에게 살아갈 토지와 이에 따르는 모든 복을 주셨다(신 4:21, 38:9, 26, 시 105:11).

공부

여호수아 17장~20장 : 요단 서편 땅 분배

1. 므낫세의 현손으로 아들은 없고 딸만 있었던 사람은?(17:3) -
2. 이들이 받은 분깃의 수와, 딸만 있었음에도 기업을 받을 수 있었던 이유는?(17:5-6) -
3. 요셉 자손이 삼림에 올라가서 개척하는 것을 겁낸 이유는?(17:14-18) -
4. 요셉 자손이 분깃을 더 요구할 때에 여호수아는 무엇을 하라고 했나?(17:15, 18) -
5. 온 회중이 실로에 모여서 세운 것은?(18:1) -
6. 유다 자손과 요셉 자손 중간의 땅을 제비 뽑은 지파는?(18:11) -
7. 여부스 곧 예루살렘은 어느 지파의 기업이 되었나?(18:28) -
8. 다음 단락은 어느 지파가 제비 뽑은 기업(땅)인가?(19장)

   1) 1-9절: 2) 10-16절: 3) 17-23절:

   4) 24-31절: 5) 32-39절: 6) 40-48절:
9. 여호수아는 어디를 구하여 얻어서 중건하고 거하였는가?(19:49-50) -
10. 여호와께서 이스라엘에게 왜 도피성을 택정하게 하셨나?(20:3) -
11. 피의 보수자가 따라왔을 때에도 살인자를 내어 주지 않은 이유는?(20:5) -
12. 살인자는 언제 집으로 돌아가는가?(20:6) - 1) 2)
13. 도피성이 세워진 곳은 모두 몇 곳이며 어디인지 지명을 쓰세요(20:7-8). - (개의 성읍)

   1) 납달리 - 2) 에브라임 - 3) 유다 -

   4) 르우벤 - 5) 갓 - 6) 므낫세 -

▲▼△▽ -----≪큰 소리로 기도하는 이유≫----- ▽△▼▲

그대는 기도를 하나님 들으시라고 하나, 아니면 사람 들으라고 하나?

▷ 김백두가 큰 소리로 기도했다. "하나님, 우리 아빠가 나에게 자전거를 사 주도록 해 주세요." 할머니가 그 기도 소리를 들으시고 손자에게 물었다. "백두야, 왜 그렇게 큰 소리로 기도하니? 하나님은 귀먹지 않으셨단다." "나도 알아요. 하지만 내 기도를 아빠가 들으셔야 하거든요."

▷ 이한라 집사가 새벽기도회 때에 맨 앞자리에 앉아 큰 소리로 기도했다. 특별한 기도 톤에 놀란 목사가 들으니 하나님 들으시라는 것이 아니고, 못마땅한 목사 들으라는 기도를 하고 있었다.

"하나님 아버지, 양들은 깨어 기도하는데, 목자는 기도도 안 하고 졸고 있습니다. 저 게으른 목자를 깨워 주세요."

♧ ♧ ♧

일러바치지 않아도 하나님은 다 아신다. 사람 들으라고 하는 기도는 하나님이 싫어하신다. 하나님께 기도하기만 자신을 위해 기도해 주는 소리를 듣고 위로와 용기를 얻는 성도들이 함께 있는 것은 사실이다. 공정한 심방이었음에도 '누구네는 진하게, 누구네는 약하게 기도해 주었다'는 등 뒷말을 하는 심방대원은 심방대원 자격이 없다. 기도는 믿음의 소망을 현실로 옮기는 확실한 길이다. 요셉 자손은 가나안 땅 분배 시에 여호와의 주신 복에 상응한 땅을 요구해서 얻었다.

(여호수아 17:14) 요셉 자손이 여호수아에게 말하여 가로되 여호와께서 지금까지 내게 복을 주시므로 내가 큰 민족이 되었거늘 당신이 나의 기업을 위하여 한 제비, 한 분깃으로만 내게 주심은 어찜이니이까

신현주, 〈예화철학〉, 〈예화산책〉, www.sbs66.net

[오늘의 말씀] 여호수아 21장~24장 : 여호수아의 고별 설교 → 먼저 성경 읽기

(21장) 레위인을 위한 48개의 성읍을 택정한다.
(22장) 요단 동편의 두 지파 반이 "볼 만한 큰 단"을 쌓아 오해가 있었으나 여호수아가 신속히 대처한다.
(23장) 여호수아는 생애를 마치며 고별 설교를 통하여 우상을 숭배하지 말 것을 권한다.
(24장) 그리고 세겜에서 지도자들을 모아 여호와만 섬기기로 언약을 세우고 110세에 죽는다.

[말씀 묵상]

1. 여호수아는 그의 마지막 순간에 이스라엘 백성에게 우상을 버리고 하나님만 섬길 것을 호소한다(24장). 결국 그들을 이끌어 내고, 홍해를 건너게 하고, 요단을 멈추게 하고, 여리고 성을 무너뜨리고, 가나안 군대를 도주케 하시는 하나님을 제시하며 **"너희 섬길 자를 오늘날 택하라"**(24:15)고 강력하게 외친다. 여호수아는 **"오직 나와 내 집은 여호와를 섬기겠노라"**(24:15)라고 말한다. 재물, 학식, 취미, 가문, 친구 등이 한없이 좋기는 하지만 때에 따라서 신앙을 혼란스럽게 하고 있지는 않은지!
2. **"이스라엘이 여호수아의 사는 날 동안과 여호수아 뒤에 생존한 장로들 곧 여호와께서 이스라엘을 위하여 행하신 모든 일을 아는 자의 사는 날 동안 여호와를 섬겼더라"**(수 24:31)라는 말씀은 여호수아의 경건한 지도력의 영향을 보여 준다. 그러나 지도자를 훈련시키지 못한 결과는 여호수아가 죽은 뒤에 사사 시대라는 혼란기의 초석이 된다. 어느 시대나 다음을 이을 지도자를 양성해야 한다.

[깊은 연구]

1. 레위 지파의 자손 계보 (수 21:4, 6, 7)

레위는 야곱과 레아 사이에서 태어난 셋째 아들로서 레위 지파의 조상이 되었다(창 29:34, 35:23, 출 1:2, 대상 2:1). (참고. 출 6:16-25, 민 3:17-20) 이들은 **세 자손(그핫, 게르손, 므라리)**으로 나뉘었고, 특별히 성전봉사를 위해 부름을 받았다.

2. 요셉의 뼈를 세겜에 장사함 (수 24:32)

이것은 요셉의 유언이 400여 년 만에 실현된 것이다. 요셉이 **애굽에서** 죽으며 자기의 해골을 가나안으로 가져가도록 유언했고(창 50:25), 그 후 이스라엘 백성이 종살이를 거쳐 까마득한 후손인 모세가 **출애굽할 때** 요셉의 해골을 가지고 나왔으며(출 13:19), 이것을 여호수아 시대에 이스라엘 백성들이 가나안 땅 **세겜에 장사**한 것이다(24:32). 얼마나 값진 전통과 역사인가?

(창 50:25) 요셉이 또 이스라엘 자손에게 맹세시켜 이르기를 하나님이 정녕 너희를 권고하시리니 너희는 여기서 내 해골을 메고 올라가겠다 하라 하였더라

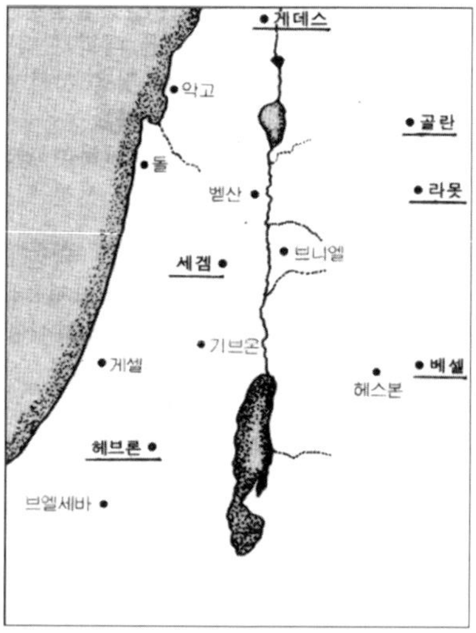

■ 도피성의 위치(수 20장)
도피성은 요단 동서쪽에 각각 세 성읍을 정하여 부지중 살인한 자들이 피하게 했다.

통독	97
확인	

공부 여호수아 21장~24장 : 여호수아의 고별 설교

1. 레위 사람의 족장들이 무엇을 요구하여 얻었나?(21:1-3, 48) -
2. 제비를 뽑아 성읍을 얻은 레위 지파의 세 자손의 이름은?(21:4-7에 나온 자손들)
   1) 2) 3)
3. 살인자의 도피성 헤브론과 그 들(野)은 누구에게 주었나?(21:13) -
4. 레위 지파가 얻은 성읍은 모두 몇 성읍이요 그 들(野)인가?(21:41) -
5. 르우벤, 갓, 므낫세 반 지파가 장막으로 돌아갈 때 여호수아가 무엇을 했나?(22:6-7) -
6. 요단 건너편으로 간 지파들이 쌓은 '볼 만한 단'은 ① 우상 숭배인가, 하나님을 섬긴다는 증거인가? -
   ② '여호와께서 하나님이 되시는 증거'라는 뜻으로 칭한 이름은?(22:10-34) -
7. (23: 절) 그러므로 너희는 크게 힘써 ~
8. (23: 절) 너희 중 한 사람이 ~
9. 아브라함의 아비, 나홀의 아비 데라가 강 저편에서 누구를 섬겼나?(24:2) -
10. "너희 섬길 자를 오늘날 택하라" 할 때에 백성들의 대답은?(24:14-18을 읽고 답은 18절 하반절만 쓰세요.) - 그러므로 ~
11. 그날에 여호수아가 세겜에서 백성과 더불어 세운 것은?(24:25) -
12. 여호수아가 죽을 때의 나이는? 그리고 장지는?(24:29-30) -
13. 24장 32절의 "요셉의 뼈": ① ( )에서 유언 - 창 50:25, ② ( )가 출애굽할 때 가지고 나옴 - 출 13:19, ③ 여호수아 시대에 약속의 땅 ( )에 장사 - 수 24:32

▲▼△▽ -----≪양방에 가나, 한방에 가나?≫----- ▽△▼▲

▷ 새벽기도회에 가다가 계단에서 넘어져, 무의식중에 가방을 끌어안는 바람에 오른쪽 어깨를 콘크리트 바닥에 찧었다. 두 달간 병원을 다니며 물리치료를 받아도 어깨가 저리고, 위험해서 운전도 못하고, 오른손으로는 머리 감는 일도 못 했다. 어느 날 친구가 소개해 준 한의원에 가서 침을 맞고 마사지를 받았다. 그 다음날 아침 머리를 감는데, 보조 역할밖에 못하던 손이 휙 돌아갔고 완치됐다.

▷ 컴퓨터 사용을 무리하게 해서 오른쪽 손목이 시어 오는데 급기야는 손목을 움직일 수 없고 괴로웠다. 오른손으로 문을 열 힘도, 차 키를 돌릴 힘도 없었다. 경험으로 골관절은 한방병원이 낫겠다 싶어 한 달 이상 침을 맞고 물리치료를 받았으나 차도가 없었다. 어느 날 교인이 소개해 준 정형외과에서 손목에 주사 한 대를 맞았는데 빼근하더니 다음날 완치됐다.

♧ ♧ ♧

다치지 말아야겠지만 또 골관절을 다치면 어디로 가야 할까? 인생은 언제나 이것을 선택하면 저것이 아쉬워서, 자장면 시키면 남 짬뽕 먹는 걸 보고 후회를 하는 게 인생이다.
믿음은 정확한 답이 있지만, 세상의 일이란 답이 없는 속에서 책임 있는 선택을 해야 하고 그 결과에 승복해야 하는 것이다. 그러므로 바른 선택을 위하여 기도해야 한다. 영적인 지혜가 필요하다.
여호수아는 죽기 전에 고별 설교를 통하여 이스라엘에게 오늘날 섬길 자를 택하라고 말한다.

(여호수아 24:15) 만일 여호와를 섬기는 것이 너희에게 좋지 않게 보이거든 너희 열조가 강 저편에서 섬기던 신이든지 혹 너희의 거하는 땅 아모리 사람의 신이든지 너희 섬길 자를 오늘날 택하라 오직 나와 내 집은 여호와를 섬기겠노라

신현주, 〈예화철학〉, 〈예화산책〉, www.sbs66.net

〈사사기〉를 소개합니다

제목에 대한 해설

'사사'라는 우리말 단어는 생소한 느낌이다. 〈사사기〉는 여호수아의 죽음과 왕정 시대 초기 사이에 이스라엘을 이방으로부터 구원한 '지도자들'(쇼페팀)이라는 단어에서 이 책이름 '쇼페팀'이 유래되었다. '쇼페트'(쇼페팀의 단수)는 '사사'(士師)보다 광범위한 의미를 갖는다. '장관', '정부의 수뇌', '재판관'의 의미를 담고 있어서 영어역은 '재판관'(Judges)이라 하였고, 한글 공동번역도 '판관기'(判官記)라 하였다.

저자 및 저작 연대

초기 기독교에서는 이 책의 저자를 사무엘로 보았다. 이는 탈무드의 기록 "사무엘은 자기 이름으로 칭하는 책과 사사기와 룻기를 기록하였다" 한 것에서 기인한다. 그러나 본서에서는 저자에 대한 증거는 찾을 수 없다. 그 기록 연대는 내적 증거에 의해(17:6, 18:31) 통일 왕국 시대인 사울의 통치 기간이거나 또는 다윗의 통치 기간(주전 1000-960년경)을 제시할 수 있다.

현대 학자들 중에는 신명기적 역사관에 의해 주전 550년경에 최종 집필(또는 편집)된 것으로, 그 이전에 여러 사람의 손을 거친 것으로 보는 이들도 있다.

시대적 배경

이스라엘이 가나안에 정착하기에 앞서서 그리스 해변에 본거지를 두고 있던 바다 백성들(Sea-People, 블레셋)이라 불리는 자들이 침입하여 헷 제국과 시리아, 우가리트까지 몰락시켰다. 이들이 가나안 땅 해변가에 가사, 아스글론, 아스돗, 가드, 에그론 등 다섯 도시국가 연맹을 형성하였다(〈사사기〉와 〈사무엘서〉에 자주 등장). 이들은 이스라엘보다 약 100-150년경 먼저 가나안에 들어와 정착해 살면서 내륙으로 뻗어 나가고 있었다. 자연히 블레셋과 이스라엘은 충돌하게 되었는데, 〈사사기〉에는 세 번의 대결이 중요하게 언급되고 있다.

사사 기간은 이스라엘이 가나안에 들어온 때로부터 약 200년간(전통 견해는 약 400여 년)으로 보는데 이는 사사기의 연대를 직렬로 연결하느냐 아니면 동시에 몇 지역에서의 사건으로 보아서 연대를 병렬로 연결하여 계산하느냐에 따라 사사 시대의 기간에 약 200년간의 차이가 있다.

구조 및 주요 내용

본서는 크게 세 부분으로 나누어진다.

첫 번째로 1장 1절부터 3장 6절은 사사기의 서론부로서 가나안 땅에 들어간 백성들이 하나님을 떠나 가나안 땅의 신들을 섬기게 되는 과정을 소개하고 있다.

두 번째로 3장 7절부터 16장 31절의 본론 부분으로 두 부류의 사사들이 나온다. 즉 하나님의 영감을 받고 일어나 백성들을 재난에서 구원해 낸 '대사사'들과 그러한 설명 없이 단순하게 누가 몇 년간 통치했다는 '소사사'들이 나온다.

세 번째로 17장 1절부터 21장 25절은 결론 부분이며 부록으로 보는데, 한 지파가 몰락하는 비운의 역사를 통해 새로운 정치 사회제도가 불가피함을 보여 주며 이는 자연스럽게 〈사무엘서〉와 연결된다.

교훈과 메시지

1) 사사 통치의 의미

사사의 등장은 대적의 손에 고통을 당하던 이스라엘의 부르짖음에 대한 응답으로 하나님의 구원 행위다. 하나님의 역사 개입과 간섭에 의해 하나님의 영감을 받아 구원자로 등장하고 통치하였다. 사사의 등장과 통치는 이스라엘이 하나님을 떠나므로 그 징벌로 이방의 침입과 고통을 받은 후 회개하여 하나님이 사사를 보내 구원하시므로 태평을 누리는 구조다. 즉 ① 악을 행함, ② 이방의 침입과 고통, ③ 회개의 부르짖음, ④ 사사를 통한 구원이라는 기본 구조로 되어 있다. 여기에서는 인간의 나약성과 하나님의 크신 은총을 보게 된다.

2) 사사 통치의 중요성과 그 한계성

사사 시대는 왕이 없는 때로서 지파가 자율적으로, 또는 지파동맹체(Amphictiony)를 유지하므로 신정국가를 이루었다는 긍정적인 평가가 있다. 인간이 인간을 섬기지 않고 왕은 오직 하나님 한 분뿐이었다. 그러나 한편 이 시대는 "이스라엘에 왕이 없으므로...자기 소견에 옳은 대로"(17:6) 행한 혼란한 시대로서 사사는 국부적인 통치를 한 한계성을 함께 지니고 있었다.

3) 아직 이른 왕정제도의 예고

〈사사기〉에서 하나님 백성의 내부 상황은 종교적으로 법적으로 정치적으로 진행되던 붕괴를 더 이상 사사들이 막을 수 없음을 보여 준다. 이로써 〈사무엘서〉에서 백성들이 왕정제도를 요구하는 까닭을 설명할 수 있다.

〈룻기〉를 소개합니다

제목에 대한 해설

본서의 주인공인 '룻'의 이름에 근거하여 본서를 히브리어 성경이나 후대의 성경들 모두 〈룻기〉라 하였다. 룻은 이방 모압 여인으로서 하나님의 백성이 되는 과정을 보여 준다.

저자 및 저작 연대

저자는 미상이지만 탈무드에 의하면 사무엘이 〈사무엘서〉와 〈사사기〉, 〈룻기〉를 기록했다고 한다.

저작 시기는, 다윗은 등장(4:18 이하)하나 솔로몬이 등장하지 않는 것으로 보아 다윗 시대에 기록한 것으로 본다.

현대 학자들 중에는 신명기 법전(주전 550년경)과 친숙하게 연결하여 포로 후기로 보는 이들도 있다. 잡혼을 금한 에스라-느헤미야의 개혁의 일방성에 반하여 이방인을 수용하고 가정을 중요시하는 것을 주장하는 포로 후기의 기록으로도 본다.

시대적 배경

본서의 첫 부분에는 "사사들의 치리하던 때"라 하였고, 끝 부분인 4장 18-22절에는 족보와 함께 다윗이 언급되어 있어서 시대적 배경을 쉽게 알 수 있다. "베레스의 세계는 이러하니라 베레스는 헤스론을 낳았고 헤스론은 람을 낳았고 람은 암미나답을 낳았고 암미나답은 나손을 낳았고 나손은 살몬을 낳았고 살몬은 보아스를 낳았고 보아스는 오벳을 낳았고 오벳은 이새를 낳았고 이새는 다윗을 낳았더라." 이 사건은 다윗 왕의 3대 조모인 룻이라는 이방 여인이 살던 시대의 이야기인데 그것이 기록 시기를 말하는 것은 아니다.

교훈과 메시지

1) 아름다운 만남과 대화의 책

〈룻기〉에는 많은 만남과 대화가 나온다. 고부 간, 가난한 자와 부자 간, 서로 다른 종족 간, 노인과 젊은이, 남녀 간, 혈족 간의 만남과 대화가 나온다. 이것은 발전적이고 생산적이며 축복을 이루어 간다. 또한 효성과 충절을 잘 보여 준다.

2) 편협된 국수주의에 대한 경계

룻은 이방 모압 여인으로 유다에 귀화하였다. 더구나 이방인으로 다윗 가문까지 이어져(4:18-22, 마 1:1-17) 유다인들의 편협된 자세를 경계한다. 이스라엘의 신앙의 유지와 보전은 그 삶과 신앙의 내용에 있는 것이므로 혈연적인 면에 지나치게 집착하지 말 것을 은연중에 가르치고 있다.

3) 기업 무르기(수혼제)에 대한 가르침

'기업을 무르다', '구속하다'라는 말이 20회가 나오는데 이 말은 다양하게 사용된다. 신명기 25장 5-10절과 창세기 38장에 나온 수혼제(룻 1:11-12에 약간의 언급이 있다)뿐 아니라 공동체를 이루어 가는 규약의 역할을 하였다. 즉 ① 가족이나 친지의 재산을 다시 무르거나(레 25:25), ② 종 된 형제를 자유롭게 하거나(레 25:47-55), ③ 자기 친족을 죽인 살인자에게 복수하는 보호자(민 35장, 신 19:6)가 되었다.

룻은 이 혜택으로 보아스가 그의 기업을 무르는 자가 되어 그와 결혼하였다. '기업 무르는 자'를 히브리어로 '고엘'이라 했는데, 신약에서는 예수님이 우리의 구원자로서 '고엘'이 되신다.

4) 가정에서 여성의 역할

등장인물 중에 나오미의 남편과 두 아들은 죽고 나오미와 모압에서 얻은 자부, 룻만 남은 상황하에서도 혈통이 끊어지지 않고 이어지게 된 것은 이들의 아름다운 관계에서 기인한다. 이것은 가정에서 여성의 역할이 중요함을 일깨워 줌으로써 모든 여성은 어떤 형편에 처하든 가정에 충실해야 함이 중요하며 그 가치가 어떤 것인지를 보여 주는 중요한 교훈을 담고 있다.

5) 룻인가, 다윗인가?

베레스 이후의 계보가 다윗까지 이어짐으로써 10대를 이루고 있으며, 이러한 족보는 창세기의 아담과 노아의 계보, 그리고 셈에서 아브라함까지의 계보를 연상하게 해 준다.

베레스에서 다윗까지 이어진 계보가 '룻의 후손 다윗을 보라'인지, 아니면 '다윗의 조모는 룻'임을 강조함인지, 그 판단은 독자의 몫이다.

[오늘의 말씀] 사사기 1장~3장 : 불완전한 정복 → 먼저 성경 읽기

(1장) 약속의 땅에서 여호수아가 죽은 후, 이방 족속을 완전히 몰아내려는 유다, 시므온 그리고 다른 지파들의 노력은 완전한 성공을 거두지 못한다.
(2장) 불신앙의 세력들이 이스라엘의 영적 거침돌이 되었다. 이스라엘의 범죄로 악순환은 반복된다.
(3장) 옷니엘, 에훗, 삼갈이 사사로 세워져 구원자가 된다.

[말씀 묵상]

1. 〈사사기〉를 읽을 때 반복되어 나오는 "여호와의 목전에 악을 행하여"(2:11, 3:7, 3:12, 4:1, 6:1, 10:6, 13:1)라는 말에 자신을 돌이켜 보게 된다. 그것은 이스라엘의 모습이면서 오늘 우리의 모습이기 때문이다. 그럼에도 불구하고 하나님의 긍휼은 회개하는 인생들을 향하여 어려울 때마다 구원할 믿음의 용사(사사)를 세워 주셨다. 우리도 예수 안에서 그렇게 복을 받으며 산다.
2. "여호와께서 그들을 위하여 한 구원자를 세우셨으니 그는 곧 베냐민 사람 게라의 아들 왼손잡이 에훗이라"(삿 3:15)라는 말씀처럼 에훗은 왼손잡이였다. 하나님은 때때로 왼손잡이 용사들에게 특별한 은혜를 주셨다(삿 20:16 - 물매 던지는 용사 칠백인, 대상 12:2 - 다윗을 돕는 용사). 남과 조금 다르다고 하여 이상해할 이유는 없다. 하나님의 손에 사용되기만 하면 모두 사명자인 것이다.

[깊은 연구]

1. 〈사사기〉의 일정한 틀 [배반-심판-회개-구원] - 7번 반복

〈사사기〉를 읽을 때에 흐름을 이해하면 도움이 된다. 사사 시대를 '사이클 시대'라고 하는 것은 '배반-심판-회개-구원'이 반복되기 때문이다. - 이 틀을 기억해 두라. -

1) 이스라엘 자손이 여호와의 목전에 악을 행하여 (배신) - 2:11, 3:7, 3:12, 4:1, 6:1, 10:6, 13:1
2) 여호와께서 그들을 진노하사 ~에게 파셨으니 (심판) - 2:14, 3:8, 3:14, 4:2, 6:2, 10:7, 13:1
3) 이스라엘 자손이 여호와께 부르짖으매 (회개) - 2:16, 3:9, 3:15, 4:3, 6:6, 10:10, 14:4
4) 한 구원자를 세워 구원하게 하시니 ~동안 태평 (구원) - 2:16, 3:9, 3:15, 4:4, 6:8, 11:29, 14:20

2. 십이 사사와 성경에 표시하기

1) 성경을 펼쳐 아래의 이름에 표를 하고 여백에 숫자를 써 넣으면 사사들의 모습이 한눈에 보인다. ① 옷니엘(3:9), ② 에훗(3:15), ③ 삼갈(3:31), ④ 드보라와 바락(4:4, 6), ⑤ 기드온(6:11), ⑥ 돌라(10:1), ⑦ 야일(10:3), ⑧ 입다(11:1), ⑨ 입산(12:9), ⑩ 엘론(12:11), ⑪ 압돈(12:13), ⑫ 삼손(13:24). * 기드온의 아들 '아비멜렉'은 자칭 왕이었지 사사가 아니다(9장).

2) 오늘의 인물로는 ① 옷니엘(3:9), ② 에훗(3:15), ③ 삼갈(3:31)이 나온다. 〈사사기〉에는 12명의 사사가 등장하므로 미리 사사들의 이름 첫 자를 외워 두면 도움이 될 것이다. 〈옷에삼드기돌야입입엘압삼〉 자세한 것은 101일째 도표에서 볼 수 있다.

통독	98
확인	

공부

사사기 1장~3장 : 불완전한 정복

1. 여호수아가 죽은 후 먼저 올라가서 가나안 사람과 싸운 두 지파는?(1:1-4) -
2. 도망가는 아도니 베섹을 잡아 무엇을 끊었나?(1:5-7) -
3. (　　　) 성을 불살랐고 헤브론에 거한 (　　　,　　　,　　　)를 죽였다(1:8-10).
4. 갈렙이 자기 딸을 준 일은?(1:11-14) - 여호수아 15장 (　 -　 절)에 나온다.
5. 유다가 골짜기의 거민을 쫓아내지 못한 이유는?(1:19) -
6. 베냐민 지파가 쫓아내지 못해서 함께 살았던 사람은?(1:21) -
7. 쫓아내지 못한 그 땅의 거민은 이스라엘의 가시가 되고 그 신은 올무가 되었다(2장). (O, X)
8. 여호수아가 죽은 후에도 이스라엘 자손들이 여호와를 잘 섬겼다(2장). (O, X)
9. 여호와의 목전에 악을 행한 것은 바알, 아스다롯 같은 우상을 섬긴 일이다(2장). (O, X)
10. 쫓아내지 아니한 열국으로 여호와의 도를 지켜 행하나 아니하나 시험하였다(2장). (O, X)
11. 신명기 7장 3절에서 금지한 일을 이스라엘이 마침내 한 행위는 무엇인가?(3:5-6)
 - (잡혼):
12. 다음은 어느 사사의 활동과 관계된 것인지 그 이름을 쓰세요(3장). {보기} 삼갈, 옷니엘, 에훗
 1) 메소보다미아 왕 구산 리사다임을 팔 년을 섬길 때에 부름 받음(3:7-11) -
 2) 여호와께 부르짖으매 구원자로 갈렙의 아우 그나스의 아들을 세움(3:9) -
 3) 베냐민 사람 게라의 아들 왼손잡이인 이 사람을 하나님이 구원자로 세움, 모압 왕 에글론을 이김(3:15) -
 4) 소 모는 막대기로 블레셋 사람 육백 명을 죽였고 그도 이스라엘을 구원함(3:31) -

▲▼△▽ -----≪서로 붙잡아 주어야 한다≫ ----- ▽△▼▲

태풍이 영국을 강타했을 때, 런던 근교의 숲에서 이상한 현상이 벌어졌다. 나무가 전부 뿌리째 뽑혀 넘어진 것이다. 아무리 태풍 피해가 심하다 해도 그런 일은 유례가 없었다.

학자들로 이루어진 조사팀이 원인 규명작업에 나섰다. 그 결과 숲에 처음 나무를 심었을 때, 간격을 너무 띄워 놓아서 뿌리가 서로 얽히지 못해 발생한 일임을 알아냈다. 나무들이 따로 따로 떨어져 서 있기 때문에 강풍이 불었을 때 모두 넘어져 버린 것이다.

그리스도인은 서로에게 사랑과 기도의 필요성을 갖고 영적인 연대를 가지고 지원을 해야 한다. 긴밀한 교제 가운데 있어야 서로의 필요를 알고 도와줄 수 있다. 성경은 우리를 '한 몸'이라 비유하고 있다(고전 12:12-27). 그런데 필요에 따라 한 몸이었다가 버렸다가 하는 관계여서는 안 된다.

♧ ♧ ♧

성도 간에 서로 은혜로 얽혀 있음은 신앙의 안전벨트다. 그런데 잘못된 교인들과 얽히면 믿음을 잃어버리는 경우도 있다. 교회에서 만난 친구들과 노름하다가 같이 [illegible] 나는 경우도 있었다. 이단이나 사이비들과 얽혀 있으면 영적으로, 사회적으로 문제가 생기게 마련이다. 우리는 그리스도 안에서 하나로 얽혀 있는 신앙공동체이므로 아픔도 기쁨도 함께해야 하며 서로를 붙잡아 주어야 한다. 유다는 제비 뽑은 땅의 정복을 위해 시므온에게 함께 올라가자 하였다.

(사사기 1:3) 유다가 그 형제 시므온에게 이르되 나의 제비 뽑아 얻은 땅에 나와 함께 올라가서 가나안 사람과 싸우자 그리하면 나도 너의 제비 뽑아 얻은 땅에 함께 가리라 이에 시므온이 그와 함께 가니라

신현주, 〈예화철학〉, 〈예화산책〉, www.sbs66.net

[오늘의 말씀] 사사기 4장~8장 : 드보라, 기드온의 활동 → 먼저 성경 읽기

(4장) 가나안 왕 야빈의 지배를 받을 때 드보라와 바락이 구원자로 등장하고
(5장) 여선지 드보라는 승리의 노래를 부른다.
(6장) 이스라엘은 미디안을 인하여 고난을 당하게 되고 회개한 그들을 위해 사사로 기드온을 부르신다.
(7장) 32,000명에서 300명만 선택되어 나팔, 빈 항아리, 횃불로 무장하고 미디안 진영에서 승리한다.
(8장) 미디안을 섬멸한다. 기드온이 죽은 후에 이스라엘은 여호와도, 기드온도 잊고 우상 숭배에 빠진다.

[말씀 묵상]

1. 이스라엘의 범죄로 가나안 왕 야빈의 손에 붙였을 때에 사사로 부름 받은 여선지 '**드보라**'는 '**바락**'과 함께 일만 명을 거느리고 야빈의 군대장관 **시스라**를 추격한다(4:4-10). 시스라의 군대는 파멸되고 시스라가 도망하여 헤벨의 장막에 숨었으나 헤벨의 아내 **야엘**이 시스라의 살쩍에 말뚝을 박아 죽인다(4장). 드보라도, 야엘도 맹렬 여성으로 민족을 구하는 데 큰 일을 감당한 시대적인 인물이다.
2. 하나님의 임재를 체험한 기드온이 두려워할 때에 하나님은 '평안하라'(히브리 원문에는 '살롬')고 위로하였다. 이에 "**기드온이 여호와를 위하여 거기서 단을 쌓고 이름을 '여호와 살롬'이라**"(6:24) 하였다. 살롬이란 '평화', '평안'을 뜻하며 히브리인들의 인사말로도 사용되는데, '평안하세요?'로 이해할 수 있다. '여호와 살롬'은 예수 그리스도에 대한 예표적 명칭으로 볼 수 있다. 그 이유는 죄로 인해 죽을 수밖에 없는 우리를 구원하심으로써 '우리의 평화'가 되어 주셨기 때문이다(엡 2:14-18).
3. 동편에서 침입해 온 미디안 족속(베두인)은 남부 이스라엘을 휩쓸고 블레셋의 가사 성읍까지 이르렀다. 흉포한 이들의 모습은 6장 11절에서 보듯 숨어서 타작을 할 정도였다. 그러나 기드온은 하나님의 도움으로 승리할 수 있었다. 레위기 26장 8절에는 "**너희 다섯이 백을 쫓고**(20대 1) **너희 백이 만을 쫓으리니**(100대 1)"라고 약속했는데 기드온의 용사는 300명으로 13만 5천 명을 이겼으니(8:10) 450대 1의 승리를 거둔다. 기드온의 하나님은 오늘 우리의 하나님이시다(7:2-4).

[깊은 연구]

1. *여호와의 별명 (삿 6장)*

기드온은 자신에게 나타난 여호와의 사자를 통하여 여호와를 체험하며 제단을 쌓고 그 이름을 "여호와 살롬"(6:24)이라 하였다. 이는 그가 하나님을 뵙고도 죽지 않았음에 대한 감격의 고백이다. 성경에는 하나님의 별명이 다양하게 나온다. 대체로 옆의 표와 같은 이름으로 해석된다.

성구	번역(개역한글판)	히브리 원문	
창 17:1	전능하신 하나님	엘 샤다이	אֵל שַׁדַּי
창 21:33	영생하시는(영원하신) 하나님	엘 올람	אֵל עוֹלָם
창 22:14	여호와께서 준비 하신다	여호와 이레	יְהוָה יִרְאֶה
출 15:26	치료하는 여호와	여호와 라파	יְהוָה רֹפֶה
출 17:15	여호와는 나의 깃발(승리)	여호와 닛시	יְהוָה נִסִּי
겔 48:35	여호와께서 거기 계시다	여호와 삼마	יְהוָה שָׁמָּה
삿 6:24	여호와는 나의 평화	여호와 살롬	יְהוָה שָׁלוֹם
시 7:17	여호와를 찬양	오데 여호와	אוֹדֶה יְהוָה
시 23:1	여호와는 나의 목자	여호와 로이	יְהוָה רֹעִי
렘 23:6	여호와는 우리의 의로움	여호와 치드케누	יְהוָה צִדְקֵנוּ

통독	99
확인	

공부 사사기 4장~8장 : 드보라, 기드온의 활동

1. 가나안 왕 야빈이 이십 년 동안 이스라엘을 학대할 때에 사사가 된 여선지는?(4:1-5) -
2. 야빈의 군대장관 시스라가 도망하여 간 곳은?(4:17) -
3. 시스라가 잠든 때에 말뚝을 그 살쩍에 박아 죽게 한 여인은?(4:21-22) -
4. (5:　절) 내 마음이 이스라엘의 방백을 사모함은 ~
5. (5:　절) 겐 사람 헤벨의 아내 야엘은 ~
6. (5:　절) 여호와여 주의 대적은 다 이와 같이 ~
7. 이스라엘 자손이 또 여호와의 목전에 (　　)을 행하였으므로 여호와께서 (　　) 년 동안 그들을 (　　　)의 손에 붙이시니 미디안의 손이 이스라엘을 이긴지라(6:1-10).
8. 나의 집은 (　　　) 중에 극히 약하고 나는 내 아비 집에서 제일 (　　　)니이다(6:11-16).
9. 기드온이 여호와를 위하여 거기서 단을 쌓고 이름을 (　　　　)이라 하였더라(6:17-24).
10. 그날에 기드온을 (　　　　)이라 하였으니 이는 그가 바알의 단을 훼파하였은즉(6:25-32).
11. 처음 3만 2천 명 중 남은 자는 몇 명이며, 마지막까지 남아 전쟁에 나간 사람의 수는?(7:1-8) -
12. 기드온의 군대가 가지고 승리한 특별한 세 가지 무기(도구)는?(7:16) -
13. 사로잡혀 바위와 포도주 틀에서 죽은 미디안의 두 방백은?(7:25) -
14. 미디안과 싸우러 나아갈 때에 부르지 않았다며 기드온에게 시비를 한 사람들은?(8:1) -
15. 자신들을 다스려 달라는 이스라엘에게 누가 그들을 다스릴 것이라 했나?(8:22-23) -
16. 기드온이 죽은 후 이스라엘 자손이 누구를 신으로 삼았나?(8:33) -

▲▼△▽ -----≪배수지진(背水之陣)≫----- ▽△▼▲

'배수지진'은 한나라 유방이 초나라 항우를 무찌르고 중국 천하를 통일할 때 장수 '한신'(漢信)이 썼던 전법(戰法)이다. 한신은 유방의 명령을 받고 위나라를 쳐부수었고, 이어서 조나라로 쳐들어가려 할 때에 좁은 골목으로 대군을 몰고 갈 수밖에 없었다. 그러나 그 길목은 조나라의 군사가 지키고 있었으므로 한신은 군사를 두 부대로 나누어 조나라 '성 뒷산'과 '강물을 등 뒤에 두고' 진을 치도록 명령을 내렸다.

날이 밝자 조나라 군사들은 강물을 등 뒤에 두고 진을 친 한신 장군을 비웃으며 성문을 열고 물밀듯이 공격을 감행해 왔고 한신은 패한 척하고 도망을 쳤다. 그 사이에 조나라 성 뒤쪽에 매복하고 있던 한신의 군사들은 조나라 성으로 쳐들어가 수천 개의 한나라 깃발을 성 위에 꽂았다.

♧ ♧ ♧

배수지진[등 背, 물 水, 갈(…의) 之, 진칠 陣].
한신 장군은 오합지졸 같은 군사들이 목숨을 걸고 싸우도록 비상수단으로 도망갈 곳이 없게 등 뒤에 강물을 두고 진을 친 배수진(背水陣) 전법(戰法)으로 승부에 임했다.
죽기를 각오한다면 못 이룰 일이 있겠는가?
기드온의 군대는 정예병으로 미디안의 군대에 대항하여 큰 승리를 거두었다.

(사사기 6:14) 여호와께서 그를 돌아보아 가라사대 너는 이 네 힘을 의지하고 가서 이스라엘을 미디안의 손에서 구원하라 내가 너를 보낸 것이 아니냐

신현주, 〈예화철학〉, 〈예화산책〉, www.sbs66.net

[오늘의 말씀] 사사기 9장~12장 : 여러 사사의 활동 → 먼저 성경 읽기

(9장) 기드온의 아들 아비멜렉은 스스로 왕이 되었으나 죽임을 당하므로 요담의 저주가 이루어졌다.
(10장) '돌라'와 '야일' 이후에 이스라엘은 또다시 이방 신을 섬기고 블레셋과 암몬의 압제를 받는다.
(11장) 기생의 아들로 길르앗에서 쫓겨났던 '입다'가 오히려 길르앗의 우두머리로서 암몬 족속을 격파한다.
(12장) 시비를 잘하는 에브라임으로 인해 동족간의 전쟁을 치른다. 활동에 대한 구체적인 기록이 없는 몇 명의 사사들은 웬 자식이 그렇게도 많은지 놀란다.

[말씀 묵상]

1. 기드온의 아들 **아비멜렉**은 왕이 되고자 형제 70인을 죽였고, 일부 세력을 규합하여 자칭 왕이 되었으나(9:1-8) 결국 조롱을 받는다. 형제 중 유일하게 생존한 요담이 비유로 말한 것처럼 왕이 될 만한 **감람나무, 무화과나무, 포도나무**는 사양하고 **가시나무**가 주제넘게 왕이 되는 이 비유는 세계 도처의 역사를, 그리고 이 땅의 아픈 역사를 말해 주는 듯하다. 아비멜렉은 비정상적인 권력 탈취와 그것을 유지하기 위해 반대자를 죽였으나 하나님은 이 악에 대하여 보응하셨다(9:40-57).

2. 입다는 암몬과의 전쟁에 나가면서 승리하고 돌아올 때에 자신의 집 문에서 나와서 영접하는 자를 여호와께 번제로 드리겠다는 가볍게 생각한 서원으로 인해 괴로워하지만 영웅의 피를 받은 그의 딸은 서원대로 자신을 바치도록 한다(11:29-40). 사람은 **절박한 상황 중에서 서원**을 한다. **야곱**은 빈털터리로 도망하다가 루스에서 서원했고(창 28:20-22), **한나**는 아들을 얻고자 서원을 했으며(삼상 1:11), **압살롬**은 이복형제 암논을 죽인 후에 아버지 다윗을 피하여 3년간 피신해 있을 때 서원했다(삼하 13:30-39, 15:8). 문제는 서원한 것을 지켜 행하느냐에 있다(시 15:4, 전 5:4).

[깊은 연구]

1. 입다가 인신제사(人身祭祀)를 드렸는가? (삿 11장)

"처녀로 죽음을 인하여"(11:37)라는 구절은 히브리 원문에는 **'죽음을'** 이라는 말은 없고 **'처녀 됨을 인하여'**라고 되어 있나. 입다가 실제로 그의 딸을 번제로 드렸는지에 대해서 주석가들의 해석이 분분하다. 인신 희생은 하나님이 금하셨기에(신 21:31, 창 22장) 이 말씀은 그녀로 하여금 평생토록 성전(성막)에서 봉사하도록 처녀로 바친 것이거나, 아니면 평생 결혼하지 못하고 처녀로 살게 된 것이라고 한다. 히브리 여인들은 아내가 되고 어머니가 되어 자녀를 갖는 것이 허락되지 않는 것을 큰 수치로 여기며 이를 죽음과 같이 생각하였기에 그로 인해 애곡하기도 했다(창 16:1-5, 30:22-23, 삼상 1:1-11).

■ 손으로 사자를 잡는 삼손(삿 14:6)
삼손은 큰 힘을 가졌으나 이방 여인을 사랑했고 정욕에 빠져 하나님의 사사로서의 역할에 어려움을 겪기도 했다. 사실적인 부조다.

통독	100
확인	

공부 사사기 9장~12장 : 여러 사사의 활동

1. 기드온은 아내가 많아 아들이 70명에 이르렀다. 그 중에 첩의 아들은?(8:29-31) -
2. 아비멜렉은 형제 70명을 죽이고 세겜에서 왕이 되었는데, 형제 중 살아남은 자는?(9:1-6) -
3. 요담이 그리심산에서 아비멜렉을 비유한 나무는 어느 것인가?(9:7-21) -
4. 아비멜렉은 두골이 어떻게 깨져 죽게 되었나?(9:52-54) -
5. 아비멜렉의 반란 이후의 사사는 (　　　) 사람 (　　　)로서 그는 에브라임 산지 (　　　)에 거하며 (　　　) 년간 사사로 활동했다(10:1-2).
6. 길르앗 사람으로 22년 동안 사사로 일했으며 아들 삼십을 둔 사사는?(10:3-5) -
7. 이스라엘 자손이 악을 행하여 섬긴 이방 신은 각각 무엇인지 이름을 쓰세요(10:6 아래 참고). -
8. 이스라엘은 블레셋과 (　　　) 자손의 손에 요단 저편에서 (　　　) 년 동안 학대를 당하였고, 요단을 건너서 (　　　)와 (　　　)과 (　　　) 족속을 치므로 곤고가 심하였다(10:7-9).
9. "너는 다른 여인의 자식이니 우리 아버지 집 기업을 잇지 못하리라"는 말은 누가 했나?(11:2) -
10. "우리가 암몬 자손과 싸우려 하나니 당신은…우리의 장관이 되라"는 요구는 누가 했나?(11:6) -
11. "암몬 자손에게서 평안히 돌아올 때에…내 집 문에서…영접하는…그를 번제로 드리겠나이다"라고 한 사람은?(11:31) -
12. "여호와를 향하여 입을 여셨으니…입에서 낸 말씀대로 내게 행하소서"라고 한 사람은?(11:36) -
13. 에브라임과 길르앗이 싸운 이유는?(12:1-3) -
14. 길르앗이 요단 나루턱에서 어느 편인지 확인하려고 어떤 발음을 하게 했나?(12:6) -
15. 사사 입산에 대해(12:8-15) - (　　　　　　　　　　　　　　　　　　　　　)
16. 사사 엘론에 대해(12:8-15) - (　　　　　　　　　　　　　　　　　　　　　)
17. 사사 압돈에 대해(12:8-15) - (　　　　　　　　　　　　　　　　　　　　　)

▲▼△▽ -----≪이스라엘이 섬긴 이방 신 일곱(삿 10:6)≫----- ▽△▼▲

(삿 10:6) "이스라엘 자손이 다시 여호와의 목전에 악을 행하여 **바알들과 아스다롯과 아람의 신들과 시돈의 신들과 모압의 신들과 암몬 자손의 신들과 블레셋 사람의 신들을 섬기고** 여호와를 버려 그를 섬기지 아니하므로"에서 말한 신들은 다음과 같다.

1) '바알'은 주인이란 뜻으로 가나안 신들 중 최고의 신으로 풍요의 신이다.
2) '아스다롯'은 가나안 지방의 풍요의 여신인 아스도렛의 복수형이다.
3) '아람의 신'들은 메소포티미아와 시리아 전역에 걸쳐 살고 있던 아람 족속이 섬기는 신들이다.
4) '시돈의 신'들은 베니게에서 섬기는 여신 아스다롯과 풍요의 신 에쉬문(Eshmun)이다.
5) '모압의 신'들은 그들의 민족신인 그모스(Chemosh)를 말한다.
6) '암몬 자손의 신'들은 밀곰(Milcom), 몰렉으로서 인신제사도 있었다.
7) '블레셋 사람의 신'들은 다곤(물고기신)과 바알세붑이다.

[오늘의 말씀] 사사기 13장~16장 : 삼손의 성공과 실패 → 먼저 성경 읽기

(13장) 마노아는 아이가 없던 중에 하나님의 사자의 계시대로 나실인 '삼손'을 낳는다.
(14-15장) 삼손은 사명을 받았지만 대부분 감정적이고 정욕적인 삶으로 나실인의 서원을 무색케 한다.
(16장) 천한 위치에 빠지지만 마지막으로 하나님의 능력을 힘입어 죽음으로써 블레셋 사람을 무찌른다.

[말씀 묵상]

1. 마노아는 하나님의 계시를 받았고 태어날 아이가 나실인임을 알았다(13:4-5). 계시대로 태어난 삼손이 하나님의 신에 감동을 받은 장면이 여러 번 나온다. 그럼에도 그는 이방 블레셋 여인을 사랑하고 만다(16장). 부모의 책임에 대한 성경 구절은 없으나, 다만 그 부모가 얼마나 마음이 아팠는지를 생각해 볼 수 있다.
2. 삼손은 참을 수 없는 분노로 인해(14:19) 거슬리는 사람에게 해를 끼치고 심지어 아내 되었던 자와 장인을 불사르기도 한다(15:6). 무분별하고 파괴적인 행위와 정욕을 따르는 삶은 능력 발휘에 불완전한 면을 드러내지만 그가 믿음으로 행했음을 히브리 기자는 말한다(히 11:32). 부족해도 믿음으로 행하려는 정신을 가지면 언젠가 그 빛이 찬란해질 때가 있다.
3. 삼손은 그 비밀의 노출로 블레셋의 노리개가 되지만 머리털이 밀린 후에 다시 자라기 시작했고, 마지막 기도를 통하여 원수들을 무찌른다(16:22, 28-30). 하나님은 '다시 한 번' 기회를 주신다. 요나도 다시 니느웨로 보내셨고, 주님을 부인한 베드로도 다시 사명으로 일하게 하셨다.

[깊은 연구]

1. <사사기>에 나오는 열두 사사 종합 / 첫 자로 외우기 <옷에삼드기돌야입입엘압삼>

	이름	지파	신분, 특징	압제자	압제 기간	평안 기간	관계 성구	성경 표시	섬긴 신
1	**옷니엘**	유다	갈렙의 조카	메소보다미아 왕 구산 리사다임	8년	40년	3:7-11	3:9	바알, 아세라
2	**에 훗**	베냐민	왼손잡이, 암살자	모압 왕 에글론	18년	80년	3:12-30	3:15	악한 신
3	**삼 갈**	납달리	소 모는 막대기 사용	블레셋			3:31	3:31	악을 행함
4	**드보라**	에브라임	여성 사사, 바락과 동역	가나안 왕 야빈	20년	40년	4:4-5:31	4:4, 6	악을 행함
5	**기드온**	므낫세	아들이 70명이나 됨	미디안	7년	40년	6:11-8:35	6:11	악을 행함
6	**돌 라**	잇사갈	에브라임 산지에서 거함			23년	10:1-2	10:1	
7	**야 일**	므낫세	아들 30,성읍 30 가진 거부			22년	10:3-5	10:3	
8	**입 다**	므낫세	기생의 아들, 경솔한 서원	암몬	18년	6년	10:6-12:7	11:1	각종 이방 신
9	**입 산**	유다	아들 30, 딸 30, 이방 결혼			7년	12:8-10	12:9	
10	**엘 론**	스불론	아얄론에 장사			10년	12:11-12	12:11	
11	**압 돈**	에브라임	아들 40, 손자 30			8년	12:13-15	12:13	
12	**삼 손**	단	나실인으로 성공과 실패	블레셋	40년	20년	13:1-16:31	13:24	악을 행함

* 위의 표에서 빠진 아비멜렉(삿 9장)은 스스로 왕이 된 사람으로 사사는 아니다.
* 엘리(삼상 1-4장)와 사무엘(삼상 3-12장)은 사사보다 제사장 요소가 더 크다.

통독	101
확인	

공부

사사기 13장~16장 : 삼손의 성공과 실패

1. 40년 동안 이스라엘을 지배한 사람은? - (　　　　　　), (13:　　)
2. 포도주, 삭도, 부정한 것을 금하는 신분은?(절수는 처음 나온 것만) - (　　　　　　), (13:　　)
3. 여호와께서 복을 준 마노아가 낳은 아들의 이름은? - (　　　　　　), (13:　　)
4. ( ) 안의 말에서 틀린 것 지우기(4-5문) / 삼손이 (마하네, 딤나)에서 본 블레셋 여인을 아내로 맞아 틈을 타 블레셋을 치려 한 것은 (삼손 자신, 여호와)에게서 나온 것이다(14장).
5. 삼손의 수수께끼의 답을 아내가 (울며, 아양떨며) 요구해서 (제삼, 제칠)일에 누설되었으나 약속대로 베옷과 겉옷 각각 (삼십, 육십) 벌을 주었고 아스글론에서 삼십 명을 쳐 죽였다(14장).
6. 다음 중 서로 관계있는 것을 찾아 줄로 연결하세요(15장).

1) 처가로 아내 보고자	가) 새 줄 둘로 결박	4) 여호와 신의 권능	라) 엔학고레 샘
2) 여우 삼백	나) 대신 동생을	5) 나귀의 새 턱뼈	마) 줄이 불 탄 삼처럼
3) 유다 사람 삼천 명	다) 곡식밭 감람원 불	6) 목마른 삼손	바) 블레셋 사람 일천 명

7. 삼손이 들릴라에게 비밀을 말할 때까지의 순서대로 번호를 쓰세요(16:1-20).
   1) 쓰지 아니한 새 줄로 결박하면 (　　)　2) 내 머리가 밀리우면 (　　)
   3) 푸른 칡 일곱으로 결박하면 (　　)　4) 머리털 일곱 가닥을 위선에 섞어 짜면 (　　)
8. 삼손의 마지막 승리까지의 순서대로 번호를 쓰세요(16:21-31).
   1) 블레셋 사람들이 다곤에게 큰 제사 (　　)　2) 눈을 빼고 옥중에서 맷돌을 돌리게 (　　)
   3) 집 기둥을 쓰러뜨려 원수를 단번에 (　　)　4) 머리털이 다시 자라기 시작 (　　)

▲▼△▽ -----≪잘못 만나지만 않았어도≫----- ▽△▼▲

늦게 공부를 하여 30세가 넘어 고등학교를 졸업하고 컴퓨터 회사에서 15년을 근무한 남자가 있었다. 늦게 결혼했지만 아이도 있었다. 얼마 후에 회사에서 관리직 시험을 치러야 하는데 합격하지 못하면 평사원을 벗어날 수 없는데다가 아내는 빨리 과장이 되라고 매일같이 들볶았다. 곧 둘째 아기의 출생으로 아내의 심기는 더 나빠졌으며, 집 앞에 들어서는 맨션이 높이 올라갈수록 그 아파트에 입주하고 싶은 욕심에 남편을 괴롭혔고, "무슨 남자가 그렇게도 능력이 없느냐?"고 윽박지르기도 했다.

남편은 승진 시험에 합격을 하면 과장이 되어 맨션도 사고 아내에게 인정과 존경을 받을 것으로 생각하여 거의 잠을 자지 않고 공부했다. 그리고 시험 날, 그는 답안지에 아무 답도 쓰지 못한 채 낙서만 하고 있었다. "전면 해제", "올 스톱(All Stop)."

♧ ♧ ♧

극심한 긴장과 스트레스로 인하여 그는 정신병을 얻게 되었고 가정의 분위기는 더 살벌해졌다. 이를 견디지 못한 남편은 헛간에서 목을 매어 죽었다. 아내의 지나친 욕심 때문에 보배를 잃어버렸다. 가정은 새로운 힘의 충전소가 되어야지, 스트레스 제조창이 되면 자신도 남편도 자녀도 다 불행해진다. 템포를 조금만 늦추면 훨씬 자유로운 마음으로 살 수 있다.

삼손은 하나님의 백성이 아닌 블레셋 여인을 사랑하므로 능력에 제약을 받으며 살았다.

(사사기 14:3) 내 백성 중에 어찌 여자가 없어서 네가 할례 받지 아니한 블레셋 사람에게 가서 아내를 취하려 하느냐 삼손이 아비에게 이르되 내가 그 여자를 좋아하오니 나를 위하여 그를 데려오소서 하니

신현주, 〈예화철학〉, 〈예화산책〉, www.sbs66.net

실로암성경학교 *1년과정 성경통독*	**성경통독 365일** ♠찬송/기도/성경정독/해설읽기/문제풀이/말씀묵상♠	☐월 ☐일 **통독 102일째**

[오늘의 말씀] 사사기 17장~18장 : 종교적 타락 → 먼저 성경 읽기

17-21장은 '사사기의 부록'이라고 할 수 있다. 사람들은 자기 소견에 옳은 대로 행하므로 혼란뿐이었다.
(17장) 미가라는 사람은 각종 신상을 만들고 레위인을 고용하여 제사장을 삼고 복 주실 줄을 믿었다.
(18장) 단 지파는 거주지를 찾는 중 미가의 집에서 신상과 제사장을 도둑질하였고, 미가와 대결을 한다.

[말씀 묵상]

1. "이스라엘에 왕이 없으므로"(17:6, 18:1, 19:1, 21:25)라는 말은 이스라엘의 왕정 제도의 필요성보다 그들이 자신들의 참되신 하나님을 버렸다는 것을 의미한다(삼상 8:7, 10:19). 그 결과 국가적 혼란과 부패를 가져왔다. 그렇다고 하나님께서 왕정 제도를 원하시지는 않았다. 훗날 이스라엘은 사무엘에게 강력히 요구하여 왕정 제도를 수립하고 사울을 왕으로 세웠으나 그 결과는 첫 번째 왕 사울이 하나님께로부터 버림을 받는다(삼상 8장 이하).
2. "하나님의 집이 실로에 있을 동안에"(18:31)라는 말씀에서 마치 하나님께서 이스라엘 자손들이 악한 일로부터 돌이켜 실로에 있는 하나님께로 돌아오기를 간절히 기다리고 있는 모습을 보는 듯하다. 하나님의 교회가 그대 가까이 있음을 기억하자.

[깊은 연구]

1. 레위 소년의 방황과 그 시대상 (삿 17:7-8)

유다 베들레헴에 살던 한 레위 소년은 거할 곳을 찾아 방황하다가 에브라임 산지에 있는 미가의 집까지 이르게 되었다(17:7-8). 이런 레위인의 방황은 일반적인 현상으로서, 다른 지파의 백성들이 율법에서 정한 대로 십일조를 바치지 않은 결과 레위인들이 의식주 문제로 인하여 본래의 사명을 버렸던 사실을 보여 준다(민 18:21, 24, 31). 이런 사태는 악순환되어 십일조를 받지 못한 레위인들은 그들의 성읍에서 떠나게 되고 레위인의 종교적 지도를 받지 못한 백성들은 더욱 큰 악을 행하게 되었다. 이런 현상들은 미가가 있을 당시 이스라엘의 현실이었다.

■ '단'에서 출토된 현무암 석판 대야
단(지명)에서는 일찍이 성소들이 있었는데 이곳에서 여러 가지 성물이 발견된다. 사진은 그 중에 하나인 제의에 쓰였을 것으로 보이는 석판 대야이다. 여로보암은 금송아지 둘을 만들어 이곳 단과 벧엘에 세우기도 했다(왕상 12:29). 사사 시대의 혼합 종교를 연상케 한다(삿 17-18장).

2. 사사 시대의 영적 혼돈 (삿 17-18장)

미가의 집에서는 신상을 만들었다. "에봇과 드라빔을 만들고 한 아들을 세워 제사장을 삼았"(17:5)다. 그런데 이 신상을 만든 의도가 여호와를 섬기려는 데 있었다니 당시의 신앙이 얼마나 타락했는지를 알 수 있다(17:3). 이것은 하나님께서 명백히 싫어하시는 우상 숭배의 죄악이다(2:11-15, 10:6-10, 신 27:15). 더구나 단 지파는 레위인 제사장과 내통하여 우상을 도둑질하여 함께 떠났다. 흉내만 내는 것은 바른 신앙이 아니다.

통독	102
확인	

공부

사사기 17장~18장 : 종교적 타락

1. 미가가 어미의 돈을 훔쳤다가 은 일천일백 그대로를 돌려주었는데, 이를 율법대로 하려면 어떻게 해야 하나?(17장)
 1) 훔친 돈의 액수에 ( )을 더하여 은 ( )으로 돌려주어야 했다(레 6:5).
 2) 그리고 흠 없는 ( )을 가져다가 (제)를 드려야 했다(레 6:1-7).
2. 은장색(금속 세공업자)에게 돈을 주고 어떻게 신상을 만들었나?(17:4) -
3. 신당이 있으므로 또 무엇을 만들었나?(17:5) -
4. 한 ( )을 세워 제사장을 삼았고 후엔 그 집에 찾아온 ( )인을 제사장을 삼았으나 이 모든 것이 우상을 숭배하는 죄였다(17:5-13).
5. 그때에는 이스라엘에 ( )이 없으므로 사람마다 자기 ( )에 옳은 대로 행하였다(17:6).
6. 단 지파 사람 다섯 명이 무엇을 하러 다니다가 미가의 집까지 왔나?(18:1-2) -
7. 이들이 이른 라이스의 사정은 어떠했나?(18:7) -
8. 단 지파 사람 몇 명이 병기를 띠고 라이스를 치기 위해 출발했나?(18:11) -
9. 미가의 집에서 취한 우상 네 가지는 무엇인가?(18:17-20) -
10. 이들을 추적한 미가 일행이 돌아간 이유는?(18:21-26) -
11. 단 자손이 취한 성읍은 무엇이며 그 성읍 이름을 무엇이라고 바꿨나?(18:27-29) -
12. 당시에 1) 하나님의 집은 어디에 있었으며 -
 2) 별도로 단 자손(지파)에게는 무엇이 있었나?(18:31) -

▲▼△▽ -----≪파키스탄의 '명예살인' ≫----- ▽△▼▲

파키스탄 동부 펀자브 지방 가고만디 마을에서 한밤중에 아버지가 맏딸 무카다스(25세)의 입을 막고 큰 칼로 목을 베었다. 그리고 어린 딸 바노(8), 수마이라(7), 후마이라(4)까지 딸 넷을 모두 죽였다(05.12.23). 범인 아메드(40)는 AP 통신과의 인터뷰에서 '맏딸이 간음을 저질러 가족에게 불명예를 끼쳐서 죽였다'며 "다른 딸들도 나중에 커서 똑같은 일을 저지를까 봐 제거한 것이다."라고 하였다. 그는 "우리는 가난한 사람이라 명예 말고는 지킬 것이 없다."고 주장했다.

그러나 마을 사람들의 증언은 달랐다. 맏딸은 남편이 벽돌공장에서 강제노역을 시키고 가정폭력까지 행사하여 남편을 피해 도망을 쳤으나, 친정 아버지 아메드는 딸이 바람이 났다는 사위의 말만 믿었다는 것이다. 경찰 조사 결과 남편이 아내의 애인이라고 주장한 사람은 실존 인물이 아니었다고 한다.

♧ ♧ ♧

아메드는 14년 전 형이 딸 무카다스만 남긴 채 죽자 이슬람 전통을 따라 형수 레마트 비비를 부인으로 거뒀으며, 이후 세 딸과 세 아들을 두었는데, 딸들만 모두 살해했다.
이슬람 국가 파키스탄에서는 2005년에 알려진 것만 최소 267명 이상의 여성이 가족 구성원에 의해 명예살인을 당했다. 명예살인 관련 처벌이 10년 이상 사형까지 가능하지만 사문화되고 있다.
사람을 살려야 할 종교가 오히려 사람을 죽이는 종교가 되었다. 사사 시대의 종교도 타락하였다.

(사사기 17:4-5) 한 신상을 부어 만들었더니 그 신상이 미가의 집에 있더라 이 사람 미가에게 신당이 있으므로 또 에봇과 드라빔을 만들고 한 아들을 세워 제사장을 삼았더라

신현주, 〈예화철학〉, 〈예화산책〉, www.sbs66.net

[오늘의 말씀] 사사기 19장~21장 : 도덕적 타락 → 먼저 성경 읽기

(19장) 강간과 남색을 자연스러운 일처럼 행하는 도덕적인 타락을 보게 된다. 그 중에서 레위인은 자기의 첩을 토막 내어 12지파에게 보낸다.

(20장) 이 일로 인해 이스라엘과 베냐민 간에 전쟁이 일어났고,

(21장) 베냐민 지파가 멸절되다시피 하므로 대책을 세운다.

[말씀 묵상]

1. 사사기의 부록 부분(17-21장)을 보면서 대단히 안타까운 마음을 금할 수 없다. 오늘날도 유사한 사건들, 즉 우상 숭배, 거짓 종교, 간음, 살인, 악한 전쟁 등이 곳곳에서 일어나고 있기 때문이다. '세월이 지나면 좋아지겠지'라는 것은 착각이다. 그러기에 그리스도인의 사명이 더욱 필요하며 이 시대에 내가 처한 현장에서 하나님 나라를 이루어 나가야 한다.
2. 남색(동성애)에 대해 관대한 시대를 맞이했다. 특히 문화적인 면에서 그동안 금기시되어 왔던 주제들을 자연스럽게 노출시키고 있다. 방화 "왕의 남자", 외화 "브로크백 마운틴", "메종 드 히미코" 등의 국내 상영으로 동성애가 사회에 미치는 영향은 크다. 교회는 성경적인 입장에서 경계를 높여 가는데, 사회는 성 취향이라는 명분하에 인권적으로 접근을 한다. 사사 시대의 "우리가...상관하리라"(19:22)라는 말은 동성애를 요구하는 것으로 하나님이 금하신 일이다(아래 "깊은 연구" 참고).

[깊은 연구]

1. "우리가 그를 상관하리라" 라는 것은? (삿 19:22)

"그 성읍의 비류들이 그 집을 에워싸고 문을 두들기며 집 주인 노인에게 말하여 가로되 네 집에 들어온 사람을 끌어내라 우리가 그를 상관하리라"(19:22). 이 구절에서 '상관'이란 말은 히브리어로 '야다'인데 이는 성관계를 뜻한다. 비류(불량배)들이 남색(동성애)을 요구해 온 것이다. 동성애는 하나님께서 금하시는데, 창세기에는 소돔 백성들이 롯에게 "이 저녁에 네게 온 사람이 어디 있느냐 이끌어 내라 우리가 그들을 상관하리라"(창 19:5) 하며 동성애를 요구하다가 눈이 어두워졌다. 비울 시대에도 이런 일들이 있어서 "남자들도 순리대로 여인 쓰기를 버리고 서로 향하여 음욕이 불일듯하매 남자가 남자로 더불어 부끄러운 일을 행하여 저희의 그릇됨에 상당한 보응을 그 자신에 받았느니라"(롬 1:27)라고 한 것이다.

■ 가나안의 작은 향수병
가나안에서 이스라엘이나 원주민보다 블레셋 사람들이 정교한 생활용품들을 잘 만들었다. 이 향수병도 그 아름다움을 보여 준다.

2. 〈사사기〉 전체 이해를 위해 기억해야 할 두 가지 사항

1) 사사기의 내용 형식: 배신-심판-회개-구원(7회 반복)
2) 열두 사사 암기: 옷에삼드기돌야입입엘압삼 〈첫 자로 외우기〉

통독	103
확인	

공부 사사기 19장~21장 : 도덕적 타락

◇ 누가 한 것인가?(1-4문, 19장) {보기} ① 어떤 레위 사람 ② 첩 장인 ③ 토막 시체를 보는 자 ④ 성읍의 비류

1. 떡을 조금 먹어 그대의 기력을 도운 후에 그대의 길을 행하라. -
2. 이스라엘에 속하지 아니한 외인의 성읍으로 들어갈 것이 아니니 기브아로 나아가리라. -
3. 네 집에 들어온 사람을 끌어내라 우리가 그를 상관(동성연애)하리라. -
4. 애굽 땅에서 나온 날부터 오늘날까지 이런 일은 행치도 아니하였고 보지도 못하였도다. -
5. 이스라엘과 베냐민 지파 간의 싸움에서 이긴 편에 O표 하고 진 편에는 죽은 숫자를 쓰세요(20장).
   1) 1차전(19-23) ~ 이스라엘 ( ), 베냐민( )
   2) 2차전(24-28) ~ 이스라엘 ( ), 베냐민( )
   3) 3차전(29-35) ~ 이스라엘 ( ), 베냐민( )
6. 레위인이 첩의 시체를 토막내어 이스라엘 기업의 온 땅에 보낸 이유는?(20:6)
   (이는 ~)
7. 울며 금식하고 번제와 화목제를 드린 것은 몇차 전의 실패 뒤인가?(20:24-28) -
8. 이스라엘이 베냐민 자손에게로 돌아와서 행한 일은?(20:48) -
9. 이스라엘이 베냐민을 위하여 뉘우침은 한 지파가 어떻게 됨을 인함인가?(21:3, 6, 15) -
10. 베냐민은 그 자손들에게 어느 곳(어떤) 여자를 아내로 얻으라 했나?(21:12, 21) -
11. "이스라엘에 왕이 없으므로..."라는 말(유사 구절 포함)이 다음 장의 몇 절에 나오나?
    1) (17:) 2) (18:) 3) (19:) 4) (21:)

▲▼△▽ -----≪남색으로 망한 공민왕≫----- ▽△▼▲

고려 공민왕(1330-1374)은 노국대장공주가 아들을 낳다가 죽은 후 여자를 멀리했다. 왕비를 새로 들였으나 잠자리를 같이하지 않자 신돈은 자신의 시종인 어여쁜 '반야'를 씨받이로 선택하여 공민왕의 잠자리를 돌보게 했다. 이후에 반야는 아들을 낳았고 공민왕은 '모니노'라 하면서 아들을 애지중지했다.

역모를 구실로 신돈을 처형한 후 김흥경이 임금에게 '미소년(美童)들을 뽑아 왕궁에 살게 하라'고 제안하여 공민왕은 자제위(子弟衛)라는 기구를 만들어 미소년들을 왕궁에 출입시켰다. 임금은 날마다 미동들과 남색(동성애)을 즐겼으며 임금의 침실에서 집단 간음을 한 적도 있다고 한다.

공민왕은 폭음을 하고 미동들을 폭행했으며 미동들은 사랑싸움을 벌이면서 질투를 했고 휴가를 얻지 못해 불만이 쌓여 갔다. 어느 날 술에 취해 침실에 누워 있을 때 자제위 소속 예닐곱 명이 공민왕을 칼로 난자했다. 공민왕은 개혁의 뜻을 이루지 못한 채 허무하게 45세에 죽었다.

♧ ♧ ♧

공민왕은 자주의식으로 실리외교를 추구했으나 뜻한 바대로 되지 않아 처음부터 내우외환에 시달렸다. 홍건족을 피해 안동으로 파천을 했을 때 만난 변조(후에 신돈)를 통해 개혁을 시도하여 민심을 얻었으나 기득권의 저항으로 실패를 한다. 공허를 메우려는 임금의 남색은 그나마 유지하던 왕위를 떠나게 만들었다. 구약 시대부터 남색은 경계 대상이었으나 현대에는 성 취향으로 인정하거나 부위시에 지정하여 미국의 성공회 사제 서품에 동성애자를 인정해 시비가 되기도 했다.

(사사기 19:22) 그들이 마음을 즐겁게 할 때에 그 성읍의 비류들이 그 집을 에워싸고 문을 두들기며 집 주인 노인에게 말하여 가로되 네 집에 들어온 사람을 끌어내라 우리가 그를 상관하리라

신현주, 〈예화철학〉, 〈예화산책〉, www.sbs66.net

[오늘의 말씀] 룻기 1장~4장 : 모압 여인 룻 → 먼저 성경 읽기

(1장) 흉년 때에 이스라엘의 한 가정이 이방 땅 모압으로 이주하여 그곳 여인 둘을 며느리로 맞으나 남편과 두 아들이 그 땅에서 죽고 혼자 된 나오미가 자부 룻과 함께 베들레헴으로 돌아온다.
(2장) 나오미의 자부 룻은 보아스의 밭에서 이삭을 줍고,
(3-4장) 나오미가 가르친 대로 친족의 권리를 주장하여 보아스와 결혼하고 다윗의 선조가 될 아이를 낳는다.

[말씀 묵상]

1. "사사들의 치리하던 때에 그 땅에 흉년이 드니라 유다 베들레헴에 한 사람이 그 아내와 두 아들을 데리고 모압 지방에 가서 우거하였는데"(1:1)라는 〈룻기〉의 시작은 안타깝다. '한 사람'으로 일컬어진 엘리멜렉은 흉년 때에 약속의 땅을 버리고 살 길을 찾아 이방 땅으로 떠났으나 실제 모압 땅에서 두 아들과 함께 죽고 만다. 성도는 어려울 때일수록 교회에 붙어 있어야 한다.
2. 룻은 어려운 결단을 한다. 모압에서 남편은 죽고 시모만 남았는데, 고향 땅 모압에 머무를 것인가, 유다 땅으로 갈 것인가, 모압의 낯익은 신 그모스를 섬길 것인가, 이스라엘의 하나님을 섬길 것인가? 룻은 결단한다. "어머니께서 가시는 곳에 나도 가고 어머니께서 유숙하시는 곳에서 나도 유숙하겠나이다 어머니의 백성이 나의 백성이 되고 어머니의 하나님이 나의 하나님이 되시리니"(1:16). 룻은 베들레헴에서 새 남편 보아스를 만나 대를 잇는 기쁨을 얻는다.

[깊은 연구]

1. "기업 무를 자" 는 〈룻기〉의 중심 사상이다. (룻 3-4장)

나오미가 자부들에게 "나의 태중에 너희 남편 될 아들들이 오히려 있느냐"(1:11)라고 한 것이나, 룻이 보아스에게 "당신의 옷자락으로 시녀를 덮으소서 당신은 우리 기업을 무를 자가 됨이니이다"(3:9)라고 한 것은 수혼제(Levirate marriage)를 두고 한 말이다. 율법적으로 주어진 당연한 권리를 주장한다.

'무른다'는 말은 '되돌려 주다', '값을 지불하고 물건을 되찾다'라는 뜻으로, 그 대상은 다양하다.

1) 수혼제로서 죽은 형의 가문을 이어 주었다(신 25:5-6, 창 38장).
2) 가난한 진족이 하나님께 기업으로 받은 토지를 팔았을 때 돈 주고 물러 주었다(레 25:25-28).
3) 빚으로 인해 종으로 팔린 친족의 빚을 갚아 주고 해방시켜 주었다(레 25:47-49).
4) 친족이 억울하게 피살되었을 때 살인자를 쫓아가서 잡아다가 죽였다(민 35:19-21).

'기업 무를 자'를 한자로는 '속량', '구속'(救贖)이라고 한다. 히브리어로는 '고엘'이다. 신약에서의 고엘은 우리를 구원하신 예수님이다.

2. 〈룻기〉 족보의 중요성

〈룻기〉는 신학적으로는 이방인(모압 여인 룻)이 어떻게 왕이신 메시아 그리스도의 혈통을 연결하는 매개체가 됐는지를 보여 준다(4:18-22, 마 1:1-17 비교). 룻은 결국 다윗의 증조모가 된다. 그 족보에 대해서는 다음 쪽의 문제에서 살펴보라.

통독	104
확인	

공부

룻기 1장~4장 : 모압 여인 룻

1. 나오미의 주변 상황에 대한 다음 물음에 답하세요(1:1-5).
   1) 살던 때 - 2) 살던 곳 - 3) 가족이 이주한 곳 -
   4) 남편 - 5) 두 아들 - 6) 며느리의 이름 -
2. 나오미가 모압 지방에서 유다 땅으로 돌아오려 한 이유는?(1:6-7) -
3. 동서를 따라 돌아가라는 나오미의 말에 대한 룻의 대답은 몇 절에 나오는가? - (1: - 절)
4. 나오미(희락)는 자신을 ( )라 칭하라 했는데, 그 뜻은 ( )이다(1:20, 출 15:23).
5. ( )의 하나님 여호와께서 그 ( ) 아래 보호를 받으러 온 네게 온전한 ( ) 주시기를 원하노라(2: 절). - (→ 에게)
6. 여호와의 ( )이 그에게 있기를 원하노라...그 사람은 우리의 ( )이니 우리 기업을 ( ) 중 하나이니라(2: 절). - (→ 에게)
7. 룻이 보아스 곁에 누울 수 있는 근거는 보아스가 룻의 친족으로 무엇을 할 자이기 때문인가?(참고. 3:2, 9 및 해설) -
8. 룻과 보아스가 아들을 낳았을 때 여인들이 나오미에게 있어 그 아이의 의미를 무엇이라 했나?(4:15) - 1) 2) 3)
9. 다음 족보의 빈칸을 채워 보세요(4:18-22, 마 1:3-5). { }은 여자(아내)
   베레스-( )-람-( )-나손-살몬-( )-오벳-( )-다윗
   { } { }

▲▼△▽ -----≪사랑은 흐르는 것≫----- ▽△▼▲

일하던 공장이 부도가 나 직장을 잃고 방세와 끼니를 걱정해야 하는 김백두 씨. 고급 식당 앞에서 비싼 음식을 사 먹으러 오는 사람들에게 죽기보다 싫은 구걸을 했다. 한 신사가 "잔돈이 없어." 하며 지나쳤으나 동행하는 여자가 "추위에 떠는 사람을 두고 우리만 식사할 수 있나요." 하며 천 원을 주었다.

500원짜리 빵을 하나 사 먹는데 한 노인이 쳐다보기에 남은 돈 500원으로 빵을 사서 노인에게 주었다. 노인은 반만 먹고 반은 길 건너 신문팔이 소년에게 준다기에 같이 갔다. 소년이 미친 듯이 빵을 먹는데 길 잃은 개가 다가오자 빵 조각을 개에게 주었다. 김백두는 개의 목걸이에서 전화번호를 보고 개 주인을 찾아주었더니 개 주인은 만 원을 주면서 말했다.

"당신처럼 양심적인 사람을 내 사무실에 고용하겠소."

♧ ♧ ♧

사랑은 움직일수록 크게 불어나서 아름다운 결과를 얻었지만 변절을 위해 움직이는 사랑은 아픔을 남기게 된다. 나눔은 작아지는 것이 아니라 점점 확산되는 결과를 얻게 되며 그 사랑은 사람들의 마음과 사회에 꽃을 피우다.
내 것만 움켜쥐려고 하지 않고 나누는 일을 즐거워하며 세상을 변화시키는 것은 그리스도인의 사명이다. 히브리인들은 되무르기를 통하여 약자를 도왔다

(룻기 4:14) 여인들이 나오미에게 이르되 찬송할지로다 여호와께서 오늘날 네게 기업 무를 자가 없게 아니하셨도다 이 아이의 이름이 이스라엘 중에 유명하게 되기를 원하노라

신현주, 〈예화철학〉, 〈예화산책〉, www.sbs66.net

[오늘의 말씀] 여호수아, 사사기, 룻기 복습 → 먼저 성경 읽기, 단숨에...

1. 〈여호수아〉. 가나안 정복과 땅 분배

〈1〉 여호수아 : 가나안 정복(수 1-12장)

1. 여호수아는 (　　　)의 시종이었으며 원래의 이름은 (　　　　)였다(1:1, 신 32:44).
2. 여호수아가 싯딤에서 여리고를 정탐하기 위해 보낸 두 사람이 자신들에게 도움을 준 기생 (　　　)에게 창에 (　　　줄)을 매달게 하여 죽음의 위기에서 건져 주었다(2:1-3, 18, 21).
3. 이스라엘이 가나안에서 쫓아낼 일곱 족속은?(3:10) -
4. 가나안에서 행한 두 가지 중요한 일은?(5:3, 10) - 1) (　　)를 행했다. 2) (　　　)을 지켰다.
5. 여리고 성을 돌 때에 칠 일째 되는 날에는 성을 몇 번 돌았나?(6:15, 20) -
6. 여리고 재건에 대한 여호수아의 예언 성취로 죽은 히엘의 두 아들 이름은?(6:26, 왕상 16:34) -
7. 이스라엘이 아이 성 전투에서 진 이유는?(7:10-11) -
8. 여호수아가 무엇을 낭독하였나?(8:34) -
9. 이스라엘이 기브온에게 속은 근본적인 이유는?(9:14) -
10. 아모리 사람과의 전쟁 때에 하나님께서 자연을 통해 도우신 두 가지 사건은?(10:11, 13)
    1) 구름이 하늘을 덮었다　　　　2) 큰 덩이 우박이 내렸다
    3) 태양이 중천에 머물렀다　　　4) 바람이 세차게 불었다
11. 전쟁의 승리는 하나님 여호와의 도움이라는 다음 구절을 읽고 42절은 쓰세요(10:10, 11, 12, 14, 19, 25, 30, 32, 40, 42). -
12. 이스라엘이 요단 서편 가나안 땅에서 쳐 죽인 왕은 도합 몇 명인가?(12:24) -

〈2〉 여호수아 : 가나안 땅 분배(수 13-22장)

13. 가나안 땅을 분배한 사람들은?(14:1) -
14. 헤브론이 갈렙의 기업이 된 이유는?(14:6-15을 읽고 답은 14절로) -
15. 요셉 자손이 삼림에 올라가서 개척하는 것을 두려워한 이유는 가나안 사람들이 무엇이 있었기 때문인가?(17:14-18) - 1) 철병거　　　　2) 용기　　　　3) 바알 신
16. 온 회중이 어디에 회막(성막)을 세웠나?(18:1) -
17. 레위 족장들이 거할 성읍과 가축 먹일 들을 요구하여 얻은 것은?(21:1-2, 41-42)

〈3〉 여호수아 : 여호수아의 고별 설교(수 23-24장)

18. (24:15)- 너희 (　　　　)를 오늘날 택하라 오직 나와 내 집은 (　　　　)를 섬기겠노라.
19. (24:29-30) - 1) 여호수아가 죽은 나이 -　　　　2) 장사된 곳 -

20. 요셉의 뼈에 대하여 다음 ( ) 안에 알맞은 말을 써 넣으세요(24:32).
1) 110세에 ( )에서 유언 - 창 50:22-26
2) ( )가 출애굽할 때 가지고 나옴 - 출 13:19
3) 여호수아 시대에 약속의 땅 ( )에 장사 - 수 24:32

2. 〈사사기〉 : 지파동맹체와 혼돈 시대

참고: 다음 성구를 찾아 12사사 이름을 쓰세요(통독 101일째 참고: 옷에삼드기돌야입입엘압삼).

① 3:9- ② 3:15- ③ 3:31- ④ 4:4-
⑤ 6:11- ⑥ 10:1- ⑦ 10:3- ⑧ 11:1-
⑨ 12:9- ⑩ 12:11- ⑪ 12:13- ⑫ 13:24-

1. 여호수아가 죽은 후에 먼저 올라가서 가나안 사람과 싸운 두 지파는?(1:1-7) -
2. 하나님이 사사들을 세운 목적은?(2:16) -
3. 사사기에 나온 1) 처음 사사는, 2) 사사 중에 여인은, 3) 마지막 사사는?(3:9, 4:4, 13:24) -
1) 2) 3)
4. 삼손의 어머니는 천사로부터 약속을 받고 삼손을 낳았다(13:2-3). 이러한 수태고지(受胎告知)를 받은 또 다른 여인들은? - 1) 창 18:10-14 → 2) 눅 1:13 → 3) 눅 1:30-31 →
5. 삼손이 블레셋 여인 들릴라에게 자신의 힘의 비밀이라며 말한 최종 내용은?(16:7, 11, 13, 17) -
6. 미가가 한 소년을 제사장으로 고용했는데 미가나 소년의 행위는 어떠했나?(17-18장)
1) 행위가 정당했다 ( ) 2) 행위가 정당하지 못했다 ( )
7. 사사 시대에는 왕이(17:6, 18:1, 19:1, 21:25) - 1) 있었다( ), 2) 없었다 ( )
8. 궐이 나게 된 베냐민 지파(딸을 주지 않기로 맹세했기에)를 위하여 어떤 여자를 얻게 되었나?(21장) - 1) 8-12절: 2) 19-24절:

3. 〈룻기〉 : 이방인이 메시아 족보의 매개체가 되다.

1. 나오미의 주변 상황에 대한 다음 물음에 답하세요(1:1-5).
1) 살던 때 - 2) 살던 곳 - 3) 가족이 이주한 곳 -
4) 남편 - 5) 두 아들 - 6) 며느리의 이름 -
2. 나오미가 모압 지방에서 유다 땅으로 돌아오려 한 이유는?(1:6-7) -
3. 룻이 보아스 곁에 누울 수 있는 근거는 보아스가 룻의 친족으로 무엇을 할 자이기 때문인가?(참고. 3:2, 9 및 104일째 깊은 연구) -
4. 룻과 보아스가 아들을 낳았을 때 여인들이 나오미에게 있어 그 아이의 의미를 세 가지로 말했다. 해당되지 않는 것은?(4:15)
1) 네 생명의 회복자 2) 믿음의 유지자 3) 노년의 봉양자 4) 일곱 아들보다 귀한 자부
5. 다음 족보의 빈칸을 채워 보세요(4:18-22, 마 1:3-5). { }은 여자(아내)
베레스-( )-람-( )-나손-살몬-( )-오벳-( )-다윗
{ } { }

〈사무엘(1)〉을 소개합니다

◆ 〈사무엘서〉는 원래 한 권이었으므로
상하가 아닌 1, 2로 나누어 해설합니다.

제목에 대한 해설

본서의 명칭은 본서의 중심인물인 사무엘을 따라 〈사무엘서〉라 불렸으나 실제 〈사무엘상〉의 중심인물은 사무엘과 사울이며 〈사무엘하〉에는 다윗이 중심인물로 등장한다.

현대의 성경들은 대부분 〈사무엘서〉, 〈열왕기〉가 상하 두 권으로 나누어져 있으나 원래 히브리어 성경은 한 권으로 되어 있었다. 주전 3세기경에 히브리어 성경을 헬라어로 번역(LXX, 이를 '70인역'이라 한다)하면서 그 분량이 많아지자 상, 하로 나누었다. 책이름도 〈사무엘서〉는 '왕국기'(Book of the kingdom) 1, 2로, 〈열왕기〉는 '왕국기' 3, 4로 불렸으나 제롬의 불가타역(Latin Vulgate)에서 왕국기 1, 2는 〈사무엘상, 하〉로, 왕국기 3, 4는 〈열왕기상, 하〉로 불렸다.

히브리어 성경도 주후 1517년부터 다니엘 봄베르크(Daniel Bomberg)가 히브리어 성경을 개정하여 〈사무엘서〉와 〈열왕기〉를 각각 상하 두 권으로 나누어 지금까지 이르고 있다.

저자 및 저작 연대

본서의 저자를 '아비아달 제사장', 또는 '사무엘이 세운 선지학교의 생도 중 하나'라는 등 여러 사람을 제시하지만, 성경의 내적 증거를 제시하지는 못한다. 일반적으로 사무엘서는 하나님의 영감에 의하여 이스라엘의 어느 선지자가 기존의 재료들, 즉 '선견자 사무엘의 역사와 선지자 나단의 이야기 및 선견자 갓의 역대기(대상 29:29)' 등을 편집하여 재작성한 것이라 할 수 있다. 기록 연대는 사무엘서가 다윗의 죽음 전까지의 기록인 것으로 보아 다윗이 죽기 전인 주전 11세기경으로 본다.

한편 현대 학자들 중에는 이스라엘 왕국의 건설과 왕국의 역사의 기록에서 똑같은 사건이 내용을 달리하여 두 번 세 번 되풀이한 기사들로 미루어 보아 사무엘서는 한 사람의 역사가가 아닌 여러 시대 여러 사람에 의해 편찬되었다고 보는 이들도 있다.

사무엘상의 시대적 배경

〈사무엘상〉에는 사사 통치가 끝나고 새로운 형태의 왕정 통치로 들어설 때에 중요한 역할을 한 사무엘, 그리고 그에 의해 왕으로 기름 부음 받은 사울, 또한 사울 왕과 다윗의 갈등이 나온다. 즉 사사 통치 말기에서부터 왕정 시작과 초기 왕정 내지 통일 왕국의 사울, 그리고 그의 죽음까지를 다루고 있다.

당시 블레셋이 강성하여 사무엘과 사울 시대에 계속적인 위협이 되었다(〈사사기〉 "시대적 배경" 참고). 이러한 가운데 사사 체제로는 나라가 존속할 수 없다는 의견들이 도출되었다. 더구나 엘리 제사장이나 사무엘 선지에게 있어서 본인은 백성들의 인정을 받지만 그 자녀들은 사회가 요구하는 인물들이 되지 못했다. 따라서 새로운 제도인 왕정 요구가 있었다. 이런 상황에서 사울이 통일 이스라엘의 초대 왕이 되었고, 사울과 다윗은 갈등으로 대결 구도를 보여 준다.

교훈과 메시지

1) 왕정 제도의 시작

이스라엘 백성들이 이방처럼 왕을 요구하였다. 왕정은 상반된 견해, 즉 왕정에 대하여 호의적인 입장(삼상 9:1-10:16, 10:27-11:15, 삿 8:22)과 왕정에 대해 반대하고 거부하는 입장(삼상 8:1-8, 22, 10:17-27, 12:1-25, 삿 8:22-23, 9:7-22)이 있다. 상반된 입장 중에 하나님께서 원하시는 것을 사무엘서의 기록만으로 판정하기는 어렵다. 정치, 사회, 신앙적인 문제가 뒤섞여 어디로 가야 할지를 모르는 상황에서 역사는 왕정의 설립으로 흘러가고 있었다.

2) 사무엘 선지와 사울 왕의 긴장 관계

사무엘과 사울은 두 번에 걸쳐 부딪친다. 블레셋과의 전투를 앞두고 사무엘이 도착하기 전에 사울이 제사를 주도한 일과 아말렉의 진멸 때에 사울이 불순종한 것이다. 이 사건에서 보면 사울의 인격의 결함인지, 아니면 권한을 활용하려는 조치인지를 묻게 된다. 사울 왕이 누리는 권한은 사무엘을 통해 주어지는 하나님의 말씀을 따르는 것이다. 이는 곧 이스라엘을 통치할 지도자에게 백성과 하나님 앞에서 자신이 서야 할 위치를 분명하게 밝혀 주고 있는 것이다.

〈사무엘(2)〉을 소개합니다

제목에 대한 해설

이미 〈사무엘(1)〉 서론의 "제목에 대한 해설"에서 〈사무엘서〉에 대해 이야기했으므로 그곳을 참고하라.

저자 및 저작 연대

이미 〈사무엘상〉 서론의 "저자와 저작 연대"에서 〈사무엘서〉에 대해 이야기했으므로 그곳을 참고하라.

구조 및 주요 내용

〈사무엘하〉는 〈사무엘상〉에 이어 사울과 다윗의 긴장 관계에서 사울과 그 아들들이 죽고(삼하 31장) 이어서 다윗이 왕이 되어 유다를 통치하는 내용이다.

다윗의 통치는 크게 두 시기로 나눌 수 있다. 통치 40년 중에 7년 반은 헤브론에서, 33년은 예루살렘에서 다스렸다.

〈헤브론에서의 다윗〉

다윗은 사울이 죽은 후에 유다 지파의 수도라 할 수 있는 헤브론에서 백성들의 지지를 받고 사울 집안을 자신에게로 돌이킨다. 그리고 이스라엘 모든 지파가 다윗을 왕으로 추대하고 또한 온 이스라엘 장로들의 요구로 다윗은 왕으로 기름 부음을 받는다. 다윗은 이곳에서 7년 반 동안 통치한다.

〈예루살렘에서의 다윗〉

다윗이 온 이스라엘을 통치하기 위해서는 지리적으로 헤브론이 적합지 못하므로 북쪽으로 30km 떨어져 있는 여부스족의 도성인 예루살렘을 점령하여 왕궁을 건설하고 하나님의 법궤를 옮겨다 놓으므로 정치, 군사, 종교, 신앙의 수도로 만드는 데 성공하였다. 그리고 주변의 적들을 쳐서 항복시키고 조공을 받는 나라로서의 국권을 강화하였다.

〈사무엘하에서의 다윗〉

〈사무엘하〉는 다윗을 하나님의 기름 부음 받은 자로서(2:4, 7, 3:39, 5:13, 17) 이스라엘의 왕이 된 것뿐 아니라 영원한 이스라엘의 통치자 예수 그리스도의 그림자적 위치에 있음을 보여 준다.

다윗은 자기의 죄 때문에 당한 괴로움도 많았으나 그는 하나님을 의지하여 신앙의 깊은 체험을 가진 사람이었다.

이스라엘의 왕정국가 제도는 사울의 시대부터였지만 이스라엘이 가나안 땅에서 명실상부한 국가 조직을 갖게 된 것은 다윗 시대부터다. 다윗 왕국은 신령한 '하나님 나라'의 그림자로 구속사적 견지에서 중요한 위치를 차지했다(참고. 사 11:1-10, 암 9:11).

교훈과 메시지

1) 이스라엘의 지도자

통일 왕국의 사울(사무엘상)이나 다윗(사무엘하)처럼 백성을 통치하는 지도자는 하나님의 뜻과 손에 의해서 결정된다. 외형적으로는 그 사회에서 공인된 제도나 절차를 거치게 된다. 그리고 그들은 그 통치하는 시대에 대한 책임을 더 맡게 된다. 그렇다고 백성을 통치하는 지도자라 하여 백성이 따르고 있는 법질서 위에 군림하는 것이 아니라 백성과 함께 하나님에 의해 주어져 있는 법질서를 지키고 보호할 때만이 그의 권세와 지위를 백성과 하나님께로부터 인정받는 것이다.

2) 국력의 근거

사무엘서에서는 왕정이라는 새로운 제도가 시작되므로 이 제도가 하나님의 지배하에서 법질서를 지킬 때에만 국가의 안전과 신장 외적의 침입을 막을 수 있음을 보여준다. 본서는 이스라엘의 왕정이 지향해야 할 방향을 분명하게 제시해 주고 있으며, 앞으로 모든 열왕도 이러한 기준에 따라 평가됨을 열왕기에서 보여 주고 있다.

3) 왕의 범죄와 그 책임

다윗의 밧세바와의 불륜으로(삼하 11장) 인해 그 죄값이 후손들에게 미치게 된다. 다윗의 여러 아내를 통해 태어난 자녀들 간의 갈등이 끊이지 않고 있다. 암논의 다말에 대한 불륜, 거기에 따라 압살롬이 암논과 형제들을 살해한 일, 이 일로 망명을 갔던 압살롬이 귀국 후 다윗의 처신에 불만을 품고 반역한 일. 이러한 모든 것은 백성을 통치하는 한 사람의 잘못이 이스라엘 역사 속에서 어떻게 하나님의 진노와 징벌이 주어지는지를 명백하게 보여 준다.

[오늘의 말씀] 사무엘상 1장~4장 : 사무엘의 등장 → 먼저 성경 읽기

(1장) 아들이 없어 슬픔에 잠겼던 한나는 기도의 결과로 사무엘을 얻고 그를 하나님의 집 엘리에게 맡긴다.
(2장) 제사장 엘리는 사무엘을 하나님의 사람으로 훈련을 잘 시켰으나 그의 자식들은 행실이 불량했다.
(3장) 사무엘은 엘리의 집에 대한 예언의 말씀을 듣는다.
(4장) 이스라엘은 블레셋에게 법궤를 빼앗기고 엘리의 아들들은 전사한다. 그 소식을 들은 엘리도 죽는다.

[말씀 묵상]

1. 한나는 서원하여 "아들을 주시면 내가 그의 평생에 그를 여호와께 드리고 삭도를 그 머리에 대지 아니하겠나이다" 하였고(1:11), 기도가 이루어지자 그 서원대로 실행하여 아들 사무엘을 여호와께 드린다(1:26-28). 마음이 아팠겠으나 "여호와께서 한나를 권고하사 그로 잉태하여 세 아들과 두 딸을 낳게 하셨고 아이 사무엘은 여호와 앞에서 자라니라"(2:21)라는 말씀처럼 더욱 넘치게 채워 주셨다. 나는 여호와께 무슨 서원을 했으며, 그 서원대로 행했는가?(시 15:4)
2. "내 아들아 그리 말라 내게 들리는 소문이 좋지 아니하니라"(2:24). 나는 엘리 제사장만큼은 하는가? 자녀를 꾸짖을 줄 아는 엘리는 그래도 훌륭한 제사장이다. 그럼에도 엘리 제사장은 결국 자식 교육에 실패한다. 그 이유는 자식들이 "저주를 자청하되 금하지 아니"(3:13)한 아버지로서의 의무를 소홀히 한 것과 자식들이 저주를 자청한 것이었음을 성경은 증언한다.

[깊은 연구]

1. 사무엘의 아버지 엘가나는 어느 지파 사람인가? (삼상 1:1)

"에브라임 산지 라마다임소빔에 에브라임 사람 엘가나라 하는 자가 있으니..."(1:1)라고 사무엘의 아버지 엘가나를 소개하므로 그 집안이 **에브라임 지파 사람**인 것으로 오인을 한다. 그러나 사무엘은 **레위 지파 사람**으로 가족과 함께 에브라임 지역에 거주했던 것이다(수 21:20-21). 사무엘이 제사장이 된 것만 보아도 그가 레위 지파 사람인 것을 알 수 있으며, 레위의 아들들의 계보에서도 그 이름을 찾을 수 있다(대상 6:22-26). 제사장은 레위 지파에서만 나왔으므로 사무엘과 그의 아버지는 모두 레위 지파 사람이다.

2. 한나의 서원과 찬양 (삼상 1:22, 2장)

1) 한나의 서원대로 사무엘은 젖을 뗀 후(1:24) 하나님의 전에 바쳐졌다. 여기서 '젖을 뗀 후'란 고대 동방에서 4~5세가 되도록 젖을 먹였던 것을 감안하면 사무엘을 여호와의 집에 바칠 때는 유치원 아이 정도는 된 것으로 추정된다.

2) 아이를 낳은 한나의 찬양(2:1-10)은 홍해를 건넌 후의 미리암의 찬양(출 15:19-22), 천사의 수태고지를 들은 마리아의 찬양(눅 1:46-55)과 함께 여인의 3대 찬양으로 귀중한 것이다. 이러한 찬양이 우리의 신앙으로 승화되도록 묵상하라.

공부 사무엘상 1장~4장 : 사무엘의 등장

1. 엘가나의 두 아내 중에 무자하였으나 남편의 사랑을 더 받은 여인은?(1:1-8) -
2. 한나가 서원하여 아들을 주시면 "머리에 삭도를 대지 않겠다"라고 했는데 이런 사람을 무엇이라 하는가?(1:11, 민 6장, 삿 13:2-14) -
3. ① 한나의 기도로 낳은 아들은?(1:19-28) - ② 서원대로 아들을 하나님께 드렸나? -
4. 엘리 제사장의 아들로서 역시 제사장이었던 불량자는?(2:11-17, 27-34) -
5. 여인의 3대 찬양은?(2:1-10, 출 15:19-22, 눅 1:46-55, 해설 참고) -
6. 엘리 제사장의 아들들의 큰 죄는?(2:17) -
7. 엘리의 기도로 한나가 하나님께 드린 아들을 대신하여 얻은 자녀는?(2:20-21) -
8. 하나님은 엘리에게 하나님보다 무엇을 더 중히 여겨 스스로 살찌겠느냐고 책망했나?(2:29) -
9. 하나님이 세울 제사장은 어떠할 것이라 했나?(2:35) -
10. 사무엘이 여호와의 전에 누웠을 때 여호와께서 그를 부른 횟수는?(3:1-12) -
11. 여호와께서 부르실 때 사무엘의 대답은?(3:9-10) -
12. 여호와께서 사무엘에게 이르신 말씀은 누구의 집에 대한 것인가?(3:11-18) -
13. 온 이스라엘이 사무엘을 어떤 사람으로 알게 되었나?(3:19-21) -
14. 블레셋과의 전쟁의 결과는?(4:1-11을 읽고 답은 11절로) -
15. 엘리의 나이 (   )세에 패전 소식에 자빠져 죽었으니 나이 많고 (   ) 연고라(4:12-18).
16. 엘리의 며느리가 죽으면서 낳은 아들을 '이가봇'이라 한 뜻은?(4:21) -

▲▼△▽ -----≪기도로 낳은 아기≫----- ▽△▼▲

원주 모 교회에서 교회 관리를 하는 김 집사님은 결혼한 지 7년이 지나도록 아기가 없어 고민하다가 기도로 딸을 낳았다. 그동안 여러 전문 병원을 다녔고 고생을 하다가 결국 병원에서 최후의 방법으로 시험관 아기 시술을 하기로 했다. 한 번 시술비가 3백만 원이나 되는데, 첫 시도에서는 그만 실패하고 말았다. 얼마의 기간이 지난 후에 다시 3백만 원을 마련했으나 무슨 마음이 들었는지 남편은 그 돈을 새벽기도회에 가서 서원예물로 드리고 기도했다.

이 사실을 알고 온 교회는 함께 기도를 했고 3개월이 지나 자연임신을 했다. 이보다 더 큰 경사가 어디 있겠는가? 40세가 넘어 얻은 딸은 기도의 결실이기에 어디든 데리고 다니고 어디서든 간증거리가 되어 하나님께 영광을 돌리며 산다.

♧ ♧ ♧

여전도회 연합회에 강사로 초빙되어 갔을 때, 옆에서 식사를 하던 집사님이 이제 막 뛰어다니는 아기를 자랑스러워하면서 '기도해서 얻은 딸'이라며 간증에 침을 튀겼다.
그대는 결혼해서 아기 달라고 기도도 안 했는데, 자녀들을 그렇게 쉽게 얻었다면 하나님께 더 감사해야 하지 않겠는가? '한나'는 자식이 없어 고통 중에 하나님께 기도하므로 아들을 얻고 그를 하나님께 드렸으니 그가 곧 '사무엘'이다

(사무엘상 1:11) 만군의 여호와여 만일 주의 여종의 고통을 돌아보시고 나를 생각하시고 주의 여종을 잊지 아니하사 아들을 주시면 내가 그의 평생에 그를 여호와께 드리고 삭도를 그 머리에 대지 아니하겠나이다

신현주, 〈예화철학〉, 〈예화산책〉, www.sbs66.net

[오늘의 말씀] 사무엘상 5장~8장 : 사무엘의 활동 → 먼저 성경 읽기

(5장) 법궤를 가져간 블레셋에는 오히려 재앙이 임하고 법궤는 여러 도시로 돌아다닌다.
(6장) 블레셋에 도착한 법궤로 인해 독종 재앙으로 괴롭힘을 당하자 법궤가 다시 이스라엘로 돌아온다.
(7장) 여러 해 동안 사무엘의 신앙 부흥 운동의 결과로 이스라엘은 민족적으로 번성한다.
(8장) 사무엘이 늙자 백성들은 왕정 제도를 요구하게 되고 사무엘은 왕정 제도의 문제점을 지적한다.

[말씀 묵상]

1. 아름다운 모습을 보게 된다. 미스바에 모여서 사무엘은 **"백성들을 위해 기도하고"**,백성들은 금식하면서 **"여호와께 범죄하였나이다"**라고 고백한다. 그리고 사무엘은 그들을 다스리므로(7:5-6) 영적 지도자일 뿐 아니라 정치적인 지도자의 역할까지 한다. 오늘의 교회도 이런 다스림이...
2. 이스라엘은 블레셋과의 전쟁에서 하나님의 도움으로 승리를 하고 **"사무엘이 돌을 취하여 미스바와 센 사이에 세워 가로되 여호와께서 여기까지 우리를 도우셨다 하고 그 이름을 '에벤에셀'이라"**(7:12) 하였다. 그대는 삶에 있어서 승리를 주시는 에벤에셀의 하나님을 체험하는가?

[깊은 연구]

1. 블레셋과 다섯 도시국가 (삼상 6장)

블레셋은 전쟁에 능한 민족이다. 이들은 5대 도시국가로 형성되었다. 6장 17절에 나오는 **아스글론, 가사, 아스돗, 가드, 에그론** 다섯 도시를 기억해 두면 성경 지명에 익숙해질 것이다. 이 중에서 **가사**는 오늘날에도 중동 문제가 나올 때마다 언론에 오르내리는 팔레스틴 자치주인 **가자 지구**다. 다행히 2005년 이스라엘은 이 지역을 전격적으로 팔레스틴에 반환하므로 중동 문제가 화해로 접어드는 분위기지만 시시때때로 변하는 국제정세로 이 지역은 화약고라는 표현이 적절할 것이다. 〈제1권 통독 95일째 "깊은 연구" 참고〉

2. 이스라엘의 왕정 제도의 시작 (삼상 8장)

이스라엘이 왕을 요구하는데, 그 이유는 ① 사무엘은 늙었고, ② 그 아들들은 행위가 악하여 기대할 것이 없고, ③ 열방과 같이 왕이 전쟁에서 앞서 나가기를 원한 것이다(8:4-6, 20).

사무엘은 왕정 제도의 문제점을 지적했으나 그들은 고집스럽게 **"우리도 우리 왕이 있어야 하리니 우리도 열방과 같이"** 되게 해 달라고 요구한다. 결국 하나님은 허락하신다(8:19-22). 이로써 하나님이 왕이라는 생각은 이스라엘에서 떠나고 새로운 역사의 전기를 맞이하여 왕정 시대의 문은 열리고 **사울이 이스라엘의 초대 왕**이 된다(10:24).

■ 중국 장가계 황룡동굴 앞의 안내판
중국어를 한글로 번역해 놓은 안내문이 어색하기만 하다. 성경 번역의 중요성도 생각하며, 사무엘이 이스라엘 백성들에게 왕정 제도의 문제점을 말할 때도 그들이 듣지 않았음(삼상 8장)을 생각하면 언어의 제한성을 다시금 깨닫는다.

공부 사무엘상 5장~8장 : 사무엘의 활동

1. 블레셋 사람들이 빼앗은 궤를 이동시킨 장소를 순서대로 쓰세요(5:1-12).
   답: 에벤에셀 → (   ) → (   ) → (   )
2. 아스돗에서는 언약궤를 어디에 두었나?(5:1-5) -
3. 궤가 가는 곳마다 여호와께서 무슨 재앙으로 치셨나?(5:6, 9, 12) -
4. 다음 중 서로 관계있는 것끼리 줄로 연결하세요(6장).

1) 금 독종 다섯(1-6, 17)	가) 견고한 성읍과 다섯 방백에 속한 성읍의 수효대로
2) 금 쥐 다섯(1-6, 18)	나) 아스돗, 가사, 아스글론, 가드, 에그론을 위하여
3) 새 수레를 만들고(7-9)	다) 울고 좌우로 치우치지 아니하였고
4) 벧세메스 길로(10-16)	라) 멍에 메어 보지 아니한 젖 나는 소 둘
5) 벧세메스 사람들(19-21)	마) 여호와의 궤를 들여다본 고로 칠십인이 죽음

5. '에벤에셀'이라는 뜻은?(7:12-14) -
6. 사무엘이 순회한 지역들은?(7:15-17) -
7. 사무엘의 아들(   )과 (   )는 사사로서 재판을 하되 신명기 16장 19절에 재판관이 하지 말아야 할 세 가지에 (   )과 (   )을 어겼다(8:1-3).
8. 이스라엘이 열방과 같이 왕을 세우고자 할 때에 내세운 이유는?(8:4-5) -
9. 이스라엘의 실제 왕은 누구이어야 하는가?(8:6-7) -
10. 백성들이 기대하는 왕의 역할은?(8:19-22) -

▲▼△▽ -----≪법궤의 이동 경로 추적하기≫----- ▽△▼▲

1. 출애굽 당시 시내산에서 모세가 계시를 받은 식양대로 만들어졌고(출 37:1-9), 가나안으로 들어가기 위해 (수 3:14 -   )을 건널 때 (   )들이 메고 건넜고, 길갈을 거쳐 (수 6:12-14 -   성)을 돌기도 했으며, 그 후 (수 18:1, 삿 18:31 -   )에 있었을 것이다.
2. (삼상 4:3 -   )에서 (4:1, 4 -   걸) 진으로 가져왔고 (4:10-11 -   ) 사람에게 빼앗겨 (5:1 -   )에 이르렀다가 재앙으로 (5:8 -   ), (5:10 -   )으로 갔다가 일곱 달 만에 이스라엘의 벧세메스 사람 (6:10-18 -   의 밭)으로 되돌아온다.
3. (6:20-7:2 -   : 아비나답의 집)에 20년간 있었고 그 후 다윗 성으로 옮겨 오던 중 사고로 (삼하 6:1-11 -   ) 사람 오벧에돔의 집에 3개월 있다가 (삼하 6:12-19 -   성)에 있었고 (왕상 8:1 11 솔로몬 성전 내전 날개 아래)에 모시다 그 후 예루살렘 성전이 파멸될 때(왕하 25장) 어디로 갔는지에 대해서는 성경의 기록이 없다.
4. 다만 바벨론 포로 귀환 후 성전을 재건했고(스 6장), 주후 70년까지 성전이 존재했던 것으로 보아 어떤 형태로든 보존되었을 것이다.

[오늘의 말씀] 사무엘상 9장~12장 : 왕으로 세움 받은 사울 → 먼저 성경 읽기

(9장) 준수하고 겸손한 베냐민 지파의 사울이 이스라엘 통일 왕국의 초대 왕으로 지목받는다.
(10장) 기름 부음을 받음으로써 백성 앞에서 공식적인 왕으로 세움을 받으니 백성들은 왕의 만세를 부른다.
(11장) 사울은 암몬과의 싸움에서 하나님의 신에 크게 감동되어 승리를 하므로 지도력을 인정받는다.
(12장) 한편 사무엘은 말씀으로 백성을 가르치고 백성들은 응답한다.

[말씀 묵상]

1. "나는...가장 작은 지파 베냐민 사람이 아니오며 나의 가족은...가장 미약하지 아니하니이까"(9:21). 사울은 초기에 겸손하고 대단히 선한 사람으로 등장하나 얼마 안 가 하나님과 사무엘을, 또한 백성들을 배반한다. 우리가 하나님 앞에 세움 받을 때의 겸손과 은혜와 인내를 그리고 주의 종에 대한 바른 마음을 잃지 않도록 해야 한다.
2. 사무엘은 자기 백성에 대한 참된 사랑을 가지고 있었다. 그는 "너희가 과연 이 모든 악을 행하였으나... 나는 너희를 위하여 기도하기를 쉬는 죄를 여호와 앞에 결단코 범치 아니하고..."라고 말한다(12:20-23). 모름지기 하나님의 일꾼은 기도하기를 쉬면 죄를 짓는 것이라는 사무엘 같은 정신을 가져야 뭔가 되지 않겠는가?

[깊은 연구]

1. 사울이나 다윗이 몇 번씩 기름 부음을 받은 이유는? (삼상 10, 16장, 삼하 2, 5장)

1) **사울**이 라마에서 사무엘에 의해 비공식적으로 기름 부음을 받은 것은(10:1) '개별적인 의식'이었고, 다음은 미스바에서 사무엘에 의해 '공식적인 기름 부음'을 받았다(10:17-24).

2) **다윗**도 왕으로 '예선'될 때(16:13)에 기름 부음을 받았고, 처음에는 유다 지파의 지지를(삼하 2:4), 나중에는 온 이스라엘의 지지를 받고 '정식 왕'으로 다시 기름 부음을 받았다(삼하 5:3).

2. 사울과 사무엘의 활동 (삼상 10-12장)

1) **사울**은 왕으로 취임을 하고 기브아로 간다(10:26). 그 후에 성읍 길르앗 야베스를 탈환하기 위하여 30만 명의 군대로 암몬을 섬멸한다. 그로 인해 사울은 인정을 받는다(11:8-15).

2) **사무엘**은 이스라엘을 길갈에 모으고 백성들에게 설교를 하는데, 성경의 기록으로는 마지막 설교다. 여기서 하나님께 불순종하는 어리석음에 대하여 백성들과 그들의 왕에게 경고한다(12:25). 하나님은 우레와 비를 내리시는 이적을 통하여 사무엘의 경고를 강조하신다(12:18).

■ 기름 부음을 받는 사울(삼상 10:1)
사무엘은 사울에게 기름을 부어 왕으로 세웠다. 사울은 처음에는 겸손한 왕이었으나 나중에는 타락하여 죄에 빠졌고 하나님으로부터 버림을 받았다.

통독	108
확인	

공부

사무엘상 9장~12장 : 왕으로 세움 받은 사울

◇ 다음 문장에서 틀린 단어에 줄을 긋고 맞게 고치세요(1-3문, 9장).

1. 사울은 유다 지파 기스의 아들로 준수하고 키가 컸다(9:1-4). -
2. 사무엘이 오기 전에는 백성이 먹지 아니하고 그가 제물에 절한 후에야 먹었다(9:11-14). -
3. 하나님은 사울에게 기름을 부어 제사장을 삼으라고 하셨다(9:15-21). -
4. 다음 구절들은 사울의 어떤 좋은 면을 나타내는지 보기에서 찾아 쓰세요(9-10장).

{보기} 겸손의 미덕, 신령한 체험, 부친께 효도, 하나님의 종 대접, 준수한 청년, 멸시도 참음

1) 9:2 - 2) 9:5 - 3) 9:7 -

4) 9:21, 10:22 - 5) 10:6, 9 - 6) 10:27 -

5. 사울이 왕으로 처음 기름 부음 받은 개별적인 의식은 (10: ______절)에, 다음에 공식적인 왕으로 취임하고 백성들이 왕의 만세를 부른 일은(10: ______절)에 기록되어 있다.
6. 우리와 언약하자 그리하면 우리가 너희를 섬기리라(11장). - (　　　이 →　　　에게 한 말)
7. ...사람을 죽이지 못하리니 여호와께서...구원을 베푸셨음이니라(11장). -(　　　이 →　　　에게)
8. 오라 우리가 길갈로 가서 나라를 새롭게 하자(11장). - (　　　이 →　　　에게)
9. 이제 (　　　)이 너희 앞에 출입하느니라 보라 나는 (　　　) 머리가 희었고. - (12:　절)
10. 여호와께서 우레와 비를 보내사 너희가 (　　　)을 구한 일 곧 여호와의 목전에 (　　　)이 큼을...밝히 알게...모든 백성이 (　　　)와 (　　　)을 크게 두려워하니라. - (12:　-　절)
11. 너희를 위하여 (　　　)하기를 쉬는 (　　)를 여호와 앞에 결단코 범치 아니하고. - (12:　절)

▲▼△▽ -----≪수련회 마치는 날≫----- ▽△▼▲

3박 4일의 수련회를 마치고 집으로 돌아가는 날 아침에 초등부 어린이들이 모두 바쁘게 움직였다.

▷ 은영 - 비누를 시멘트 벽에 갈고 있었다. / 깔끔이 이 집사 아들 / "새 비누를 그냥 가져가면 샤워는 물론 세수도 안 한 것이 엄마한테 들통나기 때문에 비누의 글씨를 지웁니다."

▷ 광영 - 산을 향해 고래고래 소리를 지른다. / 은사파 엄 집사 아들 / "목소리가 쉬어야지 기도 많이 한 줄 알고 엄마가 칭찬도 해 주시고 맛있는 것도 많이 사 주시거든요."

▷ 종현 - 칼로 신발 밑창에 구멍을 내고 있다. / 구두쇠 김 집사 아들 / "다른 애들은 다 유명상표 신발 신었는데, 나만 '짜가' 장날표 신이어서 신발에 빵꾸가 났다고 해야 새 신을 사 줄 테니까요."

* 짜가: 유명 상표의 모방품

♧ ♧ ♧

이들의 모습에서 한국 교회 어머니들의 위대한 모습을 본다.
아들이 컸어도 때를 빡빡 벗겨 줘야 속이 시원하고, 목이 쉬도록 기도하시고, 하나님 교회를 섬기느라 헌금은 길 하면서 자녀들에게 피자 한 판 사 주는 데는 후하지 못한 어머니, "사랑합니다!"
하나님께서 바로 당신의 자녀들에게 복을 주시므로 그들의 미래는 찬란할 것이다.
사무엘은 백성들을 위하여 기도하기를 쉬지 아니하였다.

(사무엘상 12:23) 나는 너희를 위하여 기도하기를 쉬는 죄를 여호와 앞에 결단코 범치 아니하고 선하고 의로운 도로 너희를 가르칠 것인즉

신현주, 〈예화철학〉, 〈예화산책〉, www.sbs66.net

[오늘의 말씀] 사무엘상 13장~16장: 사울의 범죄 → 먼저 성경 읽기

(13장) 사울이 번제를 주도하는 죄를 범하므로 하나님께로부터 버림받게 될 것을 사무엘이 선언한다.
(14장) 요나단이 블레셋 진영으로 건너가 여호와를 의지하여 승리를 거둔다.
(15장) 사울이 아말렉과의 전쟁에서 하나님의 명령을 순종하지 않으므로 하나님께로부터 버림을 받는다.
(16장) 사울이 버림받게 된 후 사무엘은 하나님의 뜻에 따라 다윗에게 기름을 부어 왕으로 예선한다.

[말씀 묵상]

1. 사울은 처음에 겸손한 사람으로 왕이 되었지만 얼마 되지 않아 **교만해져서** 큰 죄를 짓는다. 블레셋과의 전쟁에 앞서 제사장만이 할 수 있는 번제를 집행하므로 **제사장직을 침해**한 것이다. ① 백성은 자신에게서 흩어지고, ② 사무엘은 정한 날에 오지 않았으며, ③ 블레셋은 믹마스에서 전쟁을 준비하고 있다(13:9-12)고 나름대로 변명을 하지만 하나님께 인정받을 수 없었다.
2. "여호와께 제사하려 하여"(15:15). 이 얼마나 그럴듯하고 매력 있는 말인가? 사울도, 이스라엘 백성도 이 유혹 앞에 하나님의 말씀을 소홀히 한 것이다. 시편 기자는 "하나님의 구하시는 제사는 상한 심령이라"(시 51:17)라고 하였다. 하나님께서 우리에게 요구하시는 것은 향기 높은 제물이 아니고 **말씀에 대한 청종**이며 주님께 의지하는 심령이다(15:22).
3. 악신이 사울에게 덮쳐 그를 괴롭힐 때 "다윗이 수금을 취하여 손으로 탄즉 사울이 상쾌하여 낫고 악신은 그에게서 떠나더라"(16:23) 하였다. 귀신 들린 사람이 있는가? 찬송하고 기도하므로 귀신을 쫓아낼 수 있다. 물론 믿음으로 행해야 승리할 수 있다.

[깊은 연구]

1. 아말렉은 누구인가? (삼상 15장)

1) 아말렉(15장)은 에서의 손자 아말렉의 후손들로서(창 36:12, 16), 이스라엘이 출애굽하여 광야에서 지낼 때 그들을 몹시 괴롭힌 족속이다(출 17:8-16). 하나님은 이들을 멸절시키기로 작정하셨고(민 24:20, 신 25:17-19), 그 뜻을 사울을 통해 이루고자 하셨다. 그러나 사울의 인간적인 판단은 하나님께 불순종하는 결과를 낳았고 그로 인해 사무엘은 죽는 날까지 사울을 보지 않았다(15:35, 16:1).

2) 당시 아말렉 왕은 '아각'인데(15:8), 훗날 바사에서 에스더가 왕후가 되었을 때 유다인을 멸하려던 하만을 '아각 사람'(에 3:1)이라 하므로 하나님의 백성과 이방 백성의 대결이 재현된다는 해석도 있다.〈통독 162일 참고〉

2. 하나님이 사울을 왕으로 세운 것을 후회하셨다는 의미 (삼상 15:11)

이 말씀으로 인해 하나님의 계획에도 시행착오가 있는가 하는 의문을 갖게 된다. 본문의 '후회'란 말은 '달갑게 여기지 않다'라는 의미다. 이것은 하나님의 가변성을 말하는 것이 아니라(15:29, 약 1:17) 사울의 반역을 인간의 표현으로 슬퍼하신다고 말한 것이다(창 6:6 참고). 그럼에도 그를 이스라엘의 왕으로 삼으신 것은 이스라엘 백성의 어리석은 요구에 응하셔서 그들의 아집이 얼마나 어리석은 것인지를 체험하게 만드신 하나님의 섭리의 한 방편이다.

통독	109
확인	

공부 사무엘상 13장~16장 : 사울의 범죄

1. 사울이 왕이 될 때의 나이와, 왕이 된 지 몇 년 만에 불순종했나?(13:1-4) -
2. 사울이 망령되이 행하여 여호와의 명령을 어긴 것은 어떤 일인가?(13:8-14) -
3. 이스라엘이 없는 기술을 블레셋이 가지고 있던 기술은?(13:19-23) -
4. "여호와의 구원은 사람의 많고 적음에 달리지 아니 하였느니라"고 한 사람은?(14:6) -
5. 이스라엘과의 전쟁 중에 오히려 그 동무를 치므로 크게 혼란하게 된 나라는?(14:20) -
6. 음식물을 먹지 말라는 명령을 모르고 꿀을 지팡이 끝으로 찍어 먹은 사람은?(14:27) -
7. 백성들이 율법에 명한 것을 어긴 일은?(14:32, 레 7:26) -
8. 사울이 어디 어디를 쳤는데, 향하는 곳마다 이기었나?(14:47) -
9. 사울의 가족 이름은?(14:49-50) - 1) 아들: 2) 딸: 3) 아내:
10. 아말렉을 쳐서 모든 소유를 진멸하라는 말씀(출 17:8-16, 신 25:17-19). - (15: 절)
11. 사울이 아각 왕과 기름진 양, 소를 진멸하지 않아 불순종한 말씀. - (15: 절)
12. 순종이 제사보다 낫고 듣는 것이 수양의 기름보다 낫다는 말씀. - (15: 절)
13. 사무엘이 길갈 여호와 앞에서 아각 왕을 죽인 말씀. - (15: 절)
14. 하나님이 사무엘을 베들레헴으로 보낸 진짜 이유는?(16:1-5을 읽고 답은 1절로) -
15. 사무엘이 기름 부을 자를 잘못 알고 있을 때 하나님의 말씀은?(16:7) -
16. 기름부음 받은 이후 다윗은 어떻게 되었나?(16:13) -
17. 소년 다윗의 모습은?(16:12, 18)- 그의 빛이 ( ) 눈이 ( ) 얼굴이 ( )
… (수금:)을 알고 ( )와 ( )과 ( )이 있는 준수한 소년이라.

▲▼△▽ -----≪아무도 모르는 시간의 투자≫ ----- ▽△▼▲

다윗은 사무엘이 자신의 집을 방문했을 때도 다른 형제들이 집에 있던 것과는 달리 들판에서 양을 치는 입장이었으나 왕으로 예선되어 기름 부음을 받았다(삼상 16장). 그러나 바로 쓰임을 받지 못하고 훈련이 더 필요했다. 다윗이 들판에서 죽을 고생을 하며 사자와 곰을 물리치는 것을 모든 사람들은 알지 못하였다. 그러나 때가 되자 이스라엘과 블레셋의 모든 군대는 다윗이 골리앗을 물리치는 것을 보았다(삼상 17장). 하나님은 오늘도 그대를 이 세상에 드러내기 위하여 준비시키고 훈련시키신다.

미래가 우리에게 보이지 않기 때문에 우리는 의심에 빠지기도 한다. '이 시련의 목적이 무엇인가?' '나는 왜 이러한 혼란을 겪어야 하는가?' '왜 나에게 이러한 어려움이 오는가?'라며. 그러나 인생을 당장 눈앞의 것만 보는 단편적인 것으로 모든 것을 평가하지 말아야 한다.

♧ ♧ ♧

그대가 바른 마음으로 하나님 앞에서 인생을 살아간다면 하나님은 그대 인생을 허비하게 그냥 내버려 두지는 않으신다. 눈에 보이지 않으나 점점 더 완성의 단계로 이끌고 계시며 결국은 인생을 누사한 그대의 노력에 하나님은 열매를 맺게 인도하신다.

성공한 사람이, 좋은 결과를 얻은 사람이, 좋은 [illegible] 운이 좋아서 그렇게 된 것이 아니고 인생을 투자한 열매를 거두는 것이므로 오늘을 투자해야 내일이 있다.

(사무엘상 16:11) 이새에게 이르되 네 아들들이 다 여기 있느냐 이새가 가로되 아직 말째가 남았는데 그가 양을 지키나이다 사무엘이 이새에게 이르되 보내어 그를 데려오라

신현주, 〈예화철학〉, 〈예화산책〉, www.sbs66.net

[오늘의 말씀] 사무엘상 17장~20장 : 국민적 영웅 다윗 → 먼저 성경 읽기

(17장) 다윗은 블레셋의 골리앗을 무찌르는 공로를 세운다.
(18장) 다윗은 이스라엘의 군대장관이 되며 국민적인 영웅으로 떠오르자 사울의 전략적 사위가 된다.
(19-20장) 다윗은 도망 다니는 신세가 되었다. 그러나 요나단과의 사랑은 다윗에게 용기가 된다.

[말씀 묵상]

1. 다윗이 골리앗에게 "너는 칼과 창과 단창으로 내게 오거니와 나는 만군의 여호와의 이름 곧 네가 모욕하는 이스라엘 군대의 하나님의 이름으로 네게 가노라"(17:45) 하였다. 다윗이 용감하다지만 알고 보면 골리앗이 더 용감한 사람이다. 감히 하나님을 믿지도 않고 칼과 단창만으로 하나님을 의지하는 다윗을 대적하려 했으니, 이는 맹용(盲勇)이었던가? 그대가 하나님을 의지하지 않고 사는 것은 맹용을 부리는 어리석은 짓이다.
2. 다윗은 사울을 피하여 도망 다니는 중에 사울의 아들 요나단을 통하여 많은 도움과 용기를 얻는다. "요나단이 다윗을 사랑하므로 그로 다시 맹세케 하였으니 이는 자기 생명을 사랑함 같이 그를 사랑함이었더라"(20:17). 진정한 친구는 이해타산을 떠난 이런 모습이다.

[깊은 연구]

1. 다윗은 사울의 사위가 된다. (삼상 18장)

사울은 다윗에게 자기 딸 **메랍**을 주어 환심을 사고 그를 블레셋 전쟁터에 보내 죽이려 하다가 메랍은 주지 않고(18:17-19) 딸 **미갈**을 주는 조건으로 폐백은 원치 않고 블레셋 양피(陽皮, 성기의 표피: 할례 때 이것을 잘라냈다) 100개를 가져오도록(100명을 죽여야 가져올 수 있다) 했다. 이는 다윗을 블레셋 사람의 손에 죽이려는 계략이었다. 그러나 다윗은 오히려 블레셋 남자 200명을 죽이고 양피를 가져오므로 사울의 사위가 된다(18:22-29).

2. 폐백(빙폐)에 대하여 (삼상 18장)

사울이 다윗에게 **폐백을 원치 않는다**(18:25)고 했는데 유대 관습은 오늘날 한국처럼 신부가 혼수의 짐을 크게 지지 않는다. 오히려 신랑 쪽에서 신부를 데려오기 위해 처가에 지참금을 지불하는 것을 폐백(빙폐로도 번역)이라 한다. 이는 만일의 경우 딸이 과부가 됐을 때 생활 유지를 보장하기 위해 처가에 주어지는 기금이며, 딸의 출가로 인한 노동력 상실에 대한 보상의 의미도 있다(창 34:12, 출 22:16).

■ 다윗과 골리앗(삼상 17장)
다윗이 골리앗을 쓰러뜨린 것은 그의 일생에 하나님을 의지하는 계기가 되었다. 이 유리 조각품은 두 사람의 특성을 잘 나타낸다.

통독	**110**
확인	

공부 　사무엘상 17장~20장: 국민적 영웅 다윗

1. 골리앗의 신분과 무장은?(17:1-7) (1규빗은 45cm, 1뼘은 22cm)
   1) 나라 (　　　　), 2) 출신 지방 (　　　　), 3) 신장 (　　　규빗　　　뼘)=(　　　　cm)
2. 다음 각 항에서 서로 관계없는 것 한 가지를 고르세요(17장).
   가) 8-11, 16 - 1) 싸워서 지는 자는 종　2) 이스라엘 군대를 칭찬　3) 사십 일간 조석으로
   나) 12-16 - 1) 엘리압　2) 아비나답　3) 삼손　4) 다윗
   다) 31-40 - 1) 막대기　2) 돌 다섯　3) 물매　4) 창과 활
3. 다윗은 (　　)을 죽이고 그 (　　)를 베었고, 군장 (　　)이 그를 사울 앞으로 인도했다(17:42-58).
4. 다윗이 사울의 무엇이 되었나? 1) 18:5 -　　　　　　　2) 18:27 -
5. 사울이 다윗에 대해 불쾌하게 들은 말은?(18:7-8) -
6. 사울이 다윗을 두려워한 이유 세 가지는?(요약해서 써도 됨) - 1) 18:12 -
   2) 18:15 -　　　　　　　　　3) 18:28-29 -
7. 사울은 '다윗을 (　　)' 했으나 요나단은 다윗에게 '은밀한 곳에 (　　) 있으라' 했다(19:1-2).
8. 악신이 사울에게 접하였으므로 다윗이 손으로 (　　　)을 탔다(19:9).
9. 라마 나욧의 사무엘에게 피신한 다윗을 잡으러 간 사울은 사무엘 앞에서 (　　　)을 하며 종일 종야에 (　　　　) 몸으로 누웠다(19:18-24).
10. (20:　절) 여호와의 사심과 네 생명으로 맹세하노니 ~
11. (20:　절) 요나단이 다윗의 집과 언약하기를 ~
12. (20:　절) 사울이 요나단에게 단창을 던져 ~

▲▼△▽ -----≪간담상조(肝膽相照)≫----- ▽△▼▲

당송팔대가(唐宋八大家) 중 명문 대가에 한유(韓愈)와 유종원(柳宗元)은 고문부흥(古文復興)을 제창한 문우로서 '한유'(韓柳)라 불릴 정도로 절친했다. 헌종(憲宗) 때 유주자사(柳州刺史)로 좌천되었던 유종원이 죽자 한유는 그 묘비명을 썼다. 유종원의 진정한 우정을 찬양하고 경박한 사귐을 증오했다.

"…사람이란 곤경에 처했을 때라야 비로소 절의(節義)가 나타나는 법이다… '서로 간과 쓸개를 꺼내 보이며(肝膽相照, 간담상조)' 해를 가리켜 눈물짓고 살든 죽든 서로 배신하지 말자고 맹세한다. 말은 제법 그럴듯하지만 일단 털끝만큼이라도 이해 관계가 생기는 날에는 눈을 부릅뜨고 언제 봤냐는 듯 안면을 바꾼다. 더욱이 함정에 빠져도 손을 뻗어 구해 주기는커녕 오히려 더 깊이 빠뜨리고 위에서 돌까지 던지는 인간이 이 세상 곳곳에 널려 있는 것이다."

♧ ♧ ♧

간담상조(간 肝, 쓸개 膽, 서로 相, 비칠 照). 한유(韓愈)의 〈柳子厚墓誌銘〉에 나온 이야기로 서로 간과 쓸개를 꺼내 보인다는 뜻이다. 상호간에 진심을 터놓고 격의 없이 사귀는 것을 말하며 마음이 잘 맞는 절친한 사이임을 뜻한다.

남이 넘어졌을 때에 손을 내밀어 일으켜 주기는커녕 오히려 한 번 더 밟는 정죄하는 처세술을 가졌다면 문제다. 끝까지 변치 않는 우정을 지닌 다윗과 요나단을 생각한다.

(사무엘상 20:17) 요나단이 다윗을 사랑하므로 그로 다시 맹세케 하였으니 이는 자기 생명을 사랑함 같이 그를 사랑함이었더라

신현주, 〈예화철학〉, 〈예화산책〉, www.sbs66.net

[오늘의 말씀] 사무엘상 21장~24장 : 사울의 추격과 다윗의 도피 → 먼저 성경 읽기

(21장) 다윗의 긴 피난 길은 계속된다(숫자는 해당 절수다). 1절 놉, 10절 블레셋 가드.
(22장) 1절 아둘람, 3절 모압 미스베, 5절 헤렛 수풀.
(23장) 1절 그일라, 14절 십 황무지, 24절 마온 황무지.
(24장) 1절 엔게디 황무지. 다윗은 여기서 사울을 죽일 기회가 있었으나 살려 준다.

[말씀 묵상]

1. **제사장 아히멜렉**은 다윗과 함께한 자들이 굶주릴 때 제사장들만 먹을 수 있는 진설병(출 25:30, 레 24:5-8)을 먹도록 배려한다(21:1-7). 이 사건은 진설병을 먹는 규례의 예외적 적용으로 예수님도 불가피성 내지는 정당성을 인정하셨다. 제사법도 중요하지만 긍휼의 법이나 생명을 보전하는 도덕적 의무의 중요성도 일깨워 주는 사건이다(마 12:1-8). 안식일에 병을 고치는 것도 율법을 범하는 것으로 보는 바리새인, 서기관을 향해 예수님은 질책을 하셨다(눅 6:6-11).
2. 다윗은 자기를 죽이려는 사울로 인해 큰 고통을 겪었음에도 불구하고, 이제는 "발을 가리우러"(대변보러) 굴에 들어간 사울에게 복수를 할 기회가 왔으나 '기름 부음을 받은 자'의 생명을 건드리지 않는다(24:1-7). 26장에도 십 황무지에서 같은 장면이 나오는데 생명을 멸하려는 유혹을 뿌리친다.
3. 사울은 좇고, 다윗은 쫓기는 끈질긴 추격과 피신이 계속된다. 다윗은 이 일이 그의 생애에 큰 사건이었으므로 많은 시를 쓴다. 그는 왕이 되기 전에 시편 7, 11, 12, 13, 17, 22, 23, 34, 35, 52, 54, 56, 57, 59편 등을 쓴 것으로 보인다(시 34, 52편을 음미해 보라).

[깊은 연구]

1. 다윗의 실제적인 영향력 (삼상 22장)

1) 당시 사울과 모압 왕은 적대 관계에 있었으나(14:47) 모압 왕은 사울을 피하여 온 다윗(22:3)을 환대했다. 이는 당시 이방 민족들에게도 다윗이 실질적인 영향력을 발휘하고 있었음을 나타낸다. 다윗이 하필 이 모압 땅에 가족을 부탁한 것은, 그곳이 사울의 힘이 미치지 못하는 곳이었을 뿐 아니라 그의 증조모 '룻'의 고향이기도 한 특별한 관계일 것으로 보인다.

2) 모압은 아브라함의 조카 롯이 소돔에서 피난한 후에, 대가 끊길 것을 염려한 큰딸이 아비에게 술을 먹인 후 동침하여 낳은 아들인 모압의 후손이다(창 19:37, 큰딸은 아들을 낳아 이름을 모압이라 하였으니 오늘날 모압 족속의 조상이요). 〈룻기〉에 엘리멜렉과 그의 아내 나오미의 가족이 베들레헴에서 모압으로 흉년을 피하여 갔을 때에 얻은 자부 룻은 다윗 왕가의 조상을 낳는다(룻 1:4, 4:21-22).

2. 다윗의 왕권을 인정하는 사울 (삼상 24장)

다윗은 엔게디 굴속에서 사울을 죽일 기회가 있었으나 오히려 화해를 모색한다. 사울은 다윗에게 "나는 네가 반드시 왕이 될 것을 알고 이스라엘 나라가 네 손에 견고히 설 것을 아노니"(24:20)라고 한다. 이 말은 다윗의 왕권에 대해 인정한다는 것이요 자신의 폐위에 대해서는 시인하는 것이다.

통독	111
확인	

공부 사무엘상 21장~24장 : 사울의 추격과 다윗의 도피

1. 진설병에 대한 규례는 레위기(24장: - 절)에 나오는데 제사장만 먹을 수 있는 떡을 다윗 일행이 먹도록 배려했으며, 예수님은 (일)의 논쟁에 인용하셨다(21:1-7, 마 12:1-8, 눅 6:6-11).
2. 다윗이 제사장 ( )에게 요구해서 얻은 것 두 가지는 ( )과 ( )인데 그 중에서 다윗이 거짓말을 한 것은 (절)에 나온다(21:1-9).
3. 다윗이 사울을 두려워하여 (왕) ( )에게 도망했으나 아기스를 두려워하여 다윗은 그 행동을 ( ) 체하고 대문짝에 그적거리며 ( )을 수염에 흘렸다(21:10-15).
4. 다윗이 도피 중에 함께한 자들은?(22:1-2) -
5. 다윗의 행적을 사울에게 고발하고, 제사장들을 죽인 자는 어디 출신 누구인가?(22:3-19) -
6. 아히멜렉 제사장은 사울 왕에게 다윗이 어떠한 자라고 말하나?(22:14) -
7. 도엑이 제사장들을 죽일 때 아히멜렉의 아들 중 도망하여 죽지 아니한 자는?(22:20-23)-
8. 그일라에서 블레셋을 친 것은 다윗의 의도에 따라 한 일이다(23:1-6). (O, X)
9. 요나단은 부친 사울이 찾는 다윗을 도와서 하나님을 힘 있게 의지하게 했다(23:15-18). (O, X)
10. 23장 7, 21절을 보면 사울은 하나님을 잘 믿는 사람이다(23:19-23). (O, X)
11. 블레셋의 침노로 다윗 추격을 그친 곳을 '셀라하마느곶'(분리하는 바위)이라 한다(23:24-29). (O, X)
12. 다윗이 자기 사람들에게 무슨 말로 사울을 해하지 못하게 했나?(24:6-7) -
13. 사울은 소리 높여 울면서 다윗에게 무엇이라 했나?(24:16-21을 읽고 답은 17절만) -
14. 사울은 다윗이 무엇이 될 것을 알고 있었나?(24:20) -

▲▼△▽ -----≪발목에 맨 줄에 생명 의지≫----- ▽△▼▲

남태평양 펜테코스트 제도에는 '골'이라는 의식이 있다. 사나이들은 발목에 덩굴 줄기를 단단히 매고 대나무와 덩굴로 엮은 30m 높이의 다락집에 올라가서 바닥으로 다이빙을 한다. 종교적인 색채를 띤 이 의식은 남자의 용기를 과시하려는 목적도 있다.

지면에 머리가 아슬아슬하게 접근할수록 더 용감한 사람으로 여기므로 발에 맨 줄의 길이를 낙하한 토인의 머리가 땅바닥보다 불과 몇 cm 위에서 멈추도록 해 놓는다. 때로는 줄기의 길이가 늘어나서 뛰어내린 사람이 바닥에 내동댕이쳐지기도 한다.

1974년 영국 여왕과 에딘버러 공, 그 밖의 영국 왕족들이 참관한 가운데 골 의식에서 다이빙을 한 사람은 줄기가 끊어지는 바람에 척추가 부러져 끝내 목숨을 잃기도 했다.

♧ ♧ ♧

요즘의 번지점프를 연상하는 이 의식에서, 발에 맨 줄기가 토인을 영락없는 죽음에서 살려 주는 끈이 되는 것이다. 예수님께 가까이하는 것은 줄이 짧고 굵으며 안전한 셈이나.

살게 하는 끈은 많다. 이혼 위기에 있는 부부가 자녀나 체면이라는 끈 덕에 살기도 하고, 병원에서는 링거 줄이 환자를 살려 준다. 반면 잘못된 끄나풀 역할을 하거나 잘못된 끈에 얽혀 있으면 인생을 죽음으로 끌고 가는 길목에 있는 것이다. 많은 사람이 다윗에게 붙어 있으므로 삶의 의미를 더했다.

(사무엘상 22:2) 환난당한 모든 자와 빚진 자와 마음이 원통한 자가 다 그에게로 모였고 그는 그 장관이 되었는데 그와 함께한 자가 사백 명가량이었더라

신현주, 〈예화철학〉, 〈예화산책〉, www.sbs66.net

[오늘의 말씀] 사무엘상 25장~28장 : 파멸로 가는 사울 → 먼저 성경 읽기

(25장) 사무엘이 죽으므로 이스라엘에 어두운 그림자가 드리운다.
(26장) 도망 다니던 다윗은 하길라 산 진 중에서 잠자는 사울을 죽일 기회도 있었으나 살려 준다.
(27장) 다윗이 다시 블레셋의 가드 왕 아기스에게로 갔을 때 자기편으로 이용하려 하나 다윗이 역이용한다.
(28장) 블레셋의 위협을 받은 사울은 엔돌의 신접한 여인(무당)을 찾아가 패배의 끔찍한 예언을 듣는다.

[말씀 묵상]

1. "내가 후일에는 사울의 손에 망하리니 블레셋 사람의 땅으로 피하여 들어가는 것이 상책이로다"(27:1)라는 다윗의 판단은 합리적인 것 같으나 신앙적으로는 연약함을 보이는 것이다. 다윗은 왕으로 예선되어 기름 부음을 받았고, 하나님의 섭리를 체험했음에도 유다 광야에서 기약 없는 삶을 살 수 없다고 판단했는지 블레셋을 향한다. 현재를 이기면 미래에 영광이 있다(롬 8:18).
2. **사울**은 하나님이 함께하시지 않으니 살기가 등등해 다윗을 죽이고자 했고, 꿈으로도 우림으로도 선지자로도 대답이 없자, 자신이 신접한 자와 박수(남자 무당)를 쫓아낸 일과 배치되며(28:3, 9), 더 나아가 율법에도 어긋나는(레 19:31) 행위를 하여 신접한 여인을 찾아간다(28:8-14). 반면에 **다윗**은 사울을 죽일 기회가 있었으나 하나님의 기름 부음 받은 자를 존중하며(24, 26장), 영적으로 아비아달을 찾아갔고 에봇을 통해 하나님의 뜻을 헤아린다(30:7-10). 사는 방식이 다르다.

[깊은 연구]

1. 다윗의 여러 아내 (삼상 25장)

일부다처제가 보편적인 시대였기에 다윗은 도피 중에도 여러 아내를 두게 된다.

1) 사울의 딸 **미갈**(18:27). 후에 사울이 딸 미갈을 갈림에 사는 발디에게 주었다(25:44).
2) 완고하고 악한 목축업자 나발의 아내였던 총명한 **아비가일**(25:39-42).
3) 이스르엘 사람 **아히노암**(25:43).
4) 사무엘하 3장 2-5절에는 위의 세 명 외에도 4명의 아내(마아가, 학깃, 아비달, 에글라)가 더 나온다. 근동 지방은 동등한 권리를 갖는 여러 아내를 두었다. 물론 첩도 있었는데 아내와 같은 권리는 없었다.

2. 23장과 26장의 유사성에 대하여 (삼상 24, 26장)

1) 26장의 사건이 23장 19절부터 24장 23절에 기록된 사건의 또 다른 전승이라는 주장이 있다. 즉 다윗이 사울을 살려 준 사건은 하나인데, 다른 전승에 의하여 두 번의 사건으로 기록되었다는 것이다.

2) 그러나 24장과 26장의 관련된 사건들이 매우 유사하지만, 그 차이점(23:25-28과 26:3 이하 사건; 24:5-8과 26:6-12 사건; 24:10-23과 26:21-25 사건)은 두 사건이 서로 구분됨을 나타낸다.

3) 한편 다윗이 사울을 죽이지 않고 자신을 호소하자 사울은 다윗에게 "내가 범죄하였도다"(26:21) 하며 화해를 청하는 것 같으나 일시적인 것으로 끝나고 만다. 타락한 인생이 진정 회개하기는 어렵다.

공부 사무엘상 25장~28장 : 파멸로 가는 사울

1. 사울을 피하여 도망 다닌 다윗의 행적을 찾아 그 지명을 써 보자.
   삼상 21:1(　　　　　) → 21:10(　　　　　) → 22:1(　　　　　) → 22:3(　　　　　) → 22:5(　　　　　) → 23:5(　　　　　) → 23:14(　　　　　) → 23:24(　　　　　) → 24:1(　　　　　) → 25:1(　　　　　) → 26:2(　　　　　) → 27:1-2(블레셋 가드) → 27:6(　　　　　) → 삼하 2:1-2(　　　　　) : 왕이 됨
2. 사무엘이 죽어 장사된 곳은?(25:1) -
3. 큰 부자, 다윗에게 음식 주기를 거절, 낙담하여 몸이 돌과 같이 됨: 누구인가?(25장) -
4. 총명하고 아름다움, 많은 음식을 준비하여 감, 다윗의 아내가 됨: 누구인가?(25장) -
5. 사울이 다윗을 찾으려고 함께 간 군사의 수와 군대장관은?(26:1-5) -
6. 다윗은 무엇이라 하며 잠자는 사울에게서 창과 물병만 가지고 갔나?(26:11) -
7. 다윗이 왕의 생명을 중히 여긴 것 같이 여호와께 원한 것은?(26:24) -
8. 다윗은 사울의 26장 21, 25절의 말을 믿었나, 믿지 못했나?(27:1-4) -
9. 다윗이 아기스에게서 얻은 땅의 이름과 그가 블레셋에 거한 기간은?(27:5-7) -
10. 사울의 영적 상태는 어떠했나?(28:7) -
11. 사울이 신접한 여인을 찾아간 것은 자신의 어떤 일들과 반대되는 것인가?(28:3, 7) -
12. 엔돌의 신접한 여인이 불러 올린 사무엘은 내일 어떤 일이 있으리라고 했나?(28:19, 참고. 사탄이 사무엘의 모습으로 가장했다는 해석이 있다. 고후 11:14) -

---

▲▼△▽ -----≪일본인의 이중성≫----- ▽△▼▲

미국 유엔 본부에는 '일본 히로시마 원폭 기념실'이 있다. 영어를 유창하게 구사하는 일본인 아가씨가 그 안내를 맡고 있다. 그녀는 단어 한 마디 한 마디에 감정을 담아 원폭이 20만 명의 일본인을 처참하게 죽였으며(그 가운데 2만 여 명은 한국인임을 전혀 언급하지 않고), 피폭자들은 오늘도 악몽 같은 하루하루를 지탱하고 있다고 강조한다.

아키다의 성모상을 보여 주며 수많은 사람이 죽고 건물은 가루가 되었지만 이 성모상은 말짱했다며 종교까지 동원해 일본이 얼마나 많은 피해를 입었으며 미국이 천벌을 받을 나라인지를 눈물 가득 담은 가련한 표정으로 설명한다. 미국 여성들은 "이렇게 잔인할 수가... 부끄러운 일이에요." 하며 일본이 아시아에서 행한 악행은 모르면서 흐느낀다.

♧ ♧ ♧

물론 원폭을 투하함으로 많은 인명을 살상한 그 일을 찬양할 수는 없으나 미국이 원폭 투하를 하지 않았다면... 히로시마에 원폭이 떨어진 다음에야 수많은 아시아인들이 목숨을 건졌음에도 오히려 가해자 일본은 세계를 향해 자신의 피해 사실과 불행을 인도적인 차원에서 호소하고 있다. 히로시마 평화공원에서 매년 수십억 원씩 들여 호화판 기념식을 하면서도 한국 피해자들은 외면하는 일본인들이다. 아비가일의 남편 나발은 그의 이중성으로 인해 벌을 받아 죽었다.

(사무엘상 25:25) 원하옵나니 내 주는 이 불량한 사람 나발을 개의치 마옵소서 그 이름이 그에게 적당하니 그 이름이 나발이라 그는 미련한 자니이다 여종은 내 주의 보내신 소년들을 보지 못하였나이다

신현주, 〈예화철학〉, 〈예화산책〉, www.sbs66.net

[오늘의 말씀] 사무엘상 29장~31장 : 사울의 죽음 → 먼저 성경 읽기

(29장) 다윗은 아기스와 함께 전쟁에 나갔다가 블레셋 방백들로부터 불신을 받는다.
(30장) 다윗은 돌아와서 시글락을 초토화시킨 아말렉을 치고 전리품을 나눈다.
(31장) 그러나 사울과 그의 아들들은 전장에서 죽게 되니 사울 왕국은 비참하게 막을 내린다.

[말씀 묵상]

1. 한 인간 사울이 어떻게 이렇게까지 변할 수 있었는지를 생각하면 놀랍다. 하나님께 부름 받은 사울은 불과 2년 만에 이렇게 변절하기 시작했다. 제사장권을 침해했고(13:9), 아말렉 진멸에 불순종했으며(15:6-9), 제사장을 살해하고(22:16-19), 신접한 여인을 찾아갔다(28:8-14). 〈아래 도표 참고〉 이는 하나님에 대한 도전이며 백성의 기대를 저버리는 행위였다. '한자리 한다'는 것이 이렇게 어렵다는 것을 말해 주기도 한다. 우리의 직분을 되돌아보는 계기가 되자.

[깊은 연구]

1. 사울의 죽음이 최종적으로는 자살이다. (삼상 31장)

1) 사울은 블레셋 전투에서 중상을 입고 살 희망이 없어지자 죽어 가며 칼을 배에 대고 엎드러지므로 형식상으로는 '자살'을 했다(31:3-4). 사사 시대 아비멜렉(삿 9:53-54)의 죽음도 찾아보라.

2) 자살에 대해서는 다양한 신학적인 입장이 있으나 '자살하면 지옥 간다'고 단언하는 경우도 있다. 믿음을 가졌다면 그 영혼은 하나님의 손에 드려지는 것이지 사람의 판단에 따라 결정되는 것이 아니다. 어느 교회의 중직자가 사업이 실패하여 고난의 시간 뒤에 교회 중층에 목을 매 자살했는데, 장례를 치름에 말들이 많았고 담임목사는 장례식 집례를 거절했다. 그러나 한편 그로서는 가장 의지할 곳이 그래도 교회였기에 그 장소를 선택한 것이 아닌가?

2. 에봇(22:18, 30:7)과 우림(28:6)과 둠밈은 무엇인가?

1) 에봇은 제사장의 겉옷 위에 착용하는 것으로(출 28:6-12), 에봇을 몸에 매고 흉패를 붙이고 흉패에 우림과 둠밈을 넣었다(레 8:7-8).

2) 우림과 둠밈은 하나님의 뜻(神意)을 알기 위해 사용한 도구인 것 같다(14:3, 23:6, 23:9, 30:3). 제비나 주사위 같은 것으로 부정과 긍정을 알 때 사용했다는 설도 있다. 어원 및 재료는 알려져 있지 않으며, '빛의 완성'이라는 뜻을 가지고 있다고 하나 확실하지는 않다.

3) 예언자의 활동이 활발해짐과 함께 계시된 말씀에 중심을 두게 되므로 우림과 둠밈이 후대에는 쇠퇴한 것으로 보인다.

사울의 처음과 나중 모습

사울의 처음 (장점)
준수한 용모(삼상 9:2) 효자였다(9:3-5) 하나님의 종 대접(9:7-8) 겸손했다(9:21, 10:22-23) 하나님의 신이 충만(10:9) 자기를 멸시하는 자에 대해서 인내(10:27) 정의감이 넘침(11:6-11)
사울의 나중 (단점)
제사장권 침해(삼상 13:9) 분별 없는 맹세(14:24) 아말렉 진멸을 불순종(15:6-9) 악신이 들림(16:14) 시기와 교만(18:8) 제사장 살해(22:16-19) 다윗 살해 위한 추격(19-26장) 신접한 여인을 찾아감(28:8-14)

통독	113
확인	

공부 사무엘상 29장~31장 : 사울의 죽음

〈1-4문: 틀린 것 =줄로 지우기〉. 〈5-9문: 물음에 답〉. 〈10-13문: 틀린 곳에 밑줄 긋고 고치기〉

1. 블레셋은 (길보아, 수넴 / 아벡, 이스르엘)에 진을 쳤고, 이스라엘은 (길보아, 수넴 / 아벡, 이스르엘)에 진을 쳤다(28:4-5 / 29:1).
2. 다윗에 대해 블레셋의 (방백들 / 아기스 왕)은 신임했고 (방백들 / 아기스 왕)은 불신임했다(29:2-5).
3. 그들이 춤추며 창화하여 가로되 사울의 죽인 자는 (천천 / 만만)이요 다윗은 (천천 / 만만)이로다 하던 이 다윗이 아니니이까(29:4-5).
4. 아기스는 다윗이 자신에 대해 (하나님의 사자 / 사단의 사자) 같다고 했다(29:6-10).
5. 다윗 일행이 전쟁에서 돌아와 보니 그들이 거하는 성읍을 누가 쳤는가?(30:1-5)
6. 다윗은 백성들이 돌로 치려 할 때 어떻게 용기를 얻었나?(30:6) -
7. 아말렉이 침로하고 불사른 4곳은?(30:7-15) -
8. 전리품에 대한 이스라엘의 율례와 규례로 삼은 것은?(30:16-25) -
9. 다윗이 왕래하던 모든 곳에 보낸 것은?(30:26-30) -
10. 블레셋과의 전쟁에서 다윗의 아들 요나단, 아비나답, 말기수아가 죽었다(31장).
11. 칼에 중상을 입은 사울이 자기 칼을 취하고 그 위에 엎드러져 죽었다(31장).
12. 블레셋 사람들이 사울의 머리를 베었고 갑옷은 바알의 집에 두었다(31장).
13. 길르앗 야베스 거민들이 사울과 그의 아들들의 시체를 벧산 성벽에서 가져다가 불사르고 그 뼈를 야베스 에셀 나무 아래 가루로 뿌렸다(31장).

▲▼△▽ -----《어떤 소리를 듣는가?》----- ▽△▼▲

홈시어터(home theater, 안방극장)가 유행하고 있다. 글 쓰는 데 사용하던 노트북이 수해로 물에 잠겨 버린 데다 사양이 낮기도 하여 수리비보다 새로 사는 것이 낫겠다 싶어 전자상가에 갔다. 노트북의 높은 가격에 만져만 보다가 홈시어터를 보고 자료를 얻었다. 가격이 몇 백만 원에서부터 몇 천만 원에 이르기까지 다양했다.

인간의 가청(可聽) 주파수는 저음인 20Hz부터 고음인 2만Hz에 이르므로 대부분의 오디오가 이 음역을 재생한다. 갓난아기는 16Hz부터 3만Hz에 이르러 어른들보다 음역이 넓고 청소년기에는 2만Hz로, 노년에는 1만 2천Hz로 낮아진다.

그러므로 고급 오디오(초당 2만 5천Hz)를 설치한다고 해도 아기는 그 음역을 제대로 들을 수 있으나 어른들은 돈들인 만큼 듣지 못하는데도 고급을 원한다.

♧ ♧ ♧

요즘에는 재생 음역이 모두 넓으므로 음질에 중심을 두고 있다. 수천만 원짜리 음향기기를 사는 사람들이 그만큼 활용을 하는가 의문스럽지만, 그런 시스템이 탐나는 것은 사실이다.
[illegible] 사람도 [illegible] 하나님의 음성을 듣는 영적인 귀가 열려야 한다. 하나님은 "이스라엘아 들으라"(쉐마 이스라엘)라고 말씀하셨다.

(사무엘상 30:24) 이 일에 누가 너희를 듣겠느냐 전장에 내려갔던 자의 분깃이나 소유물 곁에 머물렀던 자의 분깃이 일반일지니 같이 분배할 것이니라 하고

신현주, 〈예화철학〉, 〈예화산책〉, www.sbs66.net

[오늘의 말씀] 사무엘하 1장~4장 : 유다의 왕, 다윗 → 먼저 성경 읽기

사울 왕조의 몰락과 다윗 왕조의 설립은 통일 왕국의 견고성을 보여 준다.

(1장) 사울과 요나단의 죽음에 대한 다윗의 애가는 다윗이 위대한 인물임을 보여 준다.

(2장) 왕으로 예선된 다윗은(삼상 16:11-13) 왕으로 추대되고(삼하 2:4, 5:1-5), 북쪽에서 왕으로 추대된 사울 왕가의 이스보셋이 통치한다.

(3장) 사울 왕조는 몰락되어 가고, 이스보셋을 왕으로 세웠던 아브넬은 유다의 요압에게 죽임을 당한다.

(4장) 이스라엘의 이스보셋 왕마저 자신의 군장들에게 죽임을 당한다.

[말씀 묵상]

1. 사울의 죽음을 가장 기뻐해야 할 사람은 사울로 인해 여러 번 죽을 뻔한 다윗일 텐데, 오히려 크게 슬퍼하는 모습을 보며(1장) 그대는 무슨 생각을 하는가? '원수까지도 사랑하라'는 예수님의 말씀(마 5:44)이나 "핍박하는 자를 축복하라"(롬 12:14)는 바울 사도의 말을 되새겨 본다. 지금 그대가 제일 미워하는 사람이, 사울이 다윗을 죽이려 한 것과 같은 정도의 행위를 자신에게 했는가?
2. 아브넬이 사울의 아들 '이스보셋'을 이스라엘의 왕으로 삼았으나(2:8) 왕으로 대접하지는 않았다. 심지어 사울의 첩 리스바와 통간하고, 이를 꾸짖는 이스보셋을 대적한다. 그러자 "이스보셋이 아브넬을 두려워하여 감히 한 말도 대답지 못하니라"(3:8-11) 했으니 나라꼴이 되겠는가? 나중에 아브넬은 요압에게, 이스보셋은 신하들에게 죽임을 당한다(3:27, 4:1-12).

[깊은 연구]

1. 다윗이 몇 년에 왕이 되었나? (연대 이해, 삼하 1장)

성경 인물들의 연대 계산은 어떻게 나온 것일까? 유다 왕들의 문서에서도 연대 자체를 기록하지는 않았기에 계산이 어려운데, 다행히 '바벨론의 연대기'에 유다의 멸망에 대한 기록들도 있으므로 이를 근거로 하여 역으로 계산을 한다. 그렇게 계산하여 다윗이 왕이 될 때를 보통 주전 1000년경으로 본다(이스보셋은 주전 1000-998년에 통치한 것으로 계산된다). 그러나 연대는 학자마다 차이가 있어서 다윗 시대에는 약 10년이, 고대로 올라가면 200년간(사사 시대를 보는 관점에 따라 다르다)이나 서로 다른 경우도 있다. 이스보셋이 살해된 뒤 다윗은 유다(남쪽)와 온 이스라엘(북쪽)의 통일 왕국을 이룬다.

■ 악기를 연주하는 소년
이 부조는 15cm 정도로 한 소년이 거문고와 수금의 중간 형태의 악기를 연주하고 있다. 다윗도 한때는 궁중악사였다(삼상 16:23).

2. 다윗은 세 번에 걸쳐 왕으로 기름 부음을 받았다.

1) 왕으로 예선(삼상 16:13)
2) 유다 지파의 지지(삼하 2:4)
3) 온 이스라엘의 지지(5:3)

통독	114
확인	

공부

사무엘하 1장~4장 : 유다의 왕, 다윗

1. 다윗이 시글락에서 (   )과 그 아들 (   )의 사망 소식을 들었다(1:1-10).
2. 다윗이 사울과 요나단을 조상하여 지은 슬픈 노래는 (   ) 노래, (   )의 책에 기록되었다(1:18).
3. 사울과 요나단이 용사임을 비유하여 '(   )보다 빠르고 (   )보다 강하다' 했다(1:23).
4. 다윗이 요나단을 사랑함이 기이하여 '(   )의 사랑보다 승하였도다' 하였다(1:26).
5. 다윗은 세 번에 걸쳐 왕이 되는 의식을 거행한다. 보기에서 답을 골라 쓰세요.(해설 참고)

   {보기} 유다 족속의 지지 / 왕으로 예선 / 온 이스라엘과 유다의 지지

   1) 삼상 16:1-13 -   2) 삼하 2:1-4 -   3) 삼하 5:1-10 -
6. 사울의 아들 (   )은 이스라엘(북쪽)의 왕으로 (년)을 왕위에 있었다(2:8-11).
7. 이스보셋 쪽의 아브넬이 다윗 쪽의 누구의 배를 찔러 죽였나?(2:18-23) -
8. 사울의 집과 다윗의 집의 전쟁의 결과는?(3:1) -
9. 다윗이 헤브론에서 '낳은 아들-낳은 여인'으로 짝이 되도록 보기처럼 쓰세요(3:2-5).

   1) 암논-아히노암   2)   3)

   4)   5)   6)
10. 사울의 집에서 권세를 얻은 군대장관 아브넬의 악행은 사울의 첩과 (   )한 일이다(3:7).
11. 아브넬이 이스보셋을 배반하고 다윗에게 왔다가 누구에게 죽임을 당하나?(3:12-30) -
12. 이스보셋의 군장으로 이스보셋의 목을 베어 다윗에게로 가져간 자는?(4:1-9) -
13. 사울의 손자요 요나단의 아들로서 유모가 떨어뜨려 절뚝발이가 된 사람은?(4:4) -
14. 다윗의 말에 악인과 의인은 각각 누구를 가리키는 것인가?(4:11) -

▲▼△▽ -----≪짧은 생, 긴 여운≫----- ▽△▼▲

미국의 매사추세츠 노드햄튼 공동묘지에 '데이비드 브레이너드'의 무덤과 그 옆에 데이비드를 사랑했으나 일찍 죽었기 때문에 결혼하지 못한 아름다운 여인 '제루사 에드워드'의 무덤이 있다. 예수님을 위한 데이비드의 원대한 소망과 기대는 결실을 얻지 못한 채 보잘것없는 무덤 속에 묻히고 말았다.

그의 노력과 일의 결과는 거의 없고 그의 헌신적인 선교의 기억과 수십 명의 인디언 신자들이 그가 이루어 놓은 전부였다. 진정 그는 한 알의 밀알처럼 썩어져 그의 이름조차도 잊혀 가고 그의 사업도 모두 잊혀 가고 있다. 그러나 청교도의 성자라고 일컫는 '요나단 에드워드'가 데이비드를 자기의 아들이라고 부르고 그의 짧은 인생을 조그만 책으로 만들었을 때 이 책은 미국 전역에 말할 수 없는 감동을 불러일으켰고 전도의 불을 붙였다.

♧ ♧ ♧

영국의 케임브리지 대학의 학생이었던 '헨리 마틴'도 이 책을 읽었다. 학문의 성취와 천재적인 머리를 포기하고 인디언 탄광촌에서 전도하다가 돌아왔을 때 그의 건강은 악화되었고, 몰골은 거지 형상이었다. 그는 다시 흑해 북부의 외진 곳에 가시 그곳의 주민들에게 전도하다가 쓰레기 더미 아래에서 죽어 갔다. 모든 힘은 주님 안에서 얻은 작은 책의 감동에서였다.

사울의 아들 요나단의 업적은 크지 않으나 결과적으로 다윗이 왕이 되게 하는 역할을 했다.

(사무엘하 1:23) 사울과 요나단이 생전에 사랑스럽고 아름다운 자러니 죽을 때에도 서로 떠나지 아니하였도다 저희는 독수리보다 빠르고 사자보다 강하였도다

신현주, 〈예화철학〉, 〈예화산책〉, www.sbs66.net

[오늘의 말씀] 사무엘하 5장~8장 : 다윗의 통일 왕국의 확장 → 먼저 성경 읽기

(5장) 이스보셋이 살해된 뒤 다윗은 온 이스라엘의 합법적인 왕으로 인정받고, 중요 요새인 예루살렘을 정복하고 수도를 헤브론으로부터 옮겨 오므로 점점 강성하여진다.

(6장) 예루살렘은 정치뿐 아니라 종교적으로도 중심지가 되어 하나님의 법궤를 다윗 성으로 옮겨 온다.

(7장) 다윗 왕조의 영원성에 대한 하나님의 계시의 말씀을 듣는다.

(8장) 다윗은 주변국들을 정복하여 왕국은 크게 확장되어 간다. 다윗의 전쟁 기록과 신하들 이름이 나온다.

[말씀 묵상]

1. 사무엘 시대에 블레셋에 빼앗겼던 법궤가 7개월 후에 이스라엘에 돌아왔고(삼상 6:1), 그 후 20년간을 아비나답의 집에 있은 후(삼상 7:2), 예루살렘으로 옮기게 되었다(삼하 6장). 원래 하나님의 궤를 운반하려면 레위인 중에서도 선택된 제사장들이 막대에 꿰어 어깨에 메고 운반해야 했다(신 31:9, 수 3:3). 뿐만 아니라 손을 대어서도 안 되었다(민 4:15). 그런데 다윗이 수레에 궤를 실은 방법은 과거 하나님의 심판에 당황한 블레셋이 법궤를 취급했던 방법과 같았다(삼상 6:7). 소들이 뛰자 함부로 성물에 손을 댄 웃사는 죽음을 맛보게 되었다.
2. 다윗처럼 다양한 삶을 산 사람도 드물다(삼상 16장-삼하 5장). 그는 ① 유다의 산골에서 양을 치는 목동이었고(삼상 16:11), 수금을 타는 궁중악사였으며(삼상 16:23), 왕에게 신임받는 군대장관이었는가 하면(삼상 18:5), 순간에 이리저리 피해 다니는 도망병이었고(삼상 19-30장), 마침내는 통일 왕국의 왕이 되었다(삼하 5:5). ② '하나님의 때'를 기다릴 줄 알았고 자기 계획을 이루는 데 '순리'를 따랐다. 처음 남쪽만을 다스리는 유다 지파 중심의 왕이었고, 7년 6개월을 기다려 비로소 온 이스라엘의 왕이 되었으며, 왕이 될 때도 무리한 수단을 쓰지 않았다.

[깊은 연구]

1. 여부스인의 시온 산성(예루살렘)과 다윗의 위대함 (삼하 5-6장)

이 성은 불구자라도 방위할 수 있을 만큼 튼튼한 요새였으나 다윗이 정복하여 '다윗 성'이라 하였다(5:6-10). 헤브론에서 예루살렘으로 수도를 옮기니 통일 왕국의 면모를 갖추게 되었으며 더구나 언약궤를 모셔 오므로 종교적 중심지가 되었다. 지도에서 보듯이, 다윗은 주변국을 정복하여 영토가 넓어졌고 조공을 받고 강대한 나라가 되었으나 솔로몬 때에는 오히려 영토를 잃어버린다. 이로써 다윗은 당대뿐 아니라 후대에도 가장 위대한 임금으로 백성들의 기억 속에 남는다. 〈다음 쪽 지도 참고〉

2. 다윗과 성전 건축 (삼하 7장)

다윗은 하나님의 법궤를 모신 소규모의 성전(성막)에 만족할 수 없었던지 성전 건축을 위해 대대적으로 준비를 했지만(7장), 하나님께서는 다윗이 아닌 그 아들 때에 가서야 성전을 건축할 수 있음을 계시하셨다(7:13). 다윗의 성전 건축을 허락하지 않은 것은 다윗이 피를 많이 흘렸고 크게 전쟁하였기 때문이라고 하신다(대상 22:8).

공부

사무엘하 5장~8장 : 다윗의 통일 왕국의 확장

1. 다윗의 통치 40년 동안 ① 헤브론에서 ( ) 동안 ( )를 다스렸고, ② 예루살렘에서 ( ) 동안 ( )를 다스렸다(5:4-5).
2. 다윗이 정복한 여부스 성의 다른 이름들을 성구를 참고하여 쓰세요(5:4-10).
   (여부스=5절: / 7절: / 7, 9절:)
3. 다윗이 블레셋과의 전쟁에서 '물을 흩음 같이 대적을 흩으셨다' 하여 지은 곳의 이름은?(5:17-21) -
4. 다윗이 하나님의 궤를 옮겨 오다가 ( )의 죽음으로 가드 사람 ( )의 집에 석 달을 두었는데 여호와께서 오벧에돔과 그 온 집에 ( )을 주셨다(6:1-11).
5. 하나님의 궤를 옮길 때 처음에는 ( )에 실었고, 나중에는 기쁨으로 ( )...(6:1-15).
6. 여호와의 궤가 다윗 성으로 들어올 때 다윗이 뛰놀며 춤추는 것을 보고 그를 업신여기고 비방한 다윗의 아내 ( )이 죽는 날까지 ( )이 없었다(6:12-23).
7. 다윗이 나단에게 어떤 고백을 했나?(7:2) -
8. 하나님께서 나단을 통한 예언에 다윗을 이어 왕이 될 자에게 약속하신 것 두 가지는?(7장 전체를 읽고 답은 13절로) - 1) 2)
9. 다윗의 고백은?(7:22) -
10. 다윗의 간구는?(7:29) -
11. 다윗이 정복한 여섯 나라의 이름은?(8:12) -
12. 누가 제사장이 되었나?(8:17) -

〈특별연구〉 통일 왕국 3대 왕의 영토

다음 지도에서 보듯 세 왕 중에서 다윗 시대에 영토 확장과 통치가 위대했음을 알 수 있다.

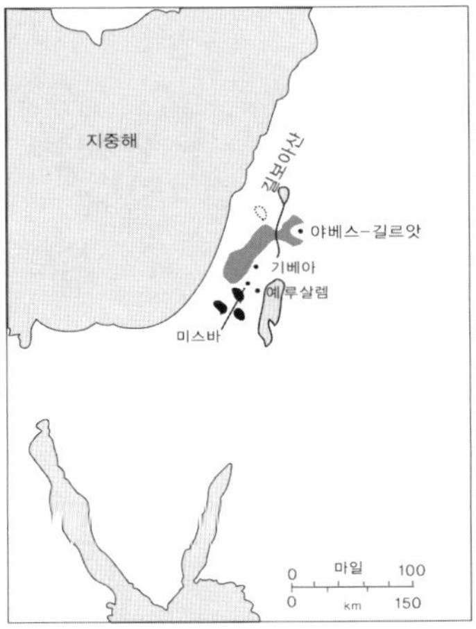

■ 사울의 영토
(주전 1020/40-1000년)

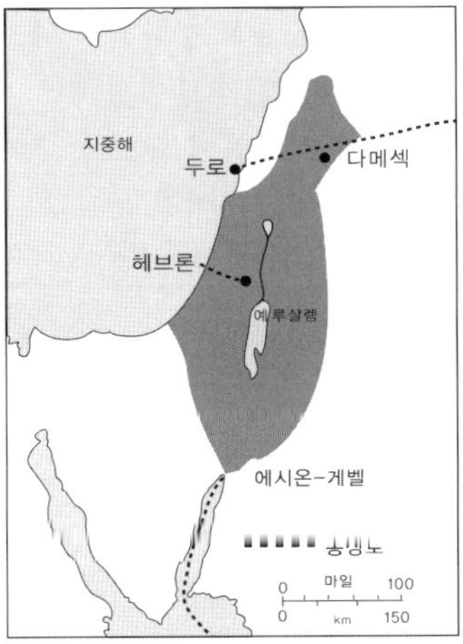

■ 다윗의 영토
(주전 1000-961년)

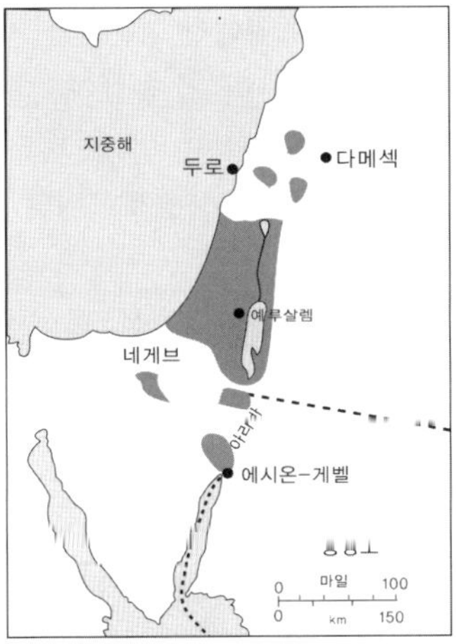

■ 솔로몬의 영토
(주전 961-922년)

[오늘의 말씀] 사무엘하 9장~12장 : 다윗의 범죄와 회개 → 먼저 성경 읽기

(9장) 다윗은 요나단의 아들 므비보셋을 자신의 상에서 함께 먹게 하므로 요나단에게 받은 은혜를 갚는다.
(10장) 다윗은 암몬 왕에게 조문 사절을 보냈다가 오히려 조롱을 당하자 전쟁을 하게 된다.
(11장) 이스라엘이 암몬과 전쟁하고 있는 사이에 다윗은 밧세바와 동침하여 간음죄를 범하고 밧세바의 남편 우리아를 전사시킨다.
(12장) 나단 선지자의 '양의 비유'를 통해 죄를 지적받은 다윗은 침상을 적시는 회개를 한다.

[말씀 묵상]

1. 다윗은 이스라엘에서 잊혀진 요나단의 아들 므비보셋을 찾아내어 은혜를 베풀었다. "다윗이 가로되 무서워 말라 내가 반드시 네 아비 요나단을 인하여 네게 은총을 베풀리라 내가 네 조부 사울의 밭을 다 네게 도로 주겠고 또 너는 항상 내 상에서 먹을지니라"(9:7) 하므로 요나단은 죽었으나 아들 므비보셋에게 사랑의 빚을 갚았다. 하나님의 사랑을 실천해야 한다.
2. 밀림 지대에서 거대한 삼나무가 쓰러지는 경우가 있는데, 이는 톱으로 자른 것도 벼락을 맞은 것도 아니다. 놀랍게도 수천 마리의 작은 딱정벌레들이 나무의 중심부부터 시작하여 조용히, 그리고 비밀스럽게 나무를 갉아먹었던 것이다. 다윗의 범죄(11장의 밧세바와의 간음과 우리아를 죽게 함)도 수많은 처첩과 영적 훈련 없이 보낸 결과로서 유혹이 왔을 때 저항할 능력이 없었다. 우리의 영적 생명력을 좀먹는 죄들도 서서히 들어오며 단번에 넘어뜨리는 경우는 드물다.

[깊은 연구]

1. 다윗의 침상을 적시는 회개와 문제 해결 (삼하 12장)

1) 다윗의 위대한 점은 자신의 범죄에 대해 눈물로 침상을 적시는 회개에 있다(12:13-23). 시편 51편을 음미해 보라. 이 일에 대해 다윗이 눈물로 쓴 '회개시'이다.

2) 밧세바와의 불륜으로 낳은 아기는 심판으로 죽게 됐고 문제 해결 후에 다시 한 아기를 주시는데 그가 곧 '평화'라는 뜻의 **솔로몬**이다. 나단은 그를 **여디디야**라 했으니 이는 '여호와께서 사랑하신다'라는 뜻이다(12:24-25).

2. 하나님이 맺은 언약 (삼하 7장의 하나님께서 다윗과 맺은 언약을 아래의 표로 비교해 보라.)

아브라함의 언약 (창 17장)		시내산 언약 (출 19장)		다윗의 언약 (삼하 7장)		새언약: 그리스도 (고전 11장)
* 열국의 아비 * 가나안 땅 "나는 그들의 하나님이 되리라"	→	* 율법 수여 * 성막 건립 "너희는 내 소유가 되겠고 제사장 나라가 되며…"	→	* "내 이름이 존귀케 되며…너를 위하여 집을 이루고…네 위가 영원히 견고하리라."	→	* 피로 세운 새 언약의 땅, 후손, 왕국에 대한 예언이 성취됨 (하나님 나라)

통독	***116***
확인	

공부 사무엘하 9장~12장 : 다윗의 범죄와 회개

1. 다윗이 요나단의 아들 므비보셋에게 은총을 베푸는 내용 두 가지는 어떤 것인가?(9:7)
   1) 2)
2. 므비보셋의 젊은 아들의 이름은?(9:12) -
3. 다음 문장에서 틀린 곳을 =로 지우고 맞게 고치세요(10장).
   1) 암몬과 나하스는 오해하여, 축하객으로 온 다윗의 신복들 수염을 깎고 옷을 찢었다(10:1-5). -
   2) 암몬과 아람의 연합군 대적을 위해 다윗이 용사의 무리와 같이 나갔다(10:6-8). -
   3) 처음엔 요압이 승리했고, 나중에는 아비새가 전쟁에서 승리했다(10:9-19). -
4. 다윗이 데려오라 한 여인은?(11:1-5) -
5. 다윗이 전쟁터의 우리아를 불러 집으로 가서 잠을 자라고 한 이유는?(11:6-8)
6. 우리아가 집으로 가서 자지 않은 이유는?(11:11) -
7. 다윗이 우리아를 어떻게 죽게 했나?(11:14-25) -
8. 다윗이 지은 죄를 십계명(출 20장)으로 말한다면 몇 계명에 해당되는가?(11장, 찬송가 표지도 참고)
   1) 밧세바 (죄: 계명), 2) 우리아 (죄: 계명), 3) 요압 (죄: 계명)
9. 나단의 비유에서 다음은 누구를 비유한 것인가?(12:1-6)
   1) 부한 자: 2) 가난한 자: 3) 가난한 사람의 양 새끼:
10. 다윗에게 예고된 죄의 값은?(12:10-11) -
11. 다윗과 밧세바가 다시 낳은 아이는? 여호와께서 지어 준 이름은?(12:24-25) -
12. 다윗이 랍바(암몬의 수도)를 쳐서 취한 면류관을 어떻게 했나?(12:26-31) -

▲▼△▽ -----≪산책과 산보의 차이≫----- ▽△▼▲

▷ 괴테(독일의 문호)는 늘 창조적인 정신과 건전한 생각을 가지고 생활하였다. 한 제자가 물었다. "선생님, 맑은 정신으로 지치지 않고 작품 활동을 하는 비결이 무엇입니까?"

괴테가 대답했다. "산책을 즐기기 때문이라네. 산책은 육체보다는 정신에 많은 도움이 된다네. 산책은 뛰어서는 안 되고 천천히 걸어야 해. 그리고 주위의 모든 사물을 사랑스럽고 관심 있게 보면 세상이 아름다움으로 가득 차게 되지. 그래서 산책은 사고를 넓혀 주고 창조적인 생각을 하게 된다네."

▷ 큰 부자가 병에 걸려 진단이 내려졌다. "가장 행복한 사람을 매일 만나면 병이 낫습니다." 큰 부자도, 이름 있는 정치가도, 잘난 미인들도 모두 자신이 불행하다고 생각했다. 그런데 산 밑 초가에 사는 노인이 제일 행복했다. 그 부자는 매일 그 노인을 만나러 가는 '산보'를 하므로 실제 건강해졌다.

♧ ♧ ♧

남한은 '산책'이라고 하는데 보도를 보면 북한 사람들은 '산보'라고 하기에 권위 있는 국어사전을 찾아 보았더니, 어떤 차이가 있는 건지 도무지 알 수가 없다.

산책(散策): 가벼운 기분으로 바람을 쐬며 여기저기 거닒.

산보(散步): ① 바람을 쐬기 위하여 여기저기 거닒. ② 소풍.

마음의 여유를 위한 산책은 [illegible] 계기가 되었다.

(사무엘하 11:2) 저녁때에 다윗이 그 침상에서 일어나 왕궁 지붕 위에서 거닐다가 그곳에서 보니 한 여인이 목욕을 하는데 심히 아름다워 보이는지라

신현주, 〈예화철학〉, 〈예화산책〉, www.sbs66.net

[오늘의 말씀] 사무엘하 13장~16장 : 압살롬의 반역 → 먼저 성경 읽기

(13장) 다윗의 장남 암논이 이복동생인 다말을 범하자, 압살롬은 누이에 대한 복수로 암논을 죽인다.
(14장) 요압의 중재로 3년 만에 압살롬을 데려오나, 다윗은 2년간이나 얼굴 보기를 거절한다.
(15장) 압살롬은 헤브론으로 가서 반역을 하고 예루살렘을 향하자 다윗은 피난을 갈 수밖에 없었다.
(16장) 피신하는 다윗은 므비보셋의 사환 시바에게 속임을 당하고 시므이에게는 비웃음을 당한다.

[말씀 묵상]

1. 암논이 다말에게 자기 욕심을 채우고는 배신하는 사악한 모습은 우리를 놀라게 한다. "암논이 저를 심히 미워하니 이제 미워하는 미움이 이왕 연애하던 연애보다 더한지라"(13:15)라고 했다. 그는 심지어 책임지려고 하지 않고 다말을 쫓아내고 문을 닫아건다. 부정적인 일이든 긍정적인 일이든 자신의 행위에 책임을 져야 한다.

2. **압살롬**은 그술로 망명한 후 3년이 지나 요압의 중재로 예루살렘에 돌아와서도 2년간이나 부왕 다윗의 얼굴을 보지 못한다(14:28). 그리하여 압살롬은 그러한 상태를 더 이상 견뎌 내지 못하여 반역을 꿈꾸고 백성들의 마음을 도적질하여(15:6) 준비했다가 헤브론에서 왕이 되었다고 선포한다. 이는 다윗의 죄의 결과였으나(12:10-12), 아들을 용서하지 않은 다윗이 문제의 근본 원인이라는 사실도 간과할 수는 없다. 예수님은 **용서**를 가르치셨다. 그대가 용서를 하지 못하는 것은 무엇인가?

[깊은 연구]

1. 압살롬의 반역과 주변 인물들 (삼하 15-17장)

다윗이 왕위에서 쫓겨 피난할 때 사람들의 반응은 다양하다. **압살롬**이 헤브론에서 왕으로 추대되자 **아히도벨**(다윗의 모사)은 압살롬에게 붙고(15:12), **시바**(므비보셋의 사환)는 주인을 배신하고 다윗을 속였으며(16:1-4), 사울의 친척 **시므이**는 다윗을 저주하며 돌을 던진다(16:5-14). 그런 반면 변치 않는 마음으로 충성하는 **요압** 장군, 모략으로 다윗을 도운 **후새**(15:32-37, 16:16-19, 17:1-14)나 다윗에게 음식을 공궤한 **바르실래**(17:27-29, 19:31-40) 등이 두드러진다. 상대의 힘을 보고 따라가는 삶은 간사한 모습이므로 변치 않는 마음이 필요하다.

2. 압살롬이 다윗의 후궁들과 동침하다. (삼하 16장)

1) 다윗을 배반하고 압살롬 쪽으로 간 아히도벨은 압살롬에게 왕궁을 마지막까지 지킨 다윗의 후궁들과 동침하도록 모략을 꾸민다(16:20-21). 이 일은 근동 지방의 관례에 따라 후궁들을 취하는 것을 왕권의 완전한 계승으로 여기는 것에 기인한 것이다.

2) 다윗이 죽었을 때 아도니야가 밧세바를 통해 솔로몬에게 다윗 왕의 품에 있던 아비삭을 달라고 했더니 "왕위를 구하는 것이냐"고 분노하며 "그를 죽이리라"(왕상 2:13-25) 한 것을 보아도 알 수 있다.

3) 압살롬은 지붕에 장막을 치고 이스라엘 무리들의 눈앞에서 후궁들과 더불어 동침한다(16:22). 이 일은 나단이 "네 처들로 더불어 백주(대낮)에 동침하리라"라고 예언한 것이 이루어진 것이다(12:11-12).

통독	117
확인	

공부 사무엘하 13장~16장 : 압살롬의 반역

1. 이복누이 다말로 인하여 심화로 병이 된 다윗의 아들은?(13:1-2) -
2. 다말을 겁탈할 계략을 가르쳐 준 암논의 간교한 친구는?(13:3-5) -
3. 암논이 다말을 겁탈한 후에 마음이 어떻게 변했나?(13:6-17 읽고 답은 15절로)
   -
4. 이년 후 동생 다말에 대한 복수로 압살롬이 암논을 어떻게 했나?(13:23-29, 32) -
5. 그술로 도망간 아들에 대한 다윗의 마음은?(13:37) -
6. 압살롬이 그술에서 예루살렘으로 돌아오도록 지혜를 낸 사람은?(14:1-24) -
7. 압살롬이 예루살렘에 돌아와서도 몇 년간 부왕 다윗을 만나지 못했나?(14:28) -
8. 압살롬이 요압을 왕에게 보내려 하여 부르나 오지 않자 취한 방법은?(14:28-33) -
9. 압살롬이 반역을 준비할 때에 사람들의 마음을 어떻게 했나?(15:6) -
10. 다윗의 모사였으나 압살롬이 청하여 반역에 가담한 사람은?(15:7-12) -
11. 사독에게 언약궤를 성으로 도로 메고 가도록 한 다윗의 뜻은?(15:25) -
12. 다윗이 감람산 길로 피신해 갈 때의 모습은 어떠했나?(15:30) -
13. 다윗의 친구로서 아히도벨의 모략을 패하게 하려고 예루살렘으로 간 사람은?(15:30-37) -
14. 시바의 행위는 진실인가, 주인 므비보셋의 재산을 탐한 계략인가?(16:1-4, 19:17, 24-39) -
15. 시므이는 피난 가는 왕에게 어떻게 했나?(16:5-8을 읽고 5절에서 한 단어로) -
16. 압살롬에게 부친의 후궁들과 더불어 동침하는 모략을 제안한 사람은?(16:20-23) -

▲▼△▽ -----≪볼일이 끝난 후의 변신≫----- ▽△▼▲

한 시인이 시골 동네에 들어가 살게 되었다. 젊은이들은 도시로 나갔고 전화가 없던 시대요 문맹률이 높던 때였다. 동네 어른들이 가끔 자녀들에게서 오는 편지를 들고 오면 읽어 주기도 하고 답장도 써 주었다. 그 시인은 노인들이 마음에 있는 이야기만 하면 구구절절이 마음을 다 전하는 글을 써 주었다. 편지를 잘 써 준다는 소문이 이웃 동네에까지 퍼져 편지를 써 달라는 사람이 많아졌고 그 덕에 감자며 옥수수도 얻어먹었다.

어느 날 이웃 동네에서 온 고집쟁이 노인의 편지를 잘 써서 읽어 주었더니 "내용은 잘 썼구만! 한 줄 더 써 줄 수 있겠나?" 하기에 "그럼요!" 했다가 넘어질 뻔했다.

"맨 밑줄에 '글씨가 엉망이지만 양해를 바라네'라고 한 줄 더 쓰게나!"

♧ ♧ ♧

배고픈 사람에게 음식을 대접했더니 실컷 먹고 나서 "별 맛이 없구만." 한다면 배은망덕한 사람이요, 믿음이 자라나시는 은혜를 모르고 교만을 떠는 사람을 보면 염려가 된다.
필자는 고향 춘천에서 고등학생 시절에 동네 분들의 편지를 많이 써 주었는데, 필자가 쓴 편지를 읽어 주며 우는 사람도 있을 정도였다. 그러나 말거니! 다윗의 아들 '암논'은 이복동생 '다말'을 겁탈하고는 '미워하는 미움이 사랑하던 사랑보다 더한' 이기적이고 사악한 모습으로 변신을 한다.

(사무엘하 13:15) 그리하고 암논이 저를 심히 미워하니 이제 미워하는 미움이 이왕 연애하던 연애보다 더한지라 곧 저에게 이르되 일어나 가라

신현주, 〈예화철학〉, 〈예화산책〉, www.sbs66.net

[오늘의 말씀] 사무엘하 17장~20장 : 다윗의 환궁 → 먼저 성경 읽기

(17장) 후새는 압살롬에게 불리하도록 모략을 쓰므로 다윗은 도망갈 수 있었다. 아히도벨은 자살한다.
(18장) 다윗은 군대를 정비하고 압살롬은 요압에게 살해되므로 압살롬의 반역은 끝난다.
(19장) 북쪽 10지파는 다윗의 복위를 바랐으나 유다 지파는 망설일 때에 화해의 정책은 성공을 거둔다.
(20장) 다윗은 환궁하여 안정된 듯했으나, 세바가 반란을 일으키고 이를 진압한 요압은 인정을 받는다.

[말씀 묵상]

1. 성경에 나오는 여성들의 뛰어난 활약을 본다. 반란자 세바가 벧 마아가(Beth maachah)의 아벨 성으로 갔을 때 추적한 요압의 군대는 아예 그 성을 멸할 계획을 가졌는데, 지혜로운 한 여인 덕분에 세바의 목을 베는 것으로 난은 진압되고 성읍은 안전하게 된다(20:14-22).
 사사 시대 야빈 왕의 군대장관 시스라의 살쩍에 말뚝을 박아 죽인 헤벨의 아내 야엘(삿 4:21)도 맹렬한 여성이고, 자칭 왕 아비멜렉을 데베스 성에서 맷돌 짝으로 머리를 깨뜨려 죽인 여인(무명)도 맹렬 여성이었다(삿 9:50-54). 맹렬 여성은 가정과 민족과 국가를 지켰다.

[깊은 연구]

1. 다윗의 군대장관 요압의 처세술 (삼하 18-20장)

1) 요압은 다윗의 군대장관이었고 아마사는 압살롬의 군대장관이었다. 압살롬이 반역하다 죽은 후 다윗은 아마사를 요압 대신 군대장관으로 세웠다(19:13). 〈요압은 파면된 것으로 추측되는데 아마도 압살롬을 죽였고(18:14), 다윗에게 바른말을 한 것이 다윗으로서는 듣기 싫었던 것 같다(19:1-7).〉

2) 세바의 반란이 일어났을 때 다윗은 아마사에게 진압을 명령했으나 능력 부족이 드러나자(20:4-5) 요압은 기회를 틈타 아마사를 죽이고(20:9-10) 세바의 반란을 해결한다. 요압은 당연히 군대장관의 자리가 회복된다(20:14).

3) 요압은 전에도 자신의 지위에 영향을 미칠 인물이라고 생각되는 아브넬이 이스보셋을 배반하고 다윗에게 왔을 때 그와 은밀하게 이야기하려는 듯하다가 칼로 배를 찔러 죽이는 신속성을 보였다(3:27-29). 이러한 요압은 이번에는 아마사가 다윗에게 인정을 받자 그와 입 맞추면서 칼로 찔러 죽인다. 그의 그러한 행동은 예수님께 대한 가룟 유다의 배신을 연상케 한다(20:9-10).

4) 다윗은 이러한 요압을 잊거나 용서 할 수 없음에도 요압은 충신이었다. 욕정에 눈이 멀어 밧세바의 남편 우리아를 제거할 때도 다윗의 의중을 헤아렸다(11장). 그랬기에 다윗이 처리를 못 하고 유언으로 남기게 되고(왕상 2:5-6), 솔로몬이 왕이 되면서 요압은 죽임(숙청)을 당한다(왕상 2:28-35).

■ 압살롬의 묘(삼하 18:16-18)
유다인들은 압살롬의 묘로 전해지는 이 탑에 돌을 던지며 자녀들에게 반역자의 최후를 교훈하고 있다.

통독	118
확인	

공부

사무엘하 17장~20장 : 다윗의 환궁

1. 아히도벨과 후새 중에서 그럴듯한 말로 압살롬을 속여 자신의 모략을 택하게 한 사람은?(17:1-14) -
2. 후새가 사독과 아비아달 제사장에게 말한 것은 다윗을 돕고자 함인가, 아닌가?(17:15-20) -
3. 자신의 모략이 시행되지 못함을 보고 고향으로 가서 목매어 죽은 자는?(17:23) -
4. 다윗이 마하나임에 이르렀을 때에 좋은 음식을 가져온 사람 셋은?(17:27-29) -
5. 다윗의 군대의 삼분의 일씩을 맡은 군장들은?(18:1-2) -
6. 다윗이 "압살롬을 너그러이 대접하라" 했으나 이를 불순종한 군장은?(18:5-15) -
7. 1) 압살롬이 연말에 머리털을 깎아 저울에 달았을 때의 무게는?(14:26) -
   2) 압살롬이 전쟁에서 아름다운 머리로 인해 어떻게 됐나?(18:9-15) -
8. 압살롬이 기념비를 세운 이유는?(18:16-18) -
9. 다윗이 문루로 올라가며 울면서 한 말은?(18:33) -
10. 전쟁에서 이긴 것이 백성에게 슬픔이 된 이유는?(19:2) -
11. 다윗이 두 제사장에게 기별하여 장로들에게 고하라 한 말은?(19:11) -
12. 시므이가 죄 주지 말기를 간청했다. 그의 패역을 살펴보라(19:16-20, 16:5-14). -
13. 다윗이 압살롬을 죽인 요압 대신에 군대장관으로 (　　　)를, 피난 때에 왕을 공궤한 바르실래는 왕궁으로 가기를 거절하여 그가 추천한 (　　　)이 갔다(19:13, 31-39).
14. 세바의 반란에 다윗은 (　　　　)를 보냈으나, 요압이 칼로 아마사의 (　　　)를 찔러 죽이고 반란을 진압한 후에 다시 이스라엘의 (　　　　)이 된다(20:4, 10, 23).

▲▼△▽ -----≪자랑하던 뿔 때문에≫----- ▽△▼▲

사슴 한 마리가 목이 말라 호숫가로 물을 마시러 갔다. 물을 마시기 위해 고개를 숙인 사슴은 물에 비친 자신의 뿔을 보고는 매우 아름답다고 생각하며 미소를 지었다. 사슴은 자기의 아름다운 뿔을 좀 더 자세히 보기 위해 물가로 가까이 갔다가 물에 비친 자신의 다리를 보고는 '이렇게 가늘고 못생긴 다리는 없느니만 못해.' 하고 생각했다. 한숨을 쉬며 물을 마시는데 갑자기 사자가 나타났다.

놀란 사슴은 물을 먹다 말고 볼품이 없어 차라리 없느니만 못하다고 불평한 그 가느다란 다리로 숲을 향하여 도망하였다. 숲에 들어선 사슴은 자기가 아름답다고 생각한 그 뿔이 그만 나뭇가지에 걸려서 결국 사자의 먹이가 되었다. 불쌍한 사슴은 죽으면서 이렇게 한탄했다.

"욕만 하던 다리 덕분에 목숨을 구했는데, 자랑으로 삼았던 이 뿔 때문에 이 모양으로 죽는구나."

♧ ♧ ♧

많이 알려진 이야기다. 자랑하던 것 때문에 죽은 사슴처럼 인생의 자랑도 허무한 것임을 인식하고 겸손함으로 살아야 한다는 교훈을 얻는다.

다윗을 반역했던 압살롬은 자랑하던 그의 아름다운 머리가(삼하 14:25-26)) 오히려 나무에 걸려 요압 장군의 창에 찔려 죽었다. 그대가 자랑하는 것들이 오히려 걸림돌이 되어 그대의 인생을 넘어뜨릴 수 있음을 알고 언제나 겸손해야 한다.

(사무엘하 18:9) 압살롬이 노새를 탔는데 그 노새가 큰 상수리나무 번성한 가지 아래로 지날 때에 압살롬의 머리털이 그 상수리나무에 걸리매 저가 공중에 달리고 그 탔던 노새는 그 아래로 빠져 나간지라

신현주, 〈예화철학〉, 〈예화산책〉, www.sbs66.net

[오늘의 말씀] 사무엘하 21장~24장 : 다윗 왕가의 여러 일들 → 먼저 성경 읽기

21-24장은 연대순으로 배열된 것은 아니며 다음 6가지의 말씀이 있다.
① 기브온 사람에 대한 사울의 죄로 말미암은 기근(21:1-14: 수 9장 참고)
② 블레셋과의 싸움에서의 전쟁 영웅들(21:15-22) ③ 다윗의 시편들(22장)
④ 다윗의 마지막 말들(23:1-7) ⑤ 다윗의 용사들(23:8-39)
⑥ 인구조사와 재앙(24장)

[말씀 묵상]

1. "다윗의 종자들이 다윗에게 맹세하여 가로되 왕은 다시 우리와 함께 전장에 나가지 마옵소서 '이스라엘의 등불'이 꺼지지 말게 하옵소서"(21:17). 이 구절에서와 같이 다윗이 이스라엘의 등불로 묘사된다. 다윗이 이렇게 묘사되는 것은 배후에 섭리하시는 하나님의 위대성 때문이다(대상 12:23). 그대의 인생도 등불처럼 빛나려면 하나님께서 배후에 섭리하셔야 한다.
2. 다윗은 징집이 가능한 인구를 조사할 것을 요압에게 명한다(24장). 인구조사의 목적은 ① 징집, ② 세금 부과에 있었는데 여기서는 군대의 힘(징집대상자)을 과시하려는 의미가 있었다. 즉 블레셋 족속들은 적대적이었기에 기습에 대비하기 위한 지혜로운 길로 생각했을 것이다. 인간적인 판단은 하나님께 대한 불신이요, 모욕적인 행위로 받아들여졌고, 거기에 따른 징벌이 있었다. 이는 하나님이 다윗을 사랑하는 증거가 되기도 했다(24:14, 히 12:5-11 참고).

[깊은 연구]

1. 기브온 사람들을 죽인 사울 가문 (삼하 21장)

1) 삼 년 기근의 원인이 사울 가문이 "기브온 사람을 죽였음이니라" 하였다(21:1). 그런데 이 사건에 대해 성경에 기록이 없다. 다만 기브온 사람에 대한 생명 보존은 여호수아 9장 15, 26절에 약속되었는데, 이를 어긴 사울의 후손 일곱 명을 목매어 단다(21:9). 그 후에 흉년은 그친다.

2) 여호수아 시대에 이스라엘이 요단을 건너 여리고와 아이 성을 정복한 후에 계속 진격하자 이를 두려워한 기브온 족속들이 변장을 하고 원방에서 온 것처럼 하여 이스라엘과 화친 조약을 맺는다. 기브온 족속은 성선에서 불 긷고 장작 패는 일을 한다(수 9:27). 그런데 사울의 후손들이 이들을 죽인 것이다.

2. 다윗 생애의 사건과 연관된 시편의 표제들

1. 왕궁으로부터의 피신 - 삼상 19:11 이하, 시 59편 / 2. 미친 체하는 다윗 - 삼상 21장, 시 34편 / 3. 동굴에 숨는 다윗 - 삼상 22:1 이하, 24:3 이하, 시 57, 142편 / 4. 놉의 제사장들에 대한 도엑의 배신 - 삼상 22장, 시 52편 / 5. 십 사람의 밀고 - 삼상 23:19 이하, 시 54편 / 6. 유다 광야의 다윗 - 삼상 24:1-22, 삼하 15장, 시 63편 / 7. 에돔 족속의 패망 - 삼하 11-12장, 시 51편, 시 32편 / 8. 압살롬의 반역 - 삼하 15:13 이하, 시 3편 / 9. 다윗의 구원의 노래 - 삼하 22장, 시 18편과 동일

통독	119
확인	

공부

사무엘하 21장~24장 : 다윗 왕가의 여러 일들

1. 다윗 시대의 3년 기근에 대해 (　) 안에 알맞은 말을 쓰세요(21:1-9, 수 9:3-15).
   1) 원인: 여호수아 시대에 기브온 거민과 (　　　) 언약을 맺었는데 사울 시대에 이를 어겼다.
   2) 결과: 기브온의 요구를 들어 사울의 아들 (　　) 명과 사울의 딸 메랍의 아들 (　　) 명을 기브온 사람들이 사울의 고을 (　　　) 산 위에서 목매어 달았더니 그 후 기근이 그쳤다.
2. 사울 가문의 사람들의 장례를 잘 치르도록 공헌을 세운 사람은?(21:10-14) -
3. 블레셋과의 전쟁에서 다윗의 종자들이 다윗에게 요구한 것은?(21:17) -
4. 가드(블레셋의 도시국가) 골리앗의 아우 라흐미를 죽인 베들레헴 사람은?(21:19) -
5. 여호와는 나의 (　　　　) 나의 (　　　　) 나를 (　　　　　　　　)(22:2, 시 18편).
6. 하나님의 (　　)는 완전하고 여호와의 (　　　)은 정미하니...(22:31).
7. 다윗의 세 용사 중에 손이 피곤하기까지 블레셋을 친 자는?(23:1-12) -
8. 블레셋 군대를 충돌하고 다윗의 고향 동리 (　　　　　) 성문 곁에서 떠온 물을 다윗이 마시지 않은 것은 세 용사가 (　　　)을 돌아보지 않고 갔던 사람들의 (　　)와 같기 때문이다(23:13-17).
9. 다윗이 인구조사를 할 때 군대장관 요압은 (원했다, 원하지 않았다)(24:1-9).
10. 하나님이 선지자 (요압, 갓)을 통해 다윗에게 제시한 3가지 재앙 중 다윗이 택한 것은 〔7년 기근, 대적에게 석 달 쫓김, 3일 온역(페스트)〕이었다(24:10-17).
11. 다윗이 재앙을 내리는 것을 그치게 하려고 아라우나의 타작마당에서 (값없이, 값을 주고) 여호와를 위하여 단을 쌓고 (번제와 화목제, 소제와 속죄제)를 드렸다(24:18-25).

▲▼△▽ -----≪사업이 망하게 해 주세요≫----- ▽△▼▲

존은 주일학교 책임자며 신용이 있고 존경받는 사람이다. 사업을 시작하여 4년째에는 6개의 지점망을 구축했다. 그런데 그의 십일조는 매주 100달러에서 더 올라가지 않았고, 주일학교 책임자의 자리를 내놓았으며 주일예배에도 빠지기 시작했다. 롤란 목사가 그의 사업처로 찾아갔을 때 존은 '주일에도 타지방으로 가서 사업을 관리해야 한다'고 했으며 '십일조도 100달러면 주의 사업에 충분하다'고 했다.

롤란 목사는 존을 붙들고 기도했다. "주님께서 존을 너무 축복하셨습니다. 십일조는 엄청나서 바칠 수가 없으며, 바빠서 주일 성수도 못 합니다. 존을 위해서나 주의 나라 사업을 위하여 점포 몇 개를 해체해 주셔서 주님을 위해 시간도 낼 만큼 주시고, 십일조도 낼 만큼만 주시기를 기도합니다."

존은 벌벌 떨며 회개하고 새사람이 되겠다고 서원했다.

♧ ♧ ♧

개구리가 올챙이 시절을 알아야 하듯 하나님은 이스라엘에게 "너희가 애굽에서 종 되었던 때를 기억하라"고 하신다. 십일조도 소득이 적거나 많거나 내가 조정하는 것이 아니라 하나님께서 정하신 법칙대로 십의 일을 드리면 된다. 주일 성수도 내가 조정하는 날이 아니라 하나님께 떼어 놓은 시간(날)이 스스로 내가 고르면 '날 도둑'이 되고 마는 것이다.
다윗은 병역 조사로 강성함을 자랑하려 했으나 하나님께 대한 불신이 되었기에 회개했다.

(사무엘하 24:17) 다윗이 백성을 치는 천사를 보고 곧 여호와께 아뢰어 가로되 나는 범죄하였고 악을 행하였삽거니와 이 양 무리는 무엇을 행하였나이까 청컨대 주의 손으로 나와 내 아비의 집을 치소서 하니라

신현주, 〈예화철학〉, 〈예화산책〉, www.sbs66.net

[오늘의 말씀] 사무엘상, 사무엘하 복습 → 먼저 성경 읽기, 단숨에...

1. 〈사무엘상〉. 사무엘과 사울의 통치 (대상 1-9장과 동시대)

〈1〉 사무엘상 : 사무엘의 어린 시절과 블레셋을 무찌름(1-7장)

1. 엘가나의 두 아내 중에 무자하였으나 남편의 사랑을 더 받은 여인은?(1:1-8) -
2. 한나가 기도하여 낳은 아들은?(1:19-28) -
3. 블레셋이 전쟁에서 빼앗은 법궤를 가지고 이동한 지역들은 어디인가?(5:1, 6, 8, 10, 6:12, 21) -
4. '에벤에셀'이란 무슨 뜻인가?(7:12) -

〈2〉 사무엘상 : 사울 왕국(1) - 사무엘과 사울(8-15장)

5. 이스라엘이 왕을 요구할 때에 내세운 이유가 아닌 것은?(8:5, 19-20)
 1) 당신은 늙었다 2) 아들들은 당신의 행위를 따르지 않는다
 3) 열방과 같이 군대를 다스릴 왕이 필요하다 4) 왕이 우리 앞에 나가서 싸워야 한다
6. 사무엘은 백성을 위하여 어떤 죄를 범치 않겠다고 했나?(12:23) -
7. 사울의 대표적인 범죄를 두 가지 고르세요(13:8-12, 15장).
 1) 번제를 주도 2) 아각 왕을 죽임 3) 전쟁에서 도망 4) 아말렉 진멸을 불순종

〈3〉 사무엘상 : 사울 왕국(2) - 사울과 다윗(16-31장)

8. 왕으로 예선되어 기름 부음을 받는 다윗의 모습은?(16:12) -
9. 사울의 상태는?(16:14) -
10. 다윗이 골리앗을 대항하러 나갈 때의 고백은?(17:45) -

11. 1) 진설병은 원래 누구만 먹을 수 있는 것인데 다윗에게 주었나?(21:6, 막 2:26) -
 2) 예수님은 이 사건을 무슨 논쟁 때에 인용하셨나?(막 2:23-28) -
12. 다음 중 다윗의 아내 세 명에 속하지 않는 사람은?(18:27, 25:39-43)
 1) 미갈 2) 나발 3) 아비가일 4) 아히노암
13. 다윗이 사울을 죽일 수 있는 기회가 두 번이나 있었음에도 사울의 옷을 베거나(24:5-6), 창과 물병만 가져오고도(26:11) 마음이 찔렸던 것은 다윗이 어떤 신앙관을 가졌기 때문인가? -
14. 사무엘이 죽은 후에 사울이 신접한 자와 박수를 그 땅에서 쫓아냈으나, 후에 변장을 하고 엔돌에 있는 누구를 찾아갔나?(28:1-7) -
15. 블레셋과의 전쟁에서 죽은 사울의 세 아들의 이름은?(31:1-6) -

통독	120
확인	

2. 〈사무엘하〉. 다윗의 통치 (대상 10-29장과 동시대)

〈1〉 사무엘하 : 유다 왕 다윗의 기름 부음 받음(1-5장)

16. 다윗은 세 번에 걸쳐 왕이 되는 의식을 거행한다. 다음 중 서로 관계된 것끼리 연결하세요.

1) 삼상 16:1-13	가) 유다 족속의 지지
2) 삼하 2:1-4	나) 왕으로 예선
3) 삼하 5:1-10	다) 온 이스라엘과 유다의 지지

17. 사울의 아들 (　　　　)은 이스라엘(북쪽)의 왕으로 (　　년)을 왕위에 있었다(2:8-11).
18. 다윗의 40년 통치는 예루살렘에서 (　　년　　개월), 헤브론에서 (　　년)이다(5:4).
19. 다윗이 여부스 사람에게 빼앗은 예루살렘의 다른 두 이름은?(5:6-10) -

〈2〉 사무엘하 : 다윗이 왕국을 통합함(6-10장)

20. 다윗이 하나님의 궤를 옮길 때 다음 두 본문에서 어떻게 했나?
   1) 실패 → 6:1-11 - (　　　　)에 실었고, 2) 성공 → 6:12-15 - 궤를 기쁨으로 (　　　　)
21. 나단을 통한 예언에 다윗을 이어 왕이 될 자에게 약속되는 두 가지는?(7장을 읽고 답은 13절로)
   1)
   2)
22. 다윗이 암몬에 보낸 조객을 잡아 하눈이 해한 것 두 곳에는 O표, 아닌 것에는 X표 하세요(10:4).
   - 1) 머리카락(　　)　2) 의복(　　)　3) 수염(　　)　4) 신발(　　)

〈3〉 사무엘하 : 다윗의 타락과 회개(11-20장)

23. 다윗의 범죄를 십계명으로 3가지로 말하면 어느 계명을 어긴 것인가?(11:1-25) -
24. 다윗과 밧세바의 사이에서 난 첫 아이가 죽고, 다음에 낳은 아기는?(12:24) -
25. 1) 이복누이 다말을 겁탈하고 버린 다윗의 아들은?(13:1-19) -
    2) 동생 다말을 겁탈한 이복형제를 죽인 다말의 오라비는?(13:20-33) -
26. 압살롬은 그술로 도망가서 (　　년)을 있었고, 요압이 압살롬의 귀환을 추진해서 예루살렘에 왔으나 (　　　　) 동안 다윗의 얼굴을 보지 못하였다(13:37-14:33, 답은 13:38, 14:28).
27. 압살롬이 왕께 재판하러 오는 자들의 마음을 빼앗다가(15:6), 4년 후 반역으로 왕궁에서 도망가는 다윗의 모습은?(15:30) -
28. 아히도벨과 후새 중에서 그럴듯한 말로 압살롬을 속여 자신의 모략을 택하게 한 사람은?(17:1-14) -
29. 세바의 반란에 다윗은 (　　　　)를 보냈으나, 요압이 칼로 아마사의 (　　)를 찔러 죽이고 반란을 진압한 후에 다시 이스라엘의 (　　　　)이 된다(20:4, 10, 23).

〈4〉 사무엘하 : 부록(21-24장)

30. 기브온 사람들을 죽인 사울의 가문이 처형을 당하였는데, 기브온을 죽여서는 안 되는 이유는?(21:1-14, 참고. 수 9:15) -
31. 하나님이 선지자 갓을 통해 다윗에게 제시한 3가지 재앙 중 다윗이 택한 것은?(24:10-17)
   1) 7년 기근　　2) 왕위 반납　　3) 대적에게 석 달 쫓김　　4) 삼 일 온역

〈열왕기(1)〉를 소개합니다

◆ 〈열왕기〉는 원래 한 권이었으므로
상하가 아닌 1, 2로 나누어 해설합니다.

제목에 대한 해설

〈열왕기〉의 히브리어 원전의 제목은 '멜라캄'으로 '왕국들'이라는 뜻이다. 현대의 성경들은 대부분 〈사무엘서〉, 〈열왕기〉가 상하 두 권으로 나누어져 있으나 원래 히브리어 성경은 한 권으로 되어 있다. 주전 3세기경에 히브리어 성경을 헬라어로 번역(이를 '70인역'이라 한다)하면서 그 분량이 많아지자 상하로 나누었다. 책이름도 〈사무엘서〉는 '왕국기'(Book of the kingdom) 1, 2로, 〈열왕기〉는 '왕국기' 3, 4로 불렸다가 제롬의 불가타역(Vulgate)에서 왕국기 1, 2는 〈사무엘상, 하〉로, 왕국기 3, 4는 〈열왕기상, 하〉로 불렸다.

히브리어 성경도 주후 1517년부터 다니엘 봄베르크(Daniel Bomberg)가 히브리어 성경을 개정하여 〈사무엘서〉와 〈열왕기〉를 각각 상하 두 권으로 나누어 지금까지 이르고 있다.

저자 및 저작 연대

본서의 저자가 누구인지는 정확하게 알려져 있지 않으나 내용으로 보아 바벨론으로 잡혀갔던 유다인 포로가 이 책을 썼을 것이라고 추정한다. 유대교의 전승이나 탈무드에서는 본서의 저자를 예레미야라고 하나 설득력이 없다.

여호야긴 왕이 주전 599년에 바벨론에 포로로 잡혀가서 37년간 포로생활을 한 후 주전 562년에 바벨론 왕 에윌므로닥에 의해 석방된 사건의 기록(왕하 25:27-30)으로 보아 저작 연대를 주전 562년 이전으로 볼 수는 없다. 또한 537년 포로에서의 귀환 기록이 없는 것으로 보아 주전 536년 이전으로 본다. 따라서 본서의 기록 연대를 주전 562-536년경으로 추정한다.

현대 학자들 중에는 〈열왕기〉가 솔로몬의 통치부터 바벨론 포로까지의 역사를 기록해 가는 데 있어서 두 왕국의 왕들을 종교적으로 비판하여 일정한 종교적 실재주의를 드러내는 '신명기적 역사가의 편집과 수정 가감'을 발견하게 되므로 주전 600년경에 편집 기록되었으며 반세기 후에 다시 편집 추가되었다고 평하는 이들도 있다.

교훈과 메시지

1) 솔로몬의 등극과 성전 건축

사무엘하 9-20장과 열왕기상 1-2장은 왕위 계승에 관한 말씀이다. 솔로몬이 어떻게 다윗의 여러 아들을 제치고 왕위에 오르게 되었는지의 긴 과정에 지혜문학적 요소와 그 영향이 자리잡고 있다. 즉 하나님의 말씀대로 지혜롭게 처신하는 자에게 주어지는 하나님의 역사 결정 방법이 진행된 것이므로 인간의 계획이나 음모가 작용할지라도 결국 역사의 주관자이신 하나님의 뜻대로 이루어짐을 보여 준다.

솔로몬의 성전 건축은 왕실과 백성들의 신앙과 정신을 성전에 두게 함으로써 성전 중심의 신앙생활에 기초를 놓은 것이다.

2) 남북 왕국의 분열

이스라엘 왕국이 시작되고 불과 100년 만에 나라가 둘로 분열되는 아픔을 겪는다. 물론 솔로몬의 통치가 왕실의 부의 축적과 많은 건축 사업과 국가적인 일들로 백성들에게 과다한 부역과 조세와 노역으로 희생을 강요했다. 그런데다가 영적으로는 솔로몬이 사랑한 이방의 여인들이 이스라엘로 끌어들인 우상 숭배가 왕실과 백성들을 혼미케 했다.

솔로몬의 뒤를 이은 르호보암이 새로운 통치 체제를 원하는 백성들의 의견과 충돌되어 결국 여로보암을 중심으로 '북국 이스라엘'로, 그리고 유다 지파의 르호보암을 중심으로 '남국 유다'로 나뉘게 되었다.

3) 오므리(Omri) 왕조의 통치

북 이스라엘이 처음으로 안정과 번영을 누리게 된 시기가 오므리 왕조 때다. 이때에는 남북 왕조 간에도 상호 우호적이었고, 북쪽의 수리아 아람족을 치러 갈 때에 남북 연합군이 형성될 정도로 강성해져서 주변국가에서도 이들을 오므리 집안으로 부르게 되었다. 그러나 바알 종교가 공식적으로 왕실에 들어오고 백성들에게도 알려져서 종교적으로는 북 이스라엘의 여호와 신앙을 무너뜨리는 시기이기도 하다.

〈열왕기(2)〉를 소개합니다

제목에 대한 해설

앞 쪽의 〈열왕기(1)〉 해설 참고.

저자 및 저작 연대

앞 쪽의, 〈열왕기(1)〉 해설 참고.

시대적 배경

1) 솔로몬의 통치

과거에는 지파별로 나누어져 통치하며 생활하던 것이, 솔로몬에 이르러 왕실에 필요한 물자 공급을 위한 지역으로 편성된다. 이스라엘 백성들은 왕실의 지배와 감독하에 있어서 물자 공급과 건축에 동원되었다(왕상 4:7-9, 5:13-18). 대외 정책으로는 화친을 목적으로 하여 주변국의 왕실의 딸들을 데려왔다(왕상 3:1, 11:1). 무역도 성행하였다. 종교적으로는 제사장권에 대한 왕권의 강화로써, 아비아달 제사장을 고향 아나돗으로 추방하고, 더 나가서 성전 봉헌 기도의 주체도 제사장이 아닌 솔로몬 왕 자신이 한다.

모든 면에서의 왕권 강화는 결국 백성들의 권리와 자유의 축소로 인해 불평과 원망이 더해 갔고, 통치 후기에 많은 문제를 제기했으며, 결국 그의 아들 르호보암 때에 왕국이 분열하는 비극으로 치닫는다.

2) 분열왕국에서 북 이스라엘의 몰락까지

남북 분열의 원인은 정치 사회적, 종교 신앙적, 지리적, 지역적 갈등 및 주변 국가의 충동 등 다양하다.

분열된 후 남쪽은 정치적으로 유다 지파의 다윗 왕실의 왕위 계승을 인정하고 있다. 북쪽에서는 왕위 문제에 있어서 개방적인 정책을 취하므로 왕위 찬탈의 피 흘림이 계속되어 왕조가 아홉 번 바뀐다. 종교적인 면에서는 남쪽 유다는 성전중심의 신앙이었으나, 북에서는 새로운 신앙의 중심지를 만들고 제사장 제도도 새로운 방시을 채택하여 전통적인 여호와 종교를 변질시켰다.

두 왕국은 분열 후 50년간 즉 북쪽은 여로보암 1세부터 오므리 왕조가 들어설 때까지, 남쪽은 르호보암에서부터 여호사밧에 이르기까지 남북간 관계는 상호 분쟁의 시기였다고 할 수 있다.

분쟁 시대가 지나고 북쪽의 오므리 왕조와 남쪽의 여호사밧 시대에는 상호 협조 시대를 맞이한다. 북쪽은 사마리아 성을 수도로 건립하고, 남쪽도 국가적인 발전을 한다. 북쪽의 오므리 집안의 통치 기간에는 북서쪽의 베니게와 우호선린 정책을 취하며, 두로 왕의 딸 이세벨을 오므리의 아들 아합의 아내로 맞으므로 바알 신앙이 이스라엘로 들어오는 길이 공식적으로 열린다. 오므리 왕조의 바알 종교는 예후의 반란으로 끝맺게 된다. 예후는 오므리 집안을 쓸어버리고 이스라엘 내에서 바알 신앙과 추종자를 멸절시킨다. 그러나 민간 신앙의 형태로 전수되어 서민층에 깊이 뿌리 박힌 산당 제도는 제거하지 못한다.

예후의 4대손 여로보암 2세 때에는 남쪽의 웃시야 왕과 동시대에 국가적인 발전을 가져오지만 그 후에 파멸의 길을 가서 결국 주전 721년 앗수르에 멸망한다. 예후 왕조의 파멸을 가져온 살룸의 반란 이후 약 22년간에 5명의 통치자가 바뀌는 혼란 중에 멸망을 맞는 것이다.

3) 북국의 몰락에서 남 유다의 몰락까지

북 이스라엘이 주전 721년 앗수르에게 멸망하고 남국 유다는 약 135년간 더 존속하다가 주전 587년에 바벨론 제국에 멸망한다. 이 기간에 앗수르의 남하정책과 애굽의 북진 정책의 완충 지대인 유대는 이들의 영향을 받게 된다. 히스기야 시대에 앗수르의 산헤립의 예루살렘 공격을 차단하여 반 앗수르 정책을 펼 수 있었으나 므낫세 시대에는 앗수르의 이방 종교가 유다에 영향을 미치게 되었다. 그러나 그의 아들 요시야 때에는 특히 주전 621년 성전 수리 시에 발견된 율법서는 종교개혁에 힘을 더해 주었다.

요시야가 죽은 후 약 30년간은 앗시리아 지역에 새롭게 일어난 바벨론의 세력으로 친앗수르파, 친바벨론파, 친애굽파, 때로는 양국을 모두 섬기기도 하여 막대한 조공으로 국가는 비운의 역사를 산다. 주전 612년 바벨론은 앗수르를 정복했고 그 후 바벨론은 결국 예루살렘을 정복하였으니 이때가 주전 587년이었다. 그리고 유다는 바벨론 포로라는 뼈아픈 경험을 하게 되는 것이다.

[오늘의 말씀] 열왕기상 1장~3장 : 솔로몬의 왕위 계승 → 먼저 성경 읽기

(1장) 다윗의 후계자 문제는 아도니야의 음모가 있었으나 결국 솔로몬이 왕위를 계승한다.
(2장) 다윗은 유언을 남기고 죽었고 솔로몬은 숙청 작업으로 지위를 굳힌다.
(3장) 하나님께로부터 지혜를 얻는 솔로몬은 구하지 않은 것도 함께 얻는다.

[말씀 묵상]

1. 성군 다윗도 인생의 황혼기에 이르니 "이불을 덮어도 따뜻하지 아니한지라"(1:1) 하였다. 모든 사람은 늙고 병들고 언젠가는 죽는다. 그대의 나이는 몇인가? 10년, 30년, 50년 후를 생각해 보라(시 39:4). 이불을 덮어도 따뜻하지 않을 그날을 위해 영적 준비를 해야 한다(시 90:12).
2. 다윗의 후계자 문제는 정치, 종교계가 둘로 나뉘는 아픔을 겪게 된다. 아도니야가 다윗의 아들 중에 연장자(위의 형 셋은 죽음)였기에 **요압 장군과 아비아달 제사장**의 지지를 받으며 왕으로 등장했으나, 세력 있는 **나단, 사독, 다윗의 행정권**으로부터의 반대에 부딪히고 이들은 솔로몬을 왕으로 옹립한다(1장). 이는 다윗의 마음에 이미 있었던 일이고 하나님이 인정하신 바 되었다.
3. 솔로몬이 여호와께 일천 번제를 드렸더니 하나님께서 솔로몬의 꿈에 나타나 "내가 네게 무엇을 줄꼬, 너는 구하라" 하셨고 그때에 솔로몬은 "지혜로운 마음을 종에게 주사 주의 백성을 재판하여 선악을 분별하게 하옵소서"라고 구하였다. 겸허하게 지혜를 구하는 그에게 하나님은 구하지 아니한 **수(壽), 부(富), 명예(名譽)**를 함께 주셨다(3:4-15). 〈통독 143일째 참고〉

[깊은 연구]

1. 제단 뿔에 대해 (왕상 1:50-52, 2:28)

아도니야와 요압은 죽음의 위협을 받을 때에 도망하여 '제단 뿔'을 잡으므로 우선 죽음을 면하였다(1:50-51, 2:28). 제단 뿔이란 번제단 네 귀퉁이에 있는 뿔로서 희생 제물이 될 짐승을 단 뿔에 매기도 했고(시 118:27), 제물의 피를 바르기도 했다(출 29:12, 레 4:7, 18, 25). 제단 뿔을 잡으면 보수자가 그를 죽이지 못하게 되어 있었는데, 출애굽 이후 성막 제도와 더불어 실수로 살인한 자의 도피처가 된 것이다(출 21:12-14, 30:1-2).

■ 돌제단과 그 뿔
이스라엘 므깃도에서 출토된 것으로 근동 지방에는 이러한 제단들이 널리 보급되어 있었던 것으로 보인다. 제단 뿔은 피난처가 되기도 하여 아도니야와 요압은 장막으로 도망하여 제단 뿔을 잡고 목숨을 부지하고자 했다(왕상 1:50-52, 2:28).

2. 솔로몬의 국제결혼과 그 의미 (왕상 3:1-2)

통일 왕국 3대 왕 솔로몬은 애굽의 바로 왕과 결혼동맹을 맺고 바로의 딸을 맞는다(3:1-2). 이것은 솔로몬의 왕권이 확립되었다는 증거다. 바로의 딸은 다른 곳에서도 몇 차례 언급되는데(7:8, 9:16, 9:24), 그 이유는 그녀의 존재가 솔로몬의 권세와 위엄을 강조해 주기 때문이다. 애굽은 당시 세계에서 가장 위대한 제국의 상징이었다.

통독	121
확인	

공부 열왕기상 1장~3장 : 솔로몬의 왕위 계승

1. 다윗 왕을 봉양하며 수종 들기를 위하여 뽑힌 동녀는?(1:1-4) - (　　　여자, 이름:　　　　)
2. 다윗을 이어 아도니야가 왕이 되고자 모의할 때에 도운 군장과 제사장은?(1:5-10) -
3. 다윗이 '왕위를 솔로몬에게 물려준다'는 말을 누구에게 했나?(1:11-31) -
4. 솔로몬은 사울, 다윗에 이어 이스라엘 통일 왕국의 (　　대) 왕이 된 것이다(1:32-39).
   1) 기름 부음 받은 지방 (　　　　　), 2) (　　　　) 가운데서 (　　　　)을 가져다가 부음,
   3) 기름 부은 자 (　　　　　),　　4) 같이 있었던 자 (　　　　,　　　　사람,　　　　사람).
5. 아도니야가 도망하여 제단 뿔을 잡고 구한 것은 생명인가, 왕위인가?(1:40-53) -
6. 다윗의 유언에서 실제 어떻게 하라는 것인지 '죽임', '은총'으로 쓰세요(2:1-12).
   1) 요압(5-6절)(　　　),　2) 바실래의 아들들(7절)(　　　),　3) 시므이(8-9절)(　　　)
7. 다윗은 (　　세)에 왕이 되어 헤브론에서 (　　　년), 예루살렘에서(　　　년), 총 40년을 통치하고 (　　세)에 죽었다(삼하 5:4-5, 왕상 2:10-12).
8. 다윗의 유언(2:1-9)과 솔로몬의 지시로 죽음(X), 쫓겨남(△), 살아 있음(O)을 각 사람에게 표하세요(2:19-46). - 1) 아도니야 (　　), 2) 아비삭 (　　), 3) 브나야 (　　),
   4) 요압 (　　), 5) 사독 (　　), 6) 시므이 (　　), 7) 아비아달 (　　), 8) 밧세바 (　　)
9. 다음 중 솔로몬이 실제로 하나님께 얻은 것들에 O표 하세요(3:1-15).
   1) 수(壽) (　　)　2) 부(富) (　　)　3) 원수 생명 멸함 (　　)　4) 지혜 (　　)
   5) 영광 (　　)　6) 총명 (　　)　7) 넓은 마음 (　　)　8) 권위 (　　)

▲▼△▽ -----≪모성애를 보이는 연어≫----- ▽△▼▲

미국 태평양 연안의 캘리포니아에서 오리건 주에 이르는 지역에 널리 서식하는 '코호'라는 연어의 모성애는 끔찍하다 못해 처절할 정도다.

이른 봄 번식기가 되어 홍색의 구름 반점이 몸에 생길 때에 '코호' 떼는 바다에서 강물을 거슬러 올라가 30-40cm 깊이의 차가운 물속에 알을 낳고 수정이 끝나면 암수는 모두 죽어 버린다. 부화된 치어들은 어미 아비의 죽은 몸을 뜯어먹고 자란다. 수온이 차차 올라가 다른 물고기들이 먹이를 찾는 활동이 본격화될 무렵이면 어미의 살은 날카로운 가시의 뼈대만 남는다. 그러면 치어들은 바로 그 가시 속을 피난처로 삼아 다른 물고기들의 공격을 피한다.

♧ ♧ ♧

동물 중에 새끼를 배자루에 넣고 다니는 캥거루의 모성애나, 새끼를 낳은 다음 스스로 죽어 새끼들이 그 어미의 사체를 파먹고 자라도록 하는 거미나 가시고기의 모성애도 유명하다.
세계에서 한국 어머니의 모성애가 대단하다고 하는데, 근간에는 이혼하는 부부의 자녀들에 대한 것이 사회문제가 되고 있다. 모세가 이스라엘의 지도자가 된 것은 그의 어머니 요게벳의 신앙서 모성애가 큰 영향을 준 것은 분명하다. 솔로몬의 두 어미에 대한 재판은 유명하다.

(열왕기상 3:26) 그 산 아들의 어미 되는 계집이 그 아들을 위하여 마음이 불붙는 듯하여 왕께 아뢰어 가로되 청컨대 내 주여 산 아들을 저에게 주시고 아무쪼록 죽이지 마옵소서 하되 한 계집은 말하기를 내 것도 되게 말고 네 것도 되게 말고 나누게 하라 하는지라

신현주, 〈예화철학〉, 〈예화산책〉, www.sbs66.net

[오늘의 말씀] 열왕기상 4장~6장 : 성전 건축 시작 → 먼저 성경 읽기

(4장) 지혜로운 솔로몬은 잠언 삼천 가지를 말하였고, 노래는 일천 다섯 가지나 되었다.
(5장) 솔로몬은 선왕(先王) 다윗이 이루지 못한 성전 건축을 위하여, 다윗이 준비해 놓은 것들을 바탕으로 레바논의 목재와 석재, 또한 인력을 확보한다.
(6장) 성전 건축을 시작한 지 7년 만에 공사를 마쳤는데 많은 곳이 금으로 입혀졌다.

[말씀 묵상]

1. 솔로몬은 성전 건축을 위하여 동맹국 두로 왕 히람을 통하여 레바논의 백향목을 수입했고(5-6장), 이스라엘 전 지역에서 백성들을 역군으로 불러 모았다. 이런 방식은 광야에서 모세가 "여호와의 명하신 대로" 하여 백성들이 자원하여 마음에 감동하여 예물을 드리게 한 것과는 달랐다(출 35:4, 21, 29). 솔로몬의 건축 사역은 모세와는 다른 면을 보이고 있다.
2. 성전 건축을 불과 7년 만에 마칠 수 있었던 것은(6:37-38), 1) 다윗 때부터 미리 준비되어 있었고, 2) 대단히 화려하게 꾸미기는 했어도 큰 건물은 아니었으며, 3) 작업에 막대한 인력이 투입되었기 때문이다. 오늘날에도 성전 건축은 큰 믿음의 행위로서 하나님께서 기뻐하시는 일이다.

[깊은 연구]

1. 솔로몬의 성전 건축 시기 (왕상 5:3-5)

성전 건축은 이미 부왕(父王)인 다윗 시대에 하나님께서 나단 선지자를 통해 말씀하셨다. "네 수한이 차서 네 조상들과 함께 잘 때에 내가 네 몸에서 날 자식을 네 뒤에 세워 그 나라를 견고케 하리라 저는 내 이름을 위하여 집을 건축할 것이요 나는 그 나라 위를 영원히 견고케 하리라"(삼하 7:12-13). 그 말씀대로 솔로몬이 성전을 건축한다(5-6장). 다윗 시대에는 전쟁이 종식되지 않았고, 전쟁을 통하여 피를 많이 흘렸기 때문이다(대상 22:8, 28:3). 따라서 하나님은 평화의 왕 솔로몬으로 하여금 성전을 건축하게 했다.

2. 출애굽 연대 근거 구절 (왕상 6:1)

1) 열왕기상 6장 1절은 전통 견해인 15세기 출애굽 설을 뒷받침해 준다. 계산을 하면(왕국 분열은 전통 견해에서는 931년) '솔로몬 4년'은 솔로몬이 40년간 통치했으므로 주전 967년(931+40-4)이 된다. '출애굽한 지 480년'이라 했으니 출애굽은 주전 1446년(967+480)이 된다(1년은 중복 연대).

2) 현대 학자들은 출애굽을 주전 13세기(주전 약 1290-1250년)로 본다. 왕국 분열은 주전 922년, 따라서 성전 건축은 주전 957-950년이 된다. '출애굽한 지 480년'이란 유대 관습상 12대를 가리키므로 실제 당시의 1대가 25년으로 보아 25×12=약 300년으로 본다.

■ 신화적 동물을 조각한 상아 상자
므깃도에서 출토된 상아 상자다. 사방에 그리핀과 신화적인 동물들이 조각되어 있다. 앗수르의 영향을 받은 것으로 보인다. 므깃도는 이스라엘 왕정 시대에 전쟁터였다. 〈이스라엘 박물관 소장〉

통독	122
확인	

공부 열왕기상 4장~6장 : 성전 건축 시작

1. 솔로몬 당시에 다음 사람들은 무엇이 되었나?(4:1-6)
   1) 여호사밧 (　　　　　),　2) 브나야 (　　　　　),　3) 사독, 아비아달 (　　　　　)
2. 솔로몬이 둔 12장관의 하는 일은?(4:7) -
3. 솔로몬의 지혜가 (　　　　)의 모든 사람의 지혜와 (　　　　)의 모든 지혜보다 뛰어난지라...저가 잠언 (　　　　　　)을 말하였고 그 노래는 (　　　　)이며 저가 또 초목을 논하되(4:29-34).
4. 솔로몬이 성전 건축 준비로 두로 왕 히람과 약조를 맺고 물물 교환한 것은?(5:1-12)
   1) 히람이 솔로몬에게 - (　　　　　,　　　　　), 2) 솔로몬이 히람에게 - (　　　　,　　　　)
5. 동원된 수는 얼마나 되나?(5:13-18) - 1) 역군(일꾼) (　　　　),　2) 담군(짐을 운반하는 일꾼) (　　　　　), 3) 산에서 돌을 뜨는 자 (　　　　),　4) 역사를 동독하는 관리 (　　　　)
6. 크고 귀한 돌을 떠서 무엇에 쓰려고 했나?(5:17) -
7. 솔로몬의 성전 건축 시작은 이스라엘이 출애굽한 지 (　　년)이고, 솔로몬이 왕이 된 지 (　　년), 완공은 왕이 된 지 (　　년)이므로 성전 건축 기간이 (　　년) 걸렸다(6:1, 37-38).
8. 솔로몬이 건축한 성전의 규모는?(6:2-10, 1규빗은 50cm) - 사방 길이는 성막의 2배이므로 넓이는 4배
   장(길이)(　　규빗=　　m), 광(너비)(　　규빗=　　m), 고(높이)(　　규빗=　　m)
9. 전 속에서는 철연장 소리가 들리지 않은 이유는?(6:7) -
10. 무슨 나무로 만들었나?(6:11-36) - 1) 전의 안벽:　　2) 전의 마루:　　3) 두 그룹:
11. 성전 안이나 그룹에는 무엇을 입혔나?(6:22, 28) -

▲▼△▽ -----≪하나님 몫만 없는 인생≫----- ▽△▼▲

낡고 오래된 예배당의 벽이 떨어지고 비가 새도 당회가 교회당을 재건축할 생각을 하지 않자 젊은 집사 10여 명이 헌금을 작정한 후 돈 많은 장로님을 찾아갔다. "장로님, 생전에 교회를 신축하셔야지요. 명령만 하시면 심부름은 저희가 하겠습니다." 이 말을 들은 장로님은, "철없는 사람들이로군. 교회를 아무나 짓는 줄 아는가? 교회를 지으려면 많은 돈이 필요한데 내가 무슨 돈이 있다고 헌금을 하나?" 하고 말했다. 집사들이 물었다. "장로님, 이 집이며, 중심가의 빌딩이며, 여기저기에 땅이 있지 않습니까?" "그건 다 내 것이 아닐세. 이 집은 우리 집사람 이름으로 돼 있고, 빌딩은 큰아들 이름으로, 땅은 딸 이름으로, 농장은 둘째 아들 이름으로, 과수원은 손자 이름으로 돼 있다네."

찾아간 집사들은 말문이 막혔다. 일어서면서 한 집사가 한마디 했다. "하나님 몫만 없군요."

♧ ♧ ♧

언제나 앞선 사람들이 하지 않으면 일을 추진하기가 어렵다. 또한 모든 것에는 기회가 있으며 그것을 잃으면 실패한다. 먼저 하나님의 것을 생각하는 사람들은 믿음의 용기가 있으며 그런 사람들에게는 하나님께서 복을 주신다. 평생 내 것만 챙기다가는 실제 일해야 할 때에 아무 일도 못 하고 세월만 보내고, 하고 싶을 때는 능력이 없다. 인생에 가장 중요한 것은 '지금' 하는 것이다.

솔로몬은 다윗이 받은 계시대로 여호와의 이름을 위하여 성전을 건축한다.

(열왕기상 5:5) 여호와께서 내 부친 다윗에게 하신 말씀에 내가 너를 이어 네 위에 오르게 할 네 아들 그가 내 이름을 위하여 전을 건축하리라 하신 대로 내가 내 하나님 여호와의 이름을 위하여 전을 건축하려 하오니

신현주, 〈예화철학〉, 〈예화산책〉, www.sbs66.net

[오늘의 말씀] 열왕기상 7장~9장 : 성전 낙성 및 여러 건축들 → 먼저 성경 읽기

(7장) 두로의 놋점장이(놋세공 전문가) 히람을 초청해서 성전 기물들을 만들게 했으며, 하나님은 솔로몬과 언약을 맺었고, 솔로몬은 왕궁을 13년에 걸쳐 건축했다(7:1-12).

(8장) 언약궤를 성전으로 옮기고 성전의 낙성식을 거행하니 솔로몬 생애의 정점을 이룬다.

(9장) 그 외에 수많은 건축 사업은 솔로몬의 부귀영화를 말해 준다.

[말씀 묵상]

1. 솔로몬의 성전 건축은 7년, 왕궁 건축은 13년이 걸렸다. 그 규모 면에서도 성전보다 궁궐이 컸다(6:2, 7:2). 뿐만 아니라 수많은 건축 사업은 세금과 노역으로 백성들을 괴롭혔다(9:15-24). 눈에 보이는 그의 영화 뒤에는 백성의 아픔이 컸고 그 원망은 왕국 분열의 원인이 되기도 했다(12장). 우리의 삶도 눈에 보이는 외형에만 치우치면 꼭 문제가 생기기 마련이다.

2. 성전에 언약궤를 옮겨 놓은 후 솔로몬이 드린 기도는 제사장의 기도와 같다. 특히 8장 22-26절의 기도는 **"솔로몬이 여호와의 단 앞에서 이스라엘의 온 회중을 마주서서 하늘을 향하여 손을 펴고"**(8:22) 시작한다. 회중은 성전 뜰에 모였고(6:36), 솔로몬은 성전 건물 입구 번제단 앞에서 무릎을 꿇는다(8:54). 긴 기도를 시작하면서 23절에 이스라엘이 경험한 하나님을 말한다(신 4:39, 7:9). 그리고 25절에는 자신을 다윗과 같은 반열에 세운다. 오늘의 나는 과거의 연속선상에 있는 것이다. 그러기에 언제나 겸손하게 하나님과 믿음의 선진들을 생각하고 감사해야 한다.

[깊은 연구]

1. 성전의 이름 (왕상 6장)

출애굽기의 성막의 구조에서 이미 **성소, 지성소**라는 용어에 익숙해져 있을 것이다(출 26:33). 전반적인 구조는 회막과 흡사했다. 그런데 그 용어에서는 차이가 있다. 즉 열왕기상 6장 17절과 20절에서는 **성소를 외소, 지성소를 내소**라고 했다. 그리고 역대하 3장 5절과 8절에서는 **성소를 대전, 지성소는 그대로 지성소**라고 했다. 〈참고. 규빗은 일반은 45cm, 왕실이나 성전은 50cm로 계산한다.〉

2. 솔로몬 성전의 규모 (왕상 6장)

솔로몬 성전은 사방의 길이가 성막의 2배였다. 그러므로 넓이는 4배가 되는 것이다. 성막에 없는 몇 가지가 추가된다. 〈도표 참고〉

이 성전은 주전 950-587년에 존속하였다. 학자에 따라 여러 모형을 제시하고 있으므로 참고서적들을 보라. 〈사진 자료는 역대하에서. 통독 144일째〉

구 분	성 막 (출 26장)			성 전 (왕상 6장)		
규 격 (1규빗은 약 50cm)	장 (길이)	광 (너비)	고 (높이)	장 (길이)	광 (너비)	고 (높이)
	30규빗	10규빗	10규빗	60규빗	20규빗	30규빗
낭실(현관)	없음			20규빗	10규빗	
교창(창문)	없음			있음		
두 방의 칸막이	휘장			휘장과 여러 개의 문 (대하 3:14)		
지성소 안	언약궤			언약궤와 두 그룹 (대하 5:7-8)		

공부 열왕기상 7장~9장 : 성전 낙성 및 여러 건축들

1. 솔로몬의 왕궁 건축은 (　　　년) 걸렸으며 그 크기는?(7:1-12) - 왕실의 규빗은 약 50cm
   장(길이) (　　규빗=　　　m), 광(너비) (　　규빗=　　　m), 고(높이) (　　규빗=　　m)
2. 두로에서 온 놋점장이(청동기능공) 히람이 만든 것들의 이름을 써 보세요(7:13-47).
   -
3. 솔로몬 성전의 두 기둥의 이름은?(7:15-22) -
4. 여호와의 전을 위해 만든 기구들은?(7:48-50) -
5. 제사장들이 언약궤를 메어 들여 내전 (　　　　) 그룹들의 날개 아래 두었다(8:1-11).
6. 솔로몬의 기도 중 다음 구절과 관계있는 것을 찾아 줄로 연결하세요(8:12-53).

1) 12-21	가) 언약 지키고 은혜 베풂	6) 35-36	바) 가뭄 때 기도
2) 22-26	나) 주 계실 전을 건축	7) 37-40	사) 이방인의 기도
3) 27-30	다) 비는 기도를 들으소서	8) 41-43	아) 기근과 온역 때 기도
4) 31-32	라) 적국에게 패했을 때	9) 44-45	자) 포로된 때의 기도
5) 33-34	마) 이웃에게 범죄 때 기도	10) 46-53	차) 전쟁 때의 기도

7. 솔로몬은 이스라엘 온 (　　　　)을 위하여, 백성은 (　　　　)을 위하여 축복했다(8:55, 66).
8. 솔로몬이 두 집 곧 여호와의 (　　　　)과 (　　　　)을 (　　년) 만에 건축하기를 마치고 도움을 주었던 두로 왕 히람에게 갈릴리 땅의 성읍 (　　　　　　　)을 주었다(9:10-14).
9. 솔로몬의 건축 사업은 대단하였다. 9장 10-24절에 '건축'이라는 단어가 (　　　번) 나온다.
10. 솔로몬 왕이 (　　　) 땅 홍해 물가 엘롯 근처 (　　　　　)에서 배들을 지은지라(9:25-28).

▲▼△▽ -----≪감동을 함께 나눠 보세요≫----- ▽△▼▲

초등학생 아이들이 소복이 모여 머리를 서로 맞대고 오락에 빠졌다. 동근이는 오락보다 자신의 감동을 전하고 싶은데 친구들이 들어주지 않아서 속이 탔다.

몇 년 전 부모님이 시골서 올라와 방 한 칸 세 얻어 살면서 수년간 힘들게 생활했다. 그러던 중 고생 끝에 작은 임대 아파트를 마련하여 이사하게 되었고 인생에 처음 자기 방을 가져 보는 동근이는 감동 그 자체였다. 다른 아이들은 모두 그보다 나은 형편이었기에 동근이의 자랑에 감동할 만한 것도 부러워할 만한 것도 없었다. 그러나 동근이는 남이 듣든 말든 며칠 후에 있게 될 역사적인 사건을 말하지 않을 수 없었다. "우리, 토요일에 아파트로 이사 간다! 내 책상도 산다!"

♧ ♧ ♧

이 아이처럼 예수님 믿은 감동을 전하고 사는가?
첫 아이를 낳아 감격하는 아기 엄마에게 "혼자만 애 키우나?" 하고 비꼬아서 말하지 말라.
'그 여자 친구 아니면 죽겠다'는 아들에게 "엄마가 20년 키웠더니, 두 달 만에 엄마를 배신하니?"라고 말하지 말라. 감동은 개인적이며 자신만의 독특한 것이다. 다른 사람이 받은 은혜, 체험, 성취, 이러한 것을 내 것처럼 느껴 보라. 이스라엘은 성전 봉헌의 감동을 얻었다.

(열왕기상 9:3) 네가 내 앞에서 기도하며 간구함을 내가 들었은즉 내가 너의 건축한 이 전을 거룩하게 구별하여 나의 이름을 영원히 그곳에 두며 나의 눈과 나의 마음이 항상 거기 있으리니

신현주, 〈예화철학〉, 〈예화산책〉, www.sbs66.net

[오늘의 말씀] 열왕기상 10장~12장 : 솔로몬의 타락과 왕국 분열 → 먼저 성경 읽기

(10장) 솔로몬의 명성과 재산은 스바 여왕을 비롯한 많은 사람을 놀라게 했다.
(11장) 그러나 영적 부패의 씨를 뿌렸으니 수많은 이방 여인을 사랑했고 그들과 함께 온 이방 신상을 따라 갔다. 1천 명의 처첩은 솔로몬의 마음을 하나님께로부터 돌이켰고 따라서 대적들이 나섰다.
(12장) 솔로몬이 죽은 후 솔로몬의 아들 **르호보암**은 왕이 되었으나 강경 정책으로 나라는 남국 유다와 북국 이스라엘로 분열되고 만다(주전 922년).

[말씀 묵상]

1. 솔로몬은 많은 여자를 곁에 두었고 그 결과 하나님을 떠나게 되었으며 나라는 남북으로 나누어졌다. "솔로몬 왕이 바로의 딸 외에 이방의 많은 여인을 사랑하였으니 곧 모압과 암몬과 에돔과 시돈과 헷 여인이라"(11:1). 뿐만 아니라 "왕은 후비가 칠백인이요 빈장이 삼백인이라 왕비들이 왕의 마음을 돌이켰더라"(11:3). 그 결과 "솔로몬의 나이 늙을 때에 왕비들이 그 마음을 돌이켜 다른 신들을 좇게 하였으므로 왕의 마음이 그 부친 다윗의 마음과 같지 아니하여 그 하나님 여호와 앞에 온전치 못하였으니"(11:4)라 하였다. 지나침은 모자람만 못하다는 '과유불급'(過猶不及)이란 말도 있다.
2. 솔로몬의 막대한 부(富, 10장)는 무엇보다 강제 징수한 과중한 세금에서 나온 것이다. 그가 죽은 후에 르호보암이 왕이 되었을 때에 여로보암의 제안이나 노인들의 자문도 무시하고, 강경 정책을 쓰므로 통일 왕국은 사라지고 남, 북 왕국으로 분열된다(12장). 성도들도 마음이 강퍅해지면 좋은 충고를 듣지 않은 르호보암처럼 좋은 설교와 간증을 들어도 그 영혼에 유익이 되지 못한다.
3. 왕국 분열에서 북국의 출발은 개혁의 요구에 대한 르호보암 왕에 대한 반발로 시작된다(12:16). 그렇기에 북국 여로보암 왕은 진실로 개혁적이고 본이 되어야 했다. 그러나 금송아지를 세웠고 레위인이 아닌 자로 제사장을 세웠으며 율법이 정한 유월절인 1월 15일을 무시하고 8월 15일로 정하였다(12:28-33). 이것이 개혁인가? 교회가 분열을 하거나 정권이 바뀌거나 할 때에 거창한 개혁을 내걸었으나 전만 못하다면 무슨 소용인가?

[깊은 연구]

1. 구약의 화폐 단위 (왕상 10:14-17)

정확한 무게(가치)는 시대적으로 달라서 정확히 알 수 없지만, 대체적으로 금 1달란트는 약 45kg, 1세겔은 15g, 1마네는 730g으로 계산된다. 금 1돈을 약 10만 원으로 계산해도 솔로몬의 세입은 10장 14-17절의 총액이 약 8천억 원이나 된다. 솔로몬은 엄청난 부와 영화를 누렸다.

2. 스바 여왕의 방문에 대해 (왕상 10장)

스바 여왕은 국제관계로 무역에 대한 협상도 있었을 것이다. 스바는 아라비아 남단에 위치한 사베아 왕국(Sabeans)을 가리키는데 현재의 예멘으로 추정된다. 에티오피아인들은 자신들이 솔로몬과 스바 여왕 사이에 태어난 후손들이라고 주장한다. "구하는 것"(10:13)이란 솔로몬의 씨를 받은 것이라고 한다.

통독	124
확인	

공부 열왕기상 10장~12장 : 솔로몬의 타락과 왕국 분열

◇ 다음 물음에 답하세요(10장).

1. 스바 여왕이 솔로몬을 찾아온 이유는? -
2. 스바 여왕이 솔로몬에게 드린 것은? -
3. 솔로몬의 세입금의 중수는? - (달란트), 금 큰 방패 (개), 금 작은 방패 (개)
4. 다시스 배로부터 3년에 1차례씩 실어온 것(무역인 듯)은? -
5. 솔로몬의 병거의 수? - (   ), 마병의 수 (   )

◇ 다음의 공통점을 보기에서 찾아 쓰세요(11장) - {보기} 왕비들, 이방 신, 대적자, 이방 여인들

6. 모압 여인, 암몬 여인, 에돔 여인, 시돈 여인, 헷 여인 -
7. 후비 -왕후- (명), 빈장 -첩- (명) -
8. 아스다롯, 밀곰, 그모스, 몰록 -
9. 에돔 사람 하닷, 엘리아다의 아들 르손, 느밧의 아들 여로보암 -

◇ 다음 문장에서 틀린 부분에 줄을 긋고 맞게 고치세요(12장).

10. 솔로몬의 아들 여로보암이 왕이 되었다. -
11. 여로보암은 백성을 대표해서 르호보암에게 고역과 멍에를 무겁게 해 달라고 요청했다. -
12. 르호보암은 노인들의 교도를 따르지 않고 백성들의 멍에를 가볍게 했다. -
13. 유다와 베냐민 지파는 여로보암을 지지했다. -
14. 여로보암은 북쪽의 왕이 되고 금송아지 하나를 만들어 벧엘에 두었다. -

▲▼△▽ -----≪딱 반 왔네!≫----- ▽△▼▲

강릉 시외버스 터미널에서 주문진행 시내버스를 탄 할머니가 버스 기사에게 "사천면 가면 말해 줘요." 했다. 시내를 채 벗어나지도 않아서 '사천이냐?', 또 오죽헌을 지나자 '사천 멀었느냐?'고 했고 기사는 화를 내며 "염려 마세요, 사천 가면 가르쳐 드릴 테니까요." 했다.

머쓱해진 할머니, 풀이 죽어 보따리를 안고 있다가 잠이 들었다. 버스 기사도 손님도 깜빡 잊은 채 사천면을 지나 어느 새 연곡면에 다다랐다. 그제서야 할머니의 말이 생각이 난 버스 기사는 자신의 말에 책임을 지기 위해 승객들에게 양해를 구하고 버스를 돌려 다시 사천으로 와서 할머니를 깨웠다. "할머니, 사천 다 왔어요. 내리세요."

"사천 왔다고? 그럼 딱 반 왔네. 나보고 내리라고? 내가 왜 내려? 우리 아들이 주문진 터미널 옆에서 슈퍼를 하는데, 사천 오면 딱 반이라고 하던데..."

♧ ♧ ♧

남의 말을 정확히 듣지 않아 오해하는 수가 많다. 할머니는 사천면에서 내린다고 말한 것이 아니라 다만 사천에 가면 말해 달라고 했을 뿐인데 듣는 쪽은 달랐다. 기사도 할머니의 물음에 불친절한 대가를 치러야 했다. 한 분이 "할머니, 혹시 국문학자 아닙니까?"라고 해서 즐겁게 웃었다.
솔로몬을 이어 왕이 된 르호보암은 경험 많은 노인들의 교도를 듣지 않고 신구들의 교도를 따라 백성들을 압제하므로 결국 나라가 분열되고 말았다.

(열왕기상 12:7-8) 왕이 만일 오늘날 이 백성의 종이 되어 저희를 섬기고 좋은 말로 대답하여 이르시면 저희가 영영히 왕의 종이 되리이다 하나 왕이 노인의 교도하는 것을 버리고...

신현주, 〈예화철학〉, 〈예화산책〉, www.sbs66.net

자료 보너스 4 분열왕국의 왕들

북국 이스라엘의 왕들(주전 922-721년) 〈번호에 선으로 왕조를 나눈 것은 쿠데타로 왕조가 바뀐 것〉

왕조	번호	왕 이름	지파	재위 연대(통치 기간)		선왕 관계	성품	사망 형태 (살해자)	남북 관계	관계 성경		성경 표시
				현대 견해	전통 견해					열왕기상	역대하	열왕기상
1	1	여로보암	에브라임	922-201	931-910(22)		악함	하나님의 치심	전쟁	12:20-14:20	9:29-13:22	12:20
	2	나답	에브라임	201-900	910-909(2)	아들	악함	살해됨(바아사)	전쟁	15:25-32		15:25
2	3	바아사	잇사갈	900-877	909-886(24)	무관함	악함	자연사	전쟁	15:27-16:7	16:1-6	15:33
	4	엘라	잇사갈	877-876	886-885(2)	아들	악함	살해됨(시므리)	전쟁	16:6-14		16:8
3	5	시므리	베냐민	876(7일)	885(7일)	병거장관	악함	자살(오므리 포위)	전쟁	16:9-20		16:11
4	6	오므리		876-869	885-874(12)	군대장관	악함	자연사	전쟁	16:16-28		16:22
	7	아합		869-850	874-853(22)	아들	악함	전쟁에서 부상	동맹	16:28-22:40	18:1-34	16:29
	8	아하시야		850-849	853-852(2)	아들	악함	창밖으로 떨어짐	화평	22:51-왕하1:18	20:35-37	22:51
										열왕기하		**열왕기하**
	9	여호람(요람)		849-842	852-841(12)	형제	악함	살해됨(예후)	동맹	3:1-8:24	22:5-7	3:1
5	10	예후	유다	842-815	841-814(28)	무관함	악함	자연사	전쟁	9:1-10:36	22:17-24	9:13
	11	여호아하스	유다	815-801	814-798(17)	아들	악함	자연사	화평	13:1-9		13:1
	12	요아스(여호아스)	유다	801-786	798-782(16)	아들	악함	자연사	전쟁	13:10-14:16	25:17-24	13:10
	13	여로보암 II	유다	786-749	793-753(41)	아들	악함	자연사	화평	14:23-29		14:23
	14	스가랴	유다	746(6월)	753-752(6월)	아들	악함	살해됨(살룸)	화평	15:8-12		15:8
6	15	살룸		745(1월)	752(1월)	무관함	악함	살해됨(므나헴)	화평	15:10-15		15:13
7	16	므나헴		745-738	752-742(10)	무관함	악함	자연사	화평	15:14-22		15:17
	17	브가히야		738-737	742-740(2)	아들	악함	살해됨(베가)	화평	15:22-26		15:23
8	18	베가		737-732	752-731(20)	군대장관	악함	살해됨(호세아)	전쟁	15:27-31	28:5-8	15:27
9	19	호세아		732-721	731-722(9)	무관함	악함	앗수르로 포로됨	화평	17:1-17:6		17:1

남국 유다의 왕들(주전 922-721년) 〈자신의 성경에 '성경표시' 성구를 찾아 표시를 하세요.〉

번호	왕 이름	지파	재위 연대(통치 기간)		즉위 나이	선왕 관계	성품	사망 형태 (살해자)	남북 관계	관계 성경		성경 표시	
			현대 견해	전통 견해						열왕기상	역대하	열왕기상	역대하
1	르호보암	유다	922-915	931-913(17)	41	아들	악함	자연사	전쟁	11:42-14:31	10:1-12:16	12:17	9:31
2	아비얌(아비야)	"	915-913	913-911(3)	?	아들	악함	자연사	전쟁	14:31-15:8	13:1-22	15:1	13:1
3	아사	"	913-873	911-870(41)	?	아들	선함	자연사	전쟁	15:8-24	14:1-16:14	15:9	14:1
4	여호사밧	"	873-849	873-848(25)	35	아들	선함	자연사	화평	22:41-50	17:1-20:37	22:41	17:1
										열왕기하		**열왕기하**	
5	여호람	"	849-842	848-841(8)	32	아들	악함	하나님의 치심	화평	8:16-24	21:1-20	8:16	21:1
6	아하시야	"	842	841(1)	22	아들	악함	살해됨(예후)	동맹	8:24-9:29	22:1-9	8:25	22:1
7	아달랴	오므리손녀	842-837	841-835(6)		모친	악함	살해됨(군대)	화평	11:1-20	22:10-23:21	11:1	22:10
8	요아스	유다	837-800	835-796(40)	7	손자	선함	살해됨(신복들)	화평	11:21-12:21	24:1-24:27	11:21	24:1
9	아마샤	"	800-783	796-767(29)	25	아들	선함	살해됨(모반)	전쟁	14:1-22	25:1-28	14:1	25:1
10	아사랴(웃시야)	"	783-742	792-740(52)	16	아들	선함	하나님의 치심	화평	15:1-7	26:1-23	14:21	26:1
11	요담	"	742-735	740-732(16)	25	아들	선함	자연사	전쟁	15:32-38	27:1-9	15:32	27:1
12	아하스	"	735-715	732-716(16)	20	아들	악함	자연사	전쟁	16:1-20	28:1-27	16:1	28:1
13	히스기야	"	715-687	716-687(29)	25	아들	선함	자연사		18:1-20:21	29:1-32:33	18:1	29:1
14	므낫세	"	686-642	687-643(55)	12	아들	악함	자연사		21:1-18	33:1-20	21:1	33:1
15	아몬	"	642-640	643-641(2)	22	아들	악함	살해됨(신복들)		21:19-26	33:21-25	21:19	33:21
16	요시야	"	640-609	641-609(31)	8	아들	선함	전쟁에서 부상		22:1-23:30	34:1-35:27	22:1	34:1
17	여호아하스	"	609(3월)	609(3월)	23	아들	악함	애굽에 잡혀감		23:31-33	36:1-4	23:31	36:1
18	여호야김	"	609-598	609-598(11)	25	형제	악함	포위 때 죽음?		23:34-24:5	36:5-8	23:34	36:5
19	여호야긴	"	598(3월)	598-597(3월)	18	아들	악함	바벨론에 잡혀감		24:6-16	36:9-10	24:6	36:9
20	시드기야	"	597-587	597-586(11)	21	숙부	악함	바벨론에 잡혀감		24:17-25:30	36:11-21	24:17	36:11

* 연대는 학자마다 다양함. 현대 견해는 존 브라이트의 〈이스라엘 역사〉를, 전통 견해는 많이 알려진 연대를 기초로 했다.

◉ 왕들에 대한 성경읽기 도움 자료

1. 분열왕국의 열왕 일람표 보는 법

1) 연대는 학자마다 다양하므로 절대적인 것은 없으며, 현대 견해는 주로 존 브라이트(John Bright)의 〈이스라엘 역사〉를, 전통 견해는 많이 알려진 연대를 기초로 했다.

2) 주의: 본문의 사건들이 북국을 말하는지 남국을 말하는지 구분할 줄 알아야 한다. 예를 보라.

예)① 왕상 15:1 / 느밧의 아들 여로보암 왕 제십팔 년에 아비얌이 유다 왕이 되고(남국 유다 왕 아비얌을 소개하는 본문)

② 왕상 16:23 / 유다 왕 아사 제 삼십일 년에 오므리가 이스라엘 왕이 되어 십이 년을...(북국 이스라엘 왕 오므리를 소개)

③ 선지자는 4권과 〈성서연대표〉를 활용하라.

2. 〈열왕기〉에 나오는 왕들

분열 왕들에 대한 것은 〈역대기〉에는 남국 유다 중심으로 기록하였으므로 북국의 왕들은 등장하지 않는 경우가 많다. 따라서 왕들에 대한 기본적인 자료는 〈열왕기〉를 보면 나와 있다.

〈열왕기상〉에 나오는 왕들

* 북국: ① 여로보암, ② 나답, ③ 바아사, ④ 엘라, ⑤ 시므리, ⑥ 오므리, ⑦ 아합, ⑧ 아하시야

* 남국: ① 르호보암, ② 아비얌, ③ 아사, ④ 여호사밧

〈열왕기하〉에 나오는 왕들

* 북국: ⑨ 여호람(요람), ⑩ 예후, ⑪ 여호아하스, ⑫ 요아스(여호아스), ⑬ 여로보암Ⅱ, ⑭ 스가랴, ⑮ 살룸, ⑯ 므나헴, ⑰ 브가히야, ⑱ 베가, ⑲ 호세아(17장, 721년 앗수르에 멸망)

* 남국: ⑤ 여호람, ⑥ 아하시야, ⑦ 아달랴, ⑧ 요아스, ⑨ 아마샤, ⑩ 아사랴(웃시야), ⑪ 요담, ⑫ 아하스, ⑬ 히스기야, ⑭ 므낫세, ⑮ 아몬, ⑯ 요시야, ⑰ 여호아하스, ⑱ 여호야김, ⑲ 여호야긴, ⑳ 시드기야(587년 바벨론에 멸망)

3. 〈열왕기〉의 일정한 기록 형식

〈열왕기〉를 읽을 때에 많은 왕과 내용으로 혼란을 겪지만, 실제는 단순한 기록 형식을 가졌으므로 〈열왕기〉의 기록 형식을 잘 살펴보라. 〈열왕기하〉 8:25-27, 9:27-28을 예로 들어 본다.

특히 남국 유다는 왕의 재위 비교 연대 / 즉위 당시 나이 / 재위 기간 / 왕의 어머니 이름 / 죽음과 매장의 장소 / 왕에 대한 비판과 예배에 대한 태도를 논하고 있다.

1) 이스라엘 왕 아합의 아들 요람 제십이 년에...여호람의 아들 아하시야가 왕이 되니...(북국과 비교 연대)
2) 아하시야가 위에 나아갈 때에 나이 이십이 세라...(즉위 당시 나이)
3) 예루살렘에서 일 년을 치리하니라...(재위 기간)
4) 그 모친의 이름은 아달랴라 이스라엘 왕 오므리의 손녀더라 (왕은 아내가 많으므로 왕의 어머니 이름)
5) 아하시야가 아합의 집 길로 행하여...여호와 보시기에 악을 행하였으니...(왕에 대한 비판)
6) 므깃도까지 도망하여 거기서 죽은지라...다윗 성에서 그 열조와 함께 그 묘실에...(죽음과 매장 장소)

[오늘의 말씀] 열왕기상 13장~16장 : 분열왕국의 여러 왕들 → 먼저 성경 읽기

(13장) **북국** 이스라엘에는 **여로보암**이 초대 왕이 되어 금송아지 우상부터 만들고

(14장) **남국** 유다 초대 왕 **르호보암** 역시 각종 악에 빠져 통치에 문제가 생긴다.

(15장) 분열된 왕국은 각각 자기의 방식으로 하나님을 섬긴다. **남국** 유다는 **2대 아비얌, 3대 아사**가, **북국** 이스라엘은 **2대 나답, 3대 바아사**가 왕이 되어 통치를 한다.

(16장) **북국**에는 왕권 찬탈로 왕조가 자주 바뀐다.**(4대 엘라, 5대 시므리, 6대 오므리, 7대 아합)**

[말씀 묵상]

1. 남쪽 유다의 르호보암은 자신을 책망하는 하나님의 사람을 무력으로 체포하다가 오히려 자신에게 화가 미치자 그에게 '예물을 주리니 자기 집에 가자'고 꾄다. 하나님의 사람은 그 유혹을 뿌리친다(13:1-10). 이와 같이 사탄은 우리가 하나님의 뜻을 준행하려면 처음에는 환난과 핍박을 가하다가 그것으로 안 되면 오히려 안락과 풍요를 통해 신앙이 나태해지도록 공격한다는 사실을 기억하자. 잘못된 예물을 받거나 잘못된 길로 따라나서면 안 된다.

2. 신앙은 위장의 가면을 벗는 것이다. 북국의 초대 왕 여로보암은 자신의 아들 아비야가 병들자 실로에 있는 선지자 아히야의 집으로 아내를 보낸다. 그는 아내에게 "일어나 변장하여 사람으로 그대가 여로보암의 아내임을 알지 못하게 하고 실로로 가라"(14:2) 하였다. 그는 왕으로서 두려움 없이 마음대로 제단을 만들고 제사장도 세웠다. 그러나 양심이 있기에 아들이 병들었을 때 하나님의 진노를 예감하고 하나님의 종 아히야의 중재기도를 통하여 그 진노로부터 벗어나고 싶었다. 그래서 아내를 변장시켜 아히야에게 보냈다. 그러나 신앙이란 정직하게 자신을 드러내는 것에서부터 시작된다(예: 수가 성 여인, 요 4:16-18).

■ 아세라 금패
이스라엘은 하나님을 섬긴다 하면서도 바알을 섬겼다. 사진은 바알의 아내역인 아세라 신상(왕상 14:15, 23)의 금패다. 주전 12세기 유물로 추정된다.

[깊은 연구]

1. 북왕국에 세운 금송아지 (왕상 12:25-33)

북왕국은 금송아지 둘을 만들어 북쪽의 '단'과 남쪽의 경계인 '벧엘'에 두어 정치적으로 우상 숭배를 제도화시켜 남왕국 예루살렘으로 예배하러 가는 길을 막는다(12:25-33). 북왕국이 만든 송아지 형상은 애굽의 성우(聖牛) 아피스(Apis)의 형상을 모방한 것으로, 풍요와 힘, 다산(多産)을 상징했다(출 32장). 〈사진자료는 제1권 통독 28일째 참고〉

2. 남북의 왕들에 대한 도표 (통독 제124일 다음 자료)

앞 쪽 **〈남북 왕들의 도표〉**를 보고 '성경 표시'의 성구를 찾으면 왕의 이름이 나온다. 형광펜(북 이스라엘 왕은 적색, 남 유다의 왕은 청색)으로 표시를 하고 성경 여백에 〔남1〕, 〔북3〕처럼 적어 두면 성경을 읽을 때 도움이 된다.

공부

열왕기상 13장~16장 : 분열왕국의 여러 왕들

1. 여로보암이 벧엘에서 단에 분향한 것은 (하나님께, 우상에게) 한 것이다(13:1). 〈틀린 것 지우기〉
2. 하나님의 사람이 왕이 주는 예물을 (받았다, 받지 않았다)(13:7-8).
3. 여로보암의 집에 죄가 되어 멸망케 된 것은 누구나 (제사장을 삼음, 정치를 함)이다(13:33-34).
4. 여호와께서 여로보암의 죄로 인하여 (　　　　　)을 버리시리니 이는 저도 범죄하고 이스라엘로 (　　　　　)케 하였음이니라. - (14:　절)
5. 저희도 산 위에와 모든 (　　　) 아래 (　　　)과 우상과 아세라 목상을 세웠음이라. - (14:　절)
6. 르호보암 왕 (　　　)에 애굽 왕 (　　　　)이 올라와서 예루살렘을 치고. - (14:　절)

◇ 다음은 어느 왕에 대한 말인가? {보기} 나답, 바아사, 시므리, 아비얌, 아사, 아합, 엘라, 오므리

7. 그 조상 다윗의 마음 같지 아니하여 그 하나님 앞에서 온전하지 못하였다(15:1-8). -
8. 모친 마아가가 아세라의 가증한 우상을 만들었으므로 태후의 위를 폐하였다(15:8-15). -
9. 여호와의 전과 왕궁의 은금을 몰수히 취하여 아람 왕 벤하닷에게 보냈다(15:16-24). -
10. 여호와 보시기에 악을 행하되 이스라엘로 범죄케 한 그 죄중에 행하였다(15:25-32). -
11. 아사(남국)와의 사이에 일생 전쟁이 있었고 여로보암의 길로 행하였다(15:33-34). -
12. 궁내대신 아르사의 집에서 취할 때에 신복이 모반하여 죽고 왕권을 잃었다(16:8-14). -
13. 성이 함락됨을 보고 왕궁 위소에 들어가서 불을 놓고 죽어 7일간 통치했다(16:15-20). -
14. 두 달란트로 사마리아 산을 사고 성을 건축하고 사마리아라 일컬었다(16:21-28). -
15. 시돈의 공주 이세벨을 아내로 삼아 바알을 섬겨 숭배, 여호와의 노를 격발했다(16:29-33). -
16. 히엘의 아들들의 죽음은 여호수아 6장 몇 절의 예언대로 된 것인가?(16:34) -

▲▼△▽ -----≪죽은 후의 조·종·군≫----- ▽△▼▲

오늘날 부르는 왕명(王名)인 '태조', '태종', '연산군' 같은 이름은 왕이 죽은 다음 그 공덕을 칭송하여 붙인 것으로 묘호(廟號)라 하는데, 왜 조, 종, 군(祖, 宗, 君)으로 서로 다른가?

본래는 나라를 세운 왕의 이름에는 '조', 그 뒤를 이은 왕의 이름에는 '종'을 붙였으나 나중에는 나라를 세운 것에 맞먹는 업적을 쌓은 왕에게도 '조'를 붙였다.

'조'를 붙이느냐, '종'을 붙이느냐는 왕이 죽고 난 다음의 평가에 따른 것으로 종종 논란이 있었다. '조'가 '종'보다 높게 평가되었지만 왕의 업적이나 성품이 평가되지 않았음은 오늘뿐 아니라 조선 사회에서도 큰 업적을 남긴 왕으로 평가받는 '세종'을 보아도 알 수 있다. '연산군'이나 '광해군' 같이 왕의 자리에서 쫓겨난 경우는 왕의 자손이라는 것만을 인정받아 군(君)이라는 이름을 붙였다.

♧ ♧ ♧

'세조'는 왕실의 위기를 넘기고 위엄을 확립했다는 의미에서, '인조'는 임진왜란과 병자호란을 극복했나 하여, '영조'와 '정조'는 개혁정치가 국가를 다시 세우는 것에 맞먹는 일을 했다 하여 '조'를 붙였다 한다. 유대의 왕들은 이름에서가 아닌 죽은 후에 매장지, 즉 왕실 묘지인 '다윗 성에 장사되었는가'로 그 여정을 평할 수 있다. 오늘의 본문에 나오는 아비얌은 '다윗 성'에 장사되었다.

훌륭했던 웃시야 왕도 말년의 잘못으로 왕실 묘가 아닌 열조의 곁에 장사되었다(대하 26:23).

(열왕기상 15:7-8) 아비얌의 남은 사적과 무릇 행한 일이 유다 왕 역대지략에 기록되지 아니하였느냐 아비얌이 그 열조와 함께 자니 다윗 성에 장사되고 그 아들 아사가 대신하여 왕이 되니라

신현주, 〈예화철학〉, 〈예화산책〉, www.sbs66.net

[오늘의 말씀] 열왕기상 17장~19장 : 선지자 엘리야의 활동 → 먼저 성경 읽기

(17장) **북국 7대 왕 아합**의 바알 숭배로 온 나라가 영적으로 타락하자 엘리야 선지자가 재앙을 선포하고,
(18장) 갈멜산에서 바알 선지자들과 대결하여 승리했으나
(19장) 승리 끝에 광야로 나갔다가 호렙산으로 가서 사명을 받는다.

[말씀 묵상]

1. 바알 숭배가 만연한 가운데 갈멜산에서 하나님의 사람 엘리야와 바알과 아세라 선지자 850명과의 대결을 구경하러 갈멜산으로 올라오는 백성들에게 엘리야는 결단을 촉구한다. "너희가 어느 때까지 두 사이에서 머뭇머뭇 하려느냐 여호와가 만일 하나님이면 그를 좇고 바알이 만일 하나님이면 그를 좇을지니라"(18:21). 그러나 백성들은 한 마디도 대답지 아니하였다.
2. 승리 후에는 언제나 그것을 유지할 영적인 마음이 필요하다. 엘리야는 갈멜산의 위대한 승리(18장) 후에 이세벨의 죽인다는 말에 광야로 도망한다. 그는 "여호와여 넉넉하오니 지금 내 생명을 취하옵소서"(19:4)라고까지 말한다. 요나는 기대와는 다르게 니느웨가 멸망하지 않자 "여호와여 원컨대 이제 내 생명을 취하소서 사는 것보다 죽는 것이 내게 나음이니이다"(욘 4:3) 하고 고백한다. 언제나 승리 뒤에 영적 능력의 유지가 필요하다.

[깊은 연구]

1. 엘리야의 갈멜산에서의 대결 (왕상 17-18장)

1) 엘리야의 사명은 살아 계신 유일한 하나님을 증거하는 것이다. 하나님의 선민이 하나님을 배신하고 있을 때 이방인 사르밧의 가난한 과부가 여호와를 믿었다. 선민의식이 강하고 이민족(異民族) 배척 감정이 강렬한 이스라엘 사람의 자랑인 엘리야의 사적 중에 그가 이방에 파견되어 이방 사람을 신앙으로 인도한 것은 극히 중대한 뜻을 가진다. 곧 여호와 하나님은 이스라엘 민족의 하나님 뿐만 아니라 온 인류의 하나님이며 온 인류의 구원이 일찍이 선명(宣明)되어 있기 때문이다. 그것이 유일신교를 확립한 신명기 법전의 기조(基調)며 열왕기의 근본 사상이기도 하다(참고, 마 15:24).

2) 엘리야는 이스라엘 백성들을 향해 "엘리야가 모든 백성에게 가까이 나아가 이르되 너희가 어느 때까지 두 사이에서 머뭇머뭇 하려느냐 여호와가 만일 하나님이면 그를 좇고 바알이 만일 하나님이면 그를 좇을지니라"(18:21)라고 촉구하고 바알 선지자들을 척결하므로 여호와 종교의 유일사상을 나타낸다.

2. 북 이스라엘의 계속되는 혼란 (주전 922-721년)

처음 50년은 유다와 아람에게 시달림을 받는다. 이후 40년은 6대 왕 오므리(주전 876-869년) 아래에서 번영하고, 다음 40년은 10대 왕 예후(주전 842-815년)와 11대 왕 여호아하스(주전 815-801년) 아래에서 쇠퇴한다. 그리고 이후 50년은 여로보암 2세(주전 786-749년) 때 가장 번성한다. 마지막 30년은 무정부 상태와도 같다. 계속되는 **왕권 탈취와 국내 여론의 악화나 우상 숭배의 만연**으로 결국 주후 **721년에 북국 이스라엘은 앗수르에게 멸망하고 포로**가 된다.

통독	126
확인	

공부 열왕기상 17장~19장 : 선지자 엘리야의 활동

1. 다음 중 서로 관계있는 것끼리 줄로 연결하세요(1-4문, 17장).

1) 디셉 사람 엘리야의 예언	가) 한 과부가	a) 떡과 고기를 가져옴
2) 그릿 시냇가에 엘리야에게	나) 까마귀가	b) 수년간 우로(비)가 있지 아니하리라
3) 사르밧으로 가라	다) 아합에게	c) 아이 위에 엎드리고 여호와께 기도
4) 주모의 아들이 병이 듦	라) 숨이 끊어짐	d) 나뭇가지를 줍고 있는지라

2. 제(　　　년)에 엘리야가 아합에게 보이려고 가니 그때에 (　　　　)에 기근이 심하였다(18장).
3. 하나님의 선지자 엘리야는 혼자이고, 이세벨의 상에서 먹는 바알의 선지자 (　　　인)과 아세라의 선지자 (　　인)이 (　　　　산)에서 대결하였다(18장).
4. (　　　)가 만일 하나님이면 그를 좇고 (　　　　)이 만일 하나님이면 그를 좇을지니라(18장).
5. 여호와여 내게 (　　　　)하옵소서...이에 여호와의 (　　　)이 내려서 (　　　　　　)과 나무와 돌과 흙과 도랑의 (　　　)을 핥았다(18장).
6. 엘리야가 이세벨을 피하여 광야 로뎀 나무 아래에서 죽기를 구한 말은?(19:4) -
7. 엘리야가 사십 주 사십 야를 행하여 이른 곳은?(19:8) -
8. 엘리야가 서 있는 앞으로 무엇들이 지나간 후에 세미한 음성을 들었나?(19:11-12) -
9. 하나님은 엘리야에게 어떤 세 사람에게 기름을 부어 무엇이 되게 하라고 했나?(19:15-18)
   1)　　　　　　　　　　　　2)　　　　　　　　　　　　3)
10. 엘리사가 어떻게 하고 엘리야를 좇았는가?(19:21) -

▲▼△▽ -----≪백인 판사의 자기 희생≫----- ▽△▼▲

흑인들이 백인들에게 노골적으로 차별을 당하던 남아프리카 공화국에서 일어난 일이다.

흑인 교회인 '성 시온교회'에서 수난일 성찬식을 거행하였다. 성찬식 중에 특별한 행사로 예수께서 잡히던 밤 성만찬 전에 제자들의 발을 씻어 준 것을 기념하여 누구든지 자기가 고맙게 여기는 사람의 발을 씻어 주는 의식이었다. 이 예식에 존경받는 백인 판사요, 대법원장에 내정된 '올리버' 판사가 참석했다. 그는 세족식에서 자기 집의 흑인 여종 마르다의 발을 씻겨 주었을 뿐 아니라 발에 입까지 맞추었다. 예배당 안은 숙연해졌고 그는 이렇게 간증하였다.

"마르다는 내 집 종으로서 오랫동안 내 집 자녀들을 돌보았으며, 내 아들과 딸들의 발을 씻어 준 고마운 사람입니다."

♧ ♧ ♧

이 소식이 전해지자 대법원장 자리가 취소되었고 판사직도 박탈당하였다. 성 시온교회 담임목사가 올리버 판사를 위로하러 갔을 때 그는 "판사직도, 사회의 다른 지위도 무덤에 갈 때는 먼지가 아니겠습니까?" 하였다. 인간('아담', 원어의 의미는 '먼지', '티끌')은 원초적으로 다시 흙과 먼지로 돌아가지만 사는 동안 명예에 대한 집착이 너무 크다. 올리버 판사는 훌륭한 그리스도인이다.

엘리야는 사르밧 과부의 집에 거하며 그의 아들이 죽었을 때 헌신적인 기도로 살렸다.

(열왕기상 17:21) 그 아이 위에 몸을 세 번 펴서 엎드리고 여호와께 부르짖어 가로되 나의 하나님 여호와여 원컨대 이 아이의 혼으로 그 몸에 돌아오게 하옵소서 하니

신현주, 〈예화철학〉, 〈예화산책〉, www.sbs66.net

[오늘의 말씀] 열왕기상 20장~22장 : 아합, 여호사밧, 아하시야 → 먼저 성경 읽기

(20장) 아람(다메섹)과 동맹을 맺은 32인의 왕들이 사마리아를 공격하나 이스라엘이 아람을 물리친다.
(21장) 나봇의 포도원을 탐내는 이세벨은 나봇에게 신성 모독죄를 씌워 죽이고 포도원을 빼앗는다.
(22장) 오랜만에 남북이 연합하나 아람과의 전쟁에서 아합이 죽는다. 아들 아하시야가 북국 8대 왕이 되지만 그 역시 우상 숭배를 계속 한다. 한편 **유다 4대 왕 여호사밧**은 선한 왕으로 소개된다.

[말씀 묵상]

1. 아합은 시돈의 공주 이세벨을 아내로 맞아 바알 신 숭배에 빠진다. 바알 숭배는 풍요(맘몬, 돈)에 대한 기대와 음행(성적 매력)이 뒤따랐기에 백성들도 미혹되었는데, 이런 현상은 현대에도 같다. 선지자들이 책망했고 엘리야와의 대결에서 대패했음에도(18장), 이번에는 나봇의 포도원을 탐내어 누명을 씌워(일종의 관제여론) 그를 죽게 만든다(21:9-10). 오늘날에도 겉으로는 거룩한 척하면서 배후에서 악한 일을 꾸미고 여론을 조작하여 선한 사람들을 쓰러뜨리는 이들이 있다. 아합과 이세벨의 피를 개가 핥았듯 하나님의 심판이 있게 된다(21:19, 22:38).

[깊은 연구]

1. 나봇에게 덮어씌운 죄 (왕상 21장)

나봇의 포도원을 탐낸 아합의 욕구 해결에 왕비 이세벨은 신앙과 관제여론을 이용한다(21:7-16).

1) 금식을 선포하여 신앙과 국가 재난을 가장한다.
2) 하나님과 왕을 저주했다는 거짓 사실을 만든다.
3) 이 일의 진행에 장로들과 귀인들을 이용한다.

하나님과 왕을 모독하는 일은 사형에 해당하므로 나봇을 돌로 쳐 죽였다(출 22:28, 레 24:14). 하나님이 기뻐하실 리 없고 이세벨은 '개들이 네 피를 핥으리라'는 무서운 경고를 받는다(21:19).

2. 바알 신은 누구인가? (아합이 많이 섬김)

이스라엘 아합 시대에 특히 바알 신을 많이 섬겨 엘리야는 이를 제거하기 위해 큰 사역을 했다. 바알 신이 무엇이기에 이스라엘이 거기에 빠져 여러 왕과 백성들을 혼란케 했던가? 바알은 전쟁, 날씨(폭풍, 우레, 번개), 다산의 신이다. 바알 숭배에는 음란한 행위가 뒤따랐고 거기에 매력을 느낀 사람들이 바알 숭배를 떠나지 않았으므로 선지자들은 바알 숭배를 책망했다.

■ 가나안의 신 바알
바알은 다산(多産) 신으로 번개(비)와 농작물을 붙잡고 있는 모습을 통하여 풍요를 상징하고 있다.

■ 가나안의 신들
원통 기둥에 뱀과 새들이 조각되어 있다. 뱀은 지하 신으로 믿었다. 애굽의 영향을 받은 것으로 추정된다.

통독	127
확인	

공부 열왕기상 20장~22장 : 아합, 여호사밧, 아하시야

◇ 누가 한 말인가?(1-5문, 20장), 물음에 답(6-9문, 21장), O, X표 하세요(10-15문, 22장).

1. 네 은금은 내 것이요 네 처들과 네 자녀들의 아름다운 것도 내 것이니라. - (20:　절)
2. 내 주 왕이여 왕의 말씀 같이 나와 나의 것은 다 왕의 것이니이다. - (20:　절)
3. 왕은 듣지도 말고 허락지도 마옵소서. - (20:　절)
4. 여호와의 말씀이 네가 이 큰 무리를 보느냐...저희를 네 손에 붙이리니. - (20:　절)
5. 내 부친이 당신의 부친에게서 빼앗은 모든 성읍을 내가 돌려보내리이다. -(20:　절)
6. 아합 왕이 나봇의 포도원을 요구하며 그 대신 제시한 두 가지는?(21:2)
   1)　　　　　　　　　　　　　　　　　　2)
7. 나봇이 왕에게 포도원을 줄 수 없다고 한 이유는?(21:3) -
8. 비류들이 이세벨의 계획대로 나봇에게 거짓 증거를 한 내용은?(21:13) -
9. 아합이 큰 죄를 지었는데도 그 시대에 재앙을 받지 아니한 이유는?(21:29) -
10. 이스라엘 선지자 400인과 시드기야 선지자는 아람과의 전쟁에 패배를 예언했다(1-12). (O, X)
11. 미가야는 왕이 죽는다는 흉한 예언을 하므로 뺨을 맞고 옥에 갇혔다(8-28). (O, X)
12. 이스라엘 왕은 변장하고 유다 왕은 입은 대로 싸우므로 유다 왕이 활에 맞았다(29-36). (O, X)
13. "개들이 아합 왕의 피를 핥았다"했는데, 21장 19절에 엘리야가 예언한 대로다(37-40). (O, X)
14. 여호사밧은 남색하는 자들을 쫓아내었으나 산당은 폐하지 아니하였다(41-50). (O, X)
15. 아하시야 왕은 아비의 길, 어미의 길(바알), 여로보암의 길(금송아지)로 행했다(51-53). (O, X)

▲▼△▽ -----≪기도할만한 가치 있는 일≫----- ▽△▼▲

이한라 집사네 구역은 친목을 잘하기로 소문이 자자하다. 새로 부임한 전도사님이 구역예배를 인도하였다. 예배 후 식사도 했는데 모두 집에 갈 생각들을 하지 않고 전도사님 눈치를 슬슬 보더니 말했다. "실은요, 저희가 구역의 친목을 위해 가끔 고스톱을 치거든요. 뭐 다른 뜻은 아니고 그저 친목 차원이니까 전도사님이 이해해 주세요." 전도사님은 "그래요, 그 좋은 친목을 하는데 그냥 할 수야 있나요. 제가 한 번 기도를 하지요." 했다. 모두가 난처해하며 "아니 뭘 기도까지..." 하는데 전도사님은...

"하나님, 우리 구역에도 온 국민의 오락으로 성도의 교제를 하게 하시니 감사합니다. 돈을 따는 사람은 십일조를 내게 하시고, 잃은 사람은 위로해 주시며, 이 일을 통하여 가난한 자는 부하게 하시며 부자는 잃어 주는 자비한 마음을 주소서..."

♧ ♧ ♧

기도가 끝났을 때는 집주인까지 도망가고 아무도 없었다. 무슨 일이든지 기도할 만한 가치가 없는 일은 하지 말아야 하며, 가치 있는 일은 시작과 과정과 마침이 모두 기도하는 마음으로 하게 되니까 가치는 상승된다. 기도하면서 하기에 꺼림직한 일은 안 하는 것이 좋다.

아합의 처 이세벨은 나봇의 포도원을 탈취하려고 종교적인 형식을 갖추어 금식을 선포하고 '나봇이 하나님과 왕을 저주하였다'며 비류들로 하여금 그를 돌로 쳐 죽이게 한다. 기도할 만한가?

(열왕기상 21:10) 비류 두 사람을 그 앞에 마주 앉히고 저에게 대하여 증거하기를 네가 하나님과 왕을 저주하였다 하게 하고 곧 저를 끌고 나가서 돌로 쳐 죽이라 하였더라

신현주, 〈예화철학〉, 〈예화산책〉, www.sbs66.net

[오늘의 말씀] 열왕기하 1장~3장 : 엘리야의 승천 → 먼저 성경 읽기

(1장) 엘리야는 회리바람을 타고 승천했고,
(2장) 그 뒤를 이은 엘리사는 갑절의 영감으로 기적적인 사역들을 한다.
(3장) 선지자들의 사역은 어둡고 혼란한 북왕국 이스라엘에 신선한 충격을 준다.

[말씀 묵상]

1. 하나님의 종 엘리야는 영광스러운 최후를 맞는다. "두 사람이 행하며 말하더니 홀연히 불수레와 불말들이 두 사람을 격하고 엘리야가 회리바람을 타고 승천하더라"(2:11). 엘리야는 더 이상 땅에 있지 않았다. 이는 에녹(창 5:24), 모세(신 34:6)와 같은 자리에 오르는 것이다. 반면에 엘리야를 죽이려던 북국 7대 왕 아합 가문은 끔찍한 최후를 맞아 멸족한다. 자연사가 아닌 전쟁터에서 활에 맞아(아합), 난간에서 추락하여(아하시야), 창문에서 던짐을 받아(이세벨) 죽임을 당한다.
2. 엘리사는 전쟁을 앞둔 이스라엘 여호람 왕의 믿음 없음을 보며 언짢아져 예언을 할 수 없게 되자 "이제 내게로 거문고 탈 자를 불러오소서" 하였고, "거문고 타는 자가 거문고를 탈 때에 여호와께서 엘리사를 감동하시니" 예언을 한다(3:13-20). 이처럼 하나님의 종의 마음이 언짢으면 영적인 일에 손상을 입으므로 우리는 모두 평안을 위해 힘써야 한다.

[깊은 연구]

1. 선지자의 생도 (왕하 2:3-7, 4:1, 5:22, 6:1 등)

백성들을 가르치기 위해 이스라엘 역사와 율법을 공부하는 젊은이들이었던 것으로 보이며 아마도 사무엘 선지자 때 이런 학교를 세운 것으로 추측된다(삼상 17:15-17).

2. 엘리사가 요구한 갑절의 영감 (왕하 2:9)

"엘리야가 엘리사에게 이르되 나를 네게서 취하시기 전에 내가 네게 어떻게 할 것을 구하라 엘리사가 가로되 당신의 영감이 갑절이나 내게 있기를 구하니이다"(2:9). 여기에서 엘리사가 갑절의 영감을 구한 것은 엘리야가 가졌던 영감의 두 배가 아니라 '장자의 몫'을 뜻한다. 상속을 받을 때에 장자는 3분의 2가, 나머지 아들들에겐 3분의 1이 주어지므로 장자의 몫은 갑절(두 배)이 되는 것이다.

3. 모압 왕의 "메사의 비문" (왕하 3장)

모압 왕은 전쟁 중에 자기들의 신에게 왕이 될 맏아들을 죽여 번제로 드린다(3:26-27). 모압의 신은 '그모스'인데 모압인들은 인신제사(人身祭祀)의 습관이 있었다. 오므리에 대해서는 열왕기상 16장 15-27절에 나온다. 열왕기하 3장에는 메사와 여호람의 전쟁도 있었음을 알 수 있다.

■ 메사의 비문(왕하 3장)

모압 왕 메사가 이스라엘 왕 오므리와의 전쟁(주전 850년경) 사실을 모압 방언으로 새긴 비문이다. 요단강 동편 사해 동부 디본에서 1868년 발굴된 것으로 높이 160센티미터, 두께 30센티미터다. 이것을 처음 발견한 베두인들은 그 안에 보물이 있을 것으로 알고 깨뜨렸는데 실제 보물은 그 비문 자체다.

통독	128
확인	

공부　열왕기하 1장~3장 : 엘리야의 승천

1. 아하시야가 병들었는데 침상에서 내려오지 못하고 죽으리라고 한 이유는?(1:1-8) -
2. 엘리야의 모양은 어떠했는가?(1:8) -
3. 50인을 엘리야에게 세 번째 보냈을 때 50부장이 엘리야에게 한 말은?(1:13에서)
   -
4. 엘리야가 승천하기 전까지 제자 엘리사가 따라간 4곳의 지명은?(2:1-6) -
5. 엘리사가 스승인 엘리야에게 구한 것은?(2:7-11)
   1) 엘리야의 갑옷　　2) 병거와 마병　　3) 엘리야의 영감의 갑절　　4) 엘리야의 지도력
6. 다음 중 엘리사에게 해당되지 않는 것은?(2:12-25)
   1) 물을 고침　　2) 대머리　　3) 회리바람 타고 승천　　4) 엘리야의 제자
7. 여호람은 (　　　　) 왕으로 (　　　)의 주상을 제거했으나 여로보암이 이스라엘로 범하게 한 죄(금송아지 숭배)를 따라 행하고 (　　　　　　　)하였다(3:1-3).
8. 모압 왕 (　　　　)는 양을 치는 자인데 이스라엘 왕을 배반하므로 (　　　　) 왕 여호람이 (　　　　) 왕 여호사밧과 (　　　) 왕으로 더불어 모압을 치러 에돔 광야 길로 갔다(3:4-9).
9. 여호사밧이 여호와의 선지자 (　　　　)에게 물으러 왔을 때 엘리사는 내게로 (　　　　) 탈 자를 불러오소서 했고 거문고를 탈 때에 여호와께서 엘리사를 감동하시니 승리를 예언했다(3:10-20).
10. 모압 왕은 해가 물에 비치는 것을 보고 (　　　)인 줄 착각하고 진격했다가 다시 도망쳐 와서 자기 왕위를 이을 (　　　)을 성 위에서 번제로 신(모압의 신 그모스)에게 바쳤다(3:21-27).

▲▼△▽ -----≪영감을 또 주신다니!≫----- ▽△▼▲

이한라는 온 집안이 예수님을 믿게 되기 위하여 기도했다. 그 결과 부모님보다 할머니가 먼저 믿게 되었고 할머니는 은혜를 많이 받았다. 새벽기도회도 나오고 수요예배도 나올 만큼 열심이었다.

그런데 부흥회가 있은 후부터 웬일인지 할머니가 교회에 나오지 않았다. 목사님이 심방을 가서 어렵게 할머니의 마음을 알아 보았다. 정말 할머니의 사정에 이해가 갔다. 부흥사의 설교에 갈등을 느끼고 있는 것이었다.

"목사님, 부흥 강사님이 열심히 기도하면 하나님께서 갑절의 영감을 주신다는데 저는 겁이 납니다. 지금 영감 한 사람만으로도 골치가 아픈데, 영감을 갑절이나 주면 나는 힘들어서 못 살아요. 지금 영감 하나로 만족하고 이대로 살래요."

♧ ♧ ♧

엘리사는 스승 엘리야를 따라가며 '갑절의 영감'을 구하였고 스승의 승천 시에 엘리야의 영감이 엘리사에게 임하였다. 오늘 우리도 하나님의 영감(靈感)을 받아야 신앙생활을 할 수 있으며, 목회자는 바른 설교와 바른 목회를 할 수 있다.

영감을 받는 비결은 믿음으로 간절히 구하는 길밖에 없으며 믿음으로 사는 자에게는 하나님이 영감을 주신다. 영감이 있는 성도는 삶의 자세와 인식이 다르다.

(열왕기하 2:9) 엘리야가 엘리사에게 이르되 나를 네게서 취하시기 전에 내가 네게 어떻게 할 것을 구하라 엘리사가 가로되 당신의 영감이 갑절이나 내게 있기를 구하나이다

신현주, 〈예화철학〉, 〈예화산책〉, www.sbs66.net

[오늘의 말씀] 열왕기하 4장~7장 : 엘리사의 사역 → 먼저 성경 읽기

(4장) 엘리사의 여러 기적이 기록된다. 과부의 기름, 죽은 아들 살림, 국의 독 제거, 백 명을 먹임.
(5장) 한 소녀를 통하여 엘리사가 소개되어 아람의 나아만 장군의 문둥병이 요단에서 치료된다.
(6장) 도끼가 물 위로 떠오른 일, 아람 왕의 생각을 간파, 사환의 눈을 열어 준 일, 적군의 눈을 닫은 일.
(7장) 엘리사가 사마리아에서 한 장관의 죽음과 구원을 예고하여 아람 군대가 철수한다.

[말씀 묵상]

1. 수넴 여인은 하나님의 종 엘리사를 위해 정성을 다해 쓸 것을 마련하지만(4:8-10), 어떤 보상이나 칭찬을 바라지 않고 순전한 마음으로 한다. 은밀한 중에 보시는 하나님이 갚으신다(마 6:4).
2. 아람 군대가 엘리사를 잡기 위해 도단 성을 포위했을 때에 엘리사의 사환은 "아아, 내 주여 우리가 어찌하리이까"라고 외친다(6:14-15). 우리 인생도 때때로 이렇게 외쳐야 하는 경우가 있다. 사환의 영안이 밝아지자(6:17) 자신들을 지키는 불말과 불병거를 볼 수 있게 되었다.
3. 엘리사의 예언에 대해 인간의 계산이 앞섰던 군대장관(7:1-12)은 예언 성취 후에 백성들에게 밟혀 죽는다(7:16-22). 불신앙은 이처럼 처참한 심판을 받는다. 이성과 경험은 좋은 것이지만 그것이 신앙 안에서만 빛을 내게 하고 신앙이 뒤로 밀리지 않도록 해야 한다.

[깊은 연구]

1. 나아만의 신앙고백, 베드로의 신앙고백 (왕하 5장, 마 16장)

나아만은 요단 강물에 씻으므로 한센병(문둥병)이 나았고 "내가 이제 이스라엘 외에는 온 천하에 신이 없는 줄을 아나이다"(5:15) 했다. 나아만의 신앙고백은 베드로의 신앙고백(마 16:16, 시몬 베드로가 대답하여 가로되 주는 그리스도시요 살아 계신 하나님의 아들이시니이다)과 서로 반영되는 구약에서의 절정이라 할 수 있다(참고. 사 45:14, 하나님이 과연 네게 계시고 그 외에는 다른 하나님이 없다 하리라).

2. 엘리사의 이적들 (왕하 2-13장)

① 요단 강물을 가름(2:14), ② 여리고의 물을 깨끗하게 함(2:19-22), ③ 악동 사십 명을 심판(2:23-24), ④ 개천에 물이 가득 차게 함(3:16-27), ⑤ 빈 그릇에 기름을 채움(4:1-7), ⑥ 수넴 여인의 아들을 살림(4:18-37), ⑦ 독이 있는 국을 깨끗게 함(4:38-41), ⑧ 적은 음식으로 백 명을 먹임(4:42-44), ⑨ 나아만의 문둥병을 고치고 게하시의 문둥병을 예고함(5:1-27), ⑩ 물에 빠진 도끼를 떠오르게 함(6:1-7), ⑪ 아람의 계략을 알고 대처함(6장), ⑫ 아람의 사정을 다 알고 있음(8장), ⑬ 죽은 후 수년 뒤에 한 시체를 살아나게 함(13:20-21).

■ 엘리사의 기적(왕하 2장)
엘리야의 겉옷을 취한 엘리사가 요단 물을 치매 이리저리 갈라져 건너게 되었다(왕하 2:14). 엘리사는 많은 이적을 행하였다.

통독	129
확인	

공부

열왕기하 4장~7장 : 엘리사의 사역

1. 다음 단락에 해당되는 '엘리사의 이적들'의 제목을 적으세요. {보기} 아들 있을 것 예언과 성취, 국솥에 사망의 독 제거, 과부의 기름, 보리떡 이십으로 백 명이 먹고 남음, 수넴 여인의 죽은 아들을 살림
   1) 4:1-7 - 2) 4:8-17 - 3) 4:18-37 -
   4) 4:38-41 - 5) 4:42-44 -
2. 아람 왕의 군대장관 나아만이 큰 용사이지만 어떤 병에 걸렸나?(5:1) -
3. 사마리아에 계신 선지자가 병을 고쳐 주시리라고 말한 사람은?(5:2-3) -
4. 나아만이 엘리야의 집 문에 섰을 때 어떻게 하라는 말을 들었나?(5:9-10) -
5. 엘리야의 말을 순종한 나아만의 몸은 어떻게 되었나?(5:14) -
6. 엘리야의 종 게하시는 거짓말로 예물을 받고 무슨 병에 걸렸나?(5:20-27) -
7. 〈( )에서 틀린 것 =지우기〉. 엘리사는 도끼가 물위로 떠오르게 (나뭇가지를, 긴 끈을) 던졌다(6:1-7).
8. 아람의 전쟁 계획을 이스라엘이 알고 방비하는 것은 (엘리사, 군사전략) 덕분이다(6:8-13).
9. 엘리사의 사환은 처음부터 하나님의 불말과 불병거를 (보았다, 보지 못했다)(6:14-19).
10. 엘리사는 아람 군대를 (도단, 사마리아)에 데리고 갔고 그들을 (대접, 살해)했다(6:20-23).
11. 다음 구절과 관계있는 내용에 줄로 연결하세요(7장).
    1) 7:1-2 가) 네 문둥이가 아람 진으로 가서 물건을 감춤
    2) 7:3-8 나) 엘리사의 예언을 불신한 장관이 죽음
    3) 7:9-17 다) 엘리사의 예언과 장관의 불신
    4) 7:18-20 라) 문둥이의 보고와 왕의 정탐, 백성들의 노략

▲▼△▽ -----≪시골에 온 선교사≫----- ▽△▼▲

▷ 선교사가 버스를 타고 시골에 전도를 하러 왔다. 무더운 여름, 찌는 듯한 더위에도 불구하고 공회당 안에는 코 큰 파란 눈의 선교사를 구경하러 남녀노소가 모였다. 선교사가 십계명 중에 열 번째 계명 "탐내지 말라"를 설교하는데, 시골 양반들이 무척 괴로워하고 있었다. 그들은 선교사가 '땀 내지 말라'고 설교한 것으로 알아들었지만 더워서 모두 '땀'을 냈다.

▷ 선교사는 설교를 마치고 다시 시내로 나가야 할 판인데 차 시간을 잘 몰라서 그들에게 물었다. "광주 나가는 버스가 몇 시에 옵네까?" 동네 이장이 당황하며 말했다. "차 시간이야 알기는 아는디, 양놈 말을 헐 줄 알아야제."

선교사는 한국말로 물었음에도 동네 이장은 영어로 대답해야 한다는 착각을 하고 있었다.

♧ ♧ ♧

선교사들의 말 때문에 빚어진 에피소드는 많은데, 그들은 자유롭지 못한 언어로도 전도를 했고 사람들을 가르쳤다. 선교지에서의 언어는 생명인데, 놀라운 것은 한국 선교사들은 현지 언어를 모르고 선교지에 가는 무모함이 있지만, 짧은 시간에 언어를 습득하는 능력이 있다는 사실이다. 선교사들의 눈물겨운 선교의 노력으로 한국 교회는 자라났고 오늘에 이르렀음에 감사할 뿐이다. 이방 땅에 포로가 되었던 한 소녀는 그 땅의 선교사로서 나아만 가정에 하나님을 전했다.

(왕하 5:2-3) 이스라엘 땅에서 작은 계집아이 하나를 사로잡으매 저가 나아만의 아내에게 수종 들더니 그 주모에게 이르되 우리 주인이 사마리아에 계신 선지자 앞에 계셨으면 좋겠나이다 저가 그 문둥병을 고치리이다

신현주, 〈예화철학〉, 〈예화산책〉, www.sbs66.net

[오늘의 말씀] 열왕기하 8장~10장 : 예후의 숙청 작업 → 먼저 성경 읽기

(8장) 수넴 여인은 잃었던 땅을 찾고, 하사엘은 아람 왕이 된다. 남북의 왕은 서로 교류를 한다.
(9장) 왕으로 세움을 받은 예후는 남, 북 왕을 살해하고, 특히 이세벨도 죽음으로 심판을 받게 한다.
(10장) 예후는 아합의 전 가족을, 유다 왕실 사람들을, 바알의 선지자들과 숭배자들을 학살한다.

[말씀 묵상]

1. 엘리사는 자기를 잘 대접하던 수넴 여인에게(4:8-37) 기근을 피해 블레셋에서 우거하게 한다. 7년 후 이스라엘로 돌아와 보니 자신의 소유는 타인의 것이 되어 있었다. 게하시가 이 문제 해결에 도움을 준다. 5장에서 보면 탐욕을 가졌던 게하시는 문둥병이 예고되었지만, 8장에서는 변화된 모습을 보인다. 즉 왕에게 고하여 땅과 그동안의 소출에 대한 것까지 보상을 받게 도와준다(8:1-6).
2. 예후의 숙청 작업은 무서울 만큼 철저하여 바알 숭배자들을 살해한다(9-10장). 특히 아합 왕의 아내 이세벨은 우상 숭배(바알)를 이스라엘에 끌어들였고, 무고한 나봇을 여론재판으로 죽였다. 이 일에 대하여 엘리야 선지자는 죽음을 예고했다(왕상 21장). 이스라엘 왕으로 세움을 받는 예후는 이세벨을 창에서 던지라 했고, 죽임을 당한 이세벨의 찢긴 몸을 개들이 먹었다(9:30-37). 악한 자에 대한 하나님의 종의 예언의 성취였다. 하나님은 악을 행한 자를 심판하신다.

[깊은 연구]

1. 엘리야의 사명 (왕상 19장, 왕하 8-9장)

하나님은 엘리야에게 "너는...하사엘에게...예후에게...엘리사에게 기름을 부"으라는 사명을 주셨는데 **엘리사**는 직접 불러 선지자로 기름을 부었고(왕상 19:19-21, 왕하 2:1-11), 아람 왕 **하사엘**(왕하 8:7-15)과 북국 이스라엘 왕 **예후**(9:1-10)는 제자 엘리사가 맡아서 기름을 부었다. 하나님의 일의 연속성을 보게 된다.

2. 다윗의 언약의 효력 (삼하 7:11-17, 왕하 8:16-19)

"여호와께서...유다 멸하기를 즐겨 하지 아니하셨으니..."(8:16-19)라고 했는데, 유다 여호람 왕의 불의와 악행에도 불구하고 하나님께서 긍휼을 베푸신 것은 **다윗과의 언약 때문**이다(삼하 7:11-17). 또한 열왕기상 11장 36절과 본 절에서도 **'끊이지 않는 등불'**로 묘사하고 있다. 사실상 다윗 왕통은 시드기야(25장)로 막을 내렸지만 궁극적으로는 다윗의 자손 예수 그리스도를 통해 이 약속이 성취되었고 계속되는 것이다(시 132:17, 마 1:1).

■ 창밖으로 던져져 죽은 이세벨(왕하 9장)
이세벨은 이방 여인으로 아합 왕의 아내가 되었으나 바알을 숭배하고 나봇을 살해했으므로 엘리야의 예언대로(왕상 21:17-24) 죽임을 당하고 그 몸을 개들이 먹었다. 16세기경의 영국 바스(Bath). 타피스리(Tapisserie).

통독	**130**
확인	

공부 열왕기하 8장~10장 : 예후의 숙청 작업

1. 엘리사가 이전에 아들을 살려 준 여인은 기근 때 블레셋에 (　　)년을 우거하다 돌아왔고, 잃어버린 자기 (　　)과 (　　)를 찾도록 (　　　　)가 왕에게 말해 주어 돌려 받았다(8:1-6).
2. 엘리사가 (　　　　)에 갔을 때 (　　　　) 왕 벤하닷이 병들었는데 (　　　　)에게 (　　　　)을 가지고 가서 병이 낫겠는가 알아 보도록 했다(8:7-9).
3. 하사엘이 (　　　　)을 물에 적시어 왕의 (　　　)을 덮어 죽이고 대신 (　　)이 되었다(8:15).
4. 여호람은 32세에 (　　　　)에서 왕이 되어 여호와 보시기에 (　　　)을 행하였으나 여호와께서 (　　　)을 위하여 유다 멸하기를 즐겨 하지 아니하셨다(8:16-19).
5. 예후가 왕으로 기름 부음 받은 것은 예언의 성취다(9:1-13, 왕상 19:15-17). (O, X)
6. 요람(아합의 아들)이 죽어 나봇의 밭에 던져진 것은 아합 집에 대한 예언의 성취다(9:21-26, 왕상 21:17-29). (O, X)
7. 유다 왕 아하시야는 므깃도로 도망하여 겨우 살았다(9:27-29). (O, X)
8. 이세벨이 창 밖으로 던져져서 죽고 시체를 개들이 먹은 것은 예언대로다(9:30-37). (O, X)
9. 서로 관계있는 것끼리 줄로 연결하세요(10장).

1) 70인	가) 아하시야의 형제들	a) 왕자와 태후에 문안하러 가다 죽음
2) 42인	나) 바알 당 밖에서 지킴	b) 죽여서 머리를 광주리에 담음
3) 80인	다) 아합의 왕자(자손)들	c) 바울 숭배자와 각종 우상 제거
4) 아합 집에	라) 하나님 마음에 있는 일을 행함	d) 여로보암의 죄에서는 떠나지 못함

▲▼△▽ -----≪재주는 다 쓸모가 있다≫----- ▽△▼▲

중국의 한 부자는 어떤 재주든 재주가 있는 사람들을 좋아하여 사랑방을 크게 지어 지나가는 나그네들에게 침식을 무료로 제공했다. 하루는 어느 과객이 찾아왔기에 재주를 물으니 "큰 소리를 지르는 것입니다." 하므로 "별 재주가 다 있구먼." 했다.

주인이 먼길을 가게 되어 그 재주꾼을 대동했다. 이들이 날이 저물 때 큰 강가에 도착했으나 마지막 배가 이미 건너편으로 가 버렸다. 이들을 쫓는 화적들이 오고 있으나 넓은 강이라 아무리 불러도 배는 돌아오지 않았다. 모두 안절부절못하는데 이 나그네가 천지가 울리도록 고함을 쳐서 건너편 배를 불러 무사히 강을 건넜다. 주인은 그 재주꾼에게 말했다.

"자네의 재주야 평생에 쓸 기회가 몇 번 없겠지만 이번처럼 목숨을 건져 주니 위대한 재주일세."

♧ ♧ ♧

내게 있는 재주나 재능은 하나님이 주신 선물로서 남을 위해 사용해야 더 귀중한 것이다. 내가 남다른 재주를 가졌다면 그것을 바르게 발휘해야 가치를 드러내고 다른 사람들에게 혜택을 준다.
'슈가 레이 레너드'는 프로복싱 세계 웰터급 챔피언 시절 자선경기를 갖고는 "사람은 누구나 재능을 가지고 있다. 내가 가진 재능이란 남을 두들겨 패는 것이다."라고 했다.
아합은 숙청 전문가인 양 바알을 섬기는 자들을 죽였고 바알의 단을 폐하였다.

(열왕기하 10:30) 여호와께서 예후에게 이르시되 네가 나 보기에 정직한 일을 행하되 잘 행하여 내 마음에 있는 대로 아합 집에 다 행하였은즉 네 자손이 이스라엘 왕위를 이어 사 대를 지나리라 하시니라

신현주, 〈예화철학〉, 〈예화산책〉, www.sbs66.net

[오늘의 말씀] 열왕기하 11장~14장 : 아달랴, 요아스의 통치 → 먼저 성경 읽기

(11장) 한편 **유다의 7대 왕 아달랴**는 왕권을 찬탈한 여왕이었으나 제사장 여호야다가 혁명에 성공한다.
(12장) 여호야다는 정통성 있는 **요아스**를 세워 7세에 **유다의 8대 왕**이 되어 통치하게 한다.
(13장) 엘리사의 죽음은 이스라엘에 불길한 조짐으로 여겨졌다.
(14장) **유다의 9대 왕 아마샤**는 정직히 행하였고, **이스라엘의 13대 왕 여로보암(2세)** 때는 번창했다.

[말씀 묵상]

1. 아달랴는 정통성이 없는, 유다 역사상 유일한 여왕으로 유다 지파 출신이 아니다(11:1-3). 아달랴는 왕의 씨를 몰살시켜 자신이 왕이 되고 권세를 오래도록 누리려 하여 유다 사람들에게 절망을 주었으나(11:1-3) 그 가운데 요아스는 죽임을 당하지 아니하여 하나님의 약속한 섭리(다윗 왕조)는 끝나지 않고 진행된다. 비록 어둠이 가득한 세대를 산다 해도 하나님의 섭리는 진행된다(11:4-16).
2. 요아스는 여호와 보시기에 정직히 행하고 성전을 수리하기도 했으나 우상 숭배에 빠진다. 12장 16절과 17절 사이에는 상당한 시간적 간격이 있는데, 그는 유다의 젊은 귀족들의 요구를 따라 우상을 숭배한다. 이 일에 대하여 간언한 스가랴 선지자를 죽이기까지 했다(마 23:35 참고). 하나님은 아람의 하사엘을 통하여 징벌하시고, 신복들의 모반으로 그의 왕정에 종지부를 찍었다.

[깊은 연구]

1. 흑색 방첨탑 (Black Obelisk, 이스라엘의 왕 예후의 모습이 보인다)

레야드(A.H. Layard)가 1846년 니므롯에서 원정하는 중에 사각 기둥으로 된 6.5피트의 검은 화강암을 발견했다. 각 면마다 5층으로 된 부조(낮게 양각된 조각)가 있고 조각의 위와 아래에는 설형문자의 비문이 기록되어 있다. 한 면의 4층 칸에는 **'예후'**가 앗수르 왕 살만에셀 3세에게 엎드려 조공을 바치는 모습이 있다(사진 참고). 통일 왕국(3왕), 남국(20왕), 북국(19왕) 모두 42명의 왕 중에 형상으로는 유일하게 찾아볼 수 있는 예후는 부끄러운 모습을 하고 있다.

2. 성전 수리를 왕이 한 이유 (왕하 12:4-16)

솔로몬의 성전에서 보듯이 이스라엘의 왕들은 성전의 건축주이고 관리책임자다. 제사장들 개개인이 성전 수리의 임무를 맡은 한 제대로 되지 않고 돈(은)은 사라져 버렸다. **요아스 왕**은 제사장들이 개인적으로 돈을 받던 것을 금하고 궤(중앙금고)에 돈을 넣도록 했다. 성전세(출 30:11-16)로 돈이 성전에 들어오는데 현물(초태생이나 첫 열매)과 자원제물이 현금으로 대체되는 경우에도 그러했다(레 27:1-27, 민 18:15-16). 요아스 왕처럼 **히스기야 왕**(대하 29:15-19)과 **요시야 왕**(22:4-7)도 성전을 수리하였다.

■ **흑색 방첨탑**(The Black Obelisk)
이스라엘 왕 예후가 앗수르의 살만에셀 왕에게 조공을 바치며 절하는 모습이 부조(浮彫)되어 있어 당시 이스라엘의 형편을 짐작케 한다.

통독	131
확인	

공부

열왕기하 11장~14장 : 아달랴, 요아스의 통치

1. 악한 여왕 아달랴가 (   )년을 다스리는 중, 제7년에 반란을 일으킨 제사장은 (   )였고 그가 왕으로 세운 왕자란 (   )로서 당시 (   )세에 불과했다(11:1-16, 21).
2. 온 국민이 바알의 당을 훼파하고 그 단 앞에서 (   )의 제사장 (   )을 죽였다(11:17-20).
3. 요아스가 제사장 (   )의 교훈을 받을 동안에 여호와 보시기에 정직히 행하였으되 (   )을 제하지 아니하였으므로 백성이 오히려 산당에서 (   )하였더라(12:2-3).
4. 오직 그 은을 일하는 자에게 주어 그것으로 (   )을 수리하게 하였으니...(12:14).
5. 아람 왕 (   )이 올라와서 가드를 쳐서 취하고 (   )을 향하여 올라오고자 한 고로... 유다 왕 요아스가...성물과 여호와의 전 곳간과 왕궁에 있는 금을 취하여 아람 왕에게...(12:17-18).
6. 다음 중 서로 관계있는 것끼리 줄로 연결하세요(13장).

1) 북11왕: 여호아하스(1-9)	가) 여로보암의 죄를 좇아 행함, 유다 왕 아마샤와 싸움
2) 북12왕: 요아스(10-13)	나) 아람 왕 하사엘과 그 아들 벤하닷의 손에 붙이심
3) 선지자: 엘리사(14-19)	다) 요아스 왕에게 활 쏘고 땅을 치게 하여 아람 진멸을 상징
4) 모압 적당(賊黨)(20-21)	라) 아들 벤하닷 시대에 요아스가 세 번 쳐서 성읍들 회복
5) 아람 왕: 하사엘(22-25)	마) 시체가 엘리사의 뼈에 닿자 회생하여 일어섬

7. 아마샤가 부왕을 죽인 신복들은 죽이되 그 자녀들은 죽이지 아니한 이유는?(14:1-7) -
8. 이스라엘과 유다의 대면(전쟁)에서 이긴 나라와 왕의 이름은?(14:8-16) -
9. 여로보암이 이스라엘 지경을 회복한 것은 누구의 예언인가?(14:23-29) -

▲▼△▽ -----≪조국을 위해 바친 집≫----- ▽△▼▲

프랑스 군대의 최고 명사수가 돈을 모아서 아담한 집을 샀다. 전역하면 담쟁이덩굴이 우거지고 꽃에 둘러싸인 아름다운 그 집에서 평화롭게 살기를 기대했다.

보불전쟁이 발발했고 독일군이 이 작은 마을을 점령하여 그 집을 병영으로 사용하였다. 병사는 마을이 내려다보이는 언덕 위에 대포를 설치했다. 지휘하는 장군이 그에게 말했다. "자네 저 시골집이 보이나? 저 집에 독일군이 들어가 있네. 잘 겨냥하여 일격에 날려 버리게."

병사의 이마에는 식은땀이 흘렀으나 병사는 장군의 명령대로 그 집을 겨냥했다. 무서운 굉음이 터지면서 그 아름다운 집은 산산조각이 났다. 장군이 잘했다 칭찬하며 병사를 돌아보니 그의 얼굴은 온통 눈물로 뒤범벅되어 있었다. "장군님, 저 집은 바로 저의 집입니다..."

♧ ♧ ♧

병사는 자기가 사랑하는 조국을 위하여 자기가 가진 좋은 것을 기꺼이 바치므로 조국에 대해 충성을 다하였다. 그리스도는 인생들의 구원을 위하여 십자가를 지셨듯이 우리도 우리를 사랑하시는 분, 예수 그리스도를 위하여 우리가 가진 가장 좋은 것을 드리는 충성을 해야 한다.
자기 것이 아깝겠지만 하나님은 가장 귀한 것을 드리는 사람들에게 더 크게 갚아 주신다.
이스라엘은 여호와께 은을 드렸고 이는 성전의 퇴락한 곳을 수리하는 데 사용되었다.

(열왕기하 12:5) 제사장들이 각각 아는 자에게서 받아들여서 전의 어느 곳이든지 퇴락한 것을 보거든 그것으로 수리하라 하였더니

신현주, 〈예화철학〉, 〈예화산책〉, www.sbs66.net

[오늘의 말씀] 열왕기하 15장~17장 : 북국 이스라엘의 멸망 → 먼저 성경 읽기

(15장) 유다 **10대 왕 아사랴(웃시야)**는 정직히 행하였으나 후에 교만하여 문둥병에 걸린다. **11대 왕 요담**은 정직히 행하였으나 산당은 폐하지 않았다. 북 이스라엘은 왕권 찬탈과 금송아지 숭배가 계속된다.
(16장) 유다 **12대 왕 아하스**는 여호와 보시기에 정직히 행하지 않고 이방들로 인하여 혼란을 겪는다.
(17장) 북국은 **19대 왕 호세아**를 끝으로 721년에 앗수르에 멸망하고 포로가 된다.

[말씀 묵상]

1. 15장 13-26절의 살룸과 므나헴과 브가히야 등이 보여 주는 대로 강제와 폭력으로 정권을 차지한 통치자는 결코 백성을 보호하거나 선하게 다스리는 왕이 될 수 없을 뿐 아니라, 각종 불의가 횡행하게 된다는 역사의 교훈이 있다. 므나헴 시대에도 앗수르에 바치기 위하여 백성들을 괴롭혔다. "그 은을 이스라엘 모든 큰 부자에게서 토색하여 각 사람에게 은 오십 세겔씩 내게 하여 앗수르 왕에게 주었더니 이에 앗수르 왕이 돌이키고 그 땅에 머물지 아니하였더라"(15:20).
2. 주전 922년에 남북이 분단되어 계속적으로 왕권 찬탈을 일삼은 북국 이스라엘은 주전 721년에 멸망하면서 앗수르의 **혼합정책으로 민족과 종교가 혼합**되고 만다. 그 결과 "저희가 여호와도 경외하고 또한 어디서부터 옮겨왔든지 그 민족의 풍속대로 자기의 신들도 섬겼더라"(17:33). 오늘날도 종교다원주의가 틈을 노리고 있으므로 경계해야 한다.

[깊은 연구]

1. 멸망한 북 이스라엘의 운명 *(왕하 17장)*

1) 북국 이스라엘이 주전 721년 앗수르에 멸망한 원인을 "이 일은 이스라엘 자손이 자기를 애굽에서 인도하여 내사 애굽 왕 바로의 손에서 벗어나게 하신 그 하나님 여호와께 죄를 범하고 또 다른 신들을 경외하며 여호와께서 이스라엘 자손 앞에서 쫓아내신 이방 사람의 규례와 이스라엘 여러 왕의 세운 율례를 행하였음이라"(17:7-8, 18절까지 읽어 보라) 하였다. 한 마디로 불순종하여 우상을 숭배한 것이다.

2) 정치면에 있어서는, 친앗수르 정책에서 친애굽 정책으로 전환하자 이스라엘이 배반한 것에 불만을 품고 앗수르가 쳐들어왔다. 이스라엘을 포로로 잡아 갔고 이스라엘에는 앗수르 사람을 옮겨 오므로 혼혈족을 만들어 이스라엘을 말살하는 정책을 쓴다(17:6, 24). 아울러 이상한 혼합 종교가 생겨났다(17:27-33). 이스라엘과 앗수르 사람의 혼혈족인 **'사마리아인'**은 훗날 유다인의 미움의 대상이 된다(요 4:9).

■ **디글랏 빌레셀 3세의 대례용(大禮用) 마차**
앗수르 왕 디글랏 빌레셀 3세(불 왕, 주전 745-727년)가 대례용 마차를 탄 모습(왕하 15:19, 15:29)으로 아스다롯을 명도할 때에 그의 의식용(大禮用) 마차를 타고 있다. 〈니므롯에서 발굴〉

통독	132
확인	

공부 열왕기하 15장~17장 : 북국 이스라엘의 멸망

1. 어느 나라(남, 북), 몇 대 왕, 왕 이름, 통치 기간을 쓰세요(15장, 남: 유다, 북: 이스라엘)
 1) 이스라엘 왕 여로보암 27년에, 유다 왕 아마샤의 아들로 왕이 됨(1-7) - 남, 10대, 아사랴, 52년
 2) 유다 왕 아사랴 38년에, 이스라엘 여로보암(2세)의 아들로 왕이 됨(8-12) -
 3) 유다 왕 웃시야 39년에, 이스라엘 야베스의 아들로 왕이 됨(13-16) -
 4) 유다 왕 아사랴 39년에, 이스라엘 가디의 아들로 왕이 됨(17-22) -
 5) 유다 왕 아사랴 50년에, 이스라엘 므나헴의 아들로 왕이 됨(23-26) -
 6) 유다 왕 아사랴 52년에, 이스라엘 르말랴의 아들로 왕이 됨(27-31) -
 7) 이스라엘 왕 베가 2년에, 유다 왕 웃시야의 아들로 왕이 됨(32-37) -
2. 아하스는 (　　　)세에 유다 왕이 되어 (　　　)년을 치리했는데 (　　　　) 행치 아니하고 이방 사람의 가증한 일을 본받아 자기 (　　　　)을 (　　　) 가운데로 지나가게 했다(16:1-4).
3. 아람 왕 (　　)과 이스라엘 왕 (　　)가 예루살렘에 올라와 아하스를 이기지 못하였다(16:5-6).
4. 아하스는 앗수르 왕 디글랏 빌레셀을 만나러 (　　　　)에 갔다가 거기 있는 (　　　)을 보고 본 따서 단을 만들고 우상을 섬겼는데, 제사장 (　　　　)가 그 일을 맡아 했다(16:10-16).
5. 이스라엘이 친 앗수르 정책에서 누구에게 사자들을 보내므로 앗수르 왕이 호세아의 배반함을 보고 그를 옥에 가두었나?(17:1-4) -
6. 호세아 9년에 앗수르 왕이 사마리아를 취하고 끌어다가 어느 고을에 두었나?(17:6) -
7. 이 일의 이유로 여호와께 무엇을 숭배하는 죄를 지었는지 한 단어로 말하면?(17:7-18) -
8. 혼혈족이 되어서 여호와도 경외하고 또 무엇도 섬겼나?(17:32-33) -

▲▼△▽ -----≪병든 사회, 병든 결과≫----- ▽△▼▲

한 아이가 태어났다. 어머니는 거친 여자로서 결혼을 세 번 했는데, 두 번째 남편은 아내에게 매 맞기 싫어서 헤어졌다. 이 아이의 아버지는 아이가 태어나기 며칠 전 심장마비로 죽었다. 어머니는 아이를 돌보지 않았고, 사랑을 못 받고 자라서 13세 때 학교의 평가 기록에 "이 소년은 사랑이란 말조차 모르는 아이 같다"라고 적혀 있다. 소년 시절 여학생들과는 사귀지 못했고 남학생들과는 자주 싸웠다. IQ는 높았으나 성적은 낙제점이었다. 고등학교를 중퇴하고 해병대에 들어갔는데 여기서도 쫓겨났다.

절망에 빠진 청년은 외국에서 살면서 사생아인 한 여자를 만나 미국으로 돌아와 두 아이를 낳았다. 이 여자도 고약한 성격의 청년이 싫어져서 집에서 그를 내쫓았다. 그 청년은 1963년 11월 22일, 숨겨두었던 총을 들고 평화스럽게 행진하는 케네디 대통령을 쏘아 죽였다.

오스왈드(Lee H. Oswald)의 비극적인 24년간의 생애다.

♧ ♧ ♧

부모와 자녀의 정신적 관련을 연구한 학자들에 의하면 이상할 정도로 자녀는 부모의 정신상태를 닮는다고 했다. 물질의 노예가 된 부모의 자녀는 물질주의자가 되며 당대뿐 아니라 2~3대 이어진다는 것이다. 질서가 있는 부모의 자녀는 질서를 배우지만 만일 그 부모가 무질서하여 주차선에 걸쳐 삐딱하게 주차하면 그 자녀는 무질서를 배워 현관을 막는 한 수 더 뜨는 주차를 한다. [illegible]

(열왕기하 15:9-10) 여호와 보시기에 악을 행하여 이스라엘로 범죄케 한 느밧의 아들 여로보암의 죄에서 떠나지 아니한지라 야베스의 아들 살룸이 저를 모반하여 백성 앞에서 쳐 죽이고 대신하여 왕이 되니라

신현주, 〈예화철학〉, 〈예화산책〉, www.sbs66.net

[오늘의 말씀] 열왕기하 18장~21장 : 히스기야의 개혁 → 먼저 성경 읽기

(18-20장) 유다는 아하스 같은 우상을 숭배하는 악한 왕이 있었지만(16장), **13대 왕 히스기야** 같은 믿음의 왕이 있어 개혁정치를 하고 하나님을 두려워하며 섬기니 앗수르의 침략에도 위기를 넘긴다.

(21장) 히스기야의 개혁에 이은 아들 **14대 왕 므낫세**는 다시 산당을 세우고 우상을 숭배했으며 55년간의 공포정치는 하나님을 분노케 하여 유다의 멸망이 예고되니 그대로 이루어진다(24-25장, 23:26-27).

[말씀 묵상]

1. 앗수르 왕이 보낸 사자의 교만한 말을 들은 히스기야 왕은 선지자 이사야에게 사자를 보내어 "오늘은 곤란과 책벌과 능욕의 날이라 아이가 임산하였으나 해산할 힘이 없도다" 한다. 그러면서 히스기야는 이사야에게 "당신은 남아 있는 자를 위하야 기도 하소서"라고 말한다(19:3-4). 앗수르 대군의 포위에도 하나님께 **'기도'**를 요청한 것은 히스기야의 믿음이다. 하나님께 대한 깊은 신뢰는 궁지에서도 살길을 찾는 것이다. 고린도후서 4장 8-9절을 찾아보고 그대도 기도를 하라.
2. 기도를 하는 것은 하나님께서 우리의 기도를 들으시리라는 것을 믿기 때문이다. 히스기야 왕이 병들어 죽게 되었을 때 그는 벽을 향하여 통곡하고 기도하였다. 그런데 얼마 되지 않아 하나님께서 죽으리라고 선언을 하고 간 선지자 이사야를 통하여 "내가 네 기도를 들었고 네 눈물을 보았노라 내가 너를 낫게 하리니..."(20:5)라는 희망의 응답을 받는다. 오늘 그대를 괴롭게 하고 벽을 향하여 통곡하게 하는 일이 무엇인가? 하나님의 은혜의 응답이 있으리라.

[깊은 연구]

1. 히스기야가 부순 놋뱀 (왕하 18:4)

히스기야 왕이 모세가 만들었던 놋뱀 '느후스단'(민 11:31)을 이스라엘 자손이 분향하고 있으므로 그것을 부수었다(왕하 18:4). 느후스단('보잘것없는 것'이라는 뜻)이라 일컫는 이러한 놋뱀이 우상화된 예는 여러 곳에서 나타나서, 이란 남서부의 고대 엘람의 수도였던 수사의 여신 인슈쉬낙의 신전 폐허에서도 비슷한 놋뱀이 발굴되었다(루브르 박물관 소장). 고대 종교에서 뱀은 지하세계를 다스리는 여신에게 서원예물로 바쳐졌다. 〈통독 45일째 사진 참고〉

2. 산헤립 각주(角柱) (왕하 18-19장)

유다 13대 왕 히스기야 시대에 앗수르의 산헤립이 쳐들어왔으나 예루살렘은 방비된다(18-19장). 중요한 고고학의 한 자료가 있는데 '산헤립의 각주(角柱)'라 일컬어지는 이 기둥에는 산헤립(주전 705-681년)의 8차에 걸친 예루살렘 원정이 기록되어 있다(18-19장 / 대하 32장). 성경의 기록과 차이가 있는 부분이 있는데 이는 앗수르 왕 산헤립의 입장에서 기록했기 때문일 것이다. 〈비석 내용은 "성경통독 이백주간" 제2권 해당 본문을 보라〉

■ 산헤립의 각주(角柱)
앗수르 왕 산헤립이 주전 701년 유다를 공격한 일에 대한 기록이 있다. 〈대영박물관 소장〉

통독	133
확인	

공부 열왕기하 18장~21장 : 히스기야의 개혁

1. 히스기야는 25세에 왕이 되어 여호와 보시기에 정직히 행하였다(18:1-3). (O, X)
2. 각종 우상을 제거했고, 놋뱀에 분향하므로 그것을 부수었다(18:4, 참고. 민 21:4-9). (O, X)
3. 산헤립이 공격해 왔을 때 은 300달란트와 금 30달란트를 앗수르 왕에게 주었다(13-16). (O, X)
4. 앗수르 왕이 보낸 랍사게는 항복을 요구하므로 히스기야의 대신들이 항복을 청원했다(17-37). (O, X)
5. 옷을 찢고 굵은 베를 입고 여호와의 전에 들어가 사람들을 이사야에게 보낸 왕은?(19:1-3) -
6. 이사야의 "나를 능욕하는 말을 인하여 두려워하지 말라"라는 말은 누구의 말씀인가?(19:6) -
7. 히스기야가 앗수르 왕이 보낸 서신을 받아 보고 어디로 가서 기도했나?(19:14) -
8. 하나님께서 무엇을 위하여 예루살렘 성을 보호하여 구원하신다고 했나?(19:34) -
9. 앗수르 군사가 죽고 니느웨로 돌아가 피살된 산헤립을 이어 왕이 된 아들은?(19:35-37) -
10. 히스기야의 병 나음과 여호와의 전에 올라가게 하실 일의 징조는?(20:11) -
11. 히스기야가 실수한 일은 무엇인가?(20:12-19을 읽고 답은 13절로) -
12. 히스기야의 업적 중에 "유다 왕 역대지략"에 기록된 것은?(20:20-21) -
13. 므낫세는 그 부친 (   )의 헐어버린 (   )을 다시 세우며 이스라엘 왕 (   )의 소위를 본받아 (   )을 위하여 단을 쌓으며 (   )을 만들며 하늘의 (   )을 숭배하고, 또 그 (   )을 불 가운데로 지나게 하며 (   )치며 (   )을 행하며...(21:1-9).
14. 므낫세의 악행으로 유다에 내릴 재앙에 대한 하나님의 말씀은 (-   )절에 나온다(21:10-18).
15. 아몬이 (   )세에 왕이 되어 (   )년을 치리했고 그 부친 (   )의 행함 같이 여호와 보시기에 (   )을 행하되 그 부친의 섬기던 (   )을 섬겨 경배했다(21:19-26).

▲▼△▽ -----≪지은 죄가 얼마나 되나?≫----- ▽△▼▲

한 착한 성도가 죽어서 천국문으로 올라가는 사다리가 구름 속까지 뻗어 있는 곳으로 인도되어 갔다. 거기엔 베드로가 앉아서 '천국문은 저 위에 있다. 천국에 이르려면 자신이 지은 죄마다 사다리 디딤대에 적으며 올라가라'며 분필을 한 곽이나 주었다. 죄를 적기 시작하자 거짓, 간음, 탐욕, 비방... 실제 행위로 지은 죄보다 마음속에 품은 죄들이 드러났다.

여러 날 죄를 토해 내며 사다리에 기록하면서 천국으로 올라가는데, 지난 해에 돌아가신 목사님이 내려오고 있었다. 반가운 마음에 "더 많은 성도들을 천국으로 데려가려고 내려가시나요?" 했다가, 목사님의 대답에 하마터면 손을 놓칠 뻔하였다.

"아니지, 분필이 모자라서 두어 박스 더 지고 올라가야겠기에 분필 가지러 내려가네."

♧ ♧ ♧

나는 분필이 몇 곽, 몇 박스가 필요할까? 분필은 얼마든지 준비되어 있지만, 필요 없어야 한다. 그날에 칭찬받는 성도가 되기 위하여 오늘을 믿음으로 살며 하나님의 쓰심에 합당케 되어야 한다. 성도의 특성은 세상과 다르게 깨끗하게 살아야 하는 과제를 가졌는데 특히 숨은 죄를 회개하는 마음이 필요하다. 이 시대에 성도들이 세상의 본이 되어야 할 것이다.
히스기야는 산당을 깨뜨리고 놋뱀에 분향하므로 그것을 부수는 개혁을 단행했다.

(열왕기하 18:4) 여러 산당을 제하며 주상을 깨뜨리며 아세라 목상을 찍으며 모세가 만들었던 놋뱀을 이스라엘 자손이 이때까지 향하여 분향하므로 그것을 부수고 느후스단이라 일컬었더라

신현주, 〈예화철학〉, 〈예화산책〉, www.sbs66.net

[오늘의 말씀] 열왕기하 22장~25장 : 남국 유다의 멸망 → 먼저 성경 읽기

(22장) **남국 16대 왕 요시야**는 성전 수리 중에 발견된 율법책을 사반이 읽을 때에 옷을 찢으며 회개한다.
(23장) 율법책에 근거한 요시야의 종교개혁은 유대 역사상 가장 고귀한 일이었다. **남국 17대 왕 여호아하스, 18대 왕 여호야김**이 통치를 한다.
(24장) 여호야김 시대에 바벨론이 예루살렘을 공격하고, **19대 왕 여호야긴** 시대에 바벨론 포로로 잡혀 간다.
(25장) **20대 시드기야 왕** 시대에 예루살렘은 파멸되고 바벨론 포로가 된다(주전 587년). 〈예레미야애가〉와 〈시편〉 137편을 읽어 보라.

[말씀 묵상]

1. 요시야의 지시로 성전을 수리하던 중에 힐기야가 율법책을 발견하였고 서기관 사반이 왕 앞에서 읽자 **"왕이 율법책의 말을 듣자 곧 그 옷을 찢으니라"**(22:11)라는 말씀처럼 왕의 회개를 보여 준다. 왕은 율법의 가르침대로 종교개혁을 시도하였다(22-23장). 학자들은 이 율법책이 **'신명기 법전'**이었을 것으로 본다. 하나님 말씀으로의 회복은 회개로부터 시작하였고 여호와의 종교를 바르게 세웠다.
2. 유다의 마지막 왕들은 하나님을 의지하기보다 **'친바벨론 정책이냐, 친애굽 정책이냐'**로 혼란을 겪는다(24-25장). 그러나 하나님은 하나님을 의지하지 않는 어떤 것도 인정하지 않으셨고 그들의 악행으로 나라는 망한다. 우리 한국사에도 보면 외세를 의지하려는 마음이 강한데, 하나님을 절대적으로 의지해야 한다. 그대도 어디에 '줄'을 댈 것인지에 신경을 쓰기보다 하나님을 의지해야 한다.

[깊은 연구]

1. 북국 이스라엘과 남국 유다의 멸망 연대 (왕하 17, 25장)

1) 북국 이스라엘은 앗수르에 의해 주전 721/2년에 망했다(17장).
2) 남국 유다는 바벨론에 의해 주전 587/6년에 망한다(25장).
(1) 유다는 멸망 전후를 통하여 몇 차례 바벨론에 포로로 잡혀 간다.
① 주전 605년(여호야김) ② 주전 597년(여호야긴)
③ 주전 587년(시드기야) ④ 주전 582년(예루살렘 멸망 후)
이처럼 네 가지의 연대가 세시되는데, 3차에 걸쳐 포로가 되었다는 것이 정설이다.
a) 위 ① ② ③의 연대를 주장(단 1:1, 겔 1:1-3, 왕하 24-25장).
b) 위 ② ③ ④의 연대를 주장(24-25장, 렘 25:28-30).
c) ① ② ③ ④의 연대를 모두 주장하여 4차에 걸친 포로였다고도 한다.
(2) 예레미야 52장 38절에 나온 '느부갓네살'(주전 605-562년에 통치) 7년은 주전 597년, 18년은 587년, 23년은 582년이 된다(왕하 24:12에는 바벨론 왕 8년, 25:8에는 느부갓네살 19년 5월로 되어 있어서 예레미야서와 1년씩의 차이가 있다).
3) 멸망의 원인은 북국 이스라엘이나 남국 유다나 모두 하나님을 배반하고 우상을 섬긴 데 있었다(17장, 25장).

통독	134
확인	

공부 열왕기하 22장~25장 : 남국 유다의 멸망

1. 팔 세에 왕이 된 요시야가 재위 18년에 무엇을 수리하게 했나?(22:1-7) -
2. 여호와의 전에서 율법책을 발견한 제사장은? 그것을 읽은 서기관은?(22:8) -
3. 여선지 훌다는 여호와께서 예루살렘과 그 거민에게 무엇을 내린다고 예언했나?(22:14-20) -
4. 왕이 대 위에 서서 여호와 앞에서 무엇을 세웠나?(23:3) -
5. 바알과 아세라와 일월성신, 미동의 집을 어디에서 내어다가 불살랐나?(23:4-7) -
6. 멸망산 우편의 산당은 누가 세운 것인가?(23:13) -
7. 불사른 벧엘의 단은 어떤 것이었나?(23:15-20, 왕상 12:25-30) -
8. 개혁 이후인 요시야 왕 18년에 예루살렘에서 지킨 절기는?(23:23) -
9. 요시야는 나라를 방비하다가 어느 왕에 의해 어디에서 죽임을 당했나?(23:29) -
10. 느부갓네살이 유다를 쳐 멸하려 한 것은 므낫세가 지은 모든 죄로 인함이다(24:1-6). (O, X)
11. 애굽의 활동이 약해진 것은 바벨론 제국이 강했기 때문이다(24:7). (O, X)
12. 여호야긴은 에스겔 선지자와 함께 바벨론에 포로로 잡혀 갔다(24:8-17, 겔 1:1-3). (O, X)
13. 시드기야 왕은 앗수르 왕을 섬기다가 배반하였다(24:18-20). (O, X)
14. 갈대아(바벨론) 군사가 예루살렘을 치러 올라와 시드기야에게 어떻게 했나?(25:7) -
15. 느부사라단은 예루살렘 전과 왕궁과 사면 성벽을 어떻게 했나?(25:8-10) -
16. 갈대아 사람이 여호와의 전의 기둥과 여러 비품을 어디로 가져갔나?(25:13-21) -
17. 유다의 관할자 그달리야를 죽이고 대소 백성과 군대장관들이 어디로 갔나?(25:25-26) -
18. 여호야긴 왕이 포로가 되어 간 지 37년 만에 옥에서 내어놓은 바벨론의 왕은?(25:27) -

▲▼△▽ ------≪합종연횡≫------ ▽△▼▲

칠웅(七雄)이 할거해 있던 전국 시대에 서쪽으로 진나라가 세력을 유지하고 있고 동쪽으로는 나머지 여섯 나라[연(燕)·초(楚)·한(韓)·위(魏)·조(趙)·제(齊)]가 남북으로 줄지어 있었다.

'소진'(蘇秦)은 육국(六國)이 남북으로 합작해서 방위 동맹을 맺어 진나라를 대항하는 것이 공존공영의 길이라고 주장하여 이를 '합종'(合從, 縱)이라 불렀다. 반면에 '장의'(張儀)는 강한 진나라와 연합하여 불가침조약을 맺는 것이 안전한 길이라고 하여 이를 '연횡'(連衡, 橫)이라 하였다.

소진과 장의는 같은 귀곡자의 제자였다. 소진은 먼저 이 합종책을 들고 나와 육국의 군사동맹을 성공시키고 재상을 겸한 육국의 종약장으로 의장이 되었다. 장의는 각국을 다니며 소진의 합종책이 효력을 발휘하지 못하게 만들었다.

♧ ♧ ♧

합종연횡(모을 合, 가로 從, 이을 連, 세로 衡). 합종(合從, 縱)과 연횡(連衡, 橫)을 합한 말로서, 요즘은 국제 무대에서의 외교적 각축전을 가리킨다.
한국 현대사는 한미동맹에서 미국에 기대려는 '연횡'이 지나쳐 해방 이후 지금까지 자주적인 힘을 [illegible]
이스라엘 역시 자주국방보다 바벨론과 애굽에 동맹을 맺고자 했으나 하나님은 이를 원치 않았으므로 선지자들을 통하여 책망했다.

(열왕기하 24:1) 여호야김 시대에 바벨론 왕 느부갓네살이 올라오매 여호야김이 삼 년을 섬기다가 돌이켜 저를 배반하였더니

신현주, 〈예화철학〉, 〈예화산책〉, www.sbs66.net

[오늘의 말씀] 열왕기상, 열왕기하 복습 → 먼저 성경 읽기, 단숨에...

1. 〈열왕기상, 열왕기하〉. 솔로몬의 통치와 분열왕국과 멸망

〈1〉 열왕기상 : 솔로몬의 통치 (대하 1-9장 동시대)(1장-11장)

1. 아도니야가 스스로 왕이 되었을 때에 협력한 특별한 두 사람은?(1:5-8) -
2. 다윗은 자신의 뒤를 이을 왕으로 누구를 인정하였나?(1:28-31) -
3. 솔로몬을 왕으로 옹립하는 데 협력한 세 사람은?(1:32-39)
   1) 제사장 - 2) 선지자 - 3) 군부 -
4. 아도니야 쪽에 붙었던 세 사람의 최후는?(2:24-35)
   1) 아도니야 - 2) 제사장 아비아달 - 3) 장군 요압 -
5. 솔로몬이 일천 번제(일천 번이 아니라 일천 마리의 희생을 드림)를 드리고 얻은 것은?(3:1-15을 읽고 답은 12-13절로) - 1) 2)
6. 솔로몬은 잠언 몇을 말하였고 그 노래는 몇이었나?(4:32-33) -
7. 두로 왕 히람을 통하여 무슨 재목이 왔나?(5:1-12) -
8. 성전 건축 시기와 건축 기간은?(6:1, 37) -
9. 솔로몬이 지은 1) 성전의 크기와(6:2), 2) 성전의 두 기둥의 이름은?(7:21) -
10. 솔로몬이 스바 여왕에게 어떻게 했나?(10:13) -
11. 왕은 후비가 ( )이요 빈장이 ( )이라 왕비들이 왕의 ( )을 돌이켰더라(11:3).
12. 솔로몬의 마음이 변하여 섬긴 이방 신들의 이름은?(11:5-8) -
13. 하나님께서 솔로몬의 대적이 되게 한 사람들은?(11:14-40) {보기} ① 하닷, ② 르손, ③ 여로보암
    1) 14절 - 2) 23절 - 3) 26절 -

〈2〉 왕상 12장-왕하 17장 : 분열왕국의 통치와 북국의 멸망 (대하 10-28장)

14. 솔로몬이 죽은 후 그의 아들 ( )이 왕이 되었다(11:43-12:1).
    1) 여로보암 2) 르호보암 3) 아비얌 4) 나답
15. 여로보암은 북쪽 이스라엘의 왕이 되고 두 금송아지를 만들고 하나는 ( )에 두고 하나는 ( )에 두었고 레위 자손이 아닌 보통 백성으로 ( )을 삼았다(12:16-33).
16. 아합에게 수년 동안 우로가 있지 아니할 것을 선언한 선지자는?(17:1) -
17. 엘리야는 혼자서 기도하고 이세벨의 상에서 먹는 바알 선지자 ( )인, 아세라 선지자 ( )인과 ( )산에서 대결하였다(18장).
18. 하나님은 엘리야에게 다음 세 사람에게 기름을 부어 무엇이 되게 하라고 하셨나?(19:15-18)
    1) 하사엘: 2) 예후: 3) 엘리사:

통독	135
확인	

19. 나봇이 아합 왕에게 포도원을 줄 수 없다고 한 이유는?(21:1-3) -
20. 아합의 아들 이스라엘 8대 왕으로 사마리아에서 20년을 다스렸으며 아비의 길, 어미의 길(바알 숭배), 여로보암의 길(금송아지 숭배)로 행한 왕은?(22:51-53) -
21. 두 사람이 행하며 말하더니 홀연히 (　　　　　)들이 두 사람을 격하고 엘리야가 (　　　　)을 타고 (　　　　)하더라(왕하 2:11).
22. 기분이 나쁜 엘리사가 예언을 하기 전에 요구한 것은?(3:15) -
23. 엘리사가 행한 이적들의 제목의 번호를 해당 단락에 적으세요(4장). - {보기} ① 아들 있을 것 예언, ② 국솥의 독 제거, ③ 과부의 기름, ④ 보리떡 20으로 백 명 먹음, ⑤ 수넴 여인의 아들을 살림
   1) 1-7 -　　　　　　　　　2) 8-17 -　　　　　　　　　3) 18-37 -
   4) 38-41 -　　　　　　　　5) 42-44 -
24. 나아만이 하나님의 사람(엘리사)의 말씀대로 어떻게 할 때에 문둥병이 나았나?(5:10, 14)
   1) 요단강에 일곱 번 몸을 담금　　　2) 목욕을 깨끗이 함
   3) 가르쳐 준 처방대로 약을 바름　　4) 요단 강물에 소금을 타서 바름
25. 하나님께서 여러 번이나 유다를 멸하기를 즐겨하지 않은 이유는?(8:19, 왕상 11:12, 11:38, 15:48:19, 왕하 19:34, 삼하 7:13) -
26. 예후가 죽인 70인은 (　　　)의 아들이며, 42인은 유다 왕 (　　　　)의 형제이며, 바알을 멸하였으나 벧엘과 단에 있는 (　　　　　　　　　　　)에서는 떠나지 않았다(10장).
27. 아달랴가 왕의 씨를 멸할 때에 숨겨 살린 왕자는 (　　　　)이며, 6년 후 제사장 (　　　　)의 명으로 반란을 하여 왕자에게 (　　　　)을 씌우고 (　　　　)을 주고 왕을 삼았다(11장).
28. 엘리사가 죽을병이 들었을 때 문병 가서 아람 진멸을 예언받은 왕은?(13:10-19) -
29. 부왕을 죽인 자의 자녀들을 죽이지 아니한 왕은 누구며, 무엇에 근거했나?(14:1-7) -
30. 앗수르 왕 (　　, 디글랏 빌레셀 3세)이 와서 그 땅을 치려 하매 (　　　　)이 은 일천 달란트를 불에게 주어서 저로 자기를 (　　　　　) 함으로...(15:17-22).
31. 유다 왕 아하스는 아람과 이스라엘 연합군이 왔을 때 어디에 도움을 요청했나?(16:1-9) -
32. 친앗수르 정책에서 친애굽 정책으로 바꿨다가 앗수르에게 보복을 당한 왕은?(17:1-4) -

〈3〉 왕하 18-25장 : 남유다 왕국의 통치와 멸망 (대하 29-36장 동시대)

33. 놋뱀을 부수고 여러 개혁을 행한 왕과 당시의 선지자로 짝지어진 것은?(18:1-8, 20:1-7)
   1) 히스기야 - 엘리야　　2) 아하스 - 이사야　　3) 히스기야 - 이사야　　4) 아하스 - 엘리야
34. 히스기야가 병들어 죽게 되었을 때에 기도하여 몇 년의 생명이 연장되었나?(20:1-7) -
35. 부친이 헐어 버린 산당을 다시 세우고 각종 우상을 숭배한 왕은?(21:1-9) -
36. 요시야의 종교개혁으로 여호와의 전에서 내어다 버리거나 헐어 버린 것은?(23:4, 6, 7)
   1) 4절 -　　　　　　　　　　　2) 6절 -　　　　　　　　　　　3) 7절 -
37. 여호야김 시대에 누가 올라와서 자기를 섬기게 했나?(24:1-7)
38. 바벨론 느부갓네살은 여호야긴을 어떻게 했나?(24:8-17을 읽고 답은 15절로) -
39. 유다 최후의 왕 시드기야와 그 아들들은 어떻게 되었나?(25:7) -
40. 여호야긴 왕을 회복시킨 바벨론의 왕은?(왕하 25:30) -

〈역대기(1)〉를 소개합니다

◆ 〈역대기〉는 원래 한 권이었으므로
상하가 아닌 1, 2로 나누어 해설합니다.

제목에 대한 해설

〈역대기〉의 히브리어 원전의 명칭은 '디브레 하야밈'으로 '그때의 그 사건들'이라는 뜻을 가지고 있으며, 우리말 성경에서는 '역대기'라 부르고 있다. '역대기'는 구약성경의 몇 곳에서 언급된다. '이스라엘 왕들의 역대기'(왕상 14:19)와 '유다 왕들의 역대기'(왕상 14:29), '메대와 바사 왕의 역대기'(에 10:2) 등에서 볼 수 있으며, 단순히 '역대기'란 명칭도 두 번 나타난다(에 2:23, 느 12:23). 70인역에서는 '파랄레이포메논'이라 했는데 그 의미는 '생략된 사건들'로, 불가타역(Vulgate)이 '역대기'라고 이름한 것을 지금까지 사용하고 있다.

〈역대기〉는 〈사무엘서〉, 〈열왕기〉처럼 히브리어 원전은 한 권이었으나 70인역에서부터 두 권으로 나누었고, 15세기 초엽에 이르러서는 히브리어 성경도 두 권으로 나누어서 오늘에 이르고 있다. (더 자세한 설명은 〈사무엘서〉와 〈열왕기〉의 해설을 참고)

〈역대기〉는 히브리어 성경에는 성문서에 속하는데, 이는 포로 후기에 기록한 것으로 〈사무엘하〉, 〈열왕기〉와 동시대 사건이지만 메시아 사상에 근거한 관점에서 기록한 것을 보아서도 알 수 있다.

저자 및 저작 연대

유대 전통에서는 '에스라는 자기까지 역대 족보를 썼다'고 하여 〈역대기〉 저자를 '에스라'로 본다. 역대상 3장 19-21절과 역대하 36장 22-23절 같은 구절들을 보면 두 책은 에스라 시대 이전에는 기록될 수 없었다는 점을 말할 수 있다. 또한 두 칙령(대하 36:22-23, 스 1:1-4)을 비교해 보면 〈역대기〉가 〈에스라〉보다 먼저 기록되었으며 역대기의 용어는 대체로 에스라의 시대에서 온 것으로 보인다. 따라서 주전 5세기 후반, 즉 주전 450-425년경을 본서의 저작 시기로 보며, 그 저자를 에스라로 추정한다.

현대 학자들 중에는 〈에스라-느헤미야〉와 〈역대기〉가 단일 작품이었을 것으로 추측하는 이들도 있다.

이 견해의 논증은 다음과 같다. (1) 성전과 제사장을 중심으로 종교적 입장이 이들 작품에서 발견된다. (2) 통계학적 기록과 족보에 대한 편중이 이들 작품에 나타난다. (3) 두 책의 어휘와 문체가 비슷하다. (4) 〈역대기〉의 결론과 〈에스라〉의 시작의 유사성은 이 책들이 원래는 하나였음을 보여 주는 것이며 그 저작 연대를 주전 4세기 이후로 본다.

시대적 배경

〈역대기〉는 아담의 계보에서 시작하여 바사의 고레스 왕의 유다 포로 귀환령에 이르기까지의 내용을 담고 있다. 따라서 저작 시기를 적어도 바벨론 포로 이후 이스라엘 백성들의 귀환을 배경으로 하고 있다면 과거의 역사적 신앙적 사건을 새롭게 기술 정리하여 과거의 기록과는 견해를 달리하여 현재의 공동체를 재건하는 데 도움을 주는 방향에서 기록했다고 볼 수 있다.

교훈과 메시지

1) 역대기의 사관(史觀)

이스라엘 백성들에게 뚜렷한 국가관과 미래지향적인 가치관을 심어 주려는 의도에서 기록되었다. 〈사무엘서〉와 〈열왕기〉에는 이스라엘의 가장 위대하고 훌륭한 왕 다윗과 솔로몬까지도 하나님 앞에서 부족한 모습과 잘못한 내용을 그대로 기술하고 있는 데 반해, 〈역대기〉에서는 똑같은 인물인 다윗이나 솔로몬의 잘못에 대하여 침묵을 지키고 있으며 대신에 성전 중심, 제의(예배) 중심, 율법 중심의 인물로 묘사함으로써 다윗과 솔로몬의 통치를 가장 이상적인 통치 모델로 제시하고 있다.

2) 레위인의 약진

성전에서의 약진 및 직무 분담을 중요하게 다룬다. 레위인들이 제의에서 보조자가 아닌 직무를 감당하고, 부정한 사람을 위하여 양을 잡아 여호와 앞에서 성결케 하며, 이들은 오히려 제사장보다 여호와를 위하여 칭송과 악기로 찬양하고, 제사장처럼(민 6:22-27) 백성들을 축복한다(대하 30:16-30). 심지어 역대기 기자는 레위인을 '여호와를 섬기는 일에 통달한 레위인'이라 하였다(대하 30:22).

〈역대기(2)〉를 소개합니다

제목에 대한 해설

앞 쪽의 〈역대기(1)〉 해설 참고.

저자 및 저작 연대

앞 쪽의 〈역대기(1)〉 해설 참고.

〈역대기〉의 목적

〈역대기〉는 제사장적 입장에서 신정(神政) 체제의 재건을 촉구하기 위해 기록되었다. 따라서 예루살렘 중심인 유다 왕국의 역사만을 다루었고 그 중에서도 우상숭배를 반대한 왕의 업적을 강조했다(대하 15:9-15, 17:7-9, 19:5-11, 29:3-11). 그리고 다윗의 생애에 있어서도 성전 건립의 예비적 사건들(대상 13-17장, 22장), 성전 건축과 봉헌식에 중점을 두었다(대하 2-7장). 그래서 모세의 율법과 성전, 법궤, 레위 지파의 사적, 성전 찬양대가 강조된다(대상 9:27-34, 22-25장).

〈역대기〉의 핵심 내용

1) 다윗의 통치(대상)

〈역대기〉는 다윗, 솔로몬의 통치가 주된 내용을 형성하고 있다. 역대기에서는 사무엘서에 이미 기록된 다윗-솔로몬의 선정에 대한 내용은 대부분 생략한다. 예를 들면 헤브론에서의 다윗 통치 기사, 마하나임에서 아브넬에 의해 추대된 이스보셋과의 대결, 그의 가정 생활, 밧세바와의 관계, 압살롬의 반역과 비그리의 아들 세바의 반란, 그리고 그의 통치 말기에 있었던 왕위를 둘러싼 아도니야의 모의 내용 등이 생략되고 있다. 그런 반면에 〈사무엘서〉에서는 전혀 언급이 안 된 부분들이 기록되어 있다. 즉 성전 건축을 위한 다윗의 준비, 성전예배 제도의 기구조직 같은 것이 첨가되어 있다.

2) 솔로몬의 통치(대하 1-9장)

솔로몬의 통치 기사도 역시 〈열왕기상〉의 내용을 기본 자료로 하고 있으며 〈열왕기상〉에는 있으나 일부는 〈역대하〉에서는 볼 수 없는 통치 내용들이 있다. 반면에 〈역대기〉에서 강조하고 있는 것은 성전 건축으로 솔로몬 통치 전체 아홉 장 가운데 여섯 장이 성전 건축과 관련된 내용으로 채워져 있다.

〈역대하〉 부분에서만 볼 수 있는 부분은 솔로몬이 하맛소바를 쳐서 취한 내용이다. 또한 열왕기상 9장 10-14절의 본문에서는 솔로몬이 두로 왕 히람에게 갈릴리 성읍 이십을 주었다고 기록된 반면에, 역대하 8장 2절에서는 두로 왕 히람이 솔로몬에게 준 성읍을 다시 건축하여 이스라엘 자손이 거하게 하였다고 솔로몬의 치적을 높이고 있다.

3) 유다 왕국의 역사(대하 10-36장)

〈역대기〉와 〈열왕기〉의 역사를 비교해 본다.

(1) 열왕기의 분열왕국 이후의 역사에서 북왕국 이스라엘의 몰락까지의 역사는 주로 북왕국을 중심한 기록이라면, 역대하 10-36장은 같은 시대의 역사적 사실을 남왕국 유다 왕들의 역사를 기록한 것이다.

(2) 특히 열왕기상 16장 28절부터 22장 40절은 오므리의 아들 아합에 관한 기사이고, 동시대이지만 역대하 17장 1절부터 20장 37절까지는 유다 왕 여호사밧의 통치에 관한 기록이다.

(3) 여호사밧의 아버지 아사 왕에 대해서도 열왕기상에는 15장 9-24절에 언급되어 있고, 그 외에는 41년간 통치한 것이 마치 이스라엘 왕들의 연대 계산을 위한 수치로만 나타난다(왕상 15:25). 그러나 역대기에서는 아사 통치에 관한 기사가 14장 1절부터 16장 4절까지 길게 기록되어 있다.

(4) 유다 왕들은 북쪽 왕들보다 훨씬 더 하나님을 잘 섬긴 것으로 묘사되어 있다. 하나님을 의지할 때도 아비야의 경우, 북 이스라엘이 80만 대군이었고, 유다의 병사는 40만밖에 되지 않았으나 하나님께 도움을 호소함으로 유다가 승리할 수 있었음을 묘사한다.

(5) 열왕기하 24-25장의 내용이 예레미야 39-41장, 52장과 관련이 있다면, 역대하의 내용은 이것들과 조금 차이를 보이고 있다.

(6) 열왕기하 25장 27-30절의 끝 부분과 예레미야의 끝 부분인 52장 31-34절의 본문이 평행되는 구절임에 비해, 역대하의 끝 부분인 36장 22-23절은 에스라 1장 1-3절의 내용과 평행을 이루고 있다.

[오늘의 말씀] 역대상 1장~3장 : 아담에서 왕의 계보까지 → 먼저 성경 읽기

1-9장은 다윗의 등장 이전까지의 족보를 제시한다. 이런 계보는 〈창세기〉, 〈여호수아〉와 연결된다. 〈역대상〉은 다윗의 통치를 기록한 책으로, 결국 1-9장은 다윗을 돋보이게 하기 위하여 서언적으로 역사적인 족보를 제시한다고 볼 수 있다. 이 족보는 여섯 부분으로 되어 있다.

① (1장) 아담에서 이스라엘(야곱)과 에돔까지 족장들의 족보와 그 후손들과 왕들의 족보.

② (2:1-4:23) 이스라엘 자손들과 다윗까지의 유다 자손들 및 다윗 자손의 족보. (자료. 내일 계속)

[말씀 묵상]

1. 1) 역대기를 읽으면서 "이 복잡한 족보가 우리에게 어떤 의미가 있는가?"라는 물음이 생길 수 있다. 그 답은 '역대기의 시대적 이해를 위하여'라고 할 수 있다. 본서가 기록될 때는 바벨론 포로 후로서 긴 포로 생활을 통하여 자신들의 족보와 조상들로부터 전하여 오던 여호와의 신앙을 잊어 가고 있었던 것이다. 그렇기 때문에 이러한 족보 이야기를 통하여 자신들의 잃어버린 신앙을 회복하고 뿌리를 되찾는 작업이 필요했다. 언약의 백성이며 하나님의 나라를 건설해 갈 주역으로서 그들의 시작이 어디며 하나님께서 역사를 어떻게 진행시켜 왔는지를 명확히 알아둘 필요가 있었다.

2) 이처럼 하나님 나라의 시민이요 영적 이스라엘이라 일컬어지는 우리도 영적으로 혼탁한 이 시대를 살아가면서 어디에 속한 자이며 어디서부터 출발한 존재인지를 망각할 때가 있다. 이런 때일수록 우리는 성경으로 눈을 돌려 우리의 진정한 뿌리를 찾고 존재 이유를 재확인해야 한다.

[깊은 연구]

1. 아브라함, 이삭, 야곱과 그의 12아들

족장(아브라함-이삭-야곱)과 야곱의 열두 아들의 이름은 중요한데, 그 이유는 그들로 인해 열두 지파가 형성되었기 때문이다. 2장 1절의 야곱(이스라엘)의 아들들과 8장까지 12지파의 이름이 나온다.

야곱은 네 여인을 통하여 자식을 낳았다(창 29:32-30:24, 35:18). / (첫 자로 외우기 : **르시레유단납갓아잇스요베** - 출생순)

1) 레아 – 르우벤, 시므온, 레위, 유다, 잇사갈, 스불론 - 6명 (레위는 지파의 수에서 뺀다.)

2) 라헬 – 요셉, 베냐민 - 2명 (요셉의 두 아들 '에브라임'과 '므낫세'는 지파가 된다.)

3) 실바 – 갓, 아셀 - 2명

4) 빌하 – 단, 납달리 - 2명

위에서 보듯이 레위가 수에 들지 않으나 요셉이 둘로 나뉘어 지파로 계수되므로 12지파의 수에는 변동이 없다. 〈제1권 통독 10일째 문제, 96일째 참고〉

2. 역대기 역사서

역사서 보너스 자료에서 '신명기 역사서'는 무엇이며, '역대기 역사서'는 무엇인지 살펴보라(p. 13-14).

통독	136
확인	

공부　역대상 1장~3장 : 아담에서 왕의 계보까지

◇ 다음 (　　) 안에 알맞은 말을 적어 넣으세요(1장, 아담부터 야곱에 이르는 계보).

1. 아담 → (　　　　) → 에노스 → (　　　　) → (　　　　) → 야렛 → (　　　　) → 므두셀라 → 라멕 → (　　　　)
2. 노아의 세 아들은 (　　　,　　　,　　　)이다(1:4-27, 창 9:18-19).
3. 다음은 누구의 후손인가?(1:4-27)
   1) 고멜, 야완 - (　　　　)
   2) 구스, 블레셋, 가나안 - (　　　　)
   3) 셀라, 데라, 아브라함 - (　　　　)
4. 아브라함의 아들: (　　　과　　　), 이삭의 아들: (　　　와　　　)(1:28-42).
5. 에돔은 (　　　　)의 후손이다(1:43-54, 창 36장).

◇ 다음 물음이나 (　　) 안에 알맞은 말을 적어 넣으세요(2-3장, 왕의 계보).

6. 이스라엘(야곱)의 열두 아들은 12지파의 조상이 되었다. 그들의 이름은?(2:1-2, 해설 참고)
   (　　　　　　　　　　　　　　　　　　　　　　　　　　)
   (　　　　　　　　　　　　　　　　　　　　　　　　　　)
7. 유다 지파의 조상인 유다는 아들 (　　명) 중, 며느리를 통해서는 (　　,　　)를 낳았다(2장).
8. 다윗은 헤브론에서 아들 (　　명)을 낳았고 7년 6개월 통치, 예루살렘에서 (　　년) 통치(3:1-9).
9. 솔로몬 → (　　　) → 아비야 → (　　　) → (　　　) → 요람 → 아하시야 → (　　　)

▲▼△▽ -----≪교회 출석 88년 교인≫----- ▽△▼▲

살아생전 교회를 가장 신실하게, 또 가장 오랫동안 다닌 사람은 누구일까? 좀 오래된 수치이기는 하지만 1976년 당시의 통계에 의하면 미국 아이오와 주 케오쿡(Keokuk)에 있는 제일침례교회의 성도 '린퀴스트 여사'이다.

그녀는 1888년부터 88년 동안 꾸준히 주일예배에 참석한 것으로 알려져 있다. 그 기간 동안 크리스마스 예배나 부활절 예배에 단 한 번도 빠진 적이 없음은 물론이다. 88년 동안 그녀는 교회의 목사가 15번 바뀌는 것을 보았으며, 8천 번 이상의 설교를 들었고, 4천 번 이상의 기도회에 참여했으며, 2만 9천 번 이상의 취침기도를 드렸다.

또한 그는 50년 이상 주일학교 교사로 봉사하였고, 제자들 중 많은 수가 목회자가 되었다.

♧ ♧ ♧

세월은 믿음을 축적시킬 것이며, 일생을 복음과 함께 산 사람은 자신과 주변 사람들을 믿음에 굳게 서게 한다. 물론 최후의 순간에 십자가에서 회개한 강도도 "오늘 네가 나와 함께 낙원에 있으리라"는 구원을 받았지만, 연륜은 그만큼 아름다운 믿음으로 성숙시켜 줄 것이다.
횟수 자체도 중요하지만, 변함없는 믿음으로 일생을 교회 출석과 봉사에 동참하는 것은 복이다
이스라엘의 족보는 그들의 믿음의 씨를 어떻게 이어 왔는지를 보여 준다.

(역대상 2:1-2) 이스라엘의 아들은 이러하니 르우벤과 시므온과 레위와 유다와 잇사갈과 스불론과 단과 요셉과 베냐민과 납달리와 갓과 아셀이더라

신현주, 〈예화철학〉, 〈예화산책〉, www.sbs66.net

[오늘의 말씀] 역대상 4장~9장 : 이스라엘의 지파들 → 먼저 성경 읽기

1-9장은 다윗을 돋보이게 하기 위하여 서언적으로 역사적인 족보를 6부분으로 제시한다.

1 (1장) 아담에서 이스라엘(야곱)과 에돔까지 족장들의 족보와 그 후손들과 왕들의 족보.

2 (2:1-4:23) 이스라엘 자손들과 다윗까지의 유다 자손 및 다윗 자손의 족보.

3 (4:24-5장) 시므온의 족보, 요단 저편의 르우벤, 갓, 므낫세 반 지파가 앗수르에 패망까지.

4 (6장) 레위인의 족보와 아론 및 제사장들의 족보와 그들의 거주지.

5 (7-8장) 잇사갈, 베냐민, 납달리, 므낫세 반, 에브라임, 아셀 지파(단과 스불론은 기록이 없다).

6 (9장) 예루살렘 거주민의 명부, 다윗의 역사로의 이전을 위한 사울의 족보.

[말씀 묵상]

1. 이스라엘 백성이 광야에 있을 때 하나님께서 모세에게 '성막'을 세우도록 식양을 베풀고 건축하게 하셨다(출 25장 이하). 이 성막을 대표하는 것은 '언약궤'다. 가나안에 정착한 후에 다윗 왕은 언약궤를 예루살렘으로 옮겨 온다(삼하 6:12). 그런데 〈역대기〉에서 "언약궤가 평안한 곳을 얻은 후에"(대상 6:31)라며 언약궤를 의인화하고 있다. 즉 예루살렘에 모신 언약궤는 실제 '백성들의 마음을 평안'하게 했을 것이다. 오늘날 개척교회들이 이곳저곳으로 옮겨 다니다가 건물을 마련하고 입당할 때의 평안함과 같다고 할 수 있을까?

2. 족보의 마지막을 정리하며 "먼저 그 본성으로 돌아와서 그 기업에 거한 자는 이스라엘 제사장들과 레위 사람과 느디님 사람들이라"(9:2-3) 하였다. 여기서 '본성'이란 '예루살렘'을 말한다. 바벨론 포로에서 파멸된 예루살렘으로 돌아와 사는 것은 농토가 있고 짐승을 키울 수 있는 시골보다 못하였다. 그러나 제사장들, 레위 사람, 느디님 사람들(성전 노예라는 해석도 있다. 스 2:43)이 희생적으로 예루살렘에 거했던 것이다. 지도자는 대접받기보다 힘든 일을 자처하는 자다.

[깊은 연구]

1. 레위 자손들에 대하여 (대상 6장)

1) 역대상 6장은 레위 자손과 그들의 족보 및 직무들을 소개한다. 다윗이 자기 거주지인 예루살렘으로 언약궤를 옮김으로써 평안한 곳을 얻었는데(언약궤가 평안한 곳을 얻은 후에 다윗이 이 아래의 무리를 세워 여호와의 집에서 찬송하는 일을 맡게 하매, 6:31), 그 전에는 언약궤가 여러 곳에 있었다(13장, 삼상 4-6장, 삼하 6장). 언약궤를 메었던 레위 사람들은 이제 다른 일을 맡을 수 있게 되었다(대하 35:3-6).

2) 포로기 이후에 성전에 찬양대가 있었다는 사실은(느 11:17, "...감사하는 말씀을 인도하는 어른이 되었고", 여기서 이 표현은 본디 '찬송 인도자'라는 뜻) 12장 24절에서 알 수 있는데, 본문에서는 이들이 합법적인 레위 사람이라는 것을 증명한다. 레위 지파의 세 갈래(6:16, "레위의 아들들은 게르손과 그핫과 므라리며")에는 각기 다윗 시대의 지휘자가 한 사람씩(헤만, 아삽, 에단) 있었다. 이 계보는 모두 레위로 거슬러 올라간다.

통독	137
확인	

공부　역대상 4장~9장 : 이스라엘의 지파들

1. 다음 단락은 누구에 대한 것인지 다음 각 장의 보기에서 골라 쓰세요(4-7장).
{보기} 4장 - 시므온, 유다 / 5장 - 르우벤, 므낫세 반, 갓 / 6장 - 레위인의 향리, 레위의 아들들, 찬송하는 자, 아론의 자손 / 7장 - 에브라임, 베냐민, 므낫세, 납달리, 잇사갈, 아셀

① 4:1-23 (유다)　② 4:24-43 ( )　③ 5:1-10 ( )
④ 5:11-22 ( )　⑤ 5:23-26 ( )　⑥ 6:1-30 ( )
⑦ 6:31-48 ( )　⑧ 6:49-53 ( )　⑨ 6:54-61 ( )
⑩ 7:1-5 ( )　⑪ 7:6-12 ( )　⑫ 7:13 ( )
⑬ 7:14-19 ( )　⑭ 7:20-29 ( )　⑮ 7:30-40 ( )

2. 야베스는 어떤 기도를 했나?(4:9-10) -
3. 베냐민의 다섯 아들의 이름은?(8:1-28) -
4. 사울의 계보(8:33-40) - (넬) → ( ) → 사울 → ( ) → (: 므비보셋) → 미가 → 아하스 → ( ) / 형제들은 상속자를 기록
5. 먼저 본성으로 돌아와 그 기업에 거한 자는?(9:2) -
6. 1,760인은 무슨 재능이 있었나?(9:10-13) -
7. 다윗과 사무엘이 212명에게 맡긴 직분은 무엇인가?(9:17-26) -
8. 레위 자손들이 하는 일 중에 본문에 나오는 것들을 써 보세요(9장, 복잡한 것은 간단하게 요약).
　1) 10절 -　2) 17절 -　3) 28-32절 -　4) 33절 -

▲▼△▽ -----≪피부색과 편견≫----- ▽△▼▲

어린이 공원 입구에서 기구를 설치해 놓고 풍선장사를 하는 아저씨가 있었다. 장사 솜씨가 뛰어난 그가 빨간 풍선, 파란 풍선 등을 날려 보내자 아이들이 그 풍선을 보고 달려왔다. 이번에는 하얀 풍선, 노란 풍선을 날려 보냈다. 풍선은 높이높이 올라가더니 마침내 하늘 멀리 사라져 버렸다. 그때 옆에 서서 오랫동안 검정 풍선을 지켜보던 한 흑인 아이가 물었다.

"아저씨, 검정 풍선을 띄워 보내도 다른 풍선들처럼 하늘 높이 날 수 있을까요?" 풍선 장사는 이해한다는 듯 미소를 지으며 검정 풍선의 끈을 풀었다. 그러자 검정 풍선은 하늘 높이 날아올랐다.

"얘야, 풍선이 하늘을 나는 것은 색깔이 아니라 풍선 안에 든 가스 때문이란다. 무엇이 들었느냐가 중요하지!"

♧ ♧ ♧

역사적으로 노예장사, 침략전쟁 등 큰 죄는 모두 백인들이 지었다고 할 만큼 인종차별을 해 왔으며, 놀랍게도 그 배경을 성경에 두었다. 셈이나 야벳의 후손인 백인들이 함의 후손인 흑인들을 지배한다는 타락한 서구의 보수 신학으로 백인들은 주님의 이름을 더럽혀 왔고 흑인들은 압제를 당했다. 모든 사람은 하나님의 창조물로서 다 존귀하다. 풍선에 무엇이 들었느냐가 중요하듯이 사람 속에는 하나님의 존귀한 형상이 들어 있기에 다 소중한 존재다.

(역대상 4:10) 야베스가 이스라엘 하나님께 아뢰어 가로되 원컨대 주께서 내게 복에 복을 더 하사 나의 지경을 넓히시고 주의 손으로 나를 도우사 나로 환난을 벗어나 근심이 없게 하옵소서 하였더니

신현주, 〈예화철학〉, 〈예화산책〉, www.sbs66.net

[오늘의 말씀] 역대상 10장~13장 : 왕위에 오른 다윗 → 먼저 성경 읽기

1-9장까지 〈역대기〉 기자는 목적을 따라 유다, 베냐민, 레위 지파에 관심을 쏟았다.
(10장) 이제 첫 번째 왕 사울의 죽음을 소개하며 그를 평가한다(삼상 31장, 삼하 1장을 같이 보라).
(11-12장) 통일 왕국의 두 번째 왕 다윗의 등장과 그의 용사들의 족보와 군대가 소개된다.
(13장) 다윗은 예루살렘을 정복하여 다윗 성을 만들고 법궤를 옮기다 실패한다.

[말씀 묵상]

1. 역대기 기자는 **"만군의 여호와께서 함께 계시니 다윗이 점점 강성하여 가니라"**(11:9) 하므로 다윗이 잘되는 이유를 말하였다. 우리도 마찬가지다. 임마누엘의 하나님은 다윗 시대 뿐 아니라 지금도 동일한 원리로 복을 주시므로 믿음으로 임마누엘의 체험을 가져야 한다.
2. 다윗이 블레셋과의 전쟁 중에 적진에 들어간 고향 **"베들레헴 성문 곁 우물물을 누가 나로 마시게 할꼬"**(11:17) 하여 용사 셋이 그 물을 길어오자 다윗은 그 물을 감히 마시지 않고 여호와께(땅은 여호와의 것이므로 땅에) 붓고 **"생명을 돌아보지 아니하고 갔던 사람들의 피를 어찌 마시리이까"**(11:19) 하였다. 세 용사나 다윗 모두 훌륭했기에 나라가 강성했다.
3. 하나님의 궤를 레위인이 어깨에 메고 옮겨야 함에도 수레에 싣고 옮기다가 사고를 당한다. 두려워한 다윗은 그 궤를 오벧에돔의 집에 옮겨 놓는다. **"하나님의 궤가 오벧에돔의 집에서 그 권속과 함께 석 달을 있으니라 여호와께서 오벧에돔의 집과 그 모든 소유에 복을 내리셨더라"**(13:14). 즉 하나님을 위한 가정에 내리는 복을 알 수 있다.

[깊은 연구]

1. 사울의 죽음 원인 (대상 10:13-14)

〈사무엘서〉에는 나오지 않았으나 〈역대기〉 기자의 독특한 역사적 안목으로 기록했다. 사울은 여호와께 범죄했기 때문에 죽었다(10:13-14). 그 내용을 자세히 살펴본다.

1) 여호와의 말씀을 지키지 아니했다(삼상 13:8, 9, 15:3, 9).

2) 신접한 자에게 가르치기를 청했다(삼상 28장, 사악한 인간의 꾀).

3) 여호와께 묻지 아니했다(삼상 28:6의 '여호와께 물었다'는 말은 1회적인 물음을 의미한다. 그는 실제로 여호와께 '계속하여 묻지 아니하였다.' 즉 인간적인 판단과 신접녀를 가까이하여 율법을 어겼다).

■ 다윗이 통치한 헤브론의 현재의 모습
다윗은 헤브론에서 왕으로 기름 부음 받았다(대상 11:3, 12:38). 다윗은 헤브론에서 7년 6개월, 예루살렘에서 33년간 왕으로 통치했다(삼하 5:5).

통독	138
확인	

공부

역대상 10장~13장 : 왕위에 오른 다윗

1. 블레셋과의 전쟁 중에 활을 맞은 사울의 실제 최후는?(10:1-6) -
2. 사울과 함께 죽은 세 아들은?(10:2) -
3. 사울이 죽은 것은 실제로 무엇 때문인가?(10:13-14) -
4. 다윗이 왕이 된 것은 여호와께서 누구를 통하여 전하신 말씀과 같이 되었나?(11:1-3) -
5. 예루살렘은 (　　　) 토인이 거하였으나 다윗이 빼앗았으니 시온 산성을 (　　　성)이라 부르게 되었다. 여부스 사람을 먼저 올라가 친 자는 스루야의 아들 (　　　)이다(11:4-9).
6. 요압은 어떻게 두목이 되었나?(11:6) -
7. 다윗은 세 용사가 떠온 물을 무엇처럼 여겨 여호와께(땅에) 부었나?(11:15-19) -
8. 1) 삼십인의 두목은?(11:11) -　　　　　　2) 삼인의 두목은?(11:20) -
9. 사자와 장대한 애굽 사람을 죽인 브나야를 다윗이 무슨 장관으로 삼았나?(11:22-25) -
10. 성신이 감동하여 다윗의 평강을 빌었고, 다윗이 군대장관으로 삼은 사람은?(12:18) -
11. 헤브론에서 누구를 이스라엘의 왕으로 삼고자 했나?(12:38) -
12. 다음 중 서로 관계있는 것끼리 줄로 연결하세요(13장).

1) 천부장 백부장 곧 모든 장수와 의논	가) 다윗이 그곳을 베레스 웃사라 칭함
2) 기랏여아림 아비나답의 집에서	나) 여호와께서 그 집과 소유에 복을 주심
3) 웃사가 궤를 붙들었다가 죽음	다) 사람들을 모으고 궤를 옮겨 오자
4) 궤를 오벧에돔의 집으로 메어 감	라) 새 수레에 싣고 웃사와 아히오가 몰며

▲▼△▽ -----≪사만 명으로 백만 명을 이김≫----- ▽△▼▲

주전 4세기 마게도냐 알렉산더 대왕의 동방 원정은 짧은 기간에 여러 나라를 복속(復屬)시켰다. 그럴 만한 분위기가 있었다.

주전 334년 마게도냐의 알렉산더가 4만의 군대를 이끌고 바사(페르시아) 대군과 싸우러 나갈 때 사막 지대에서 백만의 군대에게 포위를 당했다. 태양은 작렬하고 식량은 부족했으며 물마저 없어서 고통이 심했다. 그때 한 병사가 적진을 뚫고 나가 물을 구해 와 대왕에게 드렸는데 그 물을 받아든 알렉산더의 말과 행동에 병사들은 감동을 받았고 그들은 적과 싸워 4만으로 백만의 군대를 이겼다.

그는 "이 물은 피이므로 마실 수 없다. 우리가 한 방울씩 나눠 마시자." 하며 물을 병사들의 머리에 뿌렸던 것이다.

♧ ♧ ♧

다윗도 전쟁 중에 세 용사가 고향 베들레헴에서 떠온 생수를 '피'라 하며 땅에 부어 혼자만 마시기를 거부했다. 알렉산더 대왕이 부하를 생각하여 혼자 마시지 않음 같이 국민을 생각하는 참다운 지도자들이 필요하다.

우리 민족은 백만에 포위된 4만의 군대와 같은 처지다. 이런 마당에 지역감정이나 부추기고 편싸움이나 하며 부정에 개입하는 지도자들은 국민의 심판을 받을 것이다.

(역대상 11:18) 이 세 사람이 블레셋 사람의 군대를 충돌하고 지나가서 베들레헴 성문 곁 우물물을 길어 가지고 다윗에게로 왔으나 다윗이 마시기를 기뻐 아니하고 그 물을 여호와께 부어 드리고

신현주, 〈예화철학〉, 〈예화산책〉, www.sbs66.net

[오늘의 말씀] 역대상 14장~17장 : 법궤를 예루살렘으로 옮김 → 먼저 성경 읽기

(14장) 블레셋과의 전쟁에서 이길 수 있었음은 오직 하나님의 도우심이며 이로 인해 다윗의 명성이 열방에 널리 퍼진다(삼하 5장도 보라).

(15-16장) 법궤 옮기는 일을 다시 시도하여 하나님의 법대로 레위인들이 채에 꿰어 어깨에 메고 옮기고 하나님께 영광을 돌린다(삼하 6장도 보라).

(17장) 왕궁을 짓고 난 다윗은 성전을 지을 뜻이 있으나 하나님은 다윗의 아들이 왕이 되어 성전을 지을 것이라고 하신다. 뿐만 아니라 다윗 집안의 왕권에 대해 언약을 맺는다(삼하 7장도 보라).

[말씀 묵상]

1. 언약궤(법궤, 13-16장)는 **'레위인 제사장이 어깨에 메고'** 옮기게 되어 있었는데 수레에 실었고 수레를 끈 자도 레위인이 아니었다(13장). 그로 인해 큰 고통의 시간을 가져야 했다. 다윗은 다음 번에 옮길 때에는 율법대로 하여 화를 면하게 된다(15-16장). 언약궤의 운반규정에 관한 성구로는 민수기 4장 15절, 신명기 31장 9절, 여호수아 3장 3절에서 찾아볼 수 있다.
2. 다윗은 성전 건축에 대한 꿈을 가졌으나 하나님은 그의 아들인 솔로몬 때에 이루도록 하신다(17장). 그리하여 다윗은 성전 건축을 준비하는 데 그친다. 다윗은 **"여호와 하나님이여 나는 누구오며 내 집은 무엇이관대 나로 이에 이르게 하셨나이까"**(17:16)라며 하나님께서 자신의 집에 대하여 존귀히 여김에 대한 감동을 고백한다. 그대는 주님께 받은 은혜에 감동하는가?

[깊은 연구]

1. 웃사의 죽음에 대하여 (대상 13-14장)

'충돌'이라는 뜻을 가진 히브리어 **'부라심'**이 연달아 나온다. 여호와께서 '웃사를 충돌'하셨고(13:10), 여호와께서 '블레셋을 충돌'하셨다(14:11). **'바알부라심'**에서 바알은 '주'(主)를 뜻하며 부라심은 '격파', '충돌'을 뜻하는 '베레츠'(13:11의 베레스 웃사의 베레스와 같은 낱말이다)의 복수로서 여호와께서 블레셋을 완전히 격파하신 것을 기리는 이름이다. 웃사의 죽음은 다음 구절로 이해를 돕고 있다. **"전에는 너희가 메지 아니하였으므로 우리 하나님 여호와께서 우리를 충돌하셨나니 이는 우리가 규례대로 저에게 구하지 아니하였음이니라"**(15:13).

2. 다윗의 찬송과 시편 (대상 16장)

다윗이 법궤를 예루살렘으로 옮긴 후에 공적인 예배가 그 기틀을 잡게 되었다. 16장에 나오는 다윗의 감사 찬송은 시편에 그대로 있는 것들이다. 8-22절 → 시편 105편 1-15절, 23-33절 → 시편 96편 1-3절, 34-36절 → 시편 106편 1, 47-48절에서 왔다. 다윗의 시들을 보면 그가 어린 시절에 이미 사울의 궁중 악사가 되었으며(삼상 16:14-23), 음악적이며 시적인 감성을 많이 지닌 사람임을 알 수 있다. 그러한 다윗의 감성은 신앙적인 위기 때에 하나님께 지체하지 않고 회개하는 영적 감성을 가졌기에 핑계하지 않고 **"내가 여호와께 죄를 범하였노라"**는 것이다(삼하 12:13).

통독	139
확인	

공부 역대상 14장~17장 : 법궤를 예루살렘으로 옮김

1. 두로 왕 히람이 다윗의 왕궁을 건축하기 위해 보낸 것은?(14:1-2) -
2. 다윗이 어디에서 얻은 아내에게서 솔로몬을 낳았나?(14:3-7, 삼하 3:1-5) - (헤브론, 예루살렘)
3. 다윗이 '하늘이 물을 흩으심 같이 대적 블레셋을 흩었다' 하여 생긴 지명은?(14:11) -
4. 법궤를 처음에 옮길 때 규례대로 하지 않은 것은?(13장을 읽되 특히 5절과 7절에 유의하고 민 4:15을 참고하라) -
5. 궤를 두 번째 옮길 때는 어떻게 했나?(15:15) -
6. 악기의 이름을 모두 쓰세요(15:16-28에서). -
7. 사울의 딸 미갈이 다윗을 업신여긴 이유는?(15:29) -
8. 궤를 옮기고 나서 먼저 한 일은 여호와의 이름으로 백성을 축복한 것이다(16:1-3). (O, X)
9. 레위 사람을 세워 궤 앞에서 섬기며 여호와를 칭송 감사 찬양하게 했다(16:4-6). (O, X)
10. 아삽과 그 형제는 여호와께 나팔 부는 일을 했다(16:7-36). (O, X)
11. 오벧에돔과 호사는 문지기, 헤만과 여두둔은 찬송하는 악기를 사용했다(16:37-43). (O, X)
12. 다윗이 나단에게 "나는 (   )에 거하거늘 여호와의 언약궤는 (   )에 있도다"(17:1).
13. 다윗에게 말하기를 여호와의 말씀이 너는 (   ) 말라(17:4).
14. 내가 너를 목장 곧 양을 따르는 데서 취하여 내 백성 (   )를 삼고(17:7).
15. 저는 나를 위하여 (   )할 것이요 나는 그 위를 (   )하게 하리라(17:12).
16. 여호와 하나님이여 (   ) 나로 이에 이르게 하셨나이까(17:16).

▲▼△▽ -----≪이상한 예배자≫----- ▽△▼▲

주일 오전 9시에 1부 예배를, 11시에 2부 예배를 드리게 되었다. 전에는 주일이면 어김없이 만날 수 있었던 사람들이 1부와 2부로 나뉘어 예배를 드리므로 서로 만나지 못해 아쉬워했다.

교회에 새로 등록한 동네 반장이 1부 예배의 설교가 한창일 때에 슬며시 들어왔다. 1부 예배가 끝났으나 그는 집에 돌아가지 않고 2부 11시 예배에 또 참석했다. 그런데 예배 중 설교가 한창일 때 반장이 슬그머니 일어나 밖으로 나가려 하기에 안내위원이 안타까운 듯 손짓을 하니까 그에게 다가와 귓속말로 이렇게 말했다.

"집사님, 여기부터는 1부 예배 때 들은 부분이어서 나가는 겁니다. 이미 들은 이야기를 또 들을 필요가 없어서요."

♧ ♧ ♧

영화관에서 중간부터 영화를 보다가 본 곳이 나오면 나가는 것과 같이 예배는 그렇게 할 수 없다. 모든 순서를 중요시해야 한다. 개혁교회는 설교 중심이 되어 의식이 약화된 경향이 있고, 가톨릭은 의식에 치중하므로 말씀이 약하다는 평을 듣는다.

그래도 예배(하나님을 향함)와 집회(사람을 향함)를 구분하는 학자들도 있고, 찬송(Hymn)과 복음성가(Gospel Song)를 구분하지만, 역사적으로 수용의 시기만이 과제였다.

(역대상 16:37) 다윗이 아삽과 그 형제를 여호와의 언약궤 앞에 머물러 항상 그 궤 앞에서 섬기게 하되 날마다 그 일대로 하게 하였고

신현주, 〈예화철학〉, 〈예화산책〉, www.sbs66.net

[오늘의 말씀] 역대상 18장~21장 : 다윗의 전쟁에 관한 기록 → 먼저 성경 읽기

(18-20장) 다윗은 어디로 가든지 여호와께서 이기게 하시므로 여러 나라를 정복하고 나라는 확장되어 군사력의 강대함도 널리 알려진다(삼하 8, 10장도 보라).

(21장) 그러나 다윗은 사탄의 충동을 받아 군대의 힘을 의존하려는 유혹에 빠져 인구조사를 시도하여 하나님의 징벌을 받는다. 그럼에도 불구하고 다윗의 위대성은 회개에 있다(삼하 24장).

[말씀 묵상]

1. 다윗은 암몬 왕 **나하스**가 죽자 조문사절을 보낸다. 암몬과는 적대관계에 있었는데 그에게 무엇인가 은혜를 입었던 것 같다. 그러나 나하스에 이어 왕이 된 **하눈**은 다윗의 은혜를 오해하여 사신들에게 모욕적인 행위를 한다(19:1-4). 인간은 어리석어 사랑과 관심을 악으로 갚는 경우가 많다. 예수님도 그런 대접을 받지 않았던가? 사랑에 대해 배신과 십자가로 갚은 악한 일은 오늘의 그리스도인들도 많이 당하는 일이다. 필요할 때, 자신의 이익과 관계될 때는 좋아하다가 소용이 없어지면 버리는 악함은 타락한 인간의 속성이다.

2. 다윗의 군대장관인 요압이 암몬의 수도인 랍바를 함락하고 암몬 왕의 보석 면류관을 탈취한다. 그리고 "다윗이...그 면류관을 자기 머리에 쓰니라"(20:2) 하였다. 다윗의 이 모습이 우스꽝스럽기도 하지만, 이런 행위는 승리를 확고히 함을 보여 준다. '그 왕'에 해당하는 히브리어 '밀감'(מַלְכָּם)은 암몬 족속의 우상인 '몰렉'을 의미하는 것으로 보아 우상의 머리에 있던 보석 있는 면류관을 탈취한 것으로 해석하여 우상까지도 정복했음을 말한다는 해석도 한다.

[깊은 연구]

1. 이스라엘 백성에게 있어서 가장 위대한 왕은 다윗이다. (대상 18장)

1) 이스라엘은 바벨론 포로 후에 다윗과 같은 왕을 기대한다. 마태복음 첫 구절도 "아브라함과 다윗의 세계(계보, 족보)"를 언급한다. 다윗은 많은 전쟁에서 승리하므로 이스라엘 역사에 있어서 최대로 확장된 강력한 국가를 이루어 조공도 받는다. 뿐만 아니라 이스라엘 일부 지파의 지지가 아닌 온 이스라엘의 지지를 받아 통일 왕국의 왕으로서 권위를 갖는다. 다윗의 전쟁 승리를 지도로 참고하라.

2) "다윗이 어디로 가든지 여호와께서 이기게 하셨더라"(18:6, 13)라는 말씀을 〈역대기〉에서 강조하고 있다. 대적을 정복한 것은 곧 하나님이 이스라엘을 구원하신 증거다. 다윗은 이 전쟁이 하나님께 속한 전쟁임을 알고 하나님의 명령과 법도대로 수행하였다(삼상 17:26, 45, 30:7-8).

2. 다윗의 인구조사에 대하여 (대상 21장, 삼하 24장)

역대상 21장 1절에서는 "사단이 일어나 이스라엘을 대적하고 다윗을 격동하여 이스라엘을 계수하게 하니라" 하였고, 사무엘하 4장 1절에서는 하나님께서 인구조사를 하도록 충동시킨 것 같고 그 일로 다윗은 징벌을 받는다. "저희를 치시려고 다윗을 감동시키사"의 히브리 원문은 "그가 그들에 대하여 다윗을 선동하였다"이다. 즉 '그가(사탄이) 다윗을 선동하여 이스라엘 백성을 대적하게 하였다'라는 뜻이다.

통독	140
확인	

공부 역대상 18장~21장 : 다윗의 전쟁에 관한 기록

1. 다윗과 그 군대가 전쟁에서 승리한 8개 나라(족속)의 이름을 쓰세요(18:1, 2, 3, 5, 9, 11, 12).
   - 블레셋,
2. "다윗이 어디로 가든지 여호와께서 이기게 하시니라"라는 말씀은 (　　,　　절)에 있다(18장).
3. 다윗의 행정조직은 18장 14-17절에 나오고 사무엘하 8장 15-18절과 사무엘하 20장 23-26절에도 나온다. 그 이름이 각각 어떻게 나왔는지 쓰세요(참고. 이름에 약간의 차이가 있다).
   1) 제사장 이름:　　　,　　　,　　　.　2) 서기관 이름:　　　,　　　,　　　.
4. 하눈이 오해하여 다윗의 신복들에게 한 일은?(19:1-5) -
5. 암몬이 다윗을 두려워하여 삯을 내어 온 군대는 어디 사람인지 아래를 채우세요(19:6-9).
   1) 아람 ________　2) 아람 ________　3) ________에서 병거와 마병을 삯 내어 옴
6. 다윗이 아람 사람에 대해 승전한 내용은?(19:16-19) -
7. 요압이 랍바를 함락시키고 다윗이 면류관을 취하여 달아 본 금의 중수는?(20:1-3) -
8. 블레셋과 전쟁할 때 골리앗의 아우 라흐미를 죽인 자는?(20:4-8) -
9. (　　)이 일어나 이스라엘을 대적하고 다윗을 격동하여 이스라엘을 (　　)하게 하니라(21:1).
10. (　　)이 왕의 명령을 밉게 여겨 (　　　　　　) 사람은 계수하지 아니하였더라(21:6).
11. 세 가지 재앙 중에... "여호와께서 이스라엘 백성에게 (　　　)을 내리시매..."(21:12, 14).
12. 주의 손으로 (　　　　　　　　　　) 주의 백성에게 재앙을 내리지 마옵소서(21:17).
13. 여호와를 위하여 여기 (　　　　　　　　) 그리하면 온역이 백성 중에서 그치리라(21:22).

▲▼△▽ -----≪위에서 보면 잘 보인다≫----- ▽△▼▲

미국 뉴저지에서 큰 산불이 났다. 불길을 잡으려고 많은 군인이 화재 진압에 급파됐다. 그러다가 군인들 중 100여 명이 불길 속에 갇혀 버리고 말았다. 생명을 잃어버릴 위기의 순간이었다.

때마침 그 지역을 비행 중이던 경비행기의 조종사가 이들의 곤경을 목격했다. 이 조종사는 저공 비행을 하며 그들에게 메모 쪽지 하나를 떨어뜨렸다. 거기에는 불길을 뚫고 나갈 수 있는 탈출구가 있다는 것과 비행기가 유도하는 대로 따르기만 하면 안전한 곳으로 대피할 수 있다는 글이 적혀 있었다. 그들에겐 희망이었다. 이 말을 무시할 사람은 없었다.

군인들은 즉각 조종사의 지시대로 따랐고 조종사는 그들 모두를 안전한 길로 인도하여 마침내 탈출시키는 데 성공했다.

♧ ♧ ♧

인생에서 사면초가가 되었을 때 위를 보아야 하나님의 도움을 얻어 살게 된다. 구원받지 못한 영혼들이 모두 막힌 것 같은 세상에서 하나님의 인도함을 받아들이면 바른길로 갈 수 있다.
내가 옳다고 생각해도 위에서 보면 그 길이 죽음의 길이 될 수도 있으므로 언제나 위에 계신 분의 인도를 따라야 산다. 불 속에서보다 위에서 보면 얼마나 정확하게 보이겠는가?
다윗은 인생에 위에 계신 하나님께서 이기게 하시는 체험을 하였다.

(역대상 18:13) 다윗이 에돔에 수비대를 두매 에돔 사람이 다 다윗의 종이 되니라 다윗이 어디로 가든지 여호와께서 이기게 하셨더라

신현주, 〈예화철학〉, 〈예화산책〉, www.sbs66.net

[오늘의 말씀] 역대상 22장~25장 : 성전 예배를 준비 → 먼저 성경 읽기

(22장) 다윗은 성전을 건축할 준비를 하고 그 아들 솔로몬에게 성전 건축을 당부한다.
(23장) 레위 자손들의 직무에 대해.
(24장) 24반차로 나누어서 일하게 되는 제사장에 대해.
(25장) 찬양대의 반차에 대해 말씀한다.

[말씀 묵상]

1. 다윗은 자신이 성전을 건축할 수 없지만, 하나님의 계획이 솔로몬을 통해 성전을 건축할 것이라는 것을 알고 많은 준비를 한다. 그리고 때가 되어 솔로몬에게 "너는 일어나 일하라"(22:16) 하고 당부한다. 뿐만 아니라 "강하고 담대하여 두려워 말고 놀라지 말지어다"(22:13)라고도 한다. 당대 천하의 용사인 다윗의 이 말은 신앙의 싸움이 얼마나 엄한 것인지를 말해 준다. 신앙이란 불의와 싸우며 거짓과 싸우되 일하는 것이라는 사실도 잊지 말아야 한다.
2. 아론에게는 네 아들이 있었는데 **나답**과 **아비후**가 아버지보다 먼저 죽어 제사장의 직분을 **엘르아살**과 **이다말**이 승계하였다(24:2). 레위기 10장을 보면 "다른 불을 담아 여호와 앞에 분향"하다가 죽은 사실이 나타나 있다. "다른 불"이라는 말에는 '이질적인', '부적당한'이라는 의미가 있다. 우리는 자신의 감정이나 흥분, 정열을 여호와의 말씀보다 앞세워서는 안 된다. 어리석은 열심은 오히려 화가 되므로 하나님의 뜻에 합당한 열심을 갖는 영적 지혜가 필요하다(롬 12:1-3).
3. 다윗은 성전의 음악인에 대해 관심이 많고 사람들을 발탁하여 일을 맡겼다(25장). 다윗은 수금 연주의 대가로서 사울을 위해 궁중 악사로 나갔던 인물이다(삼상 16:16, 23). "하나님이 헤만에게 열네 아들과 세 딸을 주셨더라 이들이 다 그 아비의 수하에 속하여 제금과 비파와 수금을 잡아 여호와 하나님의 전에서 노래하며 섬겼으며"(25:5-6)라고 했다. 17명이나 되는 자녀들의 찬양대를 지휘한 헤만은 얼마나 기뻤을까? **'이들이 다'** 함께하였다 하니 그리스도인 가정의 이상형을 보여 준다.

[깊은 연구]

1. 제사장의 반차(班次) (대상 24장)

1) 제사장은 24반차로 나누어 1년에 2주간씩 각각 성전에 올라가 직무를 수행하게 되어 있었다(24장). 그 순서는 제비를 뽑아서 하므로 정치성을 배제하였다. 만약에 투표나 인사의 형식을 취했다면 극심한 타락으로 가게 되었을 것이다. 24반차를 따라서 하게 된 것은 아마도 제사장의 수가 너무 많았기 때문일 것이다.

2) 세례 요한의 부친 사가랴는 8번째의 아비야 반열에 속했는데 반차가 되었을 때 "제사장의 전례를 따라 제비를 뽑아 주의 성소에 들어가 분향"(눅 1:9)했다. 제비 뽑혀서 예배를 주관하는 영광을 얻은 것이다. 무자하고 나이 많았던 사가랴는 그 후에 아내 엘리사벳을 통하여 아들을 얻었으니 그가 곧 세례 요한이다(눅 1:57-66).

통독	141
확인	

공부 역대상 22장~25장 : 성전 예배를 준비

1. 다윗이 성전을 건축하기 위하여 준비한 원자재 4가지는?(22:1-4) -
2. 하나님은 다윗이 왜 성전을 건축하지 못한다고 하셨나?(22:8) -
3. 전을 건축할 솔로몬의 별명은 무엇인가?(22:8-10) - ________의 사람
4. (22:16) 금과 은과 ~
5. 성전 건축은 무엇을 위하는 일인가?(22:5, 6, 8, 19) -
6. 다윗이 나이 많아 늙으매 누구를 이스라엘의 왕으로 삼았나?(23:1) -
7. 삼십 세 이상의 레위인들이 하는 일 5가지는?(23:2-6) -
8. 레위의 세 아들은 누구며, 모세와 아론은 어디에 속했나?(23:6-23) -
9. 아론을 이은 제사장은 엘르아살의 자손 ( )과 이다말의 자손 ( )이다(24:3).
10. 엘르아살 자손의 족장이 ( )이요 이다말 자손은 그 열조의 집을 따라 ( )이라(합계 24족장) 이에 ( ) 피차에 차등이 없이 나누었으니...(24:4-5).
11. 세례 요한의 부친 사가랴는 ( ) 반열에 속하므로 ( )째다(24:7-19, 눅 1:5-10).
12. 레위 자손 중에 남은 자도 그 형제 ( ) 자손처럼 ( ) 뽑혔다(24:20-31).
13. 아삽의 아들들이 하는 일은?(25:1-2) -
14. 여두둔의 아들들이 하는 일은?(25:3) -
15. 헤만의 아들들이 하는 일은?(25:4-8) -
16. 여호와 찬송하기를 배워 익숙한 자의 수효는?(24반차에서 12인씩)(25:9-13) -

▲▼△▽ -----≪자생력을 키워야 한다≫----- ▽△▼▲

어부들이 잡아 올린 물고기를 분리할 때에 잔챙이를 모두 던져 버리므로 이것만을 주워 먹고 살던 펠리컨들이 있었다. 펠리컨들은 만족했고 날로 살이 쪘으며 게을러졌다. 그러던 어느 날부터 바다에 던져 버리던 잔챙이를 상업적으로 이용하게 되자 펠리컨들은 더 이상 먹을 것이 없게 되었는데도 스스로 먹이를 구하지 않고 버려진 것만 찾다가 한두 마리씩 죽어 갔다.

어부들은 여러 가지 대책을 생각한 끝에 좀 멀리 떨어진 남쪽 지방으로부터 먹이를 스스로 잡을 줄 아는 펠리컨을 몇 마리 수입하여 풀어놓았다. 새로 온 펠리컨들이 굶어 죽어 가는 친구들 사이에 섞이자 변화가 일어났다.

"새로 온 펠리컨들이 물고기를 잡아먹는 것을 보고 굶주렸던 펠리컨들도 물고기를 잡기 시작했다."

♧ ♧ ♧

민경배 교수도 선교 초기의 네비우스 방법에 대한 평가로 "강력한 자립심과 광범위한 순회선교, 성경에 대한 압도적인 강조가 그 기조였다"라고 평한다(《한국교회사》, p. 133).

전에는 성경책이 귀해서 배고픔처럼 '읽지 못하는 아픔'이 있었는데, 이제는 그 흔한 성경을 남의 이야기 듣듯 하고 귀히 여기지 않아 말씀이 '[illegible] 못하는 아픔'이 있다.

아론과 모세는 특별한 사역에 부름을 받아 주어진 사역을 감당하였다.

(역대상 23:13) 아므람의 아들들은 아론과 모세니 아론은 그 자손들과 함께 구별되어 몸을 성결케 하여 영원토록 지극히 거룩한 자가 되어 여호와 앞에 분향하며 섬기며 영원토록 그 이름을 받들어 축복하게 되었으며

신현주, 〈예화철학〉, 〈예화산책〉, www.sbs66.net

[오늘의 말씀] 역대상 26장~29장 : 다윗의 유언과 기도 → 먼저 성경 읽기

(26장) 문지기도 그 반차를 따라 직무를 맡긴다. 다윗은 성전 건축 후의 새로운 시대를 대비한다.
(27장) 다윗의 왕궁을 호위하는 군대에 대한 조직과 유사들, 재산을 관리하는 자들의 이름이 나온다.
(28장) 다윗은 유언을 통해 성전을 건축해야 하는 이유와 성전 건축의 식양에 대해 말한다.
(29장) 다윗은 공식적인 왕이 되는 솔로몬에 대한 애정 어린 기도와 건축을 위한 만반의 준비를 한다.

[말씀 묵상]

1. 다윗의 최후에 대한 묘사는 "저가 나이 많아 늙도록 부하고 존귀하다가 죽으매"라고 기록되어 있다(29:28). 모든 사람은 이 땅을 살다가 기왕이면 다윗처럼 나이 많아(장수), 부하고 존귀하다가(부귀) 죽기를 원한다. 그러나 그것은 누구에게나 오는 것은 아니다. 젊은 때의 삶의 자세가 노년에 영향을 미칠 것이지만 근본적으로는 하나님께서 함께하셔야 하는 것이다.

[깊은 연구]

1. 성전 건축을 위해 드린 것 (대상 29:7-8)

1) 이스라엘 백성들은 성전 건축을 위해 예물을 넉넉히 드렸다. 금 5천 달란트(약 170.8톤), 1만 다릭의 금(약 1,292kg), 은 1만 달란트(약 340.8톤), 놋 1만 8천 달란트(약 613톤), 철 10만 달란트(약 3,408톤) 및 기타 보석들이었다. 생소한 단위인 다릭은 130kg의 바사 금전을 가리킨다(스 2:69). 다릭은 다윗 시대 이후의 화폐로서 〈역대기〉가 그 배경은 왕정 시대이지만, 포로 후(바사의 해방령)의 기록이라는 사실을 나타낸다.

2) 다윗은 백성들이 성전 건축을 위해 하나님께 드린 물건에 대해 "모든 것이 주께로 말미암았사오니 우리가 주의 손에서 받은 것으로 주께 드렸을 뿐이니이다"라고 했다(29:14). 물질은 이 세상을 살아가는 동안 필요한 것으로, 영원한 것은 아니다. 우리는 재물과 명예를 주께로부터 선물로 받았으므로 주를 위해 기쁘게 써야 한다. 안일과 이익만을 위해 쓴다면 하나님의 뜻을 무시하는 것이다.

2. 다윗의 행적에 관한 기록들 (대상 29:29-30)

"다윗 왕의 시종 행적이 선견자 사무엘의 글과 선지자 나단의 글과 선견자 갓의 글에 다 기록되고 또 저의 왕 된 일과 그 권세와 저와 이스라엘과 온 세상 열국의 지난 시사가 다 기록되니라"라는 말씀은 성경의 역사성을 더욱 확고히 해 준다. 이러한 자료들이 바벨론 포로 후에 역대기를 편찬할 때 사용된 원자료(原資料)의 역할을 했겠으나 현재에는 이것들을 찾아볼 수 없다. "온 세상 열국의 지난 시사(時事)"는 다윗이 주변의 여러 국가를(베니게, 블레셋, 에돔, 모압, 암몬) 정복했거나 우호적이었던 사실을 가리킨다(대하 12:8, 17:10, 20:29).

■ 갈그미스에서 출토된 주전 8세기의 악사들
다윗은 성전의 찬양대를 준비하여 '신령한 노래'를 인도하게 준비시킨다(대상 25장).

통독	142
확인	

공부 역대상 26장~29장 : 다윗의 유언과 기도

1. 문지기(수위대)는 아론의 세 아들 중에 누구와 누구가 담당했나?(26:1, 19, 23:6) -
2. 맏아들은 스마야, 하나님이 복 주심, 62명을 낳은 자는 누구인가?(26:1-11) -
3. 슬로못과 그 형제는 무엇을 맡았나?(26:26-28) -
4. 이스라엘 자손의 모든 (   )과 천부장과 (   )과 왕을 섬기는 유사들이 그 (   )대로 (   )가 나누이니 각 반열이 (   ) 명씩이라(27:1).
5. 이스라엘 지파를 관할하는 자 중에 아론 자손은 누가 관장했나?(27:16-17) -
6. 다윗이 요압을 통해 한 인구조사를 끝내지도 못하여서 무엇이 임하였나?(27:24) -
7. 요압은 다윗의 무엇이 되었나?(27:34) -
8. 다윗은 왜 전을 건축하지 못한다 했나?(28:3) -
9. 이스라엘 왕이 된 다윗과 솔로몬은 어느 지파 사람인가?(28:4-6) -
10. 건축할 성전의 식양(설계)은 누가 알게 하였나?(28:19) -
11. 성전은 누구를 위한 것인가?(29:1) -
12. 백성이 성전 건축을 위하여 드릴 때의 태도나 마음 자세는?(29:9) -
13. 다윗이 성전 건축을 위하여 하나님께 예물을 드리고 난 후의 태도는?(29:14) -
14. 다윗을 이어 왕이 된 솔로몬을 대하는 사람들의 태도는?(29:23-24) -
   1) 온 이스라엘: 2) 방백, 용사, 다윗의 아들들:
15. 다윗에 관해 기록된 책들의 이름은?(29:29-30) -

▲▼△▽ -----≪미래를 운명 짓는 작은 일≫----- ▽△▼▲

불평꾸러기 소년 한 명이 한 학교를 무너뜨릴 수가 있다. 잘못된 경보 하나가 큰 공포를 일으킬 수가 있다. 성냥개비 하나로 대화재가 날 수도 있다. 잘못 디딘 발걸음 하나로 생이 파멸될 수가 있고 성격이 파괴될 수가 있다. 망가진 바퀴 하나 때문에 기차가 탈선해 버릴 수도 있다.

말썽 많은 노동자 한 사람이 수만 명의 스트라이크(파업)를 유발할 수 있다. 한 마디 비외교적 언사가 수많은 생명과 재산 피해를 내는 전쟁을 일으키게 할 수도 있다. 성급한 법률 제정이 예상할 수 없는 곤란을 수반하기도 한다. 탈선한 딸이 어머니의 가슴을 아프게 할 수가 있다.

위증 한 번으로 죄 없는 사람이 감옥에 갈 수가 있다. 하나의 투표가 당락을 결정한다. 제때에 한 마디 친절한 말을 던져 자살할 사람을 구할 수가 있으며, 설교 한 번에 장래의 삶을 결정하게 하기도 한다. 술 한 모금이 알코올 중독의 출발이 될 수가 있다(로버트 G. 리).

♧ ♧ ♧

작은 일 하나가 인생에서 얼마나 많은 변화와 방향을 바꾸어 놓는지는 두 가지만 적용해 보아도 알 수 있다. 그리스도를 위해 결심한 것이 미래의 운명을 결정한 일과 한 사람을 선택하여 결혼한 것이 부정적이든 긍정적이든 인생에 끼친 영향이 큼을 경험했다.

다윗은 인구조사로 징계를 받아 이스라엘의 죽은 자가 7만이나 되었다(대상 21장).

(역대상 27:24) 스루야의 아들 요압이 조사하기를 시작하고 끝내지 못하여서 그 일로 인하여 진노가 이스라엘에게 임한지라 그 수효를 다윗 왕의 역대지략에 기록하지 아니하였더라

신현주, 〈예화철학〉, 〈예화산책〉, www.sbs66.net

[오늘의 말씀] 역대하 1장~5장 : 솔로몬의 성전 건축 → 먼저 성경 읽기

(1장) 다윗을 이어 통일 왕국의 두 번째 왕이 된 솔로몬은 일천 번제를 드리며 하나님께 지혜를 구한다.
(2장) 그는 먼저 성전을 건축하는데 두로 왕 후람의 도움을 얻는다.
(3장) 성전은 아브라함이 이삭을 번제로 드렸고, 다윗이 제사를 드렸던 예루살렘 모리아 산에 세운다.
(4장) 솔로몬과 후람이 만든 성전의 여러 기구는 놋과 금으로 만들어졌다.
(5장) 성전에 언약궤를 모시니 여호와의 영광이 성전에 가득하였다.

[말씀 묵상]

1. 왕이 된 솔로몬의 관심은 백성을 잘 다스리는 일이었다. 그는 일천 번제를 통하여 하나님께 지혜를 구했으나 하나님은 그가 구하지도 않은 부와 재물과 존영도 함께 주셨다(1:11-12). 예수님은 우리에게 "먼저 그(하나님)의 나라와 그의 의를 구하라"(마 6:33)라고 하셨다.
2. 솔로몬은 화려한 성전을 짓고자(2:5, 9) 인류 기술자와 최고의 자재를 사용한다. 하나님의 일을 할 때에는 최고의 것을 바치려는 마음가짐으로 해야 한다. 찌꺼기를 드리는 것이 아니다. 교회가 사치할 수는 없지만 적어도 자신의 집보다는 좋게 해야 한다는 인식이 필요한데 이율배반적인 경우도 본다.
3. 〈열왕기〉에서는 성전을 건축한 장소를 다루지 않았으나 〈역대기〉에서는 그 장소를 중요하게 다룬다. 솔로몬은 아브라함이 이삭을 번제로 드렸고, 다윗이 제사를 드린 '예루살렘 모리아산'에 성전을 건축한다(3:1). 마치 서강대학교를 순교자들의 터 위에 세운 것처럼 장소가 주는 중요성도 있는 것이다.

[깊은 연구]

1. 솔로몬의 일천 번제는 일천 번의 제의(祭儀)를 말하지 않는다. (대하 1장)

솔로몬이 놋단에 드린 일천 번제는, 일천 번제(一千 燔祭)를 말하는 것이지 일천 번의 제사(一千 番祭)를 말하는 것이 아니다. 다시 말해 **'일천 번(회수)의 제사가 아니라 일천 마리의 희생 제물을 드렸다'**는 것이다. 상식적으로도 왕이 기브온에만 머물러 일천 번의 희생을 드리는 것은 불가능한 일이었다. 그러나 일천 마리의 희생은 오히려 당시의 통일 왕국의 왕으로서 드릴 만했다. 역대하 1장 6절에는 분명하게 "일천 희생으로 번제(燔祭)를 드렸더라"라고 했고, 열왕기상 3장 4절에는 "솔로몬이 그 단에 일천 번제(燔祭)를 드렸더니"라고 했다. 그럼에도 일천 번의 헌금을 강요함에는 무리가 있다. 다만 솔로몬처럼 한꺼번에 일천의 희생을 드릴 능력이 없으므로 일천 번에 나누어서 드린다면 별개의 문제다.

2. 두 기둥, 야긴과 보아스 (대하 3:17, 왕상 7:21)

이 두 기둥은 성전 전면에 따로 세워졌다. "그 두 기둥을 외소 앞에 세웠으니 좌편에 하나요 우편에 하나라 우편 것은 야긴이라 칭하고 좌편 것은 보아스라 칭하였더라"(3:17). 열왕기상 7장 21절에서도 같은 증언을 하는데, 보는 방향에 따라 좌우가 달라지므로 어느 쪽이 **야긴**이고 어느 쪽이 **보아스**인지 정확히 알 수는 없다. 다만 이 두 기둥의 이름은 그것들이 여호와 하나님의 증인 노릇을 한다는 사실을 증명한다. 곧 '야긴'은 '그가 일으켜 세우신다'는 뜻이고, '보아스'는 '그 안에 힘이 있다'는 뜻이다.

통독	143
확인	

공부 역대하 1장~5장 : 솔로몬의 성전 건축

1. 솔로몬 당시에 기브온 산당에는 무엇이 있었나?(1:1-3) -
2. 솔로몬이 회막 앞에 있는 놋단에 이르러 무엇을 드렸나?(1:4-6) -
3. 지혜와 지식을 구했으나 실제 하나님이 주신 것은?(1:7-13) -
4. 솔로몬 시대에 말들은 어디서 수입했으며, 병거와 마병의 수는?(1:14-17) -
5. 솔로몬이 건축하려는 전은 어떤 것인가?(2:5, 9) -
6. 두로 왕 후람이 목재를 주는 대신 솔로몬에게 요구한 것은?(2:15-16) -
7. 솔로몬이 성전을 건축하기 시작한 예루살렘 모리아 산의 역사적인 사건을 찾아보자(3:1-2).
   1) (창 22장) - (   )이 그 아들 (   )을 번제로 드리려고 갔던 곳
   2) (삼하 24장, 대상 21장) - (   )이 오르난의 (   )마당을 사서 제사를 드린 곳
8. 성전 건축의 부분별 내역은?(3:3-14) (참고. 왕실이나 성전의 1규빗은 약 50cm)
   1) 성소(전): 장 (규빗), 광 (규빗),   낭실: 장 (규빗), 고 (규빗)
   2) 지성소 안   두 (   )의 형상을 금으로 입혔다. 두 그룹의 날개 길이가 (규빗)
9. 외소(성소) 앞에 있는 두 기둥의 이름은?(3:17) -
10. 물두멍과 바다는 각각 무엇을 씻기 위한 것인가?(4:6) -
11. 여호와의 언약궤와 회막과 거룩한 기구를 누가 메어 올렸나?(5:4-5) -
12. 1) 여호와께서 이스라엘과 언약을 세우실 때 모세가 호렙에서 궤 안에 넣은 것은?(5:10) -
    2) 히브리서 기자가 말한 언약궤 안에 있는 세 가지는?(히 9:4) -
13. 제사장이 구름으로 인하여 서서 섬기지 못함은 무엇 때문인가?(5:14) -

▲▼△▽ -----≪손을 펼쳐야 산다≫----- ▽△▼▲

배가 말레이시아의 해안에 들어서자 부둣가에서 한 원주민 소년이 우리에 넣은 원숭이를 팔고 있었다. 단돈 10달러(한화로 1만 원)라기에 '여행 중이라서 원숭이를 살 수는 없지만 어떻게 원숭이를 잡아오느냐'며 동전을 주면서 물었더니 소년은 이런 이야기를 해 주었다.

조롱박의 아래를 잘라 후벼내고 작은 주머니에 쌀을 담아 조롱박 속에 넣어서 원숭이들이 잘 다니는 나무 기둥에 단단히 묶어 둔다. 그러면 원숭이가 냄새를 맡고 내려와 손을 그 쪽박에 넣고 쌀을 움켜쥔다. 원숭이는 먹을 것을 움켜쥐고는 결코 손을 놓지 않아 결국에는 잡히게 된다는 것이다. 소년은 이런 말을 덧붙였다.

"손을 펼치면 살 텐데, 욕심의 포로가 되어 먹을 것을 절대로 놓지 않기 때문에 결국 잡히게 되지요."

♧ ♧ ♧

아프리카에서 밤과 땅콩으로 원숭이를 잡는다는 글도 보았는데, 어떤 이야기가 원조인지는 모르지만 우리에게 주는 메시지는 같다. 많은 사람이 주님의 손을 붙잡지 않고 세상 근심을 움켜쥐고 살므로 분쟁을 기초하며 가난하게 산다. 손을 펴서 내 것을 남에게 나누고, 손을 펴서 인수 된 사람과 사람이 악수를 나누어 기적을 체험하라. 솔로몬 시대의 성전 건축도 '드림'의 역사로 이루어졌다. 두로의 후람 왕은 솔로몬의 성전 건축 소식에 물자와 사람들을 보내 도왔다.

(역대하 2:13) 내가 이제 공교하고 총명한 사람을 보내오니 전에 내 부친 후람에게 속하였던 자라

신현주, 〈예화철학〉, 〈예화산책〉, www.sbs66.net

[오늘의 말씀] 역대하 6장~9장 : 왕국의 영화로움 → 먼저 성경 읽기

(6장) 솔로몬은 성전 건축을 마치고 낙성식에서 제사장처럼 구체적인 기도를 한다.
(7장) 성전 봉헌기도에 하나님은 불로써 응답하시고 언약을 맺는다.
(8장) 솔로몬은 많은 건축을 하였으나 백성들은 부역으로 고통을 겪는다.
(9장) 스바 여왕의 방문은 솔로몬의 지혜와 부를 더욱 말해 준다.

[말씀 묵상]

1. 제사장의 모습과도 같은 솔로몬의 헌당기도 중에 "주의 입으로 말씀하신 것을 손으로 이루심이 오늘날과 같으니이다"(6:15)라고 하였다. 하나님의 말씀은 현실로 나타나 성전 건축에는 많은 사람의 헌납과 수고가 필요했다. 그러나 솔로몬의 눈에는 그러한 것은 하나님의 은혜 앞에서 역부족으로 생각되었을 것이다. 우리가 갖가지 사건 속에서 나타나는 하나님의 은혜를 잊어버리기 쉽다. 아무리 큰 일을 이루었어도 그것을 이루시는 하나님의 손길을 보지 못한다면 그것은 헛것이다.

[깊은 연구]

1. 성전을 여호와께 봉헌하는 과정 (대하 5-7장)

솔로몬의 통치가 기록된 1-9장에 성전 건축에 대한 기록이 7장까지 계속된 것을 보면 역대기 기자의 관심을 알 수 있다. 성전 건축이 완성된 후에 그 성전을 여호와께 봉헌하는 과정을 살펴보자.

1) 언약궤를 성전에 안치함(5:2-14)
2) 솔로몬의 축복(6:1-11)
3) 솔로몬의 기도(6:12-7:3)
4) 성전 봉헌 예식의 과정(7:4-11)

2. 솔로몬의 국제관계와 스바 여왕에 관하여 (대하 8-9장)

1) 솔로몬은 국제적으로도 많은 일을 했다. 두로의 히람이 건축사업에 큰 도움을 주었으며, 애굽과의 결혼동맹을 통해 바로의 딸들을 데려와 우호적인 관계를 유지하였다. 솔로몬은 애굽으로부터 말, 마차, 아마포를 수입했다. 상선들이 멀리 오빌까지 왕래했다.

2) **스바 여왕**은 솔로몬의 지혜에 대한 호기심과 함께 자국의 무역을 위한 계약관계에도 관심이 있었을 것이다. 스바 여왕은 그 명성을 듣고 향료, 금, 보석을 가득 실은 낙타를 가져와서 솔로몬의 지혜를 확인하고 많은 것을 얻어 갔다.

3) 스바는 아라비아 반도 남쪽 끝의 사베아인들의 왕국(수도: 마립)으로 현재의 예멘으로 추정된다. 에티오피아인들은 자신들이 솔로몬과 스바 여왕의 후손이라고 주장하는데, "솔로몬 왕이 스바 여왕의 가져온 대로 답례하고 그 외에 또 저의 소원대로 무릇 구하는 것을 주니"(9:12)라는 구절을 솔로몬의 씨를 받은 것이라고 자의적 해석을 한다.

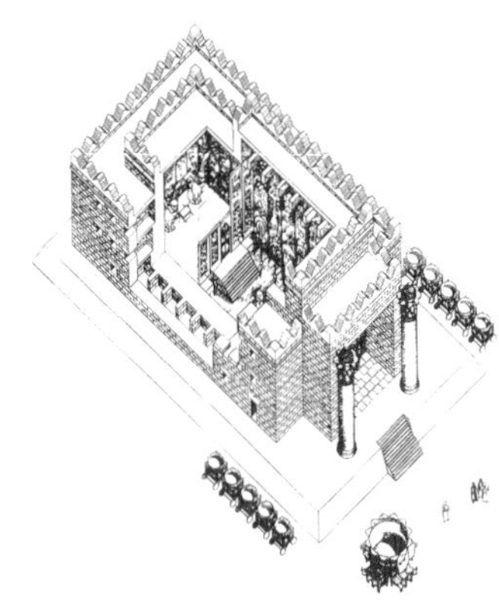

■ 솔로몬 성전(왕상 6장, 대하 5장)
솔로몬은 두로의 백향목을 수입하여 성전을 건축하였다. 솔로몬 성전은 제1성전이라고도 한다. 성경에 기록된 성전의 규격을 참고로 그린 것이다.

통독	144
확인	

공부 역대하 6장~9장 : 왕국의 영화로움

1. 여호와의 말씀하신 대로 다윗을 대신하여 솔로몬이 성전을 건축했다(6:1-11). (O, X)
2. 솔로몬의 기도의 자세는 무릎을 꿇고 손을 모으고 했다(6:12-17). (O, X)
3. 주께 범죄하여 적국에게 패하여 돌아와 전에서 빌면 사하여 주소서(6:18-25). (O, X)
4. 범죄로 비가 오지 않는 벌을 받을 때 기도해도 비를 내리지 마소서(6:26-31). (O, X)
5. 적국으로 더불어 싸우고자 할 때 기도를 들으시고 그 일을 돌아보소서(6:32-42). (O, X)
6. 솔로몬의 기도에 하나님은 불로 응답하셨는데 다음은 누구 때에 응답하신 것인가?(7:1)
   1) 레 9:24 -   2) 왕상 8:38 -   3) 삿 6:21 -   4) 대상 21:26 -
7. 단의 낙성식과 절기(초막절)는 각각 며칠 간 행해졌나?(7:4-10) -
8. 재앙의 때에 어떻게 하면 하나님이 죄를 사하고 땅을 고쳐 준다고 하셨나?(7:11-16) -
9. 다른 신을 섬겨 숭배하면 여호와께서 무엇을 내리셨다는 말을 듣게 되는가?(7:19-22) -
10. '건축'이라는 단어가 8:1-6에서 몇 번이 나오나?(개역한글판) -
11. 솔로몬의 아내 바로의 딸이 다윗 성에 거하지 못하는 이유는?(8:11) -
12. 여호와께 번제는 언제 드렸나?(8:12-13) -
13. 스바 여왕의 질문에 솔로몬이 대답지 못한 것이 있었나 없었나?(9:1-8) -
14. 솔로몬이 스바 여왕에게 답례 외에 무엇을 주었나?(9:12) -
15. 무엇으로 만들었나?(9:13-21) - 1) 방패: 2) 보좌: 3) 마시는 그릇:
16. 솔로몬이 예루살렘에서 몇 년을 다스리고 죽어 장사되었나?(9:30-31) -

▲▼△▽ -----≪동물원은 힘의 상징이다≫----- ▽△▼▲

'동물원'(zoo)이란 용어는 1800년대 초, 런던 동물학회가 설립되면서 사용되기 시작했지만 그보다 수백 년 전에도, 전 세계 주요 도시에서는 진기한 동물들이 전시되었다.

바벨론·중국·희랍 등 고대 문명들과 알렉산더·네로·헨리 3세·무굴의 아크바르 등 전제군주들은 권력과 부를 과시하기 위해 이국 동물을 수집해 자신의 사육소(Menagerie)에 전시했다. 보기 힘든 동물을 잡아온다는 것은 이국 땅을 정복하는 힘을 상징적으로 나타냈고 이것은 19세기 공공 동물원들에게 식민지 지배력을 증명하는 것으로 계승되었다.

현대의 동물원은 호기심이나 문화적 개인적 힘의 과시가 아닌 교육 위락 보호에 역점을 두지만, 사람들이 동물원에 가는 이유는 여전히 교육적인 목적보다 재미 때문이다.

♧ ♧ ♧

동물원에서 동물이 보호를 받으며 사는 것이 아니라 자연을 떠나 사육되는 것이므로 엄청난 스트레스와 부적응으로 죽어 가는 동물들이 많다는 보도를 들으면 안타깝다. 강원도 촌에서 초등학교 수학여행을 창경원으로 갔는데 처음 본 호랑이가 소보다 커서 놀랐던 기억이 난다

솔로몬 시대에는 여러 나라로부터 각종 동물을 수입하여 왕국과 왕의 부귀영화를 과시한 기록을 보게 되는데, 역사적으로 강대국이 동물원을 잘 만들었다 한다.

(역대하 9:21) 왕의 배들이 후람의 종들과 함께 다시스로 다니며 그 배가 삼 년에 일 차씩 금과 은과 상아와 잔나비와 공작을 실어옴이더라

신현주, 〈예화철학〉, 〈예화산책〉, www.sbs66.net

[오늘의 말씀] 역대하 10장~14장 : 분열왕국 왕들의 통치 → 먼저 성경 읽기

(10장) 솔로몬이 죽은 후에 왕국은 남북으로 분단된다. (북국 이스라엘, 남국 유다)
(11장) 남국 유다의 **초대 왕 르호보암**은 왕국의 강성함을 위하여 힘쓴다.
(12장) 르호보암은 애굽 왕 시삭의 침공을 받으나 겸비하므로 나라를 구한다.
(13장) 유다의 **2대 왕 아비야**는 여호와를 의지하여 이스라엘과의 전쟁을 승리로 이끈다.
(14장) **3대 왕 아사**는 선과 정의를 행하여 나라가 평안하였다.

[말씀 묵상]

1. 솔로몬 사후에 왕이 된 르호보암(10장)은 노인들의 교도를 버리고 친구들의 조언을 따라 포악한 정치를 선언한다. 이 일은 나라의 분열을 가져와서 북쪽에서 여로보암이 왕이 된다. 하나님의 아들의 음성을 들어야 한다. 부자 청년은 재물이 아까워 예수님의 말씀대로 하지 않고 근심하며 갔다(마 19:16-22).

2. 북국의 여로보암은 금송아지를 만들었고(13:8, 왕상 12:26-29), 율법에는 레위 족속인 아론의 자손들만 될 수 있는 제사장의 규례를 버리고(출 28:41) 수송아지 한 마리와 숫양 일곱 마리를 끌고 오는 자는 누구든지 제사장이 되게 했으니(13:9), 이는 성직의 매매였다. 그러나 금송아지 우상을 섬기기에는 거짓 제사장이 적합했다. 〈제1권 통독 28일째 금송아지 화보 참고〉

3. 유다의 2대 왕 아비야는 40만 명의 군사를 가지고 북 이스라엘과 전쟁할 때에 80만 명의 적군이 자신들을 앞뒤에서 공격하려 하자 여호와께 부르짖었다. "유다 사람이 돌이켜 보고 자기 앞뒤의 적병을 인하여 여호와께 부르짖고 제사장은 나팔을 부니라"(13:14). 이러한 사실은 아비야 왕이 "하나님이 우리와 함께하사 우리의 머리가 되시고"(13:12)라고 한 사실로도 뒷받침된다. 언제나 하나님을 향하는 것이 믿음이다.

[깊은 연구]

1. 소금 언약에 대하여 (대하 13:5)

1) 유다의 아비야 왕이 북 이스라엘의 여로보암과 싸울 때에 그들을 향하여 "여호와께서 소금 언약으로 이스라엘 나라를 영원히 다윗과 그 자손에게 주신 것을 너희가 알 것이 아니냐"라고 했다.

2) 소금 언약이란 소금과 같이 변하지 않는 '진실한 언약'이라는 뜻이다(레 2:13, 민 18:19). 아비야는 하나님께서 이스라엘(북국이 아닌 통일 왕국 이스라엘) 나라를 영원히 다윗과 그 후손에게 주기로 한 약속을 소금 언약이라는 말로 상기시킨다.

3) 신약에서는 예수님의 피의 언약을 상징한다(마 26:28). 예수의 피로 속함 받은 신자를 향한 구원의 약속은 변치 않으며 영원한 것이다.

■ 애굽 왕 시삭의 모습
애굽의 한 벽화에는 시삭의 모습이 그려져 있다. 르호보암 왕 때에 시삭의 공격을 받아 보물을 빼앗겼으나 하나님은 다 멸하지 않게 하셨다(대하 12장, 왕상 11, 14장).

통독	145
확인	

공부

역대하 10장~14장 : 분열왕국 왕들의 통치

1. 애굽에서 돌아와 온 이스라엘과 함께 르호보암 왕께 건의한 사람은?(10:1-5) -
2. 부친보다 멍에를 더욱 무겁게 하고, 전갈로 징치하라고 자문을 한 사람들은?(10:6-11) -
3. 왕의 잘못된 결정은 누구로 말미암아 누구에게 고한 말씀을 응한 것인가?(10:12-15) -
4. 유다와 베냐민이 이스라엘 치기를 포기한 이유는?(11:1-4) -
5. 이스라엘의 제사장과 레위 사람들이 예루살렘에 오게 된 이유는?(11:13-17) -
6. 르호보암에게는 아내 (　　　), 첩 (　　　), 아들 (　　　), 딸 (　　　)이 있었다(11:18-23).
7. 르호보암이 나라가 (　　　　)하고 세력이 강하매 여호와의 (　　　)을 버리니.... - (12:　절)
8. 여호와의 말씀이 너희가 나를 (　　　) 나도 너희를 버려 (　　)의 손에 붙였노라. - (12:　절)
9. (　　　　) 왕 시삭이 올라와서 (　　　　)을 치고 (　　　　　　) 보물과 (　　　)의 보물을 몰수히 빼앗고 솔로몬의 만든 (　　　　)도 빼앗은지라. - (12:　절)
10. 유다(아비야)와 이스라엘(여로보암)의 전쟁에 관한 다음 물음에 답하세요(13:2-3, 13-22).
    1) 군사 - ① 유다: ______명, ② 이스라엘: ______명, ③ 이스라엘의 죽은 자: ______명
    2) 유다의 승리의 비결은?(13:14, 18) -
11. 여로보암이 금송아지를 만든 후 제사장을 어떻게 세웠나?(13:9로 간단히) -
12. 남국 유다는 여호와를 어떻게 섬겼나?(13:11로 간단히) -
13. 〈맞는 것에 O표〉 아사가 통치하던 시대에 그 땅이 십 년을 (전쟁, 평안)하니라(14장).
14. 이방 제단과 산당을 (없이, 양성)하고 (주상, 성전)을 훼파하며(14장).
15. (애굽, 구스) 사람 세라가 저희를 치려 하여...여호와께 (부르짖어, 묵상하며) 가로되(14장).

▲▼△▽ -----≪직책을 감당 못 한 자의 수모≫----- ▽△▼▲

김백두 선생은 평생을 군에서 근무하다가 상사로 전역했다. 그는 곧은 성격의 정의파여서 남들은 부대에서 쌀이나 기름을 가져오던 시대에 건빵 한 봉지 밖으로 가져오지 않았다.

그의 집은 고지대에 있어서 물 사용이 많은 여름철에는 툭하면 수돗물이 나오지 않았다. 김 선생은 시청의 담당자와 통화를 해도 해결이 되지 않자 아예 시장실로 직행했다. 면담은 되지 않고 소란만 계속되다가 부시장과 면담을 했다. 사정을 이야기하자 부시장은 '댁이 어디냐'고 물었다. 김 선생은 '유O동에 산다'고 했는데 그가 사는 곳은 외곽 지역이어서 그 지역을 잘 모르는 부시장이 "유O동이 어딥니까?" 하고 실수를 했다.

"뭐 X새끼야, 부시장이 유O동이 어딘지도 모르고 이 자리에 앉아 있어? 내가 부시장 할 테니까 너 집에 가!"

♧ ♧ ♧

부시장은 자신이 책임 맡은 행정구역도 그 위치가 금방 떠오르지 않는 수준이었으므로 전역 후 사회생활에 적응이 잘 안 되어 가족들이 염려한 대로, 그날 부시장은 군 출신에게 군대에서나 사용되는 오리지널 욕을 실컷 먹었다. 현대에는 백과사전적인 전문가는 없다. 심지어 도둑도 자기의 전문 분야가 있다. '모든 것을 할 수 있다'는 사람은 제대로 하는 것이 아무것도 없다.

솔로몬을 이어 왕이 된 르호보암은 백성들의 요구를 거절하고 나라를 분열시키고 말았다.

(역대하 10:16) 온 이스라엘이 자기들의 말을 왕이 듣지 아니함을 보고 왕에게 대답하여 가로되 우리가 다윗과 무슨 관계가 있느뇨 이새의 아들에게서 업이 없도다 이스라엘아 각각 너희 장막으로 돌아가라...

신현주, 〈예화철학〉, 〈예화산책〉, www.sbs66.net

[오늘의 말씀] 역대하 15장~18장 : 아사와 여호사밧의 통치 → 먼저 성경 읽기

(15장) **3대 왕 아사**는 아사랴의 예언을 따라 개혁을 시도하여 여호와의 함께하심을 드러낸다.
(16장) 이러한 아사 왕이 북 이스라엘 바아사의 침공에 아람 왕 벤하닷을 의지하므로 책망을 받는다.
(17장) 유다의 **4대 왕 여호사밧**은 여호와께 구하는 선한 왕으로 백성들의 교육에도 힘썼고,
(18장) 북국 **이스라엘의 7대 왕 아합**과 연합하여 아합의 전쟁에 참여했다가 죽을 뻔하기도 했다.

[말씀 묵상]

1. 거짓 선지자들은 아합에게 듣기 좋은 말로 전쟁의 승리를 장담하지만, 참선지자 미가야는 "하나님의 말씀하시는 것 곧 그것을 내가 말하리라"(18:13)라는 결심으로 불길한 예언을 말하므로 뺨을 맞고 옥에 갇히는 수모를 당한다(18장). 옛날이나 오늘날이나 듣기 좋은 말만 하면 인기를 얻으나 참된 말을 하고는 어려움을 당하는 경우가 많다.
2. 말씀을 들었을 때는 그 말씀에 순종해야 그 말씀의 가치가 있다. 여호사밧은 아합으로부터 길르앗 라못을 공격하자는 권유를 받을 때에 다소 양심에 가책을 느꼈던지 "먼저 여호와의 말씀이 어떠하신지 물어보소서"(18:4)라고 요청한다. 미가야를 통한 하나님의 뜻이 분명했지만 아합은 이를 무시했고 여호사밧은 이러한 아합의 행위에 대해 아무런 제재나 항의를 하지 않는다.

[깊은 연구]

1. 유다의 3대 왕 아사의 개혁과 타락 (대하 14-16장)

1) 아사가 통치하던 때의 특징은 '평안'이라 할 수 있다(14:1, 5, 7). 이 평안은 왕으로서 하나님 앞에 "선과 정의"(14:2)를 행하여 우상을 제거하였기 때문에 "또 유다 모든 성읍에서 산당과 태양상을 없이하매 나라가 그 앞에서 평안함을 얻으니라"(14:5)고 한다. 아사는 우상을 제거하는 데 큰 공을 세웠고 모친 마아가가 아세라의 목상을 만들었으므로 그것을 제하고 태후의 위를 폐한다(15:8, 16).

2) 선지자의 말을 들었던 아사는(15:1, 8), 나라가 강성해졌을 때 하나님의 선견자 하나니가 아사에게 하나님보다 아람 왕을 의지함을 책망하자 회개는커녕 오히려 선견자를 옥에 가두고 백성을 학대하였다(16:7-10). 그가 병들었을 때에 하나님보다 의원들만 의지하다가 죽었으므로 말년은 결국 하나님을 배반한 왕이 되고 말았다. 끝까지 하나님을 잘 섬기는 충성이 필요하다.

2. 라마를 건축한 이유 (대하 16:1)

북 이스라엘 왕 바아사가 라마를 건축한 것은 "아사 왕 삼십육 년에 이스라엘 왕 바아사가 유다를 치러 올라와서 라마를 건축하여 사람을 유다 왕 아사에게 왕래하지 못하게 하려 한지라"(16:1)라는 말처럼 당시에 라마가 북왕국 이스라엘에서 남왕국 유다로 내려가는 문호였기에 이를 차단한 것이다. 이런 전략은 왕국이 분열되었을 때에 북 이스라엘 초대 왕 여로보암이 북쪽 국경인 단과 남쪽 국경인 벧엘에 금송아지 상을 세워 예루살렘에 올라가지 못하게 한 것과 유사하다(왕상 12:28-29). 라마는 예루살렘 북쪽 8km 지점에 위치한 현재의 '엘람'(El-ram)이다.

통독	146
확인	

공부

역대하 15장~18장 : 아사와 여호사밧의 통치

◇ 다음은 누가 한 말이나 행위인지 그의 신분과 이름을 쓰세요(1-4문, 15장).

1. 너희가 여호와와 함께하면 여호와께서 너희와 함께하실지라(15:2). -
2. 예언을 듣고 가증한 물건을 온 땅에서 제하고 여호와의 단을 중수한 왕(15:8). -
3. 마음을 다하여 맹세하고 뜻을 다하여 여호와를 찾는 자들(15:15). -
4. 아세라의 가증한 목상을 만들었으므로 태후의 위를 빼앗긴 자(15:16). -
5. 아사 왕 36년에 어디의 왕 누가 유다를 치러 올라왔는가?(16:1-6) -
6. 왕이 아람 왕을 의지하고 여호와를 의지하지 아니하였음을 책망한 선견자는?(16:7-10) -
7. 아사 왕이 병들었을 때 어떻게 했나?(16:11-14) -
8. 여호사밧은 다윗의 처음 길로 행하여 바알에게 구하고 하나님께 구하지 않았다(17:1-5). (O, X)
9. 여호사밧은 왕이 된 지 3년 만에 방백(지방 장관들)들을 여러 성읍으로 보내 가르치게 했고, 레위 사람과 함께 제사장을 보내어 모든 성읍을 순행하며 가르치게 했다(17:6-9). (O, X)
10. 블레셋에서는 짐승 떼를, 아라비아에서는 은으로 공(貢)을 바쳤다(17:10-11). (O, X)
11. 베냐민에 속한 용사 엘리아다는 활과 방패를 잡은 자 이십만을 거느렸다(17:17-19). (O, X)
12. 여호사밧이 아합과 더불어 무엇을 하였고, 후에 아합이 어디를 치기를 권하였나?(18:1-2) -
13. 시드기야의 예언(10절)은 결국 바른 것이었나, 거짓이었나?(18:4-27) -
14. 왕이 죽을 것을 예언(19절)한 미가야는 어떻게 되었나?(18:26-27) -
15. 길르앗 라못의 전쟁에서 이스라엘 왕 아합과 유다 왕 여호사밧 중에 죽은 왕은?(18:28-34) -

▲▼△▽ -----≪헛되이 받은 은혜≫----- ▽△▼▲

▷ 어느 성도가 목사님의 기도로 용기를 얻어 살았다. 가난하던 살림도 펴지고 불안정하던 가정도 화목을 되찾자 자신의 과거를 모르는 곳에 가서 신앙생활을 하려고 교회를 옮겼다.

▷ 은혜를 받고 보니 자기 교회 목사가 시시해 보였다. 다 자기 아래 있는 것 같아 보였다. 어느 누구도 자기를 가르칠 만한 수준이 안 된다며 자신의 영적 능력을 자랑했다.

▷ 교회 근처에서 가축 장사를 하는 사람이 위독하다기에 너무 급한 것 같아 기도하고는 교회 차로 병원에 데려갔다. 복막이 터져 큰일 날 뻔했다. '은혜를 평생 잊을 수 없다'며 두어 달 교회에 잘 나오더니 차츰 예배에 불참하기 시작했다. 심방을 갔더니 이렇게 말했다.

"요즈음 바빠서요. 가축 장사는 요즈음이 한철이거든요. 목사님, 한가하면 열심히 믿어 드릴게요."

♧ ♧ ♧

염치없는 종교적 이기심은 제대로 은혜 받은 심령이 아니다.
특히 가정폭력에 시달렸거나, 정신적인 문제가 있었거나, 가난하게 살던 사람들이 형편이 달라지면 그동안의 기도와 상담과 권면과 구제에 감사하기보다는 자신의 과거를 모르는 곳에 가서 폼 나게 신앙생활하며 살고 싶어한다. 더 이해와 용납을 해 주는 데도 자존심 때문에 배신을 한다.
아사랴는 예언하기를 "너희가 만일 하나님을 버리면 하나님도 너희를 버리시리라" 하였다.

(역대하 15:2) 너희가 여호와와 함께하면 여호와께서 너희와 함께하실지라 너희가 만일 저를 찾으면 저가 너희의 만난 바 되시려니와 너희가 만일 저를 버리면 저도 너희를 버리시리라

신현주, 〈예화철학〉, 〈예화산책〉, www.sbs66.net

[오늘의 말씀] 역대하 19장~23장 : 여호사밧에서 아달랴까지 → 먼저 성경 읽기

(19장) **4대 왕 여호사밧**은 예후 선지자의 책망을 받기도 하지만 선한 일도 있기에 칭찬을 듣는다.
(20장) 모압 연합군을 오직 기도로 무찌르는 신앙의 강인함을 보인 **여호사밧**은 25년을 치리했다.
(21장) 반면 **5대 왕 여호람**은 악한 왕으로 아내 아달랴는 북국 아합 왕과 이세벨의 딸이었다.
(22장) **6대 왕 아하시야**는 아합 집의 교도를 따랐고, **7대 왕 아달랴**는 왕족을 죽이고 왕권을 탈취했다.
(23장) 여호야다 제사장은 정통 왕으로 7세인 **요아스**를 **8대 왕**으로 옹립하고 아달랴를 몰아낸다.

[말씀 묵상]

1. **여호람**의 죽음처럼 되지 않기를 기도하자. 여호람은 "아끼는 자 없이 세상을 떠났"(21:20)다. 그는 에돔과 립나에 대한 통치권을 잃어버렸고, 창자에 병이 들어 2년 후에는 창자가 빠져나와 죽었다. 아끼는 자 없이 죽었고 열왕의 묘실에 들어가지도 못했다. 그 이유는 우상 숭배를 조장했고, 왕이 되었을 때는 형제들을 제거하는 악행을 저질렀기 때문이다.
2. **아하시야**는 유다의 6대 왕이다. 그의 어머니는 아달랴로서 선한 부왕 여호람이 북쪽의 아합과 이세벨 사이에서 난 딸을 아내로 맞은 것이다. 아하시야의 외가는 바알 숭배의 본거지와도 같다. "아하시야도 아합의 집 길로 행하였으니 이는 그 모친이 꾀어 악을 행하게 하였음이라"(22:3)라는 말씀에 잘 나타나 있다. 어머니의 영향은 자녀에게 절대적이므로 좋은 본을 보이기에 힘써야 한다.

[깊은 연구]

1. 산당(山堂, High Place)에 대하여

1) 산당이란 언덕처럼 두드러진 곳에 세워진 제단 같은 것을 말한다(삼상 9:11-14, 19, 25). 산당이 꼭 우상 숭배의 장소로만 이용되지는 않았다. 산당의 역사는 이스라엘의 고대 종교의 역사라 할 정도다.

2) 히스기야는 산당을 멸했고(왕하 18:4, 22), 므낫세는 재건했으며(왕하 21:2-3, 대하 33:3), 요시야가 종교개혁 때에 다시 제거했다(왕하 23:5, 8, 13). 여호사밧의 아들 여호람은 여러 산에 산당을 세웠다(대하 21:11). 아하스는 우상 숭배를 위해 산당을 짓고 거기서 희생 제사를 드리면서 향을 태웠다(28:4, 25).

3) 산당은 가끔 예배의 장소로 사용되기도 했다. 솔로몬이 기브온 산당에서 일천 번제를 드린 일은 유명하다(1:3). 이 산당은 성전이 세워지기 전에 하나님의 예배 처소로 사용되었다. 이곳에는 여호와의 회막이 있었다. 그러나 후대에 성전 예배가 발전하고 율법에 따라 선지자들이 산당에서의 예배를 금하였으므로 포로기 이후에는 산당의 예배가 엄격히 규제되었다.

■ 가나안인의 한 산당(山堂, High Place)
이스라엘 북부 지방인 므깃도에서 발굴된 이 산당은 현재의 지면보다 훨씬 더 깊은 곳에서 발굴되었다.

통독	147
확인	

공부

역대하 19장~23장 : 여호사밧에서 아달랴까지

1. 예후가 여호사밧을 책망한 내용과 여호사밧의 선한 일은?(19:1-3)
   1) 책망받은 일 - 2) 선한 일(칭찬받은 일) -
2. 다음 일은 누가 맡아 다스렸나?(19:11) - 1) 여호와께 속한 모든 일 -
   2) 왕에게 속한 모든 일 - 3) 백성들의 관리 -
3. 모압과 암몬의 연합군에 대한 여호사밧의 자세는?(20:1-4) -
4. 레위 사람 야하시엘은 이 전쟁은 누구에게 속하였다 했나?(20:14-15) -
5. 이 전쟁에서 적들이 어떻게 죽었나?(20:23) -
6. 여호사밧이 여호와 보시기에 정직히 행하였으나 무엇은 폐하지 않았나?(20:31-33) -
7. 여호사밧과 아하시야의 결합에 대한 엘리에셀의 예언은?(20:35-37) -
8. 여호람이 왕위에 올라 세력을 얻은 후 한 일은?(21:1-5) -
9. 누가 배반하여 유다의 수하에서 벗어났는가?(두 곳, 21:8-10) -
10. 여호람이 선지자 엘리야에게 책망을 받은 이유는?(21:11-15을 읽고 11절로) -
11. 여호와께서 어느 사람이 여호람을 쳐서 모든 것을 탈취하게 하셨나?(21:16-17) -
12. 아하시야가 아합의 집(바알 숭배) 길로 행함은 누구의 꼬임인가?(22:3-4) -
13. 아하시야는 누구에게 갔다가 예후에게 죽임을 당했나?(22:7-9) -
14. 아달랴의 왕권 탈취 때에 왕족 요아스를 살린 여호사브앗은 누구인가?(22:11) -
15. 제사장 여호야다가 세우는 정통 왕은 누구인가?(23:11, 24:1) -
16. 오므리의 손녀, 아합의 딸, 아하시야의 모친으로 칼에 죽임을 당한 여왕은?(23장) -

▲▼△▽ -----≪선견자는 선지자와 다른가?≫----- ▽△▼▲

역대하 16장 7절, 19장 2절에 나온 선견자('로에')는 선지자('나비')와 어떤 차이가 있는가?

1) 〈사무엘서〉나 〈열왕기〉, 〈역대기〉를 읽다 보면 '선지자'와는 별도로 '선견자'가 등장하는 것을 본다. 모세에 의해 언급된 신명기 18장 15절의 약속 가운데, 선지자는 '나비'라는 단어로 불리고 있다. 히브리어 단어 '나비'의 정확한 의미에 대한 답은 그리 쉽지 않다. 또한 선견자에게 종종 붙여진 또 다른 단어는 분사형인 '로에'인데, 이것은 주로 사무엘에 대한 호칭으로 사용된다. 사무엘상 9장 9절에 의하면 "옛적 이스라엘에 사람이 하나님께 가서 물으려 하면 말하기를 선견자에게로 가자 하였으니 지금 선지자라 하는 자를 옛적에는 선견자라 일컬었더라"라고 했다.

2) 에드워드 영(Edward J. Young)은 '나비'와 '로에' 사이에는 그 기능상 아무런 차이가 없다고 하였다. "둘 다 하나님의 대언자다. 즉 둘 다 하나님께서 그들에게 주신 메시지를 선포하였다."라고 한다. 다만 차이점은 단순히 강조점에 관한 것이다. '나비'라는 단어는 하나님으로부터의 메시지를 말하는 것으로 선지자의 능동적 사역을 강조한다. 한편 '로에'는 선지자가 그 메시지를 보게 되는 경험을 전면에 내세운다.

3) 결국 '나비'는 백성에 대한 선지자의 관계에 강조점을 두고, '로에'는 하나님에 대한 그의 관계에 강조점을 둔다. 그러나 양자는 같은 사람을 언급하며, 그의 기능은 그가 '나비'로 불리든, '로에'로 불리든 하나님께서 그에게 주신 메시지를 선포하는 것이다.

[오늘의 말씀] 역대하 24장~28장 : 요아스에서 아하스까지 → 먼저 성경 읽기

(24장) **8대 왕**이 된 **요아스**는 성전을 중수하기도 했으나 나중에 하나님의 말씀을 듣지 아니하였다.
(25장) **9대 왕 아마샤**는 처음에는 선지자들의 말에 순종하였으나 나중에는 우상을 숭배하여 실패하였다.
(26장) **10대 왕 웃시야**는 여호와 보시기에 정직히 행하였으나 강성해지자 교만하여 문둥병이 들었다.
(27장) **11대 왕 요담**은 선한 왕으로 건축을 많이 했고 전쟁에서 승리한다.
(28장) **12대 왕 아하스**는 우상을 숭배한 악한 왕이었다. 유다를 파멸로 몰고 갔고 앗몬의 포로가 되기도 했다(왕하 16장, 사 7장을 함께 보라).

[말씀 묵상]

1. 요아스가 불과 7세에 왕이 된 것은 왕의 혈통에 따른 것으로 정치는 주변 사람들이 했을 것이다. 아달랴가 왕의 자손들을 다 죽이고 자신이 왕이 되었을 때 제사장 여호야다의 아내가 요아스를 빼내 도망쳐 나오므로 극적으로 살아남았다. 유다인들은 여호야다의 도움으로 정통성을 지닌 왕을 세우는 것만으로도 기뻐하였다(23:11, 21). 그러나 이러한 왕도 제사장 여호야다가 죽은 후에는 악을 행하였고 스가랴 제사장의 말을 듣지 않고 오히려 그를 죽이기까지 했다(24:15-22). 여호와의 말씀을 듣지 않는 자는 진노의 대상이 된다(24:23-27). (아래 "깊은 연구" 참고).
2. 웃시야는 제사장만이 할 수 있는 성전 일을 자신이 하려고 했다. 제사장들은 그를 제지하나 그는 이를 무시했고, 결국 나병(한센병)에 걸려 말년에 ① 성전과(20절), ② 왕궁과(21절), ③ 열왕의 묘실에서(23절) 쫓겨나는 신세가 된다(26:16-23). 평소의 행위도 중요하지만 '말년을 어떻게 장식하느냐' 하는 것은 더욱 중요하다.

[깊은 연구]

1. '세일 자손'과 '에돔 사람'은 같은 말이다. (대하 25:11, 14)

세일 자손과 에돔 사람은 같은 사람을 일컫는 말로서 그 조상은 **'에서'**다. 에서는 **이삭**의 아들로서 **야곱**의 쌍둥이 형이다(창 25:24-26). 그 후손들은 **세일산**에 거하였는데(창 36:9), 그들이 바로 **에돔 족속**이며(창 36장, '에서'의 별명은 '에돔'이다. 창 25:30), **세일 자손**이라고도 한다.

2. 돌에 맞아 죽은 스가랴와 예수님의 책망 (대하 24:20-22, 마 23:35)

요아스는 제사장 여호야다가 왕권을 찬탈한 아달랴를 쫓아내고 7세에 옹립한 정통성 있는 왕이다(22:10-23:20). 열왕기하 11장 21절, 12장 6절에 의하면 성전을 수리했을 때 요아스는 30세였다. 여호야다가 죽은 후 요아스는 우상 숭배에 빠졌다. 그 일에 대하여 여호야다의 아들 스가랴 제사장이 그를 책망했으나 이를 무시하고 그를 죽였다(24:17-22). "무리가 함께 꾀하고 왕의 명을 좇아 여호와의 전 뜰 안에서 (스가랴를) 돌로 쳐 죽였더라"(24:21). 예수님은 바리새인과 서기관들을 책망할 때에 이 사건을 인용했다. "그러므로 의인 아벨의 피로부터 성전과 제단 사이에서 너희가 죽인 바라갸(여호야다)의 아들 사가랴(스가랴)의 피까지 땅 위에서 흘린 의로운 피가 다 너희에게 돌아가리라"(마 23:35).

통독	148
확인	

공부

역대하 24장~28장 : 요아스에서 아하스까지

1. 요아스 왕이 성전을 중수하려는 이유는?(24:7) -
2. 제사장 여호야다의 아들 스가랴는 어떻게 죽었는가?(24:21-22, 마 23:35) -
3. 아람 군대와 요아스의 신복들은 요아스에게 각각 어떻게 했나?(24:23-27) -
4. 아마샤 왕은 여호와 보시기에 정직히 행하였고 온전한 마음으로 행하였다(25:1-5). (O, X)
5. 부왕을 죽인 신복들은 죽였으나 그 자녀를 죽이지 않은 것은 율법대로 한 것이다. (O, X)
6. 은 일백 달란트로 이스라엘 군대 십만을 삯 내었으나 하나님의 사람의 책망을 듣고 그들은 본 곳으로 돌려보내고 아마샤가 담력을 내어 세일 자손을 무찔렀다(25:5-13). (O, X)
7. 아마샤가 세일 사람의 우상을 가져다가 경배하고 분향한 후에 이스라엘 왕 요아스와 대적하여 크게 승리하였다(25:14-28). (O, X)
8. 여호와 보시기에 정직히 행하며...여호와를 구할 동안에는 하나님이 (　　　) 하셨더라(26:4-5).
9. 여러 산과 좋은 밭에 농부와 포도원을 다스리는 자를 두었으니 (　　　)를 좋아함이더라(26:10).
10. 웃시야가 손으로 향로를 잡고 분향하려 하다가...그 이마에 (　　　)이 발한지라(26:19).
11. 요담(11대 왕)의 신앙과 당시의 백성은?(27:2) -
12. 암몬 자손과 싸워 이기고 매년 받은 조공은?(27:5-9) -
13. 아하스(12대 왕)의 악행에 대해 간단히 쓰세요(28:1-4, 22-25). -
14. 유다의 죄의 결과로 유다를 공격한 네 나라는?(28:1-7, 16-21) -
15. 이스라엘이 유다인 포로를 돌려보낸 것은 무엇이 임박했기 때문인가?(28:8-15) -

▲▼△▽ -----≪마지막으로 하고 싶은 말은?≫----- ▽△▼▲

폼페이 시립병원에서 한 젊은 남자가 수술을 받기 위해 수술대에 누워 있고, 의사와 간호사들이 수술 준비를 모두 마치고 수술대 주위에 둘러서 있었다. 그때 수술을 집도할 의사가 환자의 어깨에 살며시 손을 올려놓으며 조심스레 말했다.

"젊은이, 자네 병명은 설암(舌癌)이네, 자네를 살리려면 혀를 절개해야 할 것 같네. 지금 하고 싶은 말이 있으면 하게나. 이후로는 말을 할 수 없게 될 테니까."

충격적인 의사의 말에 젊은이의 얼굴이 창백해지고 입가의 근육이 경련을 일으켰다. 그는 정신을 가다듬고 주위에 둘러선 사람들의 얼굴을 둘러보더니 차분한 목소리로 말했다.

"나의 마지막 말은 '하나님의 거룩하신 이름이 찬양을 받으소서'입니다."

♧ ♧ ♧

그대는 마지막 할 말을 무엇으로 준비했나? 어느 권사님이 운명 전, 불신자인 며느리에게 '예수 믿으라'는 말은 하지 않고 '장독 뚜껑 잘 닫아라' 했다니 일생 뭘 믿었나?
한 시인이 "그대를 보고 있으면 천 마디 말보다 더 정감이 넘칩니다."라고 했다.
그대는 인생의 마지막에 무슨 말을 남기고 싶은가? 말년을 바르게 준비해야 한다.
웃시야는 선한 왕이었으나 말년에 교만하여 향단에 분향하려다가 문둥병에 걸려 비참해졌다.

(역대하 26:21) 웃시야 왕이 죽는 날까지 문둥이가 되었고 문둥이가 되매 여호와의 전에서 끊어졌고 별궁에 홀로 거하였으므로 그 아들 요담이 왕궁을 관리하며 국민을 치리하였더라

신현주, 〈예화철학〉, 〈예화산책〉, www.sbs66.net

[오늘의 말씀] 역대하 29장~32장 : 히스기야의 개혁 통치 → 먼저 성경 읽기

(29장) **13대 왕 히스기야**는 왕이 되면서 개혁을 시도했고,
(30장) 대대적으로 유월절을 지켰다.
(31장) 제사장들이 직무를 행하도록 조치를 취했고,
(32장) 앗수르 산헤립 왕의 공격을 잘 막아내는 등 훌륭한 왕으로 기록된다. (왕하 18-20장도 보라)

[말씀 묵상]

1. 1) 이스라엘 역사에서 '제사장'에 비하여 '레위인'들은 천민 취급을 당했다. 그러나 포로 후기 시대를 반영한 〈역대기〉는 두 그룹의 모습을 아름답게 그려 내고 있다. 또한 왕과 방백들이 약자에게 나눔을 실천했다. 포로 후기 시대의 공동체에서 요구된 것은 '화합'이었음을 알 수 있다.

 2) 두 그룹의 화합(30:16, 21, 25, 27)으로 성결케 하고, 서로 협력하여 직무를 수행하였다. ① 제사장과 레위인이 부끄러워했다(15절), ② 제의를 행할 때에 협력했다(16절), ③ 제사장과 레위인들이 여호와를 칭송, 찬양했다(21절), ④ 제사장과 레위인들이 백성들과 함께 기뻐했다(25절), ⑤ 제사장과 레위인들이 백성을 축복했다(27절).

 3) 레위인은 하나님이 친히 기업이 되어 주셔서 하나님께 드린 십일조로 살았으나 구약 시대에 이스라엘 백성들이 십일조를 제대로 내지 않으므로 천민으로 전락했다. 그러나 포로 후기에는 백성들의 신앙이 회복되고 십일조를 온전히 드리므로 레위인들이 제자리를 찾아 일하게 된 것이다. 이처럼 하나님 앞에서 믿음의 일들을 행하면 모든 것이 은혜롭기 마련이다(대상 31:2-7).

[깊은 연구]

1. 구약성경에 나온 유월절들을 살펴본다. (대하 30장)

 1) 히스기야의 종교개혁으로 유월절이 중요하게 지켜진다(30장). 유월절은 출애굽을 기원으로 하여 신약 시대까지 연결되었다. 구약성경에는 모두 45개 절에 '유월절'이라는 단어가 언급되고 신약성경에는 30개 절에 유월절이 언급되었다.

 2) 위에서 보듯 이스라엘이 출애굽함으로 시작된 유월절이, 율법에서 그 준수에 대해 강조되었다. 유월절에 대한 기록이 유난히 〈역대기〉에 많이 나오는 것을 볼 수 있다. 이것으로 보아 바벨론 포로 이후에 중요시한 것 중에 하나가 유월절이었음을 알 수 있다.

 3) 유월절이 역대하 30장에는 '**히스기야의 종교개혁 이후**'에 지켜졌고, 35장에서는 '요시야의 종교개혁 이후'에 지켜졌기에 특별히 **성전을 정결케 하는 개혁 의식과 유월절이 관계가 있음**을 알 수 있다. 즉 출애굽으로 인해 시작된 유월절보다 확대된 의미의 유월절이다.

■ 예루살렘 성내의 실로암 못
히스기야 왕은 기혼 샘물(천연)을 실로암 못(인공)으로 물을 끌어들이는 수로를 건설했는데 오늘날까지 남아 있다(대하 32:30). 왕하 18-20장 참고.

통독	149
확인	

공부 역대하 29장~32장 : 히스기야의 개혁 통치

1. 히스기야가 그 조상 다윗의 모든 행위와 같이 여호와 보시기에 (   ) 행하여(29:2).
2. 이스라엘 하나님 여호와로 더불어 (   )을 세워...(29:10).
3. 왕이 여호와의 말씀내로 명한 것을 좇아 (   )을 깨끗게 할 새(29:15).
4. 레위 사람의 성결케 함이 (   )들보다 성심이 있었음이라(29:34).
5. 보발군(步撥軍)이 유월절을 지키라는 왕과 방백의 편지를 전했을 때 그 반응은?(30:6-12)
   1) 에브라임, 므낫세, 스불론 대부분의 사람들 -
   2) 아셀, 므낫세, 스불론 중에서 몇 사람 -
   3) 유다 사람들 -
6. 많은 무리가 어긴 규례는?(30:18, 참고. 출 12:35-39) -
7. 유월절 절기를 마치고 유다와 여러 성읍의 주상을 깨뜨리며 우상을 제하였다(31:1-10). (O, X)
8. 제사장과 레위인들의 응식(應食)은 주지 않았으나 여호와의 율법에 힘쓰게 했다. (O, X)
9. 백성들이 드린 소산물과 십일조의 더미가 쌓임은 여호와께서 백성에게 복을 주셨음이다. (O, X)
10. 지성물은 누구에게나 나누어 주었다(31:11-21). (O, X)
11. 히스기야 시대에 어느 나라 누가 예루살렘을 치러 올라왔기에 방비를 했는가?(32:1-8) -
12. 산헤립이 여호와 하나님과 그 종 히스기야를 비방할 때에 히스기야 왕과 선지자 이사야는 무엇을 했나?(32:16-23을 읽고 답은 20절로) -
13. 히스기야가 수로를 어떻게 만들었나?(32:30) -

▲▼△▽ -----≪정의가 무엇인가?≫----- ▽△▼▲

어느 나라 왕이 국민성이 우수하다는 이웃나라를 방문하여 유명한 재판관과 함께 그 나라 곳곳을 탐방하고 있었다. 그때 두 사나이가 재판관에게 상의를 청해 왔다. 한 사나이가 폐품을 샀는데 그 속에서 많은 돈이 나와 폐품을 판 사나이를 찾아가 "나는 폐품을 산 것이지 돈까지 산 것이 아니니 이 돈은 마땅히 당신의 것이오." 하고 돈을 돌려주려 했으나 폐품을 판 사나이는 "나는 당신에게 폐품 전체를 판 것이니 그 속에 있는 건 모두 당신 것이오." 해서 재판관을 찾아온 것이다. 재판관은, "당신에게는 딸이 있고, 또 당신에게는 아들이 있소. 그들을 결혼시킨 다음 그 돈을 그들에게 주는 것이 정의에 맞소". 하고 판결해 주었다.

그들이 돌아가자 재판관은 이웃나라 왕에게 "폐하의 나라에서는 이런 경우 어떻게 판결을 내리시는지요?" 하고 물었다. 그러자 재판관이 대답했다. "두 사나이를 죽이고 돈은 내가 갖는 것이 내게 정의요."

♧ ♧ ♧

정의는 존재함에도 정의에 대한 해석은 제 편한 대로, 제 이익을 따라 하는 것이 세상의 이치다. 탈무드의 이야기처럼 문제된 사나이들의 자녀를 결혼시키면 금상첨화겠지만, 세상일이 그렇게 맞아 들어가는가? 정의는 시대에 따라 달라져서 어느 시대엔 역적인 자가, 시대가 변하면 영웅이 되는 것처럼 인간사에서는 기준이 달라진다. 한 사람 죽이면 살인자이고 수백 명을 죽이면 혁명가인가? 하나님의 정의는 변함이 없기에 언제나 말씀을 근거해야 하는 이유가 여기에 있다.

(역대하 31:20-21) 히스기야가 온 유다에 이같이 행하되 그 하나님 여호와 보시기에 선과 정의와 진실함으로 행하였으니 무릇 그 행하는 모든 일 곧 하나님의 전에 수종드는 일에나 율법에나 계명에나 그 하나님을 구하고...

신현주, 〈예화철학〉, 〈예화산책〉, www.sbs66.net

[오늘의 말씀] 역대하 33장~36장 : 유다의 마지막 왕들 → 먼저 성경 읽기

(33장) 히스기야 시대의 개혁이 계속 이어지지 못하고 **14대 왕 므낫세, 15대 왕 아몬** 같은 우상 숭배자들의 등장으로 나라는 영적으로 더 기울어진다.

(34장) **16대 왕 요시야** 시대에는 성전을 수리하는 중에 율법책을 발견하고 개혁을 시도한다.

(35장) 율법을 따라 사무엘 이후 최대의 유월절을 지키므로 신앙의 회복이 있었으나 계속되지 못했다.

(36장) 그 후 **17대 여호아하스, 18대 여호야김, 19대 여호야긴, 20대 시드기야** 등이 통치했으나 유대 역사에 가장 비극적인 예루살렘 성전의 파멸을 맛보며 유다는 바벨론 포로가 된다(주전 587년).

[말씀 묵상]

1. 므낫세의 악정은 무려 55년간 계속되었다. 북국 이스라엘의 멸망이 하나님을 배반하고 언약을 파기하며 우상을 숭배한 결과(왕하 17장)라는 것을 알면서도 우상을 숭배하였다. 심지어 **히스기야가 헐어버린 산당을 재건하는가 하면**(33:3), **성전 안에 일월성신의 단, 아로새긴 목상을 세웠다**(33:5, 7). 이는 멸망의 길로 내달리는 결과를 빚어 유다의 재기는 어려워졌다. 선왕(先王) 히스기야는 선한 왕인데 왜 아들은 악정을 행하고 우상을 섬겼는가 하는 의아함을 갖게 된다.

2. 요시야 시대 힐기야 제사장이 성전을 수리하다가 발견한 율법책을 서기관 사반이 왕 앞에서 읽는다. 그러자 "**왕이 율법의 말씀을 듣자 곧 자기 옷을 찢**"(34:19)었다. 말씀을 듣는 자는 언제나 찔림을 받는 것이 당연하다. 오순절에 베드로의 설교를 들은 예루살렘 거민은 "**마음에 찔려…우리가 어찌할꼬**"(행 2:37) 하며 회개를 했지만, 찔림의 역반응도 있어서 스데반의 설교를 들은 사람들도 마음에 찔림을 받았지만 오히려 스데반을 돌로 쳐 죽였다(행 6:54-60). 바른 마음의 찔림을 통하여 하나님의 은혜를 받아야 한다.

[깊은 연구]

1. 기혼 샘을 실로암 못으로 (대하 32:30) - 히스기야의 지하 수로

1) 히스기야의 업적 중에 "**기혼의 윗 샘물을 막아 그 아래로 좇아 다윗 성 서편으로 곧게 인도**"(32:30)한 것은 큰 업적으로, 열왕기하 20장 20절의 "**못과 수도를 만들어 물을 성중으로 인도하여 들인 일**"과 같은 내용이다. 〈사진은 "성경통독 이백주간" 제2권 해당 본문 참고〉

2) 히스기야의 지하 수로의 실체는 1880년 한 소년이 실로암 못에서 수영을 하다가 비문을 발견하므로 드러났다. 즉 성 밖에 있는 기혼 샘물을 전쟁 중에도 성내의 물 공급에 문제가 없도록 지하 수로를 파서 실로암 못으로 끌어들였다. 암반의 형세를 따라 곡선을 그리며 약 600m가 뚫려 있다. 학자들은 이 수로를 '히스기야의 지하 수로'라고 이름 하였다. 비문에는 이런 글들이 나온다.

> …또 이것이 그 수로를 뚫은 이야기니라. (석수들이 그들의) 연장으로 작업을 할 때에 각기 그의 동료를 향하여 마주 보고 파들어 가더니 관통하기 전 삼 규빗 남았을 때 한 사람이 그의 동료를 부르는 소리가 (들렸으니) 이는 그 오른편에 갈라진 틈이 있음이라…또 관통하는 날에 석수들이 상대편 동료를 만나기 위하여 연장과 연장을 마주 대하여 파들어 갔더라. 그러고 나서 샘에서 못까지 물이 흐르니 그 길이가 일천이백 규빗이요 석수들의 머리 위에 있는 양반의 두께가 일백 규빗이었더라.

통독	150
확인	

공부 역대하 33장~36장 : 유다의 마지막 왕들

1. 히스기야의 아들 므낫세가 행한 우상 숭배들에 대해 읽어 보세요(33:1-9). - 읽음, 안 읽음
2. 여호와께서 성전에 무엇을 두리라고 약속하셨나?(33:4, 7, 6:6) -
3. 므낫세가 여호와의 말씀을 듣지 아니하다가 당한 일은?(33:10-11) -
4. 아몬 왕이 부친 므낫세의 악함보다 더함은 무엇인가?(33:22-23) -
5. 다음 단락의 제목으로 알맞은 것을 보기에서 찾아 적으세요(34장). {보기} 율법책의 발견 / 요시야의 개혁 / 여선지 훌다의 예언 / 여호와의 전 수리 / 요시야의 우상 제거 / 여호와 앞에서 언약
   1) 34장의 제목 → 요시야의 개혁　2) 1-7 →　3) 8-13 →
   4) 14-21 →　5) 22-28 →　6) 29-33 →
6. 아삽의 자손들의 직임은 무엇인가?(35:15) -
7. 유월절 제사에 이어 무슨 절기로 며칠간 지켰나?(35:16-19) -
8. 애굽 왕 느고가 올라와서 실제 치려고 한 곳은?(35:20-27) -
9. 여호아하스의 왕위를 폐하고 벌금을 내게 한 나라는?(36:1-4) -
10. 여호야김 왕은 어떤 모습으로 어디로 잡혀 갔나?(36:5-8) -
11. 여호야긴 왕은 여호와 보시기에 어떠했나?(36:9-10) -
12. 시드기야 왕은 어떤 선지자의 말을 듣고도 겸비치 않았나?(36:11-21) -
13. 하나님의 전은 어떻게 되었나?(36:18-19) -
14. 선지자 예레미야의 예언은?(36:21, 렘 25:12 이하, 29:10 이하) -
15. 예루살렘으로 돌아와 성전을 건축하라고 해방령을 내린 왕은?(대하 36:22-23, 스 1:1-2) -

▲▼△▽ -----≪이스라엘의 멸망과 그 후의 유다≫----- ▽△▼▲

'북국 이스라엘의 멸망'에 대한 기록은 열왕기하 17장, 역대하 10장, '남국 유다의 멸망'에 대한 기록은 열왕기하 25장, 역대하 36장을 읽어 보라.

1) 남국의 12대 왕 아하스가 통치하던(주전 735-715년) 시대인 721년에 북국 이스라엘은 19대 왕 호세아를 마지막으로 앗수르에 멸망하여 앗수르의 포로가 된다(왕상 17장을 보라). 이 역사적인 사건을 유다 중심의 〈역대기〉에서는 기록하지 않고 있다.

2) 앗수르는 강성해져서 그 힘을 몰아 이제는 남국 유다마저 정복하려고 산헤립 왕이 쳐들어왔다(주전 701년). 히스기야는 이를 물리친다(대하 32장). 그러나 앗수르의 '산헤립 각주(角住)'에는 오히려 산헤립의 선전이 기록되어 있다. → 〈통독 133일째 참고〉

3) 훗날 앗수르는 바벨론에게 점령당하고(주전 612년), 바벨론은 유다를 정복하고 포로로 잡아간다(주전 587년- 왕하 25장, 대하 36장). 포로가 됐던 유다는 바사(페르시아)가 바벨론을 정복하며서 해방된다(537년, 대하 36:22-23, 스 1장).

이렇듯이 유다 민족의 역사는 주변의 열강들에 의해 운명 지어지는 듯하지만 그 배후에는 하나님의 섭리가 있었다. 특히 죄의 결과임을 〈열왕기〉 기자는 분명하게 지적한다.

[오늘의 말씀] 역대상, 역대하 복습 → 먼저 성경 읽기, 단숨에...

1. 〈역대상〉. 다윗의 선조 및 다윗의 통치

〈1〉 역대상 : 다윗의 선조 족보 (유다 지파)(1-9장), 사울 (베냐민 지파)(10장)

1. 역대상의 족보는 누구부터 시작되었나?(1:1)
   1) 아브라함　　2) 다윗　　3) 노아　　4) 아담
2. 이스라엘(야곱)의 열 두 아들은 12지파의 조상이 되었다. 그들의 이름은?(2:1-2)
   외우세요: 르우벤, 시므온, 레위, 유다, 잇사갈, 스불론, 단, 요셉, 베냐민, 납달리, 갓, 아셀
3. 보아스의 후손으로 이새의 일곱 번째 아들은?(2:12-15) -
4. "나의 지경을 넓히시고...환난을 벗어나 근심이 없게 하옵소서"는 누구의 기도인가?(4:9-10)-
5. 사울이 여호와께 범죄하여 죽은 내용을 이어서 쓰세요(10:13-14).
   1) 여호와의 말씀을 ~
   2) 신접한 ~
   3) 여호와께 ~

〈2〉 역대상 : 다윗의 통치 (삼하와 동시대)(11-22장)

6. 예루살렘 곧 여부스를 정복하는 데 공을 세운 장관은?(11:4-6) -
7. 하나님께서 다윗 가문에게 약속하신 것은?(17:11-12)
   - 내가 네 뒤에 ~
8. 다윗의 승리의 비결은 어디에 있었나?(18:6, 13) -
9. 요압 장군이 랍바(암몬의 수도)를 함락시키고 취한 보석이 있는 금면류관을 다윗이 어떻게 했나?(20:1-2) -
10. 다윗이 단을 쌓은 곳과 드린 제사는?(21:18-26) -
11. 여호와는 다윗이 왜 성전을 건축하지 못한다고 했나?(22:7-8) -

〈3〉 역대상 : 여러 직책의 목록, 다윗의 기도와 죽음 (삼하와 동시대)(23-29장)

12. 여호와를 섬기는 일을 하는 레위의 세 자손이 아닌 사람은?(23:1-23)
    1) 요압　　2) 게르손　　3) 그핫　　4) 므라리
13. 다윗이 아론의 두 아들 엘리아살과 이다말의 자손으로 각각 그 섬기는 직무를 주었는데 그 두 자손의 이름은?(24:1-3) -
14. 아삽, 헤만, 여두둔 자손으로 섬기게 한 일은?(25:1) -
15. 다윗의 명령에 따라 요압이 한 인구조사의 결과는?(27:24) -
16. 다윗 왕의 시종행적(始終行蹟)이 어디에 기록되었나?(29:29-30) -

2. 〈역대하〉. 솔로몬의 통치 및 남국 유다의 열왕

〈1〉 역대하 : 솔로몬의 통치 (왕상 1-11장과 동시대)(1-9장)

17. 솔로몬이 놋단에 이르러 그 위에 무엇을 드렸나?(1:6) -
18. 여호와의 전을 건축한 곳은 어디며 그곳은 어떠한 곳인가?(3:1) -
19. 지성소 안에는 무엇을 새겨 만들었나?(3:10) -
20. 1) 궤 안에는 무엇이 들어 있나?(5:10, 왕상 8:9) -
    2) 히브리서 9장 4절에 의하면 궤 안에 들은 것은? - ① ② ③

〈2〉 역대하 : 분열왕국의 통치 (왕상 12장-왕하 25장과 동시대)(10-36장)

21. 열두 지파 중에 남국 유다 르호보암에게 속한 두 지파는?(11:12) -
22. '다윗과 무슨 상관이냐'며 이스라엘(북국)의 왕으로 삼은 사람은?(10:16, 11:13-16, 왕하 12장) -
23. 아사 왕이 산당과 태양신을 없이하므로 여호와께서 주신 것은?(14:1-6) -
24. 너희는 너희 하나님 (　　　)를 신뢰하라 그리하면 (　　　) 서리라 그 (　　　)를 신뢰하라 그리하면 (　　　)하리라(20:20).
25. 여호람 시대에 누가 유다를 침노하여 탈취하였나?(21:16-17) -
26. 제사장 여호야다의 역할로 누가 정통 왕으로 세움 받았나?(23:11, 22장부터 읽어야) -
27. 요아스가 성전을 중수해야 했던 이유는?(24:4-14, 답은 7절로) -
28. 웃시야가 제사장만이 할 수 있는 분향을 하기 위해 성소에 들어갔다가 받은 벌은?(26:16-23)
    1) ______병이 발함, 2) ________에서 끊어짐, 3)______에 홀로 거함, 4) ______의 곁에 장사
29. 히스기야 시대의 특별한 상황으로 인해 유월절이 율법과 다르게 행한 두 가지는?(30장)
    1) 2절(신 16:1-8) - 　　　2) 18절 -
30. 다음 구절은 누구의 지위 상승을 나타내는가?(29:34, 30:16, 17, 22, 27) -
31. 제사장 힐기야가 성전에서 찾은 것은?(34:14) -
32. 사무엘 이후 요시야는 최대의 유월절을 누구와 함께 지켰나?(35:18) -
33. 유다의 멸망 원인은?(36:11-16) - 1) 하나님 앞에서 (　　　)치 아니했다.
    2) 제사장이나 백성이 크게 (　　　: 우상 숭배) 하였다. 3) 하나님의 사자를 (　　　) 멸시했다.

〈역대하 정리〉 - **남국 유다의 역대 왕의 이름을 적어 보자(본문 및 통독 124일 다음 도표 자료 참고).** 왕들의 이름을 외워 보라면 무리겠지요? 그래도 외워 보시겠다고요!

① 9:31-11장 -
② 12:16-13장 -
③ 14-16장 -
④ 17-21장 -
⑤ 21장 -
⑥ 22:1-9 -
⑦ 22:10-23장 -
⑧ 24장 -
⑨ 25장 -
⑩ 26장 -
⑪ 27장 -
⑫ 28장 -
⑬ 29-32장 -
⑭ 33:1-20 -
⑮ 33:21-25
⑯ 34-35장 -
⑰ 36:1-4 -
⑱ 36:5-8 -
⑲ 36:9-10 -
⑳ 36:11-21 -
*주전 587년 바벨론에 멸망

자료 보너스 5 성지(聖地) 이름

히브리, 가나안, 유다, 이스라엘, 팔레스틴?

오늘날 통상 '이스라엘'이라고 부르는 그 땅 백성을 출애굽 당시에는 '히브리 백성'이라 했고, 그들이 찾아가는 땅을 '가나안'이라 했다. 통일 왕국을 거쳐 이스라엘은 남북으로 분단되어 남쪽은 '유다'로, 북쪽은 '이스라엘'로 불렸다. 그리고 오늘날은 그 땅을 '팔레스틴'이라 부른다. 같은 땅에 대한 여러 이름으로 혼란스럽지 않은가?

1. 히브리

처음으로 히브리 사람이라 불린 사람은 아브라함이다(창 14:13). '히브리'라고 적고 있는 히브리어 '이브리'는 마치 가나안 족속을 '가나아니'라고 부르거나 모압 족속을 '모아비'라고 부르듯이 이브리도 이러한 혈족을 일컫는 말이라는 것이다. 또한 지역과 관계가 있다는 것은 '지역 넘어'(the region beyond)라는 뜻을 가진 히브리어가 창세기 50장 10절, 민수기 21장 13절에서 쓰인 바와 같이 '에베르'인데 '이브리' 하면 '건너편 사람'이라는 뜻이 된다(수 24:2).

창세기와 출애굽기에서는 주로 애굽과 관련하여, 사무엘서에서는 블레셋에 대조하여 쓰였다(창 39:14, 17, 40:12, 15, 출 1:16, 19, 2:6-7, 11, 13, 3:18, 5:3, 7:16, 9:13, 10:3, 삼상 4:6, 9, 13:3, 7, 19, 14:11, 21). 선지서에서도 히브리 사람을 말했고(렘 34:9, 14), 요나도 자신을 '히브리 사람'으로 소개했다(욘 1:9).

2. 가나안

주전 2천년에는 구약의 땅을 가나안으로 불렀다(창 13:12). 마리, 누리, 우가리트 및 텔-엘-아마르나 문서 등에서는 아카디아어로 다양하게 변형되어 언급되었다. 가나안이란 표기의 기원에 대해서는 분명하게 알려진 것은 없다. 성경에서는 가나안 땅이 이스라엘 지파들 전체가 정착한 지역을 가리키는 개념으로 사용하였다(수 14:1). 이와 같이 이스라엘 지파들이 그 땅을 정복하기 이전에는 가나안 땅에 사는 주민을 가나안 사람들이라 하였다.

3. 이스라엘

아브라함의 후손들은 자신들을 이스라엘 민족이라 부르고 그 땅을 이스라엘 땅이라 부른다. 이 이름의 기원은 아브라함 - 이삭 - 야곱으로 이어져서 야곱의 새 이름 '이스라엘'에서 기인하여(창 32:28) 야곱의 열두 아들로 지파를 이룬다. 그래서 국가 형성 전에 이미 이스라엘로 불린 것으로 보인다. 이스라엘이라는 이름은 '하나님과 겨루어 이긴 자' 또는 '하나님의 왕자'라는 뜻이다. 이스라엘에 대한 다른 문헌의 기록은 애굽의 메르넵타 석비(주전 1224-1204년)에서 바로가 정복한 나라나 민족들 명칭에 가나안과 함께 언급된 것이 있다. 가나안에 정착한 후에도 남북을 통틀어 민족이나 국가의 이름으로 통칭 이스라엘이라 하기도 했으며, 남국 유다와 구별하여 북쪽을 일컬을 때 사용하기도 했다(삼하 5:1-5). 그러다가 남북이 분열된 이후에는 북국만을 가리키게 되었다(왕하 12장). 오늘날에는 신생 이스라엘(1948년 재건)을 일컫는 국가 이름이다.

4. 유다

야곱의 열두 아들(야곱의 열두 아들에 대해서는 제1권 통독 10일째와 제2권 통독 136일째를 보라) 중에 넷째 아들인 유다는 야곱의 대를 이어 메시아 족보로까지 이어진다(마 1:3, 창 38장). 유다는 남북이 분열된 후에 주로 서부 요르단 중에서 남쪽에 위치한 중앙 산악 지역을 여호수아 때에 분배받은 유다 지파가 중심이 되었으므로 공식적인 남쪽의 국가 이름으로 불렸다(왕상 12장). 특히 왕들이 유다 지파에서 나온 연유인 듯하다. 이 이름은 바벨론 포로 때까지 사용하였고, 해방 후에 북국은 사라졌으므로 유다(에스더 참고)의 이름으로 하스몬 왕조까지 사용하였다. 로마 시대에는 유다라는 이름으로 시리아 지역 일부를 가리키는 지명으로 사용하였다. 오늘날은 민족을 말할 때에 '유다인'(유대인)이라 하고 국가명으로는 사용하지 않는다. 그들의 종교를 말할 때는 '유대교'라고 한다.

5. 팔레스틴

팔레스틴(또는 팔레스타인, Palaestina)이라는 명칭은 서부 요르단 땅과 동부 요르단 땅을 떠올리게 한다. 팔레스틴은 아람어의 희랍어 표현으로 해안 평야의 '블레셋 사람들의 거주지'를 지칭한다. 제2차 유대 봉기(주후 132-135년) 이후 로마인들이 유대 관구를 팔레스틴으로 개명하였고, 동시에 해안 평원은 물론 서부 요르단 지역을 지칭하게 된 것이다. 그 후 로마 제국의 행정구역 개편으로 이전의 아라비아 관구 일부가 팔레스틴에 편입되었다. 4세기경에는 관구가 셋으로 나뉘었고, 7세기경에는 페르시아와 이슬람이 침입한 이래로 로마 제국의 행정적 명칭으로 팔레스틴은 더 이상 사용하지 않았다. 오히려 현대에 중동 사태들을 일컫을 때 팔레스틴이라는 명칭을 사용하고 있다.

〈이 자료는 한동구, 《구약세계》, 도서출판 B&A, 2005, pp. 69-71을 참고하여 가감한 것이다.〉

한국에서의 성경 출판과 반포

1946년에 출판하여 최장기 베스트셀러 1위를 기록한 《스포쿠 박사의 육아법》은 2천4백만 부나 판매되었다. 1955년도에는 《세계기록책》이 나와 23개국어로 번역되면서 4천만 부나 팔렸으며, '여호와 증인'이 발행하는 《생명으로 이끄는 진리》라는 책은 9천7백만 부나 팔렸다고 한다. 한때 중공을 통치한 모택동은 《모택동 어록》을 출판하여 8억이나 되는 사람들에게 강제로 읽게 했다. 그러나 가장 놀라운 사실은 성경으로서 1815년부터 1975년까지 1,735개의 언어로 번역, 출판되면서 25억 부나 배부했으며, 1981년 한 해에 미국성서공회에서만도 1천만 부나 배부했다고 한다.

한국 내의 성경 반포 부수는 2007년 935,236부로, 2006년의 같은 기간의 617,770부에 비해서 317,466부(51.4%)가 증가하였다. 상반기 동안 사용을 허락한 주석 성경 811,000부 중에서 〈개역개정판〉은 513,000부, 〈개역한글판〉은 298,000부로서 합계 1,746,236부가 발행되었다. 국내 성경 중에서 〈개역개정판〉 성경이 701,854부가 반포되었는데, 이는 전체 성경 반포의 75%를 차지하는 셈이다. 2007년 말 〈개역개정판〉을 사용하기로 한 교단은 총 17개 교단으로 늘었다. 해외 성경 수출사업 분야에서는 1,765,307부의 성경을 93개 언어로 제작하여 84개국에 발송하였다.

해외 성경 제작 요청 부수는 지난해의 1,766,619부에서 103,062부(5.8%)가 증가한 1,869,681부다. 지역별로 볼 때에, 미주 지역과 아시아 태평양 지역에서 제작 요청이 증가하였다.

〈이 자료는 대한성서공회의 홈페이지 자료를 요약한 것이다.〉

〈에스라〉를 소개합니다

제목에 대한 해설

히브리어 성경에서 〈에스라〉와 〈느헤미야〉는 한 권이었으나 후에 불가타역(Latin Vulgate, 주후 5세기경 제롬에 의한 라틴어역)에서 두 권의 책으로 나뉘게 되었다. 이는 에스라-느헤미야의 경우 두 권의 책은 하나로 명명하였으나(제2에스드라서, 2 Esdras), 불가타역에서 이 두 권의 책이 제1, 제2 에스라(1, 2 Ezra)라고 불렸다. 동시에 역대하 36장 22-23절의 끝부분과 에스라 1장 1-3절의 내용이 거의 일치하고 있음을 본다. 이는 역대기와 에스라가 연속성을 가진 책이라고 할 수 있는 근거를 제시해 주는 것으로 이해해 왔다.

불가타역의 〈에스라〉라는 명칭을 오늘날까지 계속 사용해 오고 있다. 이러한 명칭은 본서의 저자를 에스라로 인정해 왔고, 동시에 본서의 중심인물로서 바벨론으로부터 예루살렘으로 돌아와 예루살렘 재건에 매진하는(스 7-10장) 모세의 율법에 익숙한 학사이며 제사장인 '에스라'의 이름에서 따 온 것이다.

저자 및 저작 연대

본서에는 명확한 자료는 없고 문장도 1인칭, 또는 3인칭 주어의 관점에서 전개되기 때문에 명확하게 저자를 말할 수 없으나 전통적으로 '에스라'를 저자로 보아 왔다. 7장 8절에 의하면 에스라는 바사 아닥사스다 1세(주전 464-424년) 즉위 7년인 주전 458년에 귀국하여 8-10장에 기록된 여러 가지 개혁을 추진하였다. 또한 10장 6절에 에스라가 엘리아십의 방에 들어갔다는 구절이 있는데 엘리아십은 대제사장으로서 느헤미야와 동시대 인물이다(느 3:1, 20).

그러므로 본서가 기록된 연대는 느헤미야가 바사 왕실로부터 귀국한 주전 445년 이후로 추정되며 에스라는 느헤미야가 활동하던 시기까지 생존하였으므로(느 8:1-9, 12:36) 에스라가 그의 생애 말기에 기록한 것으로 보인다.

한편 에스라의 귀환이 주전 458년이 아닌 428년, 또는 아닥사스다는 1세가 아닌 아닥사스다 2세로 보아 주전 398년에 귀환했다는 주장들이 있으나 주로 주전 458년의 귀환설에 무게를 두고 있다.

시대적 배경

〈에스라〉서에는 네 명의 바사 왕들이 나온다. 고레스, 아닥사스다 1세, 다리오, 7장 1절의 아닥사스다이다. 페르시아 제국을 일으킨 고레스의 해방령으로 이스라엘 백성들이 본국으로 돌아올 수 있었고, 그 뒤를 이은 아닥사스다 1세는 이스라엘 백성들의 성전 재건 작업을 방해하는 사람들의 조서를 받고 그들의 요구대로 성전 건축을 중단하게 만든 왕이다. 그러나 다리오는 이스라엘의 요구를 따라 고레스 시대의 조서를 찾아내고 성전 재건을 재허가해 주었다. 이로 인해 다리오 왕 6년(주전 515년) 아달월에 성전을 완공하게 된다. 7장 1절에 나오는 아닥사스다 왕은 에스라에게 하나님의 말씀을 가르쳐 지키게 하는 사명을 줌으로써 그가 바사 왕실의 도움으로 이스라엘 땅에 신앙과 율법을 재건하는 기틀을 마련한다.

바사 왕실은 주변 약소국에 대한 정책이 과거 앗수르나 바벨론처럼 힘으로 통치하지 않고 주변 국가들의 자치와 독립을 인정하고 권장함으로 스스로 바사의 조공국이 되도록 했다.

교훈과 메시지

1) 고레스의 귀환령(해방령)

주전 538년에 내려진 바사 왕국의 귀환령은 유다 포로 뿐 아니라 당시 바사 전역에 있던 포로민들에게 내려진 귀환령이었다. 이는 예레미야 25장 12절에 하나님께서 하신 말씀의 성취로서 칠십 년이 된 것이다. 귀환한 이스라엘에게 신앙공동체를 회복하는 기회가 다가온 것이다.

2) 성전 재건

시드기야 11년(주전 587년)에 유다가 멸망하면서 불타 버린 성전에 귀환하여 갖은 고난 끝에 주전 515년에 재건을 한다. 이 성전을 제2성전, 또는 스룹바벨 성전이라 한다.

3) 에스라의 귀환과 개혁

에스라의 활동 시기에 대한 논쟁은 있으나 일단 그가 느헤미야와 함께 사역한 것으로 본다. 그는 이스라엘 백성들에게 율법을 가르치고 제사장과 레위인들이 하나님의 법을 어기고 있음을 책망하고 개혁 운동을 한다.

〈느헤미야〉를 소개합니다

제목에 대한 해설

히브리어 성경은 이 책의 주인공을 따라 이 책의 명칭을 〈느헤미야〉라고 부른다. 이 책은 〈에스라〉서와 함께 한 권의 책이었으나 제롬의 불가타역(Latin Vulgate)에서 에스라와 분리되었으며, 후대의 성경들도 이를 따르고 있다. (자세한 것은 앞의 〈에스라〉 서론을 보라)

저자 및 저작 연대

본문의 대부분의 주어가 1인칭 단수인 것으로 보아 느헤미야가 본서의 저자일 것으로 추정된다. 따라서 본서의 내용은 느헤미야가 주전 445년에 귀환하여 유다 총독으로 활동하던 시대인 주전 445-425년 사이의 역사적 사실을 말하고 있지만 그것을 기록한 연대를 정확하게 말하기는 어렵다. 다만 느헤미야가 공직에서 은퇴한 후인 주전 421년-400년경 자신의 행적을 회고하면서 기록한 것으로 추정할 뿐이다.

현대 학자들 중에는 느헤미야의 귀환 연대를 1차 귀환을 주전 465-454년, 2차 귀환을 주전 445년으로 보는 경우도 있으나 설득력이 약하다.

시대적 배경

1) 느헤미야의 활동 시기

본서는 바사 왕 아닥사스다(주전 464-424년)의 치세를 그 배경으로 한다. 그를 에스라 7장 1절에 나오는 아닥사스다와 동일한 인물로 볼 때에, 느헤미야는 주전 458년에 귀환한 에스라보다 13년 늦은 주전 445년에 예루살렘에 귀환한다. 그가 도착했을 때에 예루살렘의 상황은 너무 황폐해 있었다. 〈느헤미야〉서에는 아닥사스다 왕실보다 주변국의 반대와 음모에 맞서서 예루살렘 성벽을 재건해야 하는 어려움이 기록되어 있다. 유다가 나라의 틀을 갖추고 강해지면 주변국들이 위협을 당할 것이라 생각하여 예루살렘 재건을 반대했을 것이다.

2) 유다의 내부적 상황

사방의 대적과 포로에서 돌아온 쓰라린 경험을 한 이스라엘 백성들은 결속이 느슨해져 있었고 의식도 부족했다. 하나님의 말씀에 대한 순종도 약하고 삶의 방향도 감각을 잃었다.

그런데 이미 성전은 재건되어 있었으나 성전이 있는 예루살렘 성내에 사는 사람은 유다 자손과 베냐민 자손 일부로서(느 11:3) 느헤미야가 등장할 때까지 적은 수의 사람만이 살고 있었다. 더구나 제사장이나 레위인마저도 성전에서 멀리 떨어진 곳에서 자신의 생계를 위하여 다른 일을 하면서 살아가고 있는 모습은 이스라엘 백성의 신앙의 피폐함을 보여 준다(느 13:10-14).

포로에서 귀환한 이스라엘 백성들은 하나님이 원하시는 길을 잃어버리고 그 길을 따르려 하지 않았으므로 그 결과 사회 전체가 황폐해지고, 신앙의 열기도 시들어 가고 있던 때가 바로 느헤미야가 활동했던 시대다.

교훈과 메시지

1) 예루살렘 성벽의 재건 - 성벽 재건은 40개 구역으로 나눈 후 각 구역에 재건 담당자를 배정하여 건축하게 하므로 52일이라는 짧은 기간에 완공을 하게 되었다. 뛰어난 지도력을 가진 느헤미야와 훼방자들의 방해에도 불구하고 단기간 내에 역사를 끝내겠다는 백성들의 결집된 믿음의 힘이 하나가 되어 큰 역사를 짧은 기간에 마칠 수 있었던 것이다.

2) 느헤미야의 종교개혁 - 예루살렘 성벽 재건 공사를 마친 느헤미야는 율법학사요 제사장인 에스라를 청하여 백성들에게 율법을 강론하게 하고 백성들이 회개케 하는 회개운동을 전개하고 그것은 신앙개혁과 생활 개혁으로 이어진다. 특히 이방 여인들과의 통혼을 금지하고 안식일을 지키게 하며 성전 제도를 회복함으로 하나님 중심으로 공동체 재건을 지향하고 있다.

3) 개혁의 내용 - 10:29-39에 요약되어 있다.

이방인과 통혼 금지(29-30), 안식일 엄수(31상), 땅의 안식년 준수(31중), 안식년에 빚 탕감(31하), 성전제사를 위해 해마다 각 사람이 3분의 1세겔을 내기로(32-33), 해마다 정한 기한에 제단용 나무를 바치기로(34), 해마다 토지 소산의 맏물을 드리기로(35), 첫 아들과 가축의 처음 난 것을 제사장에게로(36), 십일조를 제대로 드리기로(38), 하나님의 전을 버리지 아니하기로(39) 하는 개혁을 수행하였다.

[오늘의 말씀] 에스라 1장~3장 : 제1차 귀환(스룹바벨) → 먼저 성경 읽기

* 열왕기하 25장(대하 36장)에서 주전 587년 유다가 바벨론 제국에 의해 멸망하여 포로로 잡혀 갔다. 그들은 예레미야의 예언대로(렘 25:12) 70년간(주전 605-538년, 또는 주전 587-515년) 포로생활을 했다.
(1장) 바벨론을 정복한 바사 나라 고레스의 해방령에 의해 1차 귀환이 스룹바벨에 의해 이루어진다.
(2장) 귀환자들의 명단이 소개된다. (참고. 3차에 걸친 귀환이 이루어진다. 주전 538, 458, 445년)
(3장) 귀환한 이들은 성전 건축을 시작하나 지대만 놓고 만다.

[깊은 연구]

1. 바벨론에서의 포로생활

1) 주전 587년, 예루살렘이 바벨론 제국에 멸망(왕하 25장, 대하 36장)하면서 포로 된 자들은 끌려가는 도중 죽기도 했고 바벨론까지 간 자들은 바벨론의 동남쪽 니푸르(Nippur) 근처에 있던 그발 강가 델-아빕에 정착했다(겔 3:15).

2) 유다인 포로들은 온건 정책을 쓴 바벨론 황실의 보호를 받으며 **정치**활동 이외에는 자유롭게 결혼하고 예배를 드리며 고국으로의 귀환 소망을 가졌다(시 137편). 그들은 **농업**과(렘 29:5) **상업**에 종사했는데(겔 17:4), 오늘날 유다인의 상술은 이때부터 발전해 온 것이라 한다. 또한 **교육**하는 일도 자유로웠을 것이며 **회당 제도**도 이때부터 발전한 것으로 본다.

3) 그러면서도 포로민으로의 삶은 조국 땅과는 같지 않았기에 유다인의 사무친 감정은 "멸망할 바벨론아 네가 우리에게 행한 대로 네게 갚는 자가 유복하리로다 네 어린것들을 반석에 메어치는 자는 유복하리로다" (시 137:8-9)라는 시(詩)를 쓸 만큼 바벨론 사람을 증오했다.

2. 세스바살(1:8)과 스룹바벨(2:2)은 동일 인물인가?

세스바살과 스룹바벨을 서로 다른 인물로 보지만, 다음 이유를 들어 동일 인물로 보는 경우도 있다.
① 두 사람 모두 지도자였다(5:14, 학 1:1, 2:2).
② 두 사람 모두 성전 기초를 놓았다(3:2-8, 5:16, 학 1:14-15, 슥 4:6-10).
③ 포로들은 바벨론식 이름을 가졌다(단 1:7).

3. 고레스의 원통 인장(印章, The Cylinder)

바사의 통치자 고레스의 바벨론 정복에 대한 자신의 보고다. 무혈 진격으로 탈취한 후의 개혁들을 기록하였고, 교만하게 자신을 "나는 고레스, 세계의 왕, 위대한 왕, 힘있는 왕, 바벨론의 왕"이라고 했다. 그는 유다인을 포함한 포로민의 귀환을 허락한 왕이다.

옆 사진의 인장은 점토로 된 것으로 1879-1882년 바벨론에서 발굴된 것이다.

■ 고레스의 원통 인장(印章, 스 1장)
설형문자로 되어 있어서 원통을 돌려 가며 읽을 수 있다. 토판에 굴리면서 인장을 사용하였다.
주전 539년 바벨론을 정복한 후에 기록된 것으로 본다. 〈대영박물관 소장〉

공부 에스라 1장~3장 : 제1차 귀환(스룹바벨)

1. 고레스의 해방령(주전 538년)과 관계없는 것은?(1:1-11)
 1) 예루살렘에 전을 건축하라 2) 바사인은 금·은·물건·짐승으로 도우라
 3) 여호와의 전 기명을 돌려주라 4) 여호와의 전 건축은 자력으로 하라
2. 하나님의 감동을 받고 예루살렘 전을 건축하기 위해 나섰던 사람이 아닌 자는?(1:5-11)
 1) 유다와 베냐민 족장 2) 예레미야 3) 제사장들 4) 레위 사람들
3. "예루살렘과 유다 도로 돌아와"란 주전 ____년 고레스의 해방령에 의해 스룹바벨의 인도로 귀환한 것을 말한다(2:1-2). (전면 해설 참고)

4. 제사장, 레위 사람(2:36-42).
 1) 여다야 자손 가) 128명
 2) 노래하는 자 나) 973명
 3) 문지기 자손 다) 139명

5. 솔로몬 신복, 보계(호적부) 없는 자(2:55-63).
 1) 솔로몬 자손의 신복들 가) 들라야, 도비야 자손 등
 2) 이스라엘에 속한 증거 없는 자 나) 하바야, 바르실래 자손 등
 3) 제사장 중 보계가 없는 자 다) 소대, 스바다 자손 등

6. 1) 돌아온 회중의 합계 (명), 2) 노비 (명), 3) 노래하는 자 (명)
7. 1) 드려진 금 (다릭), 은 (마네), 2) 제사장 옷 (벌)(2:64-70)
8. 성전 건축에 앞서 단을 쌓았고, 전 지대를 놓은 두 사람은?(3:1-13)-
9. 예루살렘 성전 지대를 놓은 때는 언제인가?(3:8-9) -
10. 여호와의 전 지대를 놓을 때에 다음 사람들은 어떻게 했나?(3:10-13)
 1) 제사장들 - 2) 아삽 자손 레위 사람들 -
 3) 모든 백성 - 4) 여러 노인들 -

▲▼△▽ -----≪신장 투석은 이 사람 덕분≫----- ▽△▼▲

1935년, 네덜란드 의사 윌렘 콜프는 20대 신부전증 환자를 담당했으나 당시 의술로는 신장을 고칠 수 없었다. 가려워하는 환자를 긁어 주는 게 전부였고, 얼마 후 환자는 죽게 되었다. 콜프는 자책감으로 꼭 신부전증을 고치겠다고 다짐했다.

콜프는 소시지 포장재인 셀로판지 안에 돼지 피와 오줌을 함께 섞은 뒤 헤파린 용액 속에 담가 오줌만 빠져 나오게 하는 데 3년 걸렸고 10년 만에 '혈액투석기'를 최초로 발명했다.

1950년 미국으로 건너간 콜프는 대학의 인공신장기학과에서 인공심장과 인공허파 등을 잇달아 발명했으나 한 건도 특허를 내지 않았다. "의과 대학을 다닐 때 교수님이 말씀하셨어요. 의료 기계에 특허를 내면 특허료 때문에 그 발명품은 비싸지고 공급도 제한되기 때문에 환자가 죽어 간다고요."

♧ ♧ ♧

사람 피를 외부에서 걸러 낸 뒤 다시 들여보낸다는 것은 상상도 못하던 당시 의학계의 고정관념을 깨고 헤파린 용액에 담긴 인공혈관에 혈액을 통과시켜 노폐물을 걸러냈다.
콜프는 풍요하게 살지는 못했지만 자부심을 가지고 90세가 넘어서도 인공장기를 연구했다.
신장 투석을 하는 분들은 콜프의 연구 혜택과 정부의 복지 정책 덕에 고통 중에도 위로가 된다.
바사에서 돌아온 유다는 성전 건축을 사명으로 알고 여호와의 전 지대를 놓았다.

(에스라 3:10) 건축자가 여호와의 전 지대를 놓을 때에 제사장들은 예복을 입고 나팔을 들고 아삽 자손 레위 사람들은 제금을 들고 서서 이스라엘 왕 다윗의 규례대로 여호와를 찬송하되

신현주, 〈예화철학〉, 〈예화산책〉, www.sbs66.net

[오늘의 말씀] 에스라 4장~6장 : 성전 건축 봉헌 → 먼저 성경 읽기

(4장) 성전 건축은 반대자들로 인해 건축이 중단되었다가,
(5장) 학개와 스가랴 선지자의 성전 건축 촉구 예언에 힘입어(〈학개〉와 〈스가랴〉도 읽어 보라),
(6장) 드디어 바사 왕 다리오 6년(주전 515년)에 제2성전(스룹바벨 성전)을 봉헌한다.

[말씀 묵상]

1. 유다가 바벨론에서 귀환한 이듬해(주전 537년) 이월에 성전 재건을 위한 역사를 시작하였으나(3:8), 반대자들로 인해 중단되었다(4:1-5). 그러나 학개와 스가랴의 예언에 힘입어 다리오 6년에 성전을 봉헌한다(6:13-18). 하나님의 일은 방해도 받지만 순종하면 영광이 온다.
2. 성전 건축이 중단되었다가 다시 힘을 합하여 건축을 하고 봉헌을 하니 얼마나 기뻤겠는가? 고난 뒤의 영광은 복음적인 것이며, 언제나 우리에게 주어진 과제이므로 회피하면 안 된다.

[깊은 연구]

1. 역사(役事: 성전 건축과 성벽 수축)를 반대하는 일의 종합 (스 4장)

4장에는 6장의 성전 봉헌 당시의 다리오 왕(주전 522-486년)의 후대 왕들도 언급된다.

1) 1-5절. 고레스(주전 538-530년) 통치 기간 중의 일. - 〈에스라 1장〉

2) 6절. 아하수에로(주전 486-465년) 통치 기간 중의 일. - 〈에스더 1장〉. 〈에스더〉는 〈에스라〉 6장과 7장 중간의 시기에 일어난 사건이다.

3) 7-23절. 아닥사스다 1세(주전 465-424년) 때의 일. - 〈에스라 7장 - 느헤미야〉

4) 다시 다리오 1세(주전 522-486년)를 언급함으로 다리오의 통치 기간 중에 성전이 완공되었음을 보여 준다(스 5:1-2, 6:13-15, 학개, 슥 1:1-17, 4:9).

2. 성전은 역사적으로 세 번 건축(증축 포함)되었다. (스 6장)

성전은 역사적으로 세 번 건축되고 파괴되었다. 〈성전 모형 사진은 통독 144일째, 154일째, 167일째 참고〉

1) 제1성전(솔로몬 성전) - 솔로몬 왕 제4년에 시작하여 7년이 걸렸다. 주전 950년에 성전을 봉헌한다(왕상 5-8장, 대하 3-7장). 이 성전은 주전 587년 바벨론의 느부갓네살에 의해 파괴되고 불질러진다. 그리고 유다의 귀인들은 포로가 된다(왕하 25장, 대하 36장).

2) 제2성전(스룹바벨 성전) - 바벨론 포로에서 귀환하여 이듬해 성전 건축을 위해 대를 놓았으나(스 3:8, 주전 537년) 반대자들로 인해 중단되었다가 바사 왕 다리오 6년(주전 515년)에 봉헌한다(6장).

3) 헤롯 성전(제2성전을 증축) - 로마가 통치하던 시대에 유다인의 왕이 된 헤롯이 이두매 출신으로 인정을 받지 못하자 유다인들의 환심을 사려고 예루살렘 성전을 증축한다. 주전 19년에 착공되어 주후 64년경 총독 알비누스 때 완공된 큰 규모다(83년 소요). 예수님 사역 말기(주후 30년경)에도 대단히 화려하여 제자들이 '성전 건물을 가리켜 보이려고' 하였다. 그러나 완공 7년 후인 주후 70년 유대 전쟁 때에 로마에 의해 파괴되어 예수님의 예언대로 되었다(마 24:1-2).

공부 에스라 4장~6장 : 성전 건축 봉헌(주전 520년)

1. 그 땅 백성이 유다 백성의 ___을 약하게 하여 그 _____을 방해하되 ______왕 고레스의 시대부터 바사 왕 ______가 즉위할 때까지 의사(議士)들에게 _____을 주어 그 경영을 저희하였으며(4:1-6).
2. 그 글의 ______은 이러하니...만일 이 _____을 건축하며 그 ______을 마치면 저 무리가 다시는 _____과 잡세와 부세를 바치지 아니하리니 필경 왕들에게 ______가 되리이다(4:7-24).
3. 다음 사람들의 한 일이나 말과 관계있는 것을 찾아 줄로 연결하세요(5장).

1) 학개, 스가랴	가) 하나님의 전 지대를 놓았고 계속 건축하는 자
2) 닷드네, 스달보스내	나) 우리는 천지의 하나님의 종이라
3) 유다 장로들	다) 성전 건축 재개 독려(학 1:1, 슥 1:1)
4) 세스바살(스룹바벨)	라) 누가 이 전을 건축하고 성곽을 마치게 하였느냐

4. 다음 문장에서 틀린 곳에 줄을 긋고 바르게 고치세요(6장).
   1) 다리오왕의 조서에 따라 보물 쌓아 둔 곳에서 '예루살렘 하나님의 전을 건축하라'는 느부갓네살 왕의 조서를 발견했다(1-5). →
   2) 강 서편의 세금 중에서 성전건축 경비를 주되 예루살렘 제사장의 소청은 거절하라(6-12). →
   3) 장로들이 선지자 학개와 잇도의 권면함으로 전 건축할 일이 형통하였다(13-15). →
   4) 하나님의 명령과 고레스와 다리오와 아하수에로의 조서를 좇아 다리오 왕 6년(주전 515년)에 전을 필역하였다(13-15). 〈참고. 이 전을 스룹바벨 성전(제2성전)이라 한다〉 →
   5) 성전 봉헌 때에 화목제를 드렸고, 정월 십사일에 초막절을 지켰다(16-22). →

▲▼△▽ -----≪사명으로 살았던 리빙스턴≫----- ▽△▼▲

1840년, 리빙스턴은 한창 젊음을 발산할 때인 27세에 런던선교협회 소속 의료선교사로서 남아프리카에 파견되었다. 처음에는 사람의 발길이 드문 두메까지 들어가 전도사업에 진력하다가 전도와 의료를 겸하였다. 그는 아프리카 각지를 탐험하면서 세계 사람들에게 오지의 땅인 아프리카의 실상을 밝혔는데 탐험을 계속하는 동안 몇 번이나 죽을 고비를 넘기기도 했다.

1871년에는 열병에 걸려 사경을 헤맸는데, 다행히 스탠리의 수색 탐험대를 만나 구출되었으며 그 후에도 죽을 고비를 여러 번 넘겼다. 리빙스턴은 경험으로 '사람은 자기 사명이 끝나기 전에는 결코 죽지 않는다'라는 신념을 갖게 되었다. 그 후 리빙스턴은 스탠리 일행과 함께 조사를 계속 하다가 1873년 뱅귀울루 부근의 마을에서 이질로 사망했다.

♧ ♧ ♧

사명은 우리의 인생을 활기차게 하며 일의 효율을 높일 뿐 아니라 살아야 할 목적을 분명히 해 주므로 사명에 충실한 사람들은 더 오래 산다. 사명 때문에 죽을 수 없는 경험은 열심히 인생을 사는 사람들이 일상적으로 겪는 경험이지 특별한 것은 아니다. 할머니들이 마지막 숨을 몰아쉬면서도 "아들 오기 전에는 눈을 감을 수 없어!" 하며 기다렸다가 사랑하는 아들을 보고 편안히 눈을 감는 것도 유사하다. 귀환한 유다 백성들은 어려움을 이기고 성전을 건축하여 하나님께 봉헌하였다.

(에스라 6:14-15) 이스라엘 하나님의 명령과 바사 왕 고레스와 다리오와 아닥사스다의 조서를 좇아 전을 건축하며 필역하되 다리오 왕 육년 아달월 삼일에 전을 필역하니라

신현주, 〈예화철학〉, 〈예화산책〉, www.sbs66.net

[오늘의 말씀] 에스라 7장~8장 : 제2차 귀환(에스라) → 먼저 성경 읽기

(7장) 제2차 귀환이 에스라의 인도하에 아닥사스다 7년인 주전 458년에 있게 되므로 1차 귀환 후 무려 80년 만이고(주전 538년 → 458년), 성전 재건 뒤에는 60년 만이다(주전 515년 → 458년).

(8장) 에스라는 아닥사스다 왕의 도움을 받고 바벨론을 떠나 예루살렘에 도착하여 보물을 성전에 전달한다.

[말씀 묵상]

1. 바사의 아닥사스다 왕은 "이스라엘 백성과 저희 제사장들과 레위 사람들 중에 예루살렘으로 올라갈 뜻이 있는 자는 누구든지 너와 함께 갈지어다"(7:13)라고 에스라의 귀환을 촉구하였고, 에스라는 "아하와 강가에서 금식을 선포하고 우리 하나님 앞에서 스스로 겸비하여 우리와 우리 어린것과 모든 소유를 위하여 평탄한 길을 그에게 간구"(8:21)하며 준비를 한다. 바사의 안정된 생활을 버리고 선조들이 살던 예루살렘으로 가기는 어려웠기에 결단이 필요했고 금식하며 간구해야 했다.
2. 에스라의 귀환은 인간적으로는 왕과 그 모사, 방백들의 은혜를 입었고, 영적으로는 "나의 하나님 여호와의 손이 나의 위에 있으므로 내가 힘을 얻어 이스라엘 중에 두목을 모아 나와 함께 올라오게 하였노라"(7:28)라는 고백처럼 하나님의 도움의 손길을 힘입었다.

[깊은 연구]

1. 에스라에 대하여 (스 7, 느 8, 11장)

에스라 7장 11절에서는 에스라를 "여호와의 계명의 말씀과 이스라엘에게 주신 율례의 학사인 학사 겸 제사장"이라 했고, 12절에서는 "하늘의 하나님의 율법에 완전한 학사 겸 제사장"이라고 했다. 그는 바사(페르시아) 궁내의 능숙한 서기관(법무관, 느 12:26)이었고, 유다인의 율법에 능숙한 제사장이었다(느 8:1, 4, 9, 13, 12:26). 그는 율법 연구를 통하여 하나님의 구원 역사의 흐름과 언약 성취의 발자취를 깨닫고 민족적 신앙 회복을 위한 사명자로 감격에 찬 일꾼의 모습을 가졌다(스 7:10).

2. 2차 귀환자의 수 (스 8장)

주전 458년에 에스라의 인도로 귀환한 사람들의 수는 개인이 아닌 각 자손별로 대표되는 남자의 총수 1,496명(8:2-14)과 부녀자와 어린이들(21절), 약 40명의 레위인(18, 19), 220명의 성전 수종자(느디님 사람, 20절)를 모두 합하면 **적어도 5,000명**은 되었을 것이다. 13절에 "나중 된 자"라 하는 것을 보면, 나머지 자손들은 이미 귀향한 것으로 추측된다.

■ 스룹바벨 성전(축소 모형)
스룹바벨 성전 또는 제2성전(솔로몬 성전을 제1성전이라 한다)이라고도 일컬어지는 이 성전은 다리오 왕 6년인 주전 515년에 완공되었다(스 6:15).

통독	154
확인	

공부

에스라 7장~8장 : 제2차 귀환(에스라)

◇ 다음 말이 맞으면 O표, 틀리면 X표 하세요(1-4문, 7장).

1. 에스라는 아론의 16대 손으로 율법에 정통한 학사 겸 제사장이었다(1-12). (　　)
2. 바사 왕 아닥사스다 7년에 귀환했는데 바벨론에서 예루살렘까지는 4개월 걸렸다(1-10). (　　)
3. 왕과 모사들이 성전에서 쓰일 은금을 주었고 더 필요한 것은 왕의 내탕고에서 취하여 주도록 하되 그 한계는 22절에 나와 있다(11-26). (　　)
4. 제사장 이외의 하나님의 전에서 일하는 자들은 조공, 잡세, 부세를 냈다(24). (　　)

◇ 다음 물음에 맞는 것에는 O표, 틀린 것에는 X표 하세요(5-7문, 8장).

5. "나와 함께 바벨론에서 올라온..."에서 '나'는 누구며 몇 차 귀환인가?(1-14, 해설 참고)
   1) 스룹바벨 – 1차 (　　)　2) 에스라 – 2차 (　　)　3) 느헤미야 – 3차 (　　)
6. 에스라가 예루살렘으로 가기 전 무리를 모아 한 일에는 O표, 아닌 것에는 X표(15-30) 하세요.
   1) 레위 자손이 없기에 같이 귀환할 자들을 데려오도록 했다. (　　)
   2) 아하와 강가에서 금식을 선포하고 평탄한 길을 간구했다. (　　)
   3) 세레뱌, 하사뱌와 그 형제 10인에게 금은 기명을 맡기었으나 그 보물들을 감추었다. (　　)
7. 다음 귀환 사건 중 맞는 것은 O표, 틀린 것은 X표 하세요(31-36).
   1) 정월 12일에 아하와 강을 출발하여 예루살렘으로 향했다. (　　)
   2) 예루살렘 귀환 제3일에 금은 기명을 제사장 므레못에게 드렸다. (　　)
   3) 이방에서 돌아온 자들은 하나님께 번제를 드렸다. (　　)

▲▼△▽ -----≪하나님의 것을 내 맘대로≫----- ▽△▼▲

동서울터미널에서 강릉행 버스의 출발 시간을 기다리다가 조금 전 사서 의자에 둔 과자를 먹기 시작했다. 그런데 바로 옆에 앉은 여자가 내 과자봉지를 당겨서 먹는 것이 아닌가? '양해도 없이 이상한 여자군!' 생각하며 과자 봉지를 당겨서 다시 먹는데, 그 여자도 다시 과자 봉지를 당겨서 먹는다.

그러던 중 마지막 남은 한 개를 그 여자가 가져가 반을 자르더니 씽긋 웃으며 한 조각을 주고는 가버렸다. '막가파 아줌마 같지는 않은데, 이상한 여자군' 하고 생각했다. 버스에 승차하여 책을 보려고 가방을 여는 순간 이런!

"가방 안에는 내가 산 과자 봉지가 그대로 들어 있었다. 아, 실수! 그 여자는 자기 과자를 자연스럽게 뺏어 먹는 나를 뿌리치지 않고 어떻게 참았을까?"

♧ ♧ ♧

남의 것을 자기 것인 양 마음대로 먹었으니 실제 과자 주인에게 망신당하지 않은 것만도 다행이다. 우리 인생에 어디 이런 실수뿐이랴? 사람들이 하나님의 것은 내 것인 양 십일조도 떼먹고, 감사도 떼먹고, 그러고도 자~알 산다. 떼어먹은 줄이나 알고 있다면 다음에라도 갚아야지! 모른 척 그렇게 살다가 주인이 찾으시는 날에는 큰일이다.
바사에서 예루살렘으로 귀환하는 에스라는 아닥사스다 왕의 전권을 받고 귀환하여 개혁을 한다.

(에스라 7:26)　무릇 네 하나님의 명령과 왕의 명령을 준행치 아니하는 자는 속히 그 죄를 정하여 혹 죽이거나 정배하거나 가산을 적몰하거나 옥에 가둘지니라 하였더라

신현주, 〈예화철학〉, 〈예화산책〉, www.sbs66.net

[오늘의 말씀] 에스라 9장~10장 : 에스라의 개혁 → 먼저 성경 읽기

(9장) 하나님이 금하신 잡혼(신 7:1-5)은 에스라를 슬프게 하므로 신명기적 기도를 한다.
(10장) 에스라와 백성의 통회 자복은 큰비에도 백성들이 감동을 받아 멸망의 위기에서 구원받는다.

[말씀 묵상]

1. 백성들의 잡혼으로 **에스라**가 통회 자복하며 기도했더니 여히엘의 아들 **스가냐**가 개혁을 단행할 수 있도록 "우리가 도우리니 힘써 행하소서"(10:4)라며 에스라가 말씀의 원리를 따라 소신껏 일할 수 있게 힘이 되어 준 것이다. 교회는 이런 소망 있는 격려를 하는 성도들이 많아야 한다.
2. 에스라는 예루살렘 귀환을 앞두고 **금식**을 선포하고 **기도**했다(8:21-23). 귀환 후에도 잡혼 문제로 백성들이 죄 가운데 있자 **기도**하고(9장), **금식**도 한다(10:6). 어려운 문제에 부딪힐 때 이렇게 금식하며 기도하는 에스라의 신앙을 우리도 본받아야 한다.

[깊은 연구]

1. *에스라의 개혁 (스 9장)*

에스라가 잡혼 소식을 듣고 놀란 것은 이방 여인들로 인한 야훼 종교의 타락을 염려한 것이지 민족적 우월 의식은 아닐 것이다. 이런 측면에서 율법은 이방 백성과의 결혼을 금하고 있다(신 7:1-5). 에스라는 과거를 회상하며 바벨론에 의해 노예(포로)가 되었다가 하나님의 은혜로 바사에 의해 소성하게 되어 하나님의 전을 세우게 된 것을 회상한다(9:9). 그러기에 개혁은 더욱 절실하였다.

성 력	현행력	성경 언급	계절, 농사	절 기
1. 니산 (아빕)	3-4월	출 12:2 느 2:1	춘분 늦은 비가 옴 보리 추수 시작 아마(亞麻) 추수	1일/종교적 신년, 민 28:11 14일/유월절, 출 12:18 15-21일/무교절, 레 23:6 16일/첫 번 수확, 레 23:10 이하
2. 이알 (시브)	4-5월	왕상 6:1, 6:37	건기가 시작됨 일반 추수	14일/늦은 유월절 민 9:10-11
3. 시완	5-6월	에 8:9	이른 무화과 익음. 열매를 맺음	6일/오순절, 레 23:25 이하
4. 담무스	6-7월	겔 8:14	밀 추수, 포도 돌봄	
5. 아브	7-8월		포도, 무화과, 올리브 수확	
6. 엘룰	8-9월	느 6:5		
7. 티슈리 (에디님)	9-10월	왕상 8:2	이른 비가 옴 밭갈이(경작)	1일/나팔절, 신년 민 29:1 10일/속죄일, 레 16:19 이하 15-21일/장막절, 레 23:34 이하 22일/성회, 레 23:36
8. 에쉬반 (불)	10-11월	왕상 6:38	밀과 보리 파종 겨울 무화과	
9. 기슬르	11-12월	느 1:1	겨울 시작	25일/수전절, 요 10:22
10. 티벳	12-1월	에 2:6	겨울철 우기 (산지에는 눈)	
11. 스밧	1-2월	슥 1:7	핀도 꽃이 핌	
12. 아달	2-3월	스 6:15	감귤류 추수	*13, 이다쉬니(윤달)가 있다

■ 성경에 나온 월력(히브리 월력)

7월(느 8:1)은 아닥사스다 왕 20년 칠월을 말하는 것이다. 아닥사스다 왕 20년 기슬르월(느 1:1)은 주전 445년 12월경이지만 같은 왕 20년 니산월(느 2:1)은 다음 해인 주전 444년 봄인 4월경이며 제7월(느 8:1)은 가을인 10월경이다.

공부 에스라 9장~10장 : 에스라의 개혁

◇ 다음 물음에 답하거나 밑줄 친 곳을 채우세요(9장).

1. 에스라가 무엇을 듣고 속옷과 겉옷을 찢고 머리털과 수염을 뜯으며 기가 막혀 앉았나?(1-4)
   - (간단히 쓰세요) :
2. 에스라는 왜 하나님을 향하여 얼굴을 들지 못한다고 했나?(5-7절을 읽고 답은 6절로) -
3. 유다는 어느 나라에 포로가 되었으며, 어느 나라로 인하여 소성케 되었나?(9절, 통독 152일째 참고)
   -
4. 기도의 내용은 5-___절에 있는데 "너희 ______들을 저희 아들들에게 주지 말고 저희 ______을 너희 ______을 위하여 데려오지 말며 그들을 위하여 ______과 형통을 ______ 구하지 말라"는 말씀도 기억하며 기도했다(9:12).

◇ 다음은 누가 한 행동(말)인지 이름을 쓰세요(10장).

5. 여호와의 전 앞에서 울며 기도하며 죄를 자복했다(1-4). -
6. 이방 아내를 취하여 범죄했으나 그들을 돌려보내고 하나님과 언약을 세우고 율법대로 행할 것이라... 우리가 도우리니 힘써 행하소서(1-4). -
7. 에스라의 명령대로 3일 내(9월 20일)에 예루살렘에 모인 사람들은?(5-9) - ____와 ____ 모든 사람
8. 잡혼문제 해결을 위해 이방 여인에게 장가든 자 조사에 반대한 대표적인 인물 두 사람은 누구인가?(15) -
9. 이방 여인을 취했던 자들이 그 죄를 인하여 숫양 하나를 무슨 제사로 드렸나?(19) -

▲▼△▽ -----≪소실을 전도한 본처 집사님≫----- ▽△▼▲

만주 혜림교회에 마음씨 착한 나정순 집사의 남편이 어느 날 소실을 데리고 왔다. 둘이 히히덕거려도 나 집사는 원망하지 않고 "전도할 사람을 보내주셔서 감사합니다." 하며 기도했고, 그를 동생처럼 돌보아 주며 교회에도 데리고 다녔다. 또한 한글을 가르쳐 주어 성경을 읽게 했으며, 남편이 소실과 윗방에서 잘 때도 이들의 영혼을 위하여 기도하였다.

어느 날 남편의 마음이 변하여 소실이 보기 싫다며 나가라고 했다. 그런데도 오히려 소실이 기뻐한 것은, 마음에 복음의 싹이 트면서 자신의 행실이 정당치 못함을 알았기 때문이다.

소실은 집을 나가며 "아무것도 모르고 왔다가 큰 구원을 받았습니다. 영감 떨어지는 것은 잘된 일인데, 형님을 떠나는 것은 섭섭합니다." 하며 울었다. 그 후 남편도 이성봉 목사님의 부흥회에서 회개하고 주님을 섬기게 되었다.

♧ ♧ ♧

나정순 집사의 남편은 "나는 돼지만도 못한 놈입니다. 이렇게 좋은 부인을 두고 더러운 행동을 했으니 천벌을 받아 마땅합니다." 하며 가슴을 치고 눈물을 흘리면서 통회 자복하였다 한다.
이성봉 목사님은 1930년대 성결교 부흥사로서 일제 시대의 백성들에게 희망의 메시지를 전했다.
에스라는 바벨론 포로에서 돌아와 이방 여인들과 결혼한 자들을 책망하고 결단을 촉구했다

(에스라 10:11) 이제 너희 열조의 하나님 앞에서 죄를 자복하고 그 뜻대로 행하여 이 땅 족속들과 이방 여인을 끊어 버리라

신현주, 〈예화철학〉, 〈예화산책〉, www.sbs66.net

[오늘의 말씀] 느헤미야 1장~2장 : 제3차 귀환(느헤미야) → 먼저 성경 읽기

(1장) 아닥사스다 왕 20년 예루살렘의 형편을 들은 느헤미야는 고향을 생각하여 금식하고,
(2장) 아닥사스다 왕의 도움을 받아 총독 자격으로 귀환하여(주전 445년) 형편을 살핀다.

[말씀 묵상]

1. 느헤미야는 고향 소식을 듣고 금식하며 기도했다(1:1-11). 그는 바사 왕궁의 고관 자리에서 떠나 조국으로의 힘든 여행길에 오른다(2장). 예레미야의 애국심은 하나님께나 사람들에게 크게 인정을 받는다. 기독교인의 애국심은 막연한 정부 옹호가 아닌 의와 불의를 구분해야 한다.
2. 남 잘되는 것 때문에 근심하는 사람도 있다. "호론 사람 산발랏과 종 되었던 암몬 사람 도비야가 이스라엘 자손을 흥왕케 하려는 사람이 왔다 함을 듣고 심히 근심하더라"(2:10). 이들은 느헤미야가 성벽을 재건할 것이라는 의지를 보일 때 도와주기는커녕 비웃기까지 한다(2:19).
3. 조국으로 온 느헤미야는 밤에 예루살렘 성벽을 둘러보고 수행원들에게 "예루살렘이 황무하고 성문이 소화되었으니 자, 예루살렘 성을 중건하여 다시 수치를 받지 말자" 했고, 수행원들은 "일어나 건축하자 하고 모두 힘을"(2:17-18) 내었다. 이처럼 일이란 느헤미야처럼 기본 방향을 정하는 사람이 있는가 하면 실제 이 일의 실천을 위하여 협력하는 사람이 필요하다.

[깊은 연구]

1. 〈에스라〉, 〈느헤미야〉에 나온 3차 귀환을 정리하면 다음과 같다.

귀환	연대	바사 왕	인도자	인도자 신분	귀환자 수	성경 기록	귀환 후 한 일
1차	538년	고레스 원년	스룹바벨	총독(?)	약 5만 명	스 1-6장	성전 재건
2차	458년	아닥사스다 7년	에스라	학사 겸 제사장	약 5천 명	스 7-10장	율법 재건
3차	445년	아닥사스다 20년	느헤미야	총독	일부 백성	느 1-13장	성벽 재건

2. 느헤미야의 반대자들 (대하 2:10, 19)

느헤미야의 활동 준비에 벌써 반대를 보이고 비웃는 "호론 사람 산발랏과 종 되었던 암몬 사람 도비야"는 그 출신이 이스라엘과 오랜 원수 간이었다. "롯의 두 딸이 아비로 말미암아 잉태하고 큰 딸은 아들을 낳아 이름을 '모압'이라 하였으니 오늘날 **모압 족속**의 조상이요 작은 딸도 아들을 낳아 이름을 '벤암미'라 하였으니 오늘날 **암몬 족속**의 조상이었더라"(창 19:36-38). 율법에서는 "암몬 사람과 모압 사람은 여호와의 총회에 들어오지 못하리니..."(신 23:3)라 했다. 이처럼 반대자들은 유다와 대대로 원수였다.

1) 호론 사람 산발랏 - 호론은 모압의 한 지방으로 모압은 롯의 후손이다. 모압의 발람 왕은 거짓 선지자 발락을 고용하여 가나안을 향해 가는 이스라엘을 저주하려 했고, 음란에 빠지게 했다(민 22-25장).

2) 암몬 사람 도비야 - 암몬은 역시 롯이 딸을 통하여 낳은 후손으로, 이스라엘이 가나안으로 가기 위해 그곳을 지나려 할 때에 길을 열어 주지 않았다. 유다는 암몬과 여러 차례 전쟁을 치르기도 했다(민 20:14-23:20).

통독	156
확인	

공부 느헤미야 1장~2장 : 제3차 귀환(느헤미야)

◇ 다음 물음에 답하세요(1장, 느헤미야의 기도).

1. 느헤미야는 바사 ① 어느 왕 때, ② 무엇을 맡은 관원이었나?(1, 11) - ① ②
2. 하나니가 느헤미야에게 전한 유다 사람과 예루살렘 형편은 어떠했나?(1-3)
   -
3. 유다 사람과 예루살렘의 형편을 들은 예레미야는 어떻게 했나?(4-11)
   -
4. 느헤미야의 기도 "만일 너희가 범죄하면 내가 너희를 열국 중에 흩을 것이요 만일 내게로 돌아와서 내 계명을 지켜 행하면..."은 옛적에 하나님께서 누구에게 명하신 말씀인가?(5-11) -

◇ 다음은 누가 한 말(행동)이며 몇 절에 있는 말씀인가?(2장) {보기} 느헤미야, 아닥사스다 왕, 산발랏, 게셈, 도비야

5. 어찌하여 얼굴에 수색이 있느냐 이는 필연 네 마음에 근심이 있음이로다. (   ) ______ 절
6. 나를 유다 땅...성읍에 보내어 그 성을 중건하게 하옵소서...아삽에게 조서를 내리사 저로 전에 속한 영문의 문과 성곽과 나의 거할 집을 위하여 들보 재목을 주게 하옵소서. (   ) ___ , ___ 절
7. 예루살렘에 이른 지 삼 일째 밤에 시내를 좇아 올라가서 성벽을 살펴본 후에 돌이켜 골짜기 문으로 들어와서 돌아온 자. (   ) ______ 절
8. 우리를 업신여기고 비웃어 "너희의 하는 일이 무엇이냐" 라고 한 세 사람은 누구인가?
   1)   2)   3)   - ______ 절

▲▼△▽ -----≪칠순 날 아버지의 마음≫----- ▽△▼▲

자녀를 여섯이나 둔 아버지가 칠순을 맞이했다. 자녀들은 모두 사회적으로 성공했고 인격적으로도 모두 훌륭했다. 그러나 막내딸은 남편과 사별하고 어린 딸 둘을 데리고 행상을 하며 근근이 살았다. 큰아들 집에서 아버지의 칠순 잔치를 성대하게 베풀게 되어 자식 며느리 손자들이 다 모였으나 막내딸만 보이지 않아 입에는 웃음이지만 속엔 눈물이 흘렀다.

날이 저물어 손님들과 자식들이 다 돌아가고 큰 아들네와 부모만 남았다. 아버지는 마음에 집히는 것이 있었다. "혹시 이 녀석이..." 하며 밖으로 나가 살펴보니 나직이 "아빠" 부르는 소리가 들렸다.

막내딸이 작은 아이를 등에 업고 큰 아이의 손을 붙잡은 채 서 있었다. '창피해서 들어갈 수는 없었고 아버지가 나오기를 기다렸다'며 말을 이었다. "아버지, 제가 짠 털장갑이에요. 여기 좋아하시는 박하사탕도 있고요." 눈물이 어렸고 포옹은 길었다...

♧ ♧ ♧

딸은 "아빠, 지 열심히 살아유. 아이들만 크면 고생을 면할 기에요." 하며 어둠 속으로 사라졌고,
아버지는 딸 생각에 잠을 이루지 못했으나 사랑의 확인과 딸을 위한 기도는 오랫동안 계속되었다.
아버지의 속 깊은 사랑은 죽는 날까지 자식에 대한 사랑으로 애달파 한다.
느헤미야는 이방 땅 바사에서 조국의 형편을 듣고 금식하며 기도한 후 조국으로 향하였다.

(느헤미야 1:3) 저희가 내게 이르되 사로잡힘을 면하고 남은 자가 그 도에서 큰 환난을 만나고 능욕을 받으며 예루살렘 성은 훼파되고 성문들은 소화되었다 하는지라

신현주, 〈예화철학〉, 〈예화산책〉, www.sbs66.net

[오늘의 말씀] 느헤미야 3장~4장 : 성벽 건축자들 → 먼저 성경 읽기

(3장) 느헤미야의 지도로 성벽 건축(성곽 재건)을 시작한다.
(4장) 많은 대적에게 방해를 받지만, 대적의 음모를 와해하고 성벽 건축은 계속된다.

[말씀 묵상]

1. 본문 3장에는 "문짝을 달고", "자물쇠와 빗장을 갖추고"라는 표현이 여러 번 기록되어 있다. 그리고 누가 어디를 **'중수'**했는지 그 이름들이 나온다. 유다 역사에 아름다운 일과 이름이 남는다는 것은 가문으로서도 자랑스러운 일이었을 것이다. 오늘날 하나님의 교회나 복음의 일에 그대가 한 일과 그 이름을 주님이 기억하고 있음을 영광스럽게 여기라.
2. 좋은 일에는 마귀가 끼어든다. 산발랏과 도비야는 도와주기는커녕 분내고 비웃으며 조롱한다(4:1-3). 그러나 하나님의 백성은 의연하게 대처하며 방비하고 처신하여 소기의 목적을 성취해 간다(4:15-18). **"절반은 역사하고 절반은 갑옷을 입고 창과 방패와 활을 가졌고"**(4:16)라는 구절에서 보듯이 이들은 기도만 하고 있었던 것이 아니라 일하면서 적들을 대적했다.

[깊은 연구]

1. 성벽 건축은 협동작업이었다. (느 3장)

성벽 재건은 협동작업으로 묘사되었는데, 애석하게도 당시에는 잘 알려져 있었겠지만, 오늘 우리에게는 대개 사라지고 없어서 추정치가 많다. 양문(羊門, sheep gate, 1절)은 북쪽에 있었다. 성전과 가까웠기에 제사장들이 건축하고 봉헌하였다. 본문은 시계 반대 방향으로 기록되었으며 두 가지 목적을 가지고 있었다.

1) 공동체 내에서는 성벽을 건축함이 유익하다는 것에 대해 의심하는 사람이 없었다. 성벽은 방위 능력과 함께 상징이었다.

2) 성벽에 의해 생긴 결속력 또는 연대감이 실제로 경험되었다. 대제사장으로부터 모든 백성에 이르기까지 참여했다.

2. 느헤미야의 성벽 재건 (느 3장, 옆의 지도에서 확인)

1) 느헤미야의 사역 중에 하나는 성벽 및 문을 재건하는 일이다. 3장에 나오는 문과 망대는 1절- 양문, 함메아 망대, 하나넬 망대, 3절- 어문, 6절- 옛문, 11절- 풀무 망대, 13절- 골짜기 문, 14절- 분문, 15절 샘문, 25절- 내어민 망대, 28절- 마문이다.

2) 그림 중 성 밖에서 성 안으로 이어진 점선은 **"히스기야 지하수도"**(기혼 샘물을 실로암 못으로 끌어들인 일, 왕하 20:20, 대하 32:30, 느 3:16, 파서 만든 못)인 것이다. 〈통독 149-150일째〉

느헤미야 당시의 예루살렘

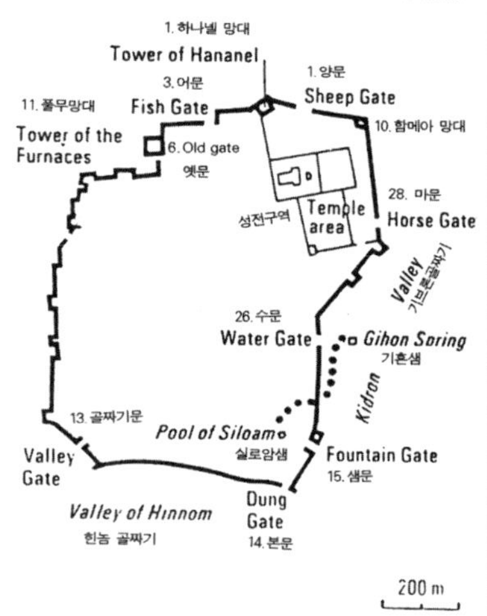

■ 느헤미야 당시의 예루살렘
느헤미야 3장에서 성문과 망대를 재건한 기록을 볼 수 있다. (문 이름 앞의 숫자는 성경 해당 절)

통독	157
확인	

공부　느헤미야 3장~4장 : 성벽 건축자들

◇ 다음은 누가 건축했는지 줄로 연결하세요(3장).

1. 양문　　가) 하스나아의 자손들
2. 어문　　나) 요야다, 브소드야
3. 옛문　　다) 엘리아십과 형제들
4. 풀무망대　　라) 말기야, 핫숩
5. 골짜기문　　마) 하눈, 사노아 거민
6. 분문　　바) 골호세 아들 살룬
7. 샘문　　사) 레갑의 아들 말기야
8. 성누에서 양문까지　　아) 금장색과 상고들

◇ 다음 물음에 해당하는 사람을 쓰세요(4장).

9. 성벽 건축 소식을 듣고 크게 분노하여 유다 사람을 비웃는 자(1). -

10. "저들의 건축하는 성벽은 여우가 올라가도 곧 무너지리라"라고 한 자는 어디 사람 누구인가?(3)
-

11. 예루살렘이 중수되어 간다 함을 듣고 예루살렘으로 가서 쳐서 요란하게 하자고 꾀한 자들은?(7-14)
-　　　　,　　　　,　　　　사람,　　　사람,　　　사람

12. "너희는 저희를 두려워 말고 지극히 크시고 두려우신 주를 기억하고 너희 형제와 자녀와 아내와 집을 위하여 싸우라"라는 말은 누가 누구에게 한 말인가?(7-14)
(　　　　) 가 (　　　　들과　　　　과　　　　　　에게) 한 말

13. 한 손으로 일을 하며, 한 손에는 병기를 잡은 자는?(15-20) -

14. 역사하는 데, 무리의 절반은 언제부터 언제까지 창을 잡았나?(21-23)
-

▲▼△▽ -----≪각각의 몫이 있다≫----- ▽△▼▲

김백두 선생이 자꾸 몸이 마르고 소변에 거품이 많이 생기고 색깔도 특이하다는 등 몸에 이상이 있다고 하기에 목사는 기도를 해 주고 나서 병원에 가서 정확하게 검진을 받으라고 권하였다.

의사에게 진찰을 받고 예상한 대로 소변검사를 위해 소변을 받아오라는 지시를 받았다. 그는 병원 화장실에서 소변을 받지 않고 집에 갔다가 오후에 큰 펫트병에 소변을 가져왔다. 병리사가 "검사에는 이렇게 많은 소변이 필요 없어요. 하지만 이왕 가져왔으니 그대로 해 봅시다." 하고 검사를 하였다.

검진 결과 의사 선생님이 "소변 검사에는 아무 이상이 없습니다."라고 하자, 김 선생은 재빨리 가족에게 전화를 걸었는데 의사도 간호사도 모두 뒤로 자빠졌다.

"엄마, 여섯 식구 모두 건강하다니 마음놓으라고 하세요."

♧ ♧ ♧

김 선생이 온 가족의 소변을 한 통에 담아 와서 검사를 했다. 그러나 각각 의사의 진단과 검사를 받아야지 단체로는 안 되듯이 신앙도 그러하여 집단 내의 개개인이 중요한 것이다.
구약 시대에 이스라엘은 '하나님 백성'으로서의 민족적인 개념을 중요시했지만, 신약에는 개인의 믿음이 강조된다. 내 입술의 고백이 중요하므로 유아세례를 믿음의 자녀로서 받지만 성장하여 신앙고백적인 입교문답을 하는 것이다. 성벽을 재건하는 유다인들은 각각의 몫이 있었다.

(느헤미야 4:16) 그때로부터 내 종자의 절반은 역사하고 절반은 갑옷을 입고 창과 방패와 활을 가졌고 민장은 유다 온 족속의 뒤에 있었으며

신현주, 〈예화철학〉, 〈예화산책〉, www.sbs66.net

[오늘의 말씀] 느헤미야 5장~7장 : 성벽 재건을 마침 → 먼저 성경 읽기

(5장) 반대자들이 있음에도 불구하고 느헤미야는 개혁을 시도한다.
(6장) 느헤미야는 각종 반대와 살해 음모에도 불구하고 성벽 재건을 마친다.
(7장) 그 사이에 예루살렘에는 다스리는 자가 세워지고 예레미야는 1차 귀환자의 명단을 입수한다.

[말씀 묵상]

1. 각양의 반대와 살해 음모(6장) 속에서도 느헤미야가 "성 역사가 오십이일(52일) 만에 엘룰월 이십오일에 끝나"(6:15)는 것은 전적으로 '하나님이 이루신 것이므로' 주변 사면에 미친 효과도 괄목할 만했다. 이처럼 시련 속에서도 열매를 맺는 삶은 결국은 하나님의 위대하심을 증거 하는 것이 된다. 그대에게 시련이 있다 할지라도 두려워하지 말고 담대히 맞서야 한다.
2. 느헤미야는 성벽만 재건한 것이 아니라 경제적인 개혁도 시도한다. 백성들은 동족을 원망하며 "우리와 우리 자녀가 많으니 곡식을 얻어먹고 살아야 하겠다", "우리의 밭과 포도원과 집이라도 전당 잡히고 이 흉년을 위하여 곡식을 얻자", "우리는 밭과 포도원으로 돈을 빚내어 세금을 바쳤도다" 하며 어려움을 토로하였다(5:2-4). 이에 대하여 느헤미야는 형제에게 취리(取利)함을 책망했고, 돌려보낼 것은 돌려보내게 하여 경제적인 개혁을 단행했다. 오늘날에도 그 같은 경제적인 어려움에 직면하는 경우가 많다. 진정한 개혁이 필요함을 절감한다.

[깊은 연구]

1. 에스라와 느헤미야는 같이 개혁을 했다.

1) 에스라의 귀환(스 7장, 주전 458년)과 느헤미야의 귀환(느 2장, 주전 445년)은 13년의 차이가 있으나 개혁하는 일을 같이 했고(8:15), 성경 기록상에도 두 책의 내용이 중복되는 것을 본다.

2) 느헤미야 7장은 에스라 2장의 반복으로, 느헤미야가 스룹바벨 인도하의 귀환자(1차, 주전 538년) 명단을 정리한 것이다(7:5, 내가 처음으로 돌아온 자의 보계를 얻었는데...).

3) 성벽 재건 공사 중에는 에스라가 한 번도 언급되지 않다가 8장 1절에는 **'학사 에스라'**로, 8장 2절에는 **'제사장 에스라'**로 등장하는 것을 보아 에스라는 느헤미야와 함께 민족을 위해 일한 같은 시대의 영적 지도자임을 알 수 있다.

■ 다리오 왕 시대의 화려한 페르세폴리스(고대의 바사 제국)
페르세폴리스의 다리오 왕의 궁전으로 조공 드리는 행렬의 실제 규모와 그 화려함이 부조에 잘 나타나 있다.

통독	158
확인	

공부 느헤미야 5장~7장 : 성벽 재건을 마침

1. 너희는 (　　　　)이라도 그 밭과 (　　　　)과 감람원과 (　　　　)이며 취한바 (　　　　)이나 (　　　　)이나 새 포도주나 (　　　　)의 백분지 일을 돌려보내라. - (5:　절)
2. 아닥사스다 왕 이십년부터 삼십이년까지 (　　　　) 동안은 나와 내 (　　　　)가 총독의 (　　　)을 먹지 아니하였느니라. - (5:　절)
3. 내 (　　　　)이여 내가 이 (　　　　)을 위하여 행한 모든 일을 (　　　　)하시고 내게 (　　　　)를 베푸시옵소서. - (5:　절)
4. 산발랏의 봉하지 않은 편지에 느헤미야가 왕이 되고자 성을 건축한다고 한 것은?(6:5-9)
   1) 지어낸 말이다　　2) 사실이다　　3) 소문이다　　4) 백성들의 요구다
5. 느헤미야가 스마야를 찾아갔을 때 스마야가 하나님의 전 외소 안으로 가서 문을 닫으라 한 것은?(6:10-14) - 1) 도와주고 살려 주려고 한 것이다　2) 뇌물을 받고 거짓 예언을 한 것이다
6. 성 역사(役事)의 기간은? 대적들과 이방 사람들이 두려워한 이유는?(6:15-19)
   1) 25일, 단합이 알려져서　　2) 52일, 하나님이 이루신 것을 알기 때문에
7. 예루살렘을 다스리게 한 두 사람은?(7:2) -
8. 방백이 누구를 부정하게 여겨 우림과 둠밈을 가진 제사장이 일어나기 전에는 지성물을 먹지 말라 했나?(7:61-65을 읽고 답은 64절에서) -
9. 돌아온 온 회중의 합계 (　　　명), 노비 (　　　명), 노래하는 남녀 (　　　명).(7:66-69)
10. 보물 곳간에 드린 것- 금 (　　　다릭), 대접 (　　　개), 제사장 의복 (　　　벌).(7:70-72)
11. 역사 곳간에 드린 것- 금 (　　　다릭), 은 (　　　마네), 제사장 의복 (　　　벌).(7:70-72)

▲▼△▽ -----≪은혜로 주머니를 열었다≫----- ▽△▼▲

조지 휫필드의 부흥집회에 미국 독립운동의 아버지인 벤자민 프랭클린이 참석했다. 시간이 지남에 따라 프랭클린의 부정적인 마음은 누그러졌고, 감동을 받아 동전으로 헌금을 하려고 생각한 것이 부끄러워 은화를 내기로 했다. 설교가 끝나고 결국에는 남아 있는 금화를 모두 헌금접시에 내어놓게 되었다.

함께 부흥집회에 참석한 프랭클린의 친구는 휫필드의 설교에 감동되면 충동적으로 헌금을 하지나 않을까 염려가 되어 돈을 집에 두고 왔다. 그러나 설교가 진행되는 동안 마음에 감동을 받아 옆에 있던 홉킨슨에게 돈을 빌려 달라고 했다. 홉킨슨은 그 집회에서 은혜를 받지 아니한 유일한 사람이었기에 이렇게 대답했다. "나는 언제라도 돈을 빌려 줄 수 있지만 지금은 아니네. 자네는 지금 올바른 판단력을 잃은 것 같아 보이기 때문이야."

♧ ♧ ♧

조지 휫필드는 18세기 중엽, 미국의 제1차 대각성운동의 주역으로 그가 부흥집회를 할 때마다 많은 사람이 모였다. 벤자민 프랭클린은 미국 독립운동의 아버지이며 철학자요 정치가이다.
휫필드는 사람들을 회심시켜 참신자를 만들었고, 조지아 주에 고아원을 설립하기 위해 후원금 모금 집회를 열어 사람들에게 도전을 주었다.
느헤미야는 지체 없이 성벽 재건을 잘 마쳤다.

(느헤미야 6:15-16) 성 역사가 오십이일 만에 엘룰월 이십오일에 끝나매 우리 모든 대적과 사면 이방 사람들이 이를 듣고 다 두려워하여 스스로 낙담하였으니 이는 이 역사를 우리 하나님이 이루신 것을 앎이니라

신현주, 〈예화철학〉, 〈예화산책〉, www.sbs66.net

[오늘의 말씀] 느헤미야 8장~10장 : 율법의 재건(에스라 실록) → 먼저 성경 읽기

(8장) 에스라는 율법의 말씀을 백성들에게 낭독했으며,
(9장) 에스라의 기도에도 나타나듯 백성들은 죄를 자복하는 등 개혁의 물결을 이룬다.
(10장) 언약에 인친 자들의 명단과 느헤미야의 개혁이 소개된다.

[말씀 묵상]

1. 에스라가 율법책을 낭독하니 그 말씀을 듣고 백성들이 기쁨과 슬픔으로 뒤범벅되어 울었다(8:8-9). 오랫동안 무시되어 온 하나님의 말씀을 최고의 자리에 돌아오게 한 것에 대한 기쁨, 그리고 백성이 하나님의 뜻과 길로부터 아주 멀어져 방황한 것에 대한 슬픔의 표현이었다. 예배 시간마다 하는 성경 봉독이 가슴에 와 닿는가? 성경과는 멀어지기도 하는 설교자의 극적 효과를 더 원하는가?
2. 말씀을 듣고 그들은 "모든 백성이 곧 가서 먹고 마시며 나누어 주고 크게 즐거워"(8:12)하였다. 말씀이 곧 행함으로 나타나야 한다. 자기만 좋아서 혼자 즐기는 것이 아니라 나누어 주고 즐거워하는 삶이 말씀을 듣고 깨달은 자의 삶이다.
3. 백성들은 소산의 맏물, 첫 열매, 처음 난 것은 하나님의 전으로 가져와 제사장들에게 주었다(10:35-37). 하나님의 종인 제사장에게 주므로 이것은 레위인들을 위해서도 쓰였는데 이는 율법에 명시된 것으로(출 23:19, 레 23:10, 민 18:12-14) 후대에도 가르쳤다(잠 3:9, 겔 20:40, 44:30, 48:14). 하나님의 일꾼들을 위해 쓰이는 것은 곧 하나님을 위해 바쳐진 것이었다. 이것이 잘 드려질 때는 레위인도 안정되었지만 그렇지 않을 때는 천민처럼 살아야 했다. 마찬가지로 오늘의 교회도 목회자들의 생활이 안정되지 못하면 어려움을 겪는 경우도 본다.

[깊은 연구]

1. 느헤미야의 개혁 (느 10장, 13장)

1) 10장에는 느헤미야가 개혁한 것이 ① 잡혼 금지(10:30), ② 안식일 준수(10:31), ③ 성전세, 희생 제물, 첫 열매, 십일조에 관한 합당한 방법과 절차 준수(10:35-38)로 나타나 있다.

2) 그런데 바사에 갔다 와서도 전에 한 것과 유사한 개혁을 한 것이 13장에 나온다. ① 성전 청결, ② 안식일 준수, ③ 잡혼 금지, ④ 제사장, 레위인 신분 회복 등이 그것이다.

3) 사람들은 같은 잘못을 반복하는 어리석음이 있기에 이미 마친 일을 다시 해야 하는 어려움이 있어서 목회사역도 같은 일의 반복이 많다.

2. 하나님의 전에 드려진 나무 (느 10장)

성전에 나무를 드렸는데(10:34), 그 이유는 성소의 제단 불이 꺼지지 않게 하기 위한(레 6:12-13) 땔감이 계속해서 필요했기 때문이다. 당시 유다 백성들은 성전에 바칠 나무를 준비할 자들의 순서를 정하였는데, 그 방법은 제사장과 레위인을 비롯한 모든 백성을 대상으로 제비를 뽑아 정하였다.

통독	159
확인	

공부 느헤미야 8장~10장 : 율법의 재건(에스라 실록)

1. 칠월 일일에 제사장 에스라가 수문 앞 광장에서 새벽부터 오정까지 읽은 책은?(8:1-9) -
2. 에스라가 여호와를 송축하매 백성들이 어떻게 했나?(8:6) -
3. 백성이 율법의 말씀을 듣고 어떻게 했나?(8:9) -
4. 어떤 절기에 대한 설명인가?(8:13-18, 참고. 레 23:33-43) -
5. 이스라엘 자손이 다 모여 (　　　)하며 (　　　)를 입고 (　　　)을 무릅쓰며 모든 이방 사람과 (　　　)하고 서서 자기의 (　　　　　)을 자복하고. - (9:　-　절)
6. 오직 주는 사유하시는 하나님이시라 (　　　)로우시며 (　　　) 여기시며 (　　　) 노하시며 (　　　)가 풍부하시므로 저희를 버리지 아니하셨나이다. - (9:　절)
7. 주의 긍휼이 크시므로 저희를 아주 (　　　) 아니하시며 (　　　) 아니하셨사오니. - (9:　절)
8. 이 모든 일을 인하여 이제 견고한 (　　　)을 세워 기록하고 우리의 (　　　)들과 (　　　) 사람들과 (　　　)들이 다 (　　　)을 치나이다. - (9:　절)
9. 인친 자, 네 부류의 지위는?(10:1-27을 읽고 답은 1, 8, 9, 14절에서) -
10. 백성과 지도자들이 율법을 좇아 맹세한 것들 중 맞는 것에는 O표, 틀린 것에는 X표 하세요(10:28-39).
    1) 이방인과 통혼하지 말고 안식일이나 성일에는 물화나 식물의 거래도 하지 않겠다. (　　)
    2) 제칠년(안식년)에도 땅을 갈아 모든 빚을 탕감하겠다. (　　)
    3) 세겔의 십분지 일을 수납하여 하나님의 전을 위하여 쓰게 하겠다. (　　)
    4) 처음 난 것을 제사장들에게 주고...물산의 십일조를 레위 사람들에게 주겠다. (　　)

▲▼△▽ -----≪알아 두면 유익한 성경에 관한 통계≫----- ▽△▼▲

▷ 성경의 총 권수: 66권 / 구약의 권수: 39권 / 신약의 권수: 27권 (구구단 3927로 암기)
▷ 성경의 총 장수: 1,189장 / 구약의 장수: 929장 / 신약의 장수: 260장
▷ 성경의 총 절수: 41,173절 / 구약의 절수: 33,214절 / 신약의 절수: 7,959절 (없는 절 등으로 계산법에 따라 약간씩 다르기도 함)
▷ 성경의 가장 짧은 장: 시 117편 / 성경의 가장 긴 장: 시 119편 / 성경의 가장 긴 절: 에 8:9
▷ 성경 통독: 1년에 통독하려면 매일 3장, 주일에는 5장씩 / 매일 한 장씩 읽으면 3년 2개월 소요 / 4년 통독: 매주 5~6장씩(약 5.7장) / 매주 한 장씩 읽으면 23년에 통독

♧ ♧ ♧

어느 교회 주보의 성경공부 문제를 보니까 한 주간에 성경 한 장만을 문제로 냈다. 23년 이상이 걸려야 통독할 텐데 공부하는 중에 늙어 죽는 사람이 속출할 것이다, 앓느니 죽지!
필자의 〈성경통독 이백주간〉은 4년 통독 주간 프로그램이고, 〈성경통독 오십일〉은 50일(또는 50주간) 통독 프로그램이다. 〈성경통독 365일〉은 매일 1년간 통독하는 프로그램인데, 바로 이 책이다
성경 통독에는 왕도가 없기에 쉬운 길을 포기하고 시간을 투자하고 목표를 설정해야 하며 인내가 필요하다.

(느헤미야 8:8-9) 하나님의 율법책을 낭독하고 그 뜻을 해석하여 백성으로 그 낭독하는 것을 다 깨닫게 하매 백성이 율법의 말씀을 듣고 다 우는지라

신현주, 〈예화철학〉, 〈예화산책〉, www.sbs66.net

[오늘의 말씀] 느헤미야 11장~13장 : 성곽 봉헌, 개혁(느헤미야 실록) → 먼저 성경 읽기

(11장) 유다와 예루살렘의 새 거주자의 명단이 신분과 함께 소개된다.
(12장) 완공된 성곽(6:15)의 낙성식을 거행하니 따라서 모든 직책도 정상적으로 회복된다(27-47절).
(13장) 느헤미야는 일시 바사에 갔다 와서(13:6-7) 전과 유사한 개혁을 한다.

[말씀 묵상]

1. 모든 사람이 성곽('성벽'을 여기서만 '성곽'이라 번역했다) 낙성식을 감사 찬송하며 즐거이 거행한다(12:27-43). 그날에 제사장과 레위 사람들, 노래하는 자, 문지기 등 각 직책이 정상적으로 회복되고 사례를 율법대로 하니 오히려 백성들은 즐거워한다(12:44-47). 오늘의 교회도 일하지 않으면 고여 있는 물이 썩듯이 부패하고 일하면 즐거움이 있다. 생명의 특징은 성장에 있다.
2. 〈느헤미야〉에는 "내 하나님이여"로 시작되는 기도문이 몇 차례 나온다(13:14, 22, 29). 느헤미야가 인생의 대목마다 기도했듯이 그대도 인생을 하나님께 맡기고 기도해야 한다. 아무리 노력해도 하나님을 떠나서 하는 일은 헛수고가 되고 만다. 그래서 시편 기자는 이렇게 말하지 않았던가? "너희가 일찌기 일어나고 늦게 누우며 수고의 떡을 먹음이 헛되도다"(시 127:2).

[깊은 연구]

1. 성곽 재건과 낙성식 (느 12장)

느헤미야는 귀국하여 성벽 재건을 주도하는데, 3장에는 성벽 보수하는 일이, 6장에는 완공된 일이, 그리고 12장 27-43절에는 성곽 낙성식이 나타나 있다. 낙성식에서는 기뻐 찬송하며 행진을 하는데 지나는 문들과 망대들의 이름을 통독 157일째의 그림에서 찾아보라.

2. 암몬과 모압에 대하여 (느 13장) 〈통독 156일째 "깊은 연구" 참고〉

암몬과 모압이 여호와의 회에 들어오지 못하는 것은(13:1-3) 율법에 나와 있다(신 23:3). 이들은 이스라엘이 출애굽하여 광야에서 지낼 때에 이스라엘 민족을 괴롭힌 종족이기 때문에 저주를 받게 된 것이다(민 20:14-23:20). 모압과 암몬은 아브라함의 조카 롯이 딸들을 통해 낳은 아들들로 두 조상이 되었으니 이스라엘과의 다툼은 결국 집안 내의 싸움이다(창 19:36-38).

3. 느헤미야의 행적 (느 13장)

느헤미야는 예루살렘에서 12년간 일했는데 12년째인 433년에 수사로 돌아갔다가 얼마 후 말미를 정하고 다시 돌아와서(13:6-7) 개혁을 시도한다. 그런데 아닥사스다가 바사 왕인데도 13장 6절에서 '바벨론 왕'이라고 일컫는 것은 바벨론 제국이 주전 612년에 망했음에도 불구하고 그 제국의 국력과 영향력이 얼마나 컸는지를 보여 준다.

■ 성곽을 재건하는 느헤미야
느헤미야는 바사에서 예루살렘으로 돌아와 성곽재건을 주도하여 낙성식을 거행한다(느 12:27).

통독	160
확인	

공부　느헤미야 11장~13장 : 성곽 봉헌, 개혁(느헤미야 실록)

1. 다음 사람들이 거하게 된 곳은?(11:1-2)
   1) 백성의 두목들 (　　　　), 2) 남은 백성의 십분의 일 (　　　　), 3) 십분의 구 (　　　　)
2. 예루살렘에 거한 자는 어느 자손과 어느 자손인가?(11:4) -
3. 하나님의 전을 맡은 자로 힐기야의 아들이며 사독의 증손인 자는?(11:11) -
4. 레위 사람으로 기도할 때 감사하는 말씀을 인도하는 어른이 된 자는?(11:17) -
5. 스룹바벨과 및 (　　　　)를 좇아 돌아온...제사장은 스라야와 (　　　　)와 (　　　　)와(12:1).
6. 레위 사람의 (　　　　)이 모두 책에 기록되었고 바사 왕 (　　　　) 때에 제사장도...(12:22).
7. 성곽 낙성식에서 행진할 때에 누가 앞서서 갔나?(12:27-43 읽고 답은 36절에서) -
8. 제사장과 레위 사람들에게 돌린 것으로 곳간에 쌓은 것은 무엇인가?(12:44) -
9. 암몬과 모압 사람은 하나님의 회에 들어오지 못하리라는 것은 어디에 기록되었나?(13:1-3) -
10. 성곽 재건을 방해했던 도비야에게 성물을 두는 곳에 방을 마련해 준 제사장은 누구며, 느헤미야는 그 방을 어떻게 했나?(13:4-5, 4:3, 6장 참고) -
11. 다음은 느헤미야가 어떤 개혁을 하고 나서 기도한 것인지 보기에서 찾아 번호를 적으세요.
   {보기} ① 잡혼 금지에 관한 개혁, ② 하나님의 전 맡은 자에 관한 개혁, ③ 안식일 준수에 관한 개혁
   1) 내 하나님이여 이 일을 인하여 나를 기억하옵소서(13:10-14). -
   2) 나를 위하여 이 일도 기억하옵시고 주의 큰 은혜대로 나를 아끼시옵소서(13:15-22). -
   3) 내 하나님이여 나를 기억하사 복을 주옵소서(13:23-31). -

▲▼△▽ -----≪한국 교회와 축첩제도≫----- ▽△▼▲

한국 선교 초기에는 축첩 문제가 고민거리였다. 유교적 전통사회에서 본인의 의사와는 상관없이 조혼을 한 후에 경제적 여유가 생기고 철이 들며 마음에 드는 여자를 만나 첩을 삼는 일이 많았다. 믿는 사람이 첩을 두는 것이야 금했지만, 이미 첩이 있는 경우 첩을 내보낸다면 첩과 그 자녀의 장래가 문제였다.

서울에 본부인과 자녀를 두고서 목포에 내려와 첩과 자녀를 두고 사는 김YJ 씨는 예수님을 믿은 후 진퇴양난의 처지가 되었다. 오랜 갈등 끝에 결국 헤어지기로 결심하고 첩에게 재산과 자녀를 양보하고 생활비도 책임져 주기로 했다. 서울의 본부인을 내려오라 하여 같이 살았으며 아버지를 죽이겠다던 첩의 아들과 첩도 모두 예수님을 믿게 되었다. 김씨는 선교사의 조사(오늘날의 전도사 같은 역할)로 일했고 1918년 순천 지방에서 장로가 되어 훌륭한 교계 일꾼이 되었다.

♧ ♧ ♧

한국 초대 교회에서는 본부인과 첩을 데리고 사는 사람이 교회에 나오고자 할 때에 받아들여야 할 것인지가 고민거리였다. 선교사 스왈렌(William Swallen)은 신약성경에는 일부일처제를 말하나 구약성경에는 일부다처제도 있으므로 이미 첩이 있는 경우는 용인해야 한다고 주장했지만, 대부분의 선교사는 축첩은 용인되어서는 안 된다는 태도였다. 분명한 입장을 견지함에 고통이 있었지만 그 빛나 기독교인의 성실이 나타났다. 느헤미야 시대에는 이방 여인들로 어려움을 겪었다.

(느헤미야 13:23-24) 그때에 내가 또 본즉 유다 사람이 아스돗과 암몬과 모압 여인을 취하여 아내를 삼았는데 그 자녀가 아스돗 방언을 절반쯤은 하여도 유다 방언은 못 하니 그 하는 말이 각 족속의 방언이므로

신현주, 〈예화철학〉, 〈예화산책〉, www.sbs66.net

〈시 감상〉

겨울의 편지

詩人 이 철 건

사무실 창문에 걸려 있는 낮달을 바라보면서
빛바랜 꿈을 얘기하다가 우리는
성에 낀 소리를 내며 웃었지.
그것은 문득
스산한 바람을 느끼게 하는
겨울에 대한 자각증세 같은 것이라고
너는 말했어.

저만치
참 편안해 보이는 회전의자.
그 안락이 엄습해 오는 겨울 앞에 얼마나 덧없는 것인지를
잘 알고 있지.

한갓 허울뿐인 것들에 매달려
그저 일상 속에 허망하게 사라져 가는 시간들
그 시간들의 잿더미에 묻혀 있는
근원의 소중한 자원을 캐어
무언가 그분에게 바칠 것을 마련하지 않으면 안 될 것 같아.

깊은 밤 빈 나무 가지 회초리로 꾸짖어 오는 소리에
잠을 깨기도 하고,
밤새껏 찾아 읽고 끄적거리며
뜨거운 증기를 내뿜기도 하지.

그렇지만 아직
내 영혼에 눈은 내리지 않아.
다만 하늘은
퍽 무겁게 내려와 있지.

* 시인 이철건은 한국현대시인협회 회원이며, 기독공보 신춘문예 출신으로 구성된 <신춘기독공보 시 동인회> 총무로서 블로그 http://blog.daum.net/rescue0191을 운영하고 있다. 현재 일산 신일중학교 교감으로 재직하고 있으며, 일산 사랑누리교회 집사이다.

〈에스더〉를 소개합니다

제목에 대한 해설

성경 가운데에 여인의 이름으로 제목이 붙여진 것은 〈에스더〉서와 〈룻기〉 두 권이다. 본서의 제목은 주인공의 이름을 따라 바사 식으로 〈에스더〉서로 붙였는데, 그 뜻은 '별'(star)이라는 의미다. 그녀의 히브리어 이름은 '하닷사'로 '아름다운 나무'라는 뜻이다.

저자 및 저작 연대

한때 요세푸스를 비롯한 일부 랍비 집단에서 〈에스더〉서를 모르드개가 저술한 것으로 주장하기도 했으나, 본서의 어디에도 저자에 대해 명확하게 언급하지 않았으므로 저자를 밝히 말할 수는 없다. 다만 본서에 기록된 사건의 발생 당시에 저자가 바사에 거주했고, 메대와 바사의 궁중 기록을 입수할 수 있었던 유다인이라 추측할 수 있을 뿐이다(참고. 2:23, 9:20, 10:2).

기록 연대는 본서의 내용에 예루살렘이나 가나안과 같은 이스라엘의 지명이 전혀 나오지 않고, 이스라엘 백성이 외국 왕의 호의에 희망을 둔 사실이 기록된 것을 감안할 때 유다인이 가나안을 떠나 흩어져 살고 있던 때임을 알 수 있다. 아하수에로 왕의 치세(주전 485-465년)가 과거형으로 되어 있으므로 기록 연대는 주전 465년 이후일 것이다. 저자는 수산 궁의 구조에 대해 잘 알고 있었으나, 후일 수산 궁이 불타 없어진 사실(주전 435년)에 대해서는 알지 못하고 있으므로 저작 연대를 그 중간인 주전 464-436년경으로 추정할 수 있다.

시대적 배경

본서에 자주 나오는 아하수에로는 주전 486-465년에 바사를 통치한 크세르크세스 1세(Xerxes I)를 지칭하는 것으로 여겨진다.

바벨론 포로에서 귀환한 유다인들이 주전 515년에 제2성전을 재건한 지 33년 후인 아하수에로 잔치(주전 483년, 1:3)에서 부림절의 시작(주전 473년)까지의 약 10년을 배경으로 하고 있다.

즉 성경의 시각으로 보면 〈에스더〉는 〈에스라〉 6장과 7장 사이의 시기에 일어난 일이다.

교훈과 메시지

1) 하나님의 주권과 섭리에 대한 확신

에스더의 여러 곳에서는 상황 반전과 우연의 일치처럼 보이는 일들은 세상 역사와 인간의 삶을 이끌어 가시는 분이 하나님임을 은연중에 암시한다. 이 일은 하나님의 주권이며 섭리다.

이러한 예들은 와스디의 폐위(1:10-12)나, 에스더가 신분을 속이고도 왕후가 되는 장면(2:17), 금식기도를 한 후 "죽으면 죽으리라" 하며 왕 앞에 나갔을 때의 결과(4:15-17), 왕의 호의로 잔치를 벌일 수 있게 되고(5:1-4) 이로 인해 동족 유다인이 죽음을 면하게 한 일 등이다.

한편 모르드개의 일도 우연처럼 보이는 하나님의 섭리로 이루어진다. 모르드개가 왕의 생명을 구한 일에 대한 궁중일기를 왕이 나중에 보게 되며 이 일로 왕에게 인정을 받게 되는 것이다(6:1-11).

2) 반드시 이루어지는 하나님의 구원

모르드개는 에스더의 결단을 촉구하고(4:14) 하나님의 구원이 어떠한 방법으로든 이루어질 것을 말한다. 이는 에스더의 마음을 움직였고 유다인들과 더불어 3일간 금식을 한 후 목숨을 걸고 아하수에로 왕 앞으로 나가 하나님의 구원이 이루어지는 계기를 마련한다. 〈에스더〉서는 이러한 전개를 통하여 하나님께서 결과적으로 바사 왕궁의 왕후가 된 에스더를 민족 구원의 도구로 선택하셨음을 보여 준다. 이는 하나님께서 강대 제국의 힘 앞에서 자기 백성을 어떻게 구원하시는지를 실감나게 보여 주는 것이다.

3) 부림절의 기원과 성격

이스라엘의 역사 속에서 부림절의 기원은 율법(토라)의 규정이나 이스라엘이 아닌 이방 땅 바사에서 생겨난 것이요, 성경에서 〈에스더〉서에만 나온다. 오직 유다인이 죽음의 위기로부터 하나님의 구원의 역사로서(9:17-19) 에스더와 유다인들이 금식하며 하나님께 부르짖은 것을 강조함으로 부림절은 단순히 민족 구원의 세속적 차원의 절기로부터 신앙적인 차원의 절기로 변형시킴과 동시에 이스라엘의 종교적인 전통 안으로 끌어들이고 있다.

[오늘의 말씀] 에스더 1장~3장 : 왕비가 된 에스더 → 먼저 성경 읽기

(1장) 아하수에로 왕은 인도로부터 구스(현재 아프리카 북부 수단)까지 광대한 제국을 통치하는 황제로서 큰 잔치를 베풀고 왕후 와스디의 아름다움을 보이고자 했으나 왕명을 거역한 와스디는 폐위된다.
(2장) 에스더는 신분을 밝히지 않고 왕후가 되고, 모르드개는 왕의 생명을 구하는 공적을 세운다.
(3장) 하만이 지위가 높아지자 교만해져 유다인에 대한 감정을 갖고 유다인을 전멸할 계획을 세운다.

[말씀 묵상]

1. 바사에 살던 유다인 모르드개는 "전에 바벨론 왕 느부갓네살이 예루살렘에서 유다 왕 여고냐와 백성을 사로잡아 갈 때에 모르드개도 함께 사로잡혔더라"(2:6)라는 기록처럼 주전 587년에 포로로 잡혀 온 사람이라고 한다면 나이가 너무 많기 때문에 그 후손으로 본다. 비록 이방에 산다 해도 신앙의 절개를 지켰고 고아가 된 에스더를 친딸처럼 키워 이방 왕의 왕비가 되고 민족을 구원하게 했다.
2. 죽음에 직면한 유다인은(3:6, 13) 금식하고(4:1-3), 왕후가 된 에스더는 왕의 부름이 없이 왕 앞에 나가면 죽는데도 불구하고 "죽으면 죽으리이다"(4:16) 하며 왕 앞에 나가 왕의 은혜를 입는다(5:1-6). 어려운 문제는 기도하며 죽기를 각오하면 산다. 높은 곳에 열려 있는 야자 열매를 따지 못해 군침을 흘리던 일행이 한 떼의 원숭이에게 돌을 던지자 원숭이들은 야자 열매를 나무 아래로 수없이 던졌다. 사탄의 공격은 허약한 신앙을 강하게 하는 야자수 열매 역할을 한다(약 4:7).

[깊은 연구]

1. 바사 제국과 〈에스더〉서의 위치에 대하여 (에 1장)

1) 주전 559년 고레스(스 1:1)는 바벨론의 동쪽 지방에서 발흥하여 주전 550년에 메대 제국을 복속시켰으므로 종종 '메대 바사 제국'(에 1:19, 단 6:8, 12)이라고 부른다. 고레스는 바벨론을 주전 539년에 멸망시켰다. 바벨론의 멸망(나보니더스 왕, 섭정왕은 벨사살)과 벨사살의 죽음을 성경에서 볼 수 있다(주전 539년, 단 5:1-31, 대하 36:20). 이사야 선지자는 바벨론이 멸망할 것과 바사의 고레스가 이스라엘을 예루살렘으로 귀환시키는 임무를 맡을 것을 예언했는데 그대로 되었다(사 44:28, 45:1).

2) 〈에스더〉의 역사적 위치는 에스라 6장과 7장 사이이다. 즉 에스라 6장의 성전 봉헌 때는 다리오 6년으로서 주전 515년이다. 그리고 에스라 7장의 아닥사스다 7년은 458년이다. 그런데 에스더가 살던 시대의 아하수에로(크세르크세스, Xerxes Ⅰ) 왕은 주전 486-465년에 바사를 통치하였다. 그러므로 〈에스더〉는 〈에스라〉 6장과 7장 사이의 시대임을 쉽게 알 수 있다.

*** 바사의 왕들** / 바사(페르시아)는 539년에 바벨론을 무찌르고 제국이 되어 333년에 헬라에 멸망한다.

바사 왕	통치 연대	관계 성경	한 일
고레스	559-530	스 1장	해방령
캄비세스	530-522	언급 없음	
가우마타	522(2월)	언급 없음	
다리오 1세	522-486	스 4:5, 24, 6:1, 13-15	성전 재건을 도움
크세르크세스 (아하수에로)	486-465	스 4:6 에 1-10장	에스더를 왕비로 맞음
아닥사스다 1세	464-423	스 4:7-23, 7:1 느 2:1	에스라, 느헤미야 귀환 도움

공부 에스더 1장~3장 : 왕비가 된 에스더

1. 아하수에로 왕과 관계있는 것에는 O표, 관계없는 것에는 X표 하세요(1:1-8).
   1) 수산 궁에서 즉위( ) 2) 127도 치리( ) 3) 잔치 배설( ) 4) 음식이 모자람( )
2. 와스디와 관계있는 것에는 O표, 관계없는 것에는 X표 하세요(1:9-12).
   1) 부녀 위해 잔치를 베풂( ) 2) 아리따움( ) 3) 왕명을 순종( ) 4) 왕후 폐위됨( )
3. 왕후 와스디의 폐위 이유는?(1:16-17) -
4. 〈4-7문. ( ) 안의 단어에서 맞는 것은 O, 틀린 것은 =〉 / 에스더는...용모가 곱고 아리따운 (처녀, 과부)라 그 부모가 죽은 후에 (모르드개, 하만)가(이) 자기 (아내, 딸) 같이 양육했다(2:5-7).
5. 궁녀를 주관하는 헤개가 에스더를 (싫어하여, 기뻐하여) 은혜를 베풀고, 에스더는 자기 (이름, 민족)과 (종족, 신분)을 고하지 아니했다(2:8-11).
6. 왕이 모든 여자보다 에스더를 더욱 (사랑, 미워)하므로 왕의 앞에 더욱 (시기, 은혜)를 얻고 (왕후, 비빈)로 삼아 잔치를 베풀었다(2:12-18).
7. 모르드개는 왕을 원한하여 (모살, 독살)하려는 (두, 한) 사람을 처단케 하므로 그 일이 왕의 (개인일기, 궁중일기)에 기록됐다(2:19-23).
8. 하만의 지위를 높인 사람은 아하수에로 왕이다(3:1-6). (O, X)
9. 모르드개는 유다인으로 하만에게 꿇지도 절하지도 아니했다(3:1-6). (O, X)
10. 하만은 모르드개를 죽이는 조서를 얻고자 왕에게 은 10만 달란트를 바쳤다(3:7-11). (O, X)
11. 아하수에로 왕 12년 12월 곧 아빕월 13일에 모든 유다인을 죽이고 재산을 탈취하라는 조서를 각 도에 보내 준비토록 했다(3:7, 12-15). (O, X)

▲▼△▽ -----≪사역자의 아내들≫----- ▽△▼▲

▷ 마르틴 루터의 아내는 루터가 실망에 빠져 있을 때 '하나님이 죽었다'고 하면서 상복을 입었다고 한다. '하나님이 죽지 않고서야 당신이 그렇게 실망을 할 리가 없다'고 했다. 상징적인 행동으로 루터의 아내는 남편의 영적 시련을 격려했다.

▷ 사역자의 아내들 중에는 남편에게 위로 대신에 공격을 하고 격려 대신에 좌절에 빠뜨리므로 하나님의 종으로 충성 대신에 배반을 사주하는 경우가 있다. 십자가를 지려는 사람이 아내 때문에 십자가를 벗어버리는 결과를 가져온다.

▷ 욥은 발바닥에서 정수리까지 악창이 났으나 아내는 "당신이 그래도 자기의 순전을 굳게 지키느뇨 하나님을 욕하고 죽으라" 했고, 이에 욥은 "그대의 말이 어리석은 여자 중 하나의 말 같도다" 했다. 욥은 고난 후에 '갑절의 복'을 받았는데, 아내는 갑절로 주지 않아서 다행이다.

♧ ♧ ♧

영광의 길을 가라고, 편안한 길을 가라고, 또 대접받는 길을 가라고 하면서 남편의 십자가를 벗겨 버리면 안 된다. 상담의 경험으로 보면 아내와 관계없이 성공하는 사람, 아내가 조금만 밀어 주면 성공할 수 있는 사람, 아무리 도와줘도 안 되는 사람이 있는데, 문제는 두 번째 경우다.
욥은 첫 번째 경우며, 두 번째 경우의 남편은 억울한 마음을 갖게 되고 쉽게 지치고 인생에 밀리는 인생을 산다. 아하수에로 왕은 왕비 와스디를 불순종했다 하여 폐위하였다.

(에스더 1:12) 왕후 와스디가 내시의 전하는 왕명을 좇아 오기를 싫어하니 왕이 진노하여 중심이 불붙는 듯하더라

신현주, 〈예화철학〉, 〈예화산책〉, www.sbs66.net

[오늘의 말씀] 에스더 4장~6장 : 죽음 앞에 놓인 유다인 → 먼저 성경 읽기

(4장) 에스더는 '죽으면 죽으리이다'라는 각오로 민족 구원 계획을 세운다.
(5장) 에스더는 왕의 은총을 입고 왕을 위한 잔치를 베풀어 민족을 구할 기회를 얻고자 하고, 이 잔치에 초대되어 온 하만은 극도의 교만에 빠져 모르드개를 죽이고자 장대를 준비한다.
(6장) 멸망 위기에 있던 유다인들이, 왕이 '역대일기'를 읽으므로 상황은 역전되어 하만은 모욕을 당하고 모르드개는 영광을 얻는다.

[말씀 묵상]

1. 하나님의 섭리는 인간의 지혜로선 예측할 수 없는 것이다. 왕이 잠이 오지 않도록 하시고 궁중일기(宮中日記)를 읽도록 섭리하신다. "이 밤에 왕이 잠이 오지 아니하므로 명하여 역대 일기를 가져다가 자기 앞에서 읽히더니." 그리고 오래전 모르드개의 업적을 기리게 한다. 이 일로 모르드개뿐 아니라 온 유다인이 구원을 받게 되었다(6:1-2). 이처럼 하나님의 섭리란 예측할 수 없는 것이지만 기도하고 하나님께 맡긴 만큼 결과를 얻는다. 하나님께서 사용하시는 방법은 다양하다.

[깊은 연구]

1. 이스라엘 백성이 겪은 고난

바사에서 하만에 의해 온 유다인이 죽음 직전에 놓인 이러한 일은 바사에서(에스더)뿐 아니라 애굽에서도(출 1:15-16) 겪은 일이며, 예수님이 이 땅에 오셨을 때에는 헤롯의 명으로 유대에서 두 살 이하의 아기를 죽이기도 했다(마 2:13-18). 그러나 하나님의 선한 섭리는 끊어지지 않고 보호하심은 계속되었다(롬 8:28). 그러기에 메시아의 족보는 이어져 왔다.

2. 하만은 누구인가? (에 3-7장)

1) 모르드개와 감정적인 문제로 모든 유다인을 죽이려는 하만은 "그 후에 아하수에로 왕이 아각 사람 함므다다의 아들 하만의 지위를 높이 올려 모든 함께 있는 대신 위에 두니"(3:1)에서처럼 **'아각 사람'**으로 소개된다.

2) 하만의 **고향**이 '아각'인지 아니면 그 **조상** 중에 대표적인 인물이 '아각'인지에 대해 전통적인 해석에서는 통일 왕국의 초대 왕 사울에게 사로잡혔던 아말렉 왕 아각(삼상 15:8)의 자손을 일컫는 말로 본다. 그렇게 본다면 하만(이방 백성 바사)과 모르드개(하나님의 백성 이스라엘)의 대립은 그 옛날 아각(이방 백성 아말렉)과 사울(하나님의 백성 이스라엘)의 대결의 재현으로 볼 수 있다.

3) 이 싸움에서 하만은 모르드개를 처형할 때 달아매 죽이려고 준비한 장대에 자신이 달려 죽고(7:8-9) 유다인들은 구원을 얻으므로 이방에 대한 유다인의 승리를 보여 준다(9:16).

■ 바사 왕 아하수에로의 설화석고(雪花石膏) 단지
아하수에로(크세르크세스)의 이름이 고대 바사 및 바벨로니아 설형문자, 이집트 상형문자로 새겨져 있어, 아하수에로 왕이 어느 방백에게 준 하사품으로 여겨진다. 〈할리카르낫수스의 묘에서 출토〉

통독	162
확인	

공부

에스더 4장~6장 : 죽음 앞에 놓인 유다인

1. 왕의 조명이 각 도에 이르매...(　　　) 베를 입고 (　　)에 누운 자가 무수하더라. - (4:　절)
2. 무론 남녀하고 부름을 받지 아니하고 (　　　)에 들어가서 (　　)에게 나아가면 오직 (　　　　) 법이요 왕이 그 자에게 (　　　)을 내어 밀어야 살 것이라. - (4:　절)
3. 네가 (　　　　)의 위를 얻은 것이 (　　　　　　)이 아닌지 누가 아느냐. - (4:　절)
4. 나도 나의 시녀로 더불어 이렇게 (　　　)한 후에 (　　　)를 어기고 왕에게 나아가리니 (　　　　) 죽으리이다. - (4:　절)
5. 에스더가 규례를 어기고 왕 앞에 갔을 때 왕은 에스더에게(4:11, 5:1-8),
   1) 무슨 말을 했나? -　　　　　　　　　2) 에스더는 소청(요구)을 언제 하겠다고 했나? -
6. 하만이 그의 아내 세레스에게 늘어놓은 교만한 자랑은 몇 절에 나오나? - (5:　 -　)
7. 하만의 아내와 친구가 모르드개를 달도록 무엇을 세우고 왕에게 구하라 했나?(5:14) -
8. 〈누구의 말인가?〉 "이 일을 인하여 무슨 존귀와 관작을 모르드개에게 베풀었느냐"(6장). -
9. 〈누구의 말인가?〉 "왕복과 말을 왕의 방백 중 가장 존귀한 자의 손에 붙여서 왕이 존귀케 하시기를 기뻐하시는 사람에게 옷을 입히고 말을 태워서 성중 거리로 다니며..."(6장). -
10. 〈누구의 말인가?〉 "네 말대로 속히 왕복과 말을 취하여 대궐 문에 앉은 유다 사람 모르드개에게 행하되 무릇 네가 말한 것에서 조금도 빠짐이 없이 하라"(6장). -
11. 〈누구의 말인가?〉 "모르드개가 과연 유다 족속이면 당신이 그 앞에서 굴욕을 당하기 시작하였으니 능히 저를 이기지 못하고 분명히 그 앞에 엎드러지리이다"(6장). -

▲▼△▽ -----≪성경에 나온 로또 당첨번호≫----- ▽△▼▲

로또에 당첨되기를 원하는가? 성경을 읽다 보니까 로또가 성경에 나와 있어서 놀랐다. 다음 숫자와 연계하여 복권을 사 보는 것은 어떨까?

(창 12:4) 이에 아브람이 여호와의 말씀을 좇아갔고 롯도 그와 함께 갔으며 아브람이 하란을 떠날 때에 그 나이 칠십오 세였더라 / (창 13:1) 아브람이 애굽에서 나올 새 그와 그 아내와 모든 소유며 롯도 함께하여 남방으로 올라가니 / (창 13:5) 아브람의 일행 롯도 양과 소와 장막이 있으므로 / (창 14:12) 소돔에 거하는 아브람의 조카 롯도 사로잡고 그 재물까지 노략하여 갔더라 / (삼하 4:2) 사울의 아들 이스보셋에게 군장 두 사람이 있으니 하나의 이름은 바아나요 하나의 이름은 레갑이라 베냐민 족속 브에롯 사람 림몬의 아들들이더라 브에롯도 베냐민 지파에 속하였으니

♧ ♧ ♧

상기의 성구를 잘 읽어 보면 '로또'(롯도)가 읽혀지지 않는가? 그 성구들의 숫자를 조합하고 로또 복권 번호로 채택하여 복권을 사 보는 것은 어떨까? 당첨되시거든 번호를 알려 준 제게도 한몫 주셔서 '실로암성경학교'(www.sbs66.net) 운영에 도움이 되도록 하시고... 팔백만 분의 일이라는 확률도 어쨌든 복권을 산 사람이 당첨되는 것은 사실이므로 번호도 알았겠다 쇠뿔도 단김에...
로또의 어원이 '선택되었다'인데, 결국 우리는 예수님의 로또이며 에스더는 왕의 로또가 되었다.

(에스더 4:16) 당신은 가서 수산에 있는 유다인을 다 모으고 나를 위하여 금식하되 밤낮 삼일을 먹지도 말고 마시지도 마소서 나도 나의 시녀로 더불어 이렇게 금식한 후에 규례를 어기고 왕에게 나아가리니 죽으면 죽으리이다

신현주, 〈예화철학〉, 〈예화산책〉, www.sbs66.net

[오늘의 말씀] 에스더 7장~10장 : 구원받은 유다인(부림절) → 먼저 성경 읽기

(7장) 두 번째 연회에서 에스더는 왕에게 상황을 이야기해서 민족을 구할 계기를 만드니 하만은 자기가 세운 기둥에 달려 죽게 된다.

(8장) 조서는 다시 내려져 유다인은 구원받고,

(9장) 유다인을 죽이려 했던 자들은 죽임을 당한다. 구원받음을 기뻐하여 이날을 '부림절'이라 한다.

(10장) 모르드개는 존귀한 자가 되고 유다인은 권익을 얻는다.

[말씀 묵상]

1. 모르드개를 죽이고자 세운 나무(장대)에 자신이 매어 달려 죽게 되는 하만(7:9-10)은 악인은 칼을 빼 죽이려 하나 오히려 자기 마음을 찌르게 된다(시 37:14-15)는 말씀을 기억하게 한다. 교만한 자는 제 꾀에 걸려 넘어진다. "사람이 마음으로 자기의 길을 계획할지라도 그 걸음을 인도하는 자는 여호와시니라"(잠 16:9) 하셨으므로 여호와의 인도를 받아야 한다.
2. 유다인들의 행위가 매우 잔혹했던 것으로 보이는데(9:5-10, 13-16), 한편 생각하면 하나님의 공의와 보호가 그렇게 철저한 것임을 알 수 있다. 우리는 하나님의 공의가 이처럼 철저함을 깨닫고 정확하고도 확신에 찬 의의 생활을 해야 한다. 당신의 백성들을 승리케 하시는 여호와께서 오늘도 그대와 함께하신다.
3. 〈에스더〉서의 특징 중 하나는 본문 가운데에 '하나님'이라는 단어가 한 번도 등장하지 않았음에도 그 배후에는 하나님의 섭리가 면면히 흐르고 있다는 것이다. 특히 부림절의 기원("깊은 연구" 참고)에서 보듯이 제비뽑기를 하나님이 섭리하셨던 것이다. 포로로 끌려 온 백성으로서 경멸받았던 "모르드개가 아하수에로 왕의 다음이 되고"(10:3) 유다인 중에 존대하는 자가 되었다는 것이 〈에스더〉의 결말이다. 유랑민으로서 냉혹한 삶을 살았던 유다인들에게 위안과 희망이 되었을 것이다.

[깊은 연구]

1. 부림절의 기원 (에 9장)

1) 9장 후반은 부림절의 기원에 관한 기사이다. '부림'이란 제비뽑기(부르)의 복수형으로 하만이 유다인을 살해하려고 꾀했을 때 "아하수에로 왕 십이년 정월 곧 니산월에 무리가 하만 앞에서 날과 달에 대하여 부르 곧 제비를 뽑아 십이월 곧 아달월을 얻은지라"(3:7)에서 비롯된 것이다. 사람이 제비 뽑은 것이 사람의 계략을 초월하여 하나님의 제비뽑기가 되었다.

2) 모르드개는 각처의 유다인들에게 편지를 써 보낸다. "이 달 이날에 유다인이 대적에게서 벗어나서 평안함을 얻어 슬픔이 변하여 기쁨이 되고 애통이 변하여 길한 날이 되었으니 이 두 날을 지켜 잔치를 베풀고 즐기며 서로 예물을 주며 가난한 자를 구제하라"(9:22). 하나님께서 자신들을 대신하여 복수를 해 주셨음이 축제의 기쁨이요 이날을 즐기며 구제를 행하므로 감격을 표하였다.

공부 에스더 7장~10장 : 구원받은 유다인(부림절)

1. 왕이 에스더에게 소청을 물으며 무엇이라도 시행하겠다고 했나?(5:5-8, 7:1-2) -
2. 에스더는 소청과 요구대로 무엇을 '내게 주소서' 했나?(7:3) -
3. 두려워하던 하만이 에스더의 걸상에 엎드린 것을 보고 왕은 무엇이라 했나?(7:8) -
4. 하만을 높이가 50규빗 되는 나무에 달라고 말한 내시는 누구인가?(7:9-10).
5. 하만이 자기가 세운 장대에 달리게 된 것은 (잠 12:24-25, 시 37:14-15)에 해당된다.
6. 하만의 집을 누구에게 주었으며, 그 집을 주관하게 된 자는 누구인가?(8:1-2) -
7. 하만에게 거둔 반지를 누구에게 주었나?(8:1-2) -
8. 에스더가 왕에게 취소를 요청한 것은?(8:3-8) -
9. 왕의 조서는 1) 유다인은 무엇을 보호하며, 2) 유다인을 치려는 자들에 대해 어떻게 하라고 했나?(8:9-14) - 1) 2)
10. 첫날(아달월 13일)에 유다인이 예루살렘에서 500인과 하만의 열두 아들을 죽였다(9장). (O, X)
11. 14일에 하만의 열 아들의 시체를 나무에 달았고 수산에서 300명을 죽이고 각도에 75,000명을 죽였으나 재산에는 손을 대지 않았다(9장). (O, X)
12. 유다인이 대적의 손에서 벗어났음을 기념해서 잔치를 베풀고 예물을 주고 가난한 자를 구제했는데 이것이 곧 부림절이다(9장). (O, X)
13. 하만을 '유다인의 대적'이라고 한 곳은? - ① 3: 절, ② 8: 절, ③ 9: 절, ④ 9: 절
14. 왕이 모르드개를 높여 존귀케 한 사적이 어디에 기록되었나?(10장) -

▲▼△▽ -----≪구약의 역사서에 대한 이해≫----- ▽△▼▲

구약의 '역사서'는 〈여호수아〉부터 〈에스더〉까지지만, 실제 율법서(창, 출, 레, 민, 신)도 역사이므로 이를 역사서에 포함시킬 수 있다. 그런데 역사서의 마지막 책인 〈에스더〉 뒤에도 성경이 있기에 역사적으로 후기의 사건으로 착각하기 쉬우나 〈에스더〉 뒤의 책들도 모두 역사서 이내의 한 지점들의 사건이다. 예를 들면 〈이사야〉는 〈열왕기〉 시대인 주전 700년경의 예언이다.

다만 〈말라기〉(느헤미야와 동시대인 듯) 이후 약 400년간의 기록은 없는데, 이 공백을 '중간 시대'라 한다. 외경으로는 〈마카비서〉가 있어서 헬라 시대에 박해를 받던 때의 기록이 있다.(〈마카비서〉는 외경으로, 공동번역 성경에서 볼 수 있다)

다시 앞으로 가서 말하면, 주전 539년에 바벨론을 무찌르고 제국이 된 바사(페르시아)는 유다인들에게 주전 538년에 해방을 주었고(스 1장) 유다는 바사의 통치하에 있었다. 그러다가 바사는 주전 333년 헬라에 망한다. 헬라의 지배를 받다가 주전 165년부터 주전 63년까지 약 100년간 독립을 누렸으나 주전 63년부터 다시 로마의 지배를 받는다. 그러기에 예수님이 오셨을 때 유다는 로마의 지배하에 있었던 것이다. 〈성경통독 이백주간〉 제2권에서 중간 시대에 대한 역사 자료를 볼 수 있다.

[오늘의 말씀] 에스라, 느헤미야, 에스더 복습 → 먼저 성경 읽기, 단숨에...

〈에스라〉, 〈느헤미야〉, 〈에스더〉는 바벨론 포로로부터의 3차에 걸친 귀환과 재건을 말한다.

1. 〈에스라〉. 1차 귀환과 성전 재건, 2차 귀환과 율법 재건

〈1〉 에스라 : 1차 귀환(주전 538년, 스룹바벨)과 성전 재건(1-6장)

1. 고레스의 해방령(주전 538년)과 관계있는 것은?(1:1-11, 답은 세 곳)
   1) 예루살렘에 전을 건축하라　　2) 바사인은 금·은·물건·짐승으로 도우라
   3) 여호와의 전 기명을 돌려주라　　4) 여호와의 전 건축은 자력으로 하라
2. 하나님의 감동을 받고 예루살렘 전을 건축하기 위해 나섰던 사람들은?(1:5-11, 답은 세 곳)
   1) 유다와 베냐민 족장　　2) 예레미야　　3) 제사장들　　4) 레위 사람들
3. 돌아온 회중의 합계는?(2:64-70) -
4. 성전 건축에 앞서 단을 쌓았고, 전 지대를 놓았던 두 사람은?(3:1-13) -
5. 여호와의 전 지대를 놓을 때에 다음 사람들은 무엇을 했나?(3:10-13)
   1) 제사장들 -　　2) 아삽 자손 레위 사람들 -
   3) 모든 백성 -　　4) 여러 노인들 -
6. 성전 건축 재개를 독려한 두 선지자는?(5장, 학 1:1-2, 슥 1:1) -
7. 하나님의 전을 건축하며 필역한 때는?(6:13-15) -

〈2〉 에스라 : 2차 귀환(주전 458년, 에스라)과 율법 재건(7-10장)

8. 아론의 16대 손으로 율법에 정통한 학사 겸 제사장이며 바사 왕 아닥사스다 7년(주전 458년)에 바벨론에서 예루살렘까지 4개월간 인도한 2차 귀환의 지도자는?(7:1-10) -
9. 에스라가 예루살렘으로 가기 전 무리를 모아 아하와 강가에서 (　　　)을 선포하고 평탄한 길을 간구했다(8:15-30).
10. 잡혼에 대한 보고를 듣고 에스라는 1) 속옷과 겉옷을 찢고 (　　　)과 (　　　)을 뜯으며 기가 막혀 앉았었다(9:3), 2) 기도의 내용은 6-15절에 있는데 "너희 (　　　)들을 저희 아들들에게 주지 말고 저희 (　　　)을 너희 (　　　)을 위하여 데려오지 말며..."라던 말씀을 기억했다(9:12).
11. 이방 여인을 취한 자들이 그 죄를 인하여 무슨 제사를 드렸나?(10:18-44) -

2. 〈느헤미야〉. 3차 귀환과 성벽 재건 및 개혁

〈1〉 느헤미야 : 3차 귀환(주전 445년, 느헤미야)과 성벽 재건(1-6장)

12. 느헤미야는 바사 어느 왕 때 무엇을 맡은 관원이었나?(1:1, 11) -
13. 성벽 재건 계획을 비웃은 세 사람은?(2:18-19, 4:1-6) -

통독	164
확인	

14. 다음 절에서 묘사하는 망대 및 문의 이름을 쓰세요(3장).
1절- 3절- 6절- 11절-
13절- 14절- 15절- 25절- 28절-
15. 당시 예레미야는 유대 땅 총독으로 몇 년 동안 있었나?(5:14) -
16. 산발랏과 게셈이 오노 평지에서 느헤미야를 만나고자 한 이유는?(6:1-2) -
17. 성곽 건축 역사(役事)의 기간은?(6:15) -

〈2〉 느헤미야 : 느헤미야의 개혁(7-13장)

18. 처음으로 돌아온 자에 대한 기록에 근거하면 돌아온 온 회중의 합계는?(7:66) -
19. 칠월 일일에 제사장 에스라가 수문 앞 광장에서 새벽부터 읽은 책은?(8:1-3) -
20. 율법을 들은 백성들이 어떻게 했으며 당시에 무슨 절기를 지켰나?(8:9, 13-18) -
21. 예루살렘에 거한 자는 어느 자손과 어느 자손인가?(11:3-6) -
22. 성곽 봉헌식에 사용된 악기는?(12:27) -
23. 느헤미야가 개혁과 관계해서 기도한 세 구절은?(13:10-31, '내 하나님이여'로 시작)
1) 하나님의 전을 맡은 자 (절), 2) 안식일 준수 (절), 3) 잡혼 금지 (-   절)

3. 〈에스더〉. 유다인이 바사에서 구원받은 일(부림절)(에스라 6-7장 사이 시대)

〈1〉 에스더 : 죽음 앞에 놓인 유다인(1-5장)

24. 아하수에로 왕은 왕위 (   )년에 (   )일 동안 잔치를 베풀었다(1:1-8).
25. 잔치 칠 일째에 왕후 (   )를 왕의 앞으로 나아오게 하여 그 (   )을 뭇 백성과 방백들에게 보이게 하려 했으나 왕명 좇기를 싫어하여 폐위되었다(1:9-22).
26. 와스디를 대신하여 에스더를 왕후로 삼을 때에 왕은 무엇을 씌워 주었나?(2:17) -
27. 모르드개의 어떤 일이 궁중일기에 기록되었나?(2:19-23) -
28. 아각 사람 하만이 왜 유다인을 다 멸하고자 하였나?(3:1-6) -
29. 삼일을 금식하고 규례를 어기고 왕 앞으로 나가리라는 에스더의 각오는?(4:16) -
30. 왕과 하만을 초대한 잔치에서 에스더는 소청을 언제 말하겠다고 했나?(5:5-8) -
31. 하만이 모르드개로 인해 만족하지 않자 아내와 친구들이 제안한 방안은?(5:13-14)
-

〈2〉 에스더 : 구원받은 유다인(부림절의 기원)(6-10장)

32. 왕이 무엇을 읽고 모르드개의 공적을 알게 되었나?(6:1-9) -
33. 하만이 자기가 세운 장대에 달리게 된 것은 (잠 12:24-25, 시 37:14-15)에 해당된다.
34. 에스더가 왕에게 취소를 요청한 것은?(8:3-8) -
35. 유다인이 대적의 손에서 벗어났음을 기념해서 아달월 십사일에 잔치를 베풀고 예물을 주고 가난한 자를 구제했는데 이것이 무슨 절기가 되었나?(9:17-28) -
36. 모르드개의 위치와 백성을 위한 일은?(10장) -
37. 〈에스더〉에는 '하나님'이나 '여호와'라는 단어가 나오는가?(해설 참고) -

자료 보너스 6 마가복음 그 생동감 !

제1과. 마가복음의 특징 - 〈이 자료는 주로 윌리엄 바클레이의 '마가복음 주석'에서 요약 인용하였다.〉

1. 〈마가복음〉은 예수님의 생애에 대한 기록 중에 가장 예수님께 가깝다.

그 이유는 예수님의 모습을 그대로 잘 묘사하였기 때문이다. 웨스트코트(Westcott)는 마가복음을 '실물의 복사'라고 말했고 브루스(A. B. Bruce)는 '사랑하는 입장에서, 생생한 회상에 의해' 기록된 '사실주의'라고 말했다. 〈마가복음〉은 예수님의 생애를 가장 간결하고 극적인 방법으로 기록하였다.

2. 마가는 예수님의 신성(神性)을 결코 망각하지 않았다.

그는 "하나님의 아들 예수 그리스도의 복음의 시작"이라는 신앙고백으로부터 시작한다. 마가는 거듭 예수님의 말씀을 듣고 마음에 받은 충격에 대해 말한다. 예수님께서 일으켜 주신 경외와 경탄을 항상 마음속에 인식하고 있다. 뭇사람이 그의 교훈에 놀랐다(1:22). "다 놀라 서로 물어 가로되"(1:27). 그리고 군중과 제자들도 예수님의 말씀에 놀란다. "저희가 심히 두려워하여 서로 말하되 저가 뉘기에"(4:41), "제자들이 마음에 심히 놀라니"(6:51), "제자들이 그 말씀에 놀라는지라"(10:24, 26). 이처럼 마가는 예수님의 말씀이 사람들에게 놀라움과 경탄을 자아냄을 보여 준다.

3. 마가는 예수님의 인성(人性)을 잘 나타냈다.

마가의 묘사는 너무나 인간적이었다. 예수님은 단순히 "목수"에 지나지 않았으나(6:3), 후에 마태는 이것을 "목수의 아들"이라고 고쳤다(마 13:55). 마가는 예수님의 시험받으심을 기록하면서 "성령이 곧 예수를 광야로 몰아내신지라"(1:12)라고 썼다. 마태와 누가는 이것을 "예수께서 성령에게 이끌리어 마귀에게 시험을 받으러 광야로 가사"(마 4:1, 눅 4:1)라고 표현했다. 마가처럼 예수님의 감정에 대하여 말한 저자는 없다. 예수님은 마음속에 깊이 탄식하셨다(7:34, 8:12). 불쌍히 여기셨다(6:34). 저희의 불신앙을 이상히 여기셨다(6:6). 의분을 느끼셨다(3:5, 8:33, 10:14). 마가만이 예수님이 부자 청년을 보시고 사랑했다고 기록한다(10:21). 예수님은 시장하셨고(11:12), 피곤을 느끼고 안식하셨다(6:31). 이처럼 마가는 예수님을 우리와 같은 감정을 가진 분으로 묘사한다.

4. 증인의 보증에 대하여 짧고 생생하게 설명을 삽입한다.

어린아이를 축복한 기사에 대하여(막 10:13-16, 마 19:13-15, 눅 18:15-17) 다른 저자들이 표현하지 않은 "그 어린아이들을 안고 저희 위에 안수하시고 축복하시니라"라고 하여 더 명백하게 묘사한다. 오병이어 기사도 마가만이 "혹 백씩, 혹 오십씩 앉은지라"(6:40)라고 하여 떼를 지어 앉은 잔디밭이 눈에 보이는 것처럼 묘사한다. 광풍을 잔잔하게 한 기사에서도 "예수께서는 고물에서 베개를 베시고 주무시더니"(4:38)라 하여 다른 저자들이 쓰지 못한 짧은 표현으로 상황을 잘 묘사한다. 이러한 상세한 묘사의 전부는 베드로가 목격자였음이 단연한 사실임을 명백히 입증한다.

5. 마가의 사실성과 문장의 소박함이 헬라어 문체 안에 나타나 있다.

(1) 어린아이가 이야기하는 것처럼 '또'라는 말로 진술과 진술 사이를 연결한다. 3장에서만 34개의 절과 문장을 주동사에 이어서 '또'라는 단어로 다음 문장이 시작되게 하였다.

(2) 역사적 현재성을 좋아하여 과거의 시제 대신에 현재의 시제를 가지고 사건을 이야기한다. "하시니라"(2:17), "보내어 이르시되"(11:1-2), "왔는데"(14:43) 같은 말이다. 보통 역사적 현재성을 잘 쓰지 않는데 마가는 눈앞의 사실처럼 마음에 새기고 있었음을 보여 준다.

(3) 당시 갈릴리 지방에서 사용하던 아람어 그대로 예수님께서 소녀를 일으키시면서 "달리다굼" 하셨다고 했다(5:41). 귀먹고 어눌한 사람에게 "에바다"라 했다(7:34). 바치는 물건은 "고르반"이라 했다(7:11). 겟세마네 동산에서 "아바 아버지"라 했다(14:36). 십자가 위에서 "엘리 엘리 라마 사박다니"라 부르짖으셨다고 했다(15:34). 이것은 베드로가 예수께서 하신 말씀을 여러 번 들었을 것이며 그 말을 그대로 사용하지 않을 수 없었던 것이다.

제2과. 마가복음의 잃어버린 부분이 있는가?

오늘날 우리가 사용하고 있는 성경에는 〈마가복음〉이 16장 20절로 끝이 나지만 원본에는 16장 8절에서 끝이 난다. 여기에는 두 가지 이유가 있다.

첫째로, 그 다음 구절, 즉 16장 9-20절의 절수가 아주 권위 있는 초기의 사본에는 들어 있지 않다. 단지 후기의 권위가 떨어지는 사본에는 이 부분이 들어 있다.

둘째로, 헬라어의 문체가 두 부분이 전혀 다르고 따라서 복음서를 쓴 같은 인물이 쓴 것이 아니라는 주장들이 있게 된다. 그러므로 마가가 기록하는 중에 죽었거나 순교를 당했을 것이라 추측할 수도 있다. 아니면 완성된 부분이 고대에는 여러 개의 두루마리로 된 것이니 뒷부분을 잃어버릴 수도 있는 것이다. 다만 기독교회는 초기에 9절부터 20절을 복원하거나 첨가했을 것이다. 따라서 오늘의 교회는 전승된 이 부분도 같은 권위를 가지고 있음을 인정하며 받아들이는 것이다.

제3과. 마가복음을 중심으로 본 주님의 고난주간 발자취

월요일의 그리스도 / 권위의 날
- 무화과나무를 저주하심 (11:12-14)
- 두 번째 성전을 깨끗이 하심 (11:15-19)

화요일의 그리스도 / 싸움의 날
- 마른 무화과나무 (11:20-26)
- 도전받는 예수의 권위 (11:27-33)
- 경고의 세 비유 (12:1-12)
- 책잡으려는 세 질문 (12:13-34)
- 관원에게 도전하는 예수 (12:35-40)
- 예수의 다른 가르침 (12:41-44)
- 예수의 예언적 가르침 (13장)
- 유다의 반역 (14:1-11)

수요일의 그리스도 / 묵상의 날
- 특별한 기록이 없다

목요일의 그리스도 / 준비의 날
- 유월절 만찬 (14:12-21)
- 최후의 만찬 (14:22-25)
- 송별의 가르침 (14:27-31)

금요일의 그리스도 / 고난의 날
- 겟세마네 기도와 체포당하심 (14:53-15:1)
- 심문받으심 (14:53 15:1)
- 수난과 십자가의 길 (15:1-20)
- 대속의 죽음 (15:20-46)

〈시 감상〉

맞춤법 공부, 쩨 째 체 채

시인 泉田 신현주

<1> 쩨 / 형용사 (여 변칙)
쩨쩨한 부자 한 놈이
남에게는 열 번이나 얻어먹고
자기는 살 줄도 몰랐다
비싼 것 먹을 때
돈 낸 적 없더니

벼룩 낯짝 값하려고
어느 날 한턱 쏜다는 것이
싸구려만 사는 쩨쩨한 놈
그리고 하는 말이
이 집이 유명한 집이야

<2> 째 / 접미사
그대는 말할 때마다
첫째, 둘째 하며
언제나 째를 붙여 말의 순서를 정한다
그래서 그대의 또 다른 별명은
남이 들으면 무슨 외국 이름인가 하는 '째째'

어느 날 끝없이 이어지는 대화에
무려 열두 번째까지 나가더니
바빠서 다음에 이야기하자구
아이구, 다음 번에는
새로 시작한 째가 몇 번째까지 가려나

<3> 체 / 의존명사 (불완전 명사)
잘나지도 못한 것들이 잘난 체하기는...
한 코미디언이 현대인들의 허상을 비웃자
잘난 체하던 사람들이
자기 비웃는 줄 모르고 함께 웃는다
자신의 잘난 체를 당연시하면서
힘 있는 체, 돈 있는 체하며
아무것이나 막 먹더니
그만, 검은 것 처먹고 체하여
가막소로 끌려가는 모습으로 방송 탄다네
체, 먹을 것 구분도 못하는 주제에

<4> 채 / 의존명사 (불완전 명사)
이렇게 살다가
태양이 뜨면 사라지는 이슬처럼
떠나가리라
남들에게 특별한 존재로
기억되지도 못한 채

타는 목마름을 이겨내고
암흑의 긴 시간 지나
새벽이슬 먹은 풀잎들이 생기를 얻듯
이렇게 순박한 채로 살다가
저 하늘로 가리

<5> 쩨, 째, 체, 채
쩨쩨하다는 말 듣지 말고
너무 길게 첫째 둘째 하지 말며
잘난 체, 있는 체, 배운 체 하지 말고
없으면 없는 채로 있으면 있는 채로
순수하게 살리라

이렇게 살다가
하늘의 부름을 받을 때
아쉬움 없이 순응해야지
쩨, 째, 체, 채를
음미하며

* 시인 신현주는 남양주영락교회(용천노회) 담임목사이다. 장로회신학대학교에서 신학석사(구약학)를, 미국 코헨대학교에서 신학박사(구약학) 학위를 받았다. 한국문인협회 회원으로 〈꿈꾸는 것 같았습니다〉(시집), 〈성경통독 이백주간〉, 〈예화철학〉 외 다수의 저서가 있다.www.sbs66.net

〈마가복음〉을 소개합니다

제목에 대한 해설

'마가에 의한 복음서'로서 복음서 중에 제일 먼저 기록되었을 것이라는 것이 일반적인 견해다. 그래서 마태복음과 누가복음에 그 순서와 내용이 그대로 옮겨져 있는 것이 많다.

저작에 관하여

저자: 본서에 언급되어 있지는 않으나 전통적인 견해는 '마가'가 본서를 기록했다고 보는 것이 지배적이다. 고대의 '파피아스 비망록'의 증언은 마가는 베드로의 선교 여행에 동반한 그의 통역자 마가라 하였고 그는 베드로가 한 설교를 기록한 것이라고 한다. 마가는 예루살렘의 마리아의 아들로서 마리아는 처음 교회의 일원이며(행 12:12), 바나바는 그의 친척이다(골 4:10).

수신자: 로마 교회의 성도들이나 이방인들이라는데 견해가 일치한다.

연대: 기록 연대를 확인하기는 어렵다. 13장은 적어도 유대 전쟁이 임박했음을 나타내기 때문에 주후 60년 이전으로 보기는 어렵다. 대부분의 견해는 유대 전쟁(주후 66-70년) 시작보다 2년 전인 주후 64년에서 예루살렘 함락(주후 70년) 이전인 주후 69년 사이로 본다.

장소: 파피아스에 의하면 로마에서 기록된 것으로 본다. 그 근거는 ① 많은 로마의 군대 용어, 로마의 연대, 로마의 돈의 단위 등이 사용된 것과(3:21, 5:9-15, 6:37, 7:4, 12:14, 15:15, 15:39, 44 등), ② 여자의 이혼권을 인정한 것으로(10:12) 이는 유대적이 아니라 로마적이다. 막센은 갈릴리 지방을 기록 장소로 본다. 그 이유는 지역적으로 갈릴리를 그토록 중요시한 마가의 입장은 그가 그 지역과 관련되지 않고는 생각하기 어렵다는 것이다.

특징 및 기록 목적

1) 교훈보다는 사건 중심이며, 문체는 힘 있고 박진감이 있다. '역사적 현재'라는 헬라어의 독특한 용법을 많이 사용하였다. 그리고 '즉시'라는 부사가 41번이나 사용되었다. 이러한 것은 기록자가 독자들에게 신앙생활에 영향을 주려고 했다는 것이다. 또한 독자들에게 관찰자가 아닌 사건에 직접 참여하기를 원한 것이라는 특징이 있다.

2) 하나님의 아들인 예수 그리스도를 통하여 하나님의 백성들이 생명을 얻도록 하는 데 그 목적을 두며 종으로 오신 예수님을 묘사하였다.

3) 본서는 예수님을 '하나님의 아들'로 묘사하고 있다(1:1, 11 3:11, 9:7, 12:1-12, 15:39).

시대적 배경

당시 유대는 사회적 정치적으로 긴장과 혼란의 소용돌이 속에 있었다. 주전 40년경 헤롯 대왕은 로마와 동맹을 맺고 갈릴리와 베뢰아를 다스렸고 유대와 사마리아 및 이두매는 로마 제국의 총독 본디오 빌라도에 의해 통치를 받으며 철저히 로마의 통제하에 있었다. 주전 63년경 로마의 폼페이우스 장군이 예루살렘을 점령한 이후 유다인들은 세금을 로마에 바치고 있어서 경제적으로 어려움을 겪고 있었는데, 본서에서 세리에 대한 비난과 멸시는 이러한 배경에 기인한 것이다.

특기 사항

〈공관복음서에 나타난 그리스도〉

마태 · 마가 · 누가, 이 세 사람은 공관복음의 저자로서 그리스도를 보는 관점의 공통점도 있으나 차이도 있으므로 자연히 그리스도에 대한 묘사에 차이가 있다.

마태: 그리스도를 당시 유대인들의 사상과 비슷한 능력의 메시아로 묘사했다. 즉 예수님은 다윗의 혈통에서 나시고 모든 사람의 왕이신 메시아로 기록했다(2:2, 21:5, 25:34).

마가: 예수 그리스도의 인성과 신성을 언급하면서도 그것보다는 '종의 형체'를 입고 오신 예수 그리스도의 모습을 강조하고 있다. 그런 면에서는 마태복음과 특별히 대조된다.

누가: 예수 그리스도의 신성에 초점을 맞추어 죄인과 병자들 그리고 버림받은 자들의 친구로서 그들의 요구에 내해서 빈삼하게 반응하신 분으로 기록했다(10:30-37, 15:4-7, 11-32, 18:10-14, 19:2-10, 23:39-43).

마가복음

[오늘의 말씀] 마가복음 1장~3장 : 복음의 시작 → 먼저 성경 읽기

(1장) 세례 요한은 예수님의 길을 예비한다. 예수님의 등장으로 어둡던 인생들에게 새 빛이 비친다.
(2장) 죄인을 부르러 오신 예수님은 안식일에도 주인이시다.
(3장) 손 마른 사람을 고치시고, 열두 제자를 택하신다. 예수님은 신령한 가족을 소개한다.

[말씀 묵상]

1. 예수님은 "하나님 나라"를 선포하셨다(1:14-15). 하나님 나라는 장소적인 개념보다는 하나님께서 다스리시는 '통치 영역'을 말한다. 나의 속에는 하나님 나라가 이루어졌는가? 바울은 "이제는 내가 산 것이 아니요 오직 내 안에 그리스도께서 사신 것이라"(갈 2:20)라고 고백했다.
2. 예수님은 "새벽 오히려 미명에" 기도하셨다(1:35). 하물며 그대가 여러 가지 핑계로 새벽기도를 소홀히 할 수 있겠는가? 예수님은 복음사역 중에 식사할 겨를도 없었다(3:20). 그대는 무엇을 하느라 그렇게 바쁘고 피곤하며 하나님의 일을 할 새가 없는가? 우선순위를 바르게 정해야 한다.

[깊은 연구]

1. 왜 죄 없으신 예수님께서 세례를 받으셨는가? (막 1:4-8)

1) 모든 의를 이루시기 위해(마 3:15)
2) 인간과 동일시하시기 위해(그러나 인간의 죄에는 가담치 않으심, 사 53:12, 히 4:15))
3) 하나님의 뜻을 성취하시기 위해(참고, 요 5:30) 세례를 받으셨다.

2. 예수님의 제자 선택은 독특하고 그 목적이 분명했다. (막 3:13-15)

1) 원하는 자들을 부르시니 - 제자가 스승을 선택하는 것이 아니라 스승이 제자를 선택했다.
2) 자기와 함께 있게 하시고 - 기쁠 때 뿐만 아니라 힘들 때도 같이하는 것이 제자다.
3) 보내사 전도도 하며 - 주님의 부름을 받은 성도도 전도는 필수적인 것임을 잊어서는 안 된다.
4) 귀신을 내어 쫓는 권세도 있게 하려 하심 - 주님의 제자 된 자는 이러한 권능을 얻을 수 있다.

3. 세례 요한의 세례와 예수님의 세례 비교 (막 1:1-11)

요한의 세례는 **물세례**요 **회개의 세례**였으나 예수님의 세례는 **불세례**요 **성령세례**다. 세례 요한은 신약의 엘리야로서(말 4:5, 막 9:13), 열왕기상 1장 8절에서 요한과 엘리야의 유사점을 볼 수 있다.

	세례 요한의 세례	예수님의 세례
종 류	물세례, 회개의 세례	불세례, 성령세례
행 위	외적 표현	내적 표현
관계 성구	마 3:8, 막 1:4, 8	마 3:11, 요 3:5
횟 수	단회적	연속적
결 과	회개에 합당한 열매	거듭난다(중생)

통독	165
확인	

공부 마가복음 1장~3장 : 복음의 시작

1. 마가복음 1장 1절을 외워서 쓰세요. -
2. "너희는 주의 길을 예비하라 그의 첩경을 평탄케 하라"는 선지자 누구의 글인가?(1:1-3) -
3. 세례 요한의 세례는 (　　　)의 세례(4절), 또는 (　　　)세례(8절)라고 한다면, 예수님(나보다 능력 많으신 이)의 세례는 (　　　)세례다(1:8, 해설 참고).
4. 광야에서 (　　)일을 계셔서 (　　　)에게 시험을 받으시며...(　　)들이 수종들더라(1:13).
5. 예수께서 갈릴리에서 전파하신 복음의 내용은?(1:14-15) -
6. 1) 그물을 던지다가 부름 받은 제자는?(1:16-18) - (　　　　　) (　　　　　)
   2) 그물을 깁다가 부름 받은 제자는?(1:19-20) - (　　　　　) (　　　　　)
7. 예수님이 한적한 곳으로 가셔서 기도하신 때는 (　　　) 오히려 (　　　)이었다(1:35-39).
8. 예수께서 누구의 믿음을 보시고 중풍병자를 일으키셨나?(2:1-11) -
9. 레위(마태)는 어디에 앉아 있다가 부름을 받았나?(2:13-17, 마 9:9, 눅 5:27) -
10. 예수님(인자)은 어디에도 주인이신가?(2:23-28) -
11. "어떻게 하여 예수를 죽일꼬" 의논한 사람들은?(3:6) -
12. 예수님께서 열두 제자를 세우신 이유는?(3:13-15) -
13. 열두 제자의 이름을 쓰고 외우세요(3:16-19). -
14. 사하심을 영원히 받지 못하는 죄는?(3:20-30) -
15. 예수님이 말하는 신령한 가족(형제, 자매, 모친)이 되는 자격은?(3:31-35) -

▲▼△▽ -----≪세례와 침례≫----- ▽△▼▲

다음 글은 〈열두 사도들의 가르침 -디다케-〉의 "제7장 세례"의 전문(全文)을 번역(원문은 헬라어)한 것으로 세례식을 행할 때에 참고하기 바란다.

"세례에 관해서 여러분은 이렇게 세례 주시오. 이 모든 것을 먼저 말하고 나서 아버지와 아들과 성령의 이름으로 살아 있는 물로 세례를 주시오. 만일 살아 있는 물이 없으면, 다른 물로 세례 주시오. 찬물로 할 수 없으면 더운 물로 하시오. 둘 다 없으면 아버지와 아들과 성령의 이름으로 머리에 세 번 부으시오. 세례 전에 부세자와 수세자는 단식하시오. 그리고 다른 이들도 할 수 있으면 (미리 단식하시오). 당신은 수세자에게 하루나 이틀 전에 단식하라고 명하시오."

♧ ♧ ♧

'디다케'('가르침'이라는 뜻의 헬라어)라 부르며, 〈열두 사도들의 가르침〉이라는 이 문서는 1873년에 발견되었고, 1883년에 사본을 출판하여 신약학계에 비상한 관심을 끌었다. 이 문서는 주후 100년경 시리아 지방에서 편집된 교회의 규범서로 밝혀졌는데, 이 시기는 복음서가 기록된 직후다.
초대교회가 행했던 규범집으로, 초대교회로 돌아가자는 운동에 좋은 자료로서 신구교가 결국 같은 자료를 만나게 된다. 세례와 침례의 논쟁이 초대교회에서는 없었음을 보게 된다.
예수님은 성령으로 세례를 주신다 했는데, 그대는 물세례만 받고 말지는 않았나?

(마가복음 1:8) 나는 너희에게 물로 세례를 주었거니와 그는 성령으로 너희에게 세례를 주시리라

신현주, 〈예화철학〉, 〈예화산책〉, www.sbs66.net

[오늘의 말씀] 마가복음 4장~6장 : 예수님의 이적들 → 먼저 성경 읽기

(4장) 예수님은 비유의 말씀으로 하나님의 나라를 소개한다.
(5장) 예수님의 능력으로 각종 병든 자, 귀신들린 자, 죽은 자에게 능력이 나타난다.
(6장) 열두 제자가 파송되고, 세례 요한은 헤롯에 의해 순교한다.

[말씀 묵상]

1. '씨 뿌리는 비유'(4장)는 어떤 면에서 보면 '마음 밭의 비유'다. 나의 마음 밭은 어떤지 자신을 냉정하게 살펴보자. 옥토처럼 말씀을 듣고 받아 결실이 있어야 한다. 아무리 옥토라고 자부해도 실제로 마음 밭이 굳어 있으면 결실이 없다. 30배, 60배, 100배의 결실이 있기를!
2. 열두 해를 혈루증으로 앓던 여인은 경제적·사회적·육체적·정신적으로 고생하였으나 예수님을 향한 믿음 덕분에 구원을 받았다(5:25-34). 그때에도 많은 사람이 예수님의 주변에 왔으나 믿음의 손을 내밀어 구원받은 사람은 오직 한 여인뿐이다. 오늘날도 마찬가지다. 많은 사람이 교회마다 와서 예배를 드리지만 은혜 받는 사람은 일부다. 그대는 어떠한가?
3. 세례 요한은 헤롯에게 '동생의 아내를 취한 것이 옳지 않다' 하므로 헤롯에 의해 순교한다(6:14-29). 해바라기 권력 아부형의 지도자들은 권력자 앞에서 아부하며 진실과 거짓을 구분하지 못하고 자기 이익과 편리대로 산다. 세례 요한의 진실과 정의를 지녀야 한다.

[깊은 연구]

1. 예수님의 권능이 언제 나타났나? (막 2, 5장)

일반적으로 자신의 믿음을 통해 예수의 권능을 받는 것이 정상적이다. 그러나 중보의 사역을 통하여도 예수님은 그들에게 권능을 나타내셨다. 중보기도가 얼마나 귀한 지를 새삼 깨닫게 된다.

① 혈루증을 앓던 여인은 자신의 믿음으로 나음을 얻었으나(5:34, 딸아 네 믿음이 너를 구원하였으니), ② 중풍병자는 그를 메고 온 사람들의 믿음으로(2:5, 예수께서 저희의 믿음을 보시고), ③ 소녀는 회당장인 아버지의 믿음으로(5:36, 두려워 말고 믿기만 하라) 치유되었다.

2. 예수님은 비유로 말씀하셨다. (막 4:10-12)

예수님이 비유로 말씀하신 것은 하나님 나라의 비밀이 택한 자녀들에게만 주어진 것이기 때문이다. 이는 주님의 자녀들에 대한 배려이며 외인들은 깨달을 수 없도록 하기 위함이다. 여기서 '비밀'(τὸ μυστήριον, 토 무스테리온)은 하나님께서 가르쳐 주시지 않으면 도무지 알 수 없는 진리다. '외인'이란 하나님의 진리를 거부하는 바리새인들과 그 추종자들이다(마 13:13, 15).

■ 유대의 은전들
유대 전쟁(주후 67-70년)의 최후는 맛사다에서의 항전이다. 후대에 맛사다에서 출토된 은전들이다.

공부 마가복음 4장~6장 : 예수님의 이적들

1. 씨 뿌리는 비유(마음 밭 비유)에서 서로 관계있는 것을 찾아 줄로 연결하세요(4:1-20).

1) 길가	가) 기운을 막음	a) 사단이 말씀을 빼앗아 감
2) 돌밭	나) 흙이 얇음	b) 말씀 듣고 받아 30배, 60배, 100배 결실
3) 가시떨기	다) 결실	c) 세상의 염려, 재리의 유혹
4) 좋은 땅	라) 새가 먹음	d) 말씀의 뿌리가 없어 넘어짐

2. (4:34) 비유가 아니면 ~
3. (4:41) 저희가 심히 두려워하여 ~
4. 귀신들린 사람이 예수님을 보고 한 말은?(5:7) -
5. 귀신들렸던 사람이 함께 있기를 간구할 때에 예수님의 대답은?(5:19) -
6. 열두 해를 혈루증으로 앓던 여자가 어떻게 혈루의 근원이 말랐나?(5:25-34) -
7. '달리다굼'의 뜻은?(5:41) -
8. 예수님의 육신의 형제들의 이름은?(6:3) -
9. 예수님을 배척한 결과는?(6:1-5을 읽고 답은 5절로) -
10. 보냄 받은 제자들이 한 일은?(6:12-13) -
11. 예수에 대하여 들은 헤롯과 어떤 이들은 예수를 누구라고 했나?(6:14-16) -
12. 요한은 누가 그 목을 요구하여 순교했나?(6:17-29) -
13. 바쳐진 떡과 고기는 얼마며, 남은 것은 얼마인가?(6:35-44) -
14. 풍랑이 일 때에 예수님을 보고 유령인가 하며 놀란 근본적인 이유는?(6:45-56) -

▲▼△▽ -----≪사람은 어디가 자라는가?≫----- ▽△▼▲

사람들이 둘러앉아 인간의 문제, 즉 '인간은 어느 부분이 자라는가?' 하는 문제에 대해 열띤 논쟁을 벌였다. 한 사람이 말했다. "그게 무슨 문제가 되오? 아무리 바보라도 인간은 발끝에서 자란다는 사실을 알고 있소. 보시오, 나는 몇 년 전에 바지를 샀는데 너무 길어서 질질 끌렸소. 그런데 이제 바지는 이렇게 짧아졌지 않았습니까? 이게 바로 증거요!"

그러자 다른 사람이 자기 나름대로 주장을 했다. "사실은 그렇지 않아요. 머리에 눈을 달고 있는 사람은 어느 누구든지 사람이 머리에서부터 자란다는 사실을 알 수 있어요. 마침 어제 나는 군인 일개 연대가 행진하는 것을 보았소. 그들이 발끝에서는 모두 똑같았음은 낮의 빛처럼 명확했소. 그들이 차이를 나타내는 것은 바로 머리 꼭대기뿐이었소!"

♧ ♧ ♧

사람은 선입견이나 작은 상식으로 모든 것을 해석하려는 경향이 있어서 이런 고집이 생길 수가 있다.
가장 무서운 사람은 한 가지만을 아는 사람이며, 그러한 사람은 그로 인해 확신이 있기에 새로운 것을 받아들이지 못한다. 내가 모른다고 다양한 결과들을 거부할 수는 없다.
생각의 폭을 넓혀 다양한 것을 보는 시각이 필요하고 그러려면 먼저 마음을 크게 열어야 한다.
예수님은 하나님의 나라를 씨 뿌리고 자라는 것이 어떻게 되는지를 모르는 것과 같다 하였다.

(마가복음 4:26-27) 또 가라사대 하나님의 나라는 사람이 씨를 땅에 뿌림과 같으니 저가 밤낮 자고 깨고 하는 중에 씨가 나서 자라되 그 어떻게 된 것을 알지 못하느니라

신현주, 〈예화철학〉, 〈예화산책〉, www.sbs66.net

[오늘의 말씀] 마가복음 7장~9장 : 베드로의 신앙고백 → 먼저 성경 읽기

(7장) 예수님의 새 인식은 잘못된 유전(遺傳)을 깨뜨린다.
(8장) 드디어 예수님은 자신이 그리스도(메시아)임을 선포하신다. "너희는 나를 누구라 하느냐."
(9장) 예수님은 제자들을 가르치는 데 중점을 두는데, 변화산의 사건도 결국 당신이 받으실 고난과 죽음에 대한 가르침이었다.

[말씀 묵상]

1. 네 가지 치유 사건을 살펴보자. '귀머거리'가 듣게 되고(7:31 이하), '소경'이 보게 되고(8:14 이하), '벙어리' 귀신이 쫓겨나고(9:14 이하), '소경'이 시력을 되찾는(10:46 이하) 사건이 곧 그것들이다. 작은 자들에 대한 예수님의 사랑이 실천적으로 나타난 것이다. 자신을 보면 그 치유의 대상이 내가 되어야 한다는 것을 깨닫게 된다. 영적으로 약한 시력, 약한 청력을 지닌 우리인 것이다.

[깊은 연구]

1. 장로들의 유전과 정결 의식 (막 7장)

1) 장로의 유전(遺傳)은 바벨론 포로 시대의 산물로 여겨진다. 산헤드린의 모체였던 대회당(Great Synagogue)과 더불어 비롯되었을 것이다. 에스라에 의해 부흥되고 후대의 서기관들에 의해 강조된 성경에 대한 존경과 관심은 대대로 전해져 내려왔다. 유대의 지도자들이 주장한 '구전율법'이 백성들의 지지를 받게 되자 그것의 권위는 '성문 율법'의 권위와 맞먹는 정도로 백성들의 양심을 구속하게 되었으며 그 결과 그에 대한 존경심이 한층 더 높아지게 되었다. 후대에는 이것이 변질되어 성경보다 더 중요하게 취급되었으나 예수님은 이러한 유전을 무시하였다.

2) 이러한 유전 중에 정결 의식은 식사하기 전에 반드시 손을 씻어야 하며 시장에서 돌아와서도 손을 씻어야 할 뿐 아니라 잔과 주발과 놋그릇 등을 깨끗이 씻는 것을 말한다. 이 의식은 처음에는 정결에 목적을 두었겠지만, 후대에는 행위적인 의식을 신성시하는 데 그 목적을 두었다.

3) 당시에 유대인들은 이 의식을 신성시하여 철저히 지켰다. 유대인들의 종교적인 생활을 다룬 소할서(the book of Sohar)의 "손 씻기를 태만히 하는 것은 현세 및 내세에 벌을 받아 마땅한 행위다", "그는 사형에 해당하는 죄를 짓고 있다"는 등의 내용은 이를 잘 대변해 준다. 그러기에 바리새인과 서기관들은 예수님의 제자들이 손을 씻지 않고 음식을 먹자 이를 종교적인 죄로 판단하여 시비를 하였으나 예수님은 오히려 이런 장로들의 유전이 하나님의 계명을 어긴다고 책망하였다.

■ 헤롯 성전의 모형
헤롯은 유대인들의 환심을 사려고 스룹바벨 성전을 대대적으로 보수하였다. 화려한 이 성전을 사람들은 '헤롯 성전'이라 불렀다(막 11:17).

통독	167
확인	

공부 마가복음 7장~9장 : 베드로의 신앙고백

1. 다음 본문은 구약의 어디에서 인용했나? {보기} 출애굽기 20:12, 레위기 20:9, 이사야 29:13
   1) 이 백성이 입술로는 나를 존경하되 마음은 내게서 멀도다(7:6). - (   )
   2) 모세는 네 부모를 공경하라 하고...(7:10). - (   )
   3) 아비나 어미를 훼방하는 자는 반드시 죽으리라 하였거늘(7:10). - (   )
2. 다음의 뜻은? - 1) 고르반(7:1-23) -
   2) 에바다(7:31-37) -
3. 제8장의 단락에 나온 단어들과 예수님의 말씀을 줄로 연결하세요.

1) 1-10	가) 소경, 침, 안수, 나무 같은 것, 만물	a) 나를 누구라 하느냐
2) 11-21	나) 표적, 바리새인의 누룩, 헤롯의 누룩	b) 무엇이 보이느냐
3) 22-26	다) 주는 그리스도, 하나님의 일, 자기를 부인	c) 아직도 깨닫지 못하느냐
4) 27-38	라) 떡 일곱 개, 생선 두 마리, 사천 명	d) 떡이 몇 개 있느냐

4. 변형되신 예수님께서 누구와 더불어 말씀하셨나?(9:2-4) -
5. 문득 둘러보니 아무도 보이지 아니하고 오직 누구뿐이었나?(9:8) -
6. 9장 23절을 쓰세요. -
7. 인자가 사람들의 손에 넘기워 (   )을 당하고 죽은 지 (   ) 만에 살아나리라(9:31).
8. 그리스도에게 속한 자라 하여 물 한 그릇을 주면 결단코 잃지 않을 것은?(9:41) -
9. 지옥은 어떤 곳인가?(9:47-48) -

▲▼△▽ -----≪믿음은 현실이다≫----- ▽△▼▲

▷ 어두운 곳을 무서워하는 아이가 있었다. 캄캄한 밤 엄마가 아이에게 뒷마당에 있는 빗자루를 가져오라고 했다. 아이가 펄쩍 뛰며 "엄마, 무서워요." 했더니 엄마가 말했다. "예수님이 밖에도 계신데 뭐가 무섭니? 그 분은 어려울 때 너를 도와주신단다". 아들은 잠시 생각하다가 뒷문을 살짝 열고 틈새로 말했다.
"예수님, 거기 계시면 빗자루 좀 갖다 주실래요?"

▷ 학교에서 무신론자인 교사가 성경을 비방하며 "홍해가 갈라져 히브리 백성들이 바다를 건넜고, 그 바닷물이 다시 합해져서 애굽 군사들이 빠져 죽었다고 하지만, 지질학적으로 당시에 홍해의 높이는 발목 정도의 높이였답니다." 했다가 믿음 좋은 학생의 대답으로 선생님은 입을 다물 수밖에 없었다.
"그러니까 기적이지요. 그렇게 얕은 물에서도 수많은 애굽 군사들을 빠져 죽게 했으니까요."

♧ ♧ ♧

같은 상황에서도 믿음의 표현은 다르기 마련이다.
무서움을 타는 것은 성향일 수 있으며, 그것 자체로 믿음의 크기를 잴 수는 없다. 두려움 속에서도 부인하지 않는 믿음이 있는가 하면 쉬운 상황에서도 믿음을 저버리기도 한다.
성경의 사건은 의심하면 믿을 수가 없고, 믿음의 눈으로 바라보면 모든 것이 진리요 하나님의 능력이다. 믿음의 폭은 사람의 눈으로 판단하지 못하고 하나님이 하신다.

(마가복음 9:19) 대답하여 가라사대 믿음이 없는 세대여 내가 얼마나 너희와 함께 있으며 얼마나 너희를 참으리요 그를 내게로 데려오라 하시매

신현주, 〈예화철학〉, 〈예화산책〉, www.sbs66.net

[오늘의 말씀] 마가복음 10장~12장 : 예루살렘 입성과 가르침 → 먼저 성경 읽기

(10장) 예수님께서 공생애 말기에 갈릴리의 전도 사역을 끝내고 예루살렘으로 향하신다. 노중에서의 사건은 주로 베뢰아를 중심으로 이루어진다.
(11장) 드디어 십자가의 사건이 기다리는 예루살렘 성에 입성하시고 도전적인 말씀으로 대적들 앞에 서신다.
(12장) 예루살렘에 입성하신 예수님은 잘못된 지도자들을 신랄하게 말씀의 칼로 치시며 가르치신다.

[말씀 묵상]

1. **부자 · 청년 · 관원**으로서 예수님께 달려 왔고(열심), 꿇어앉았으며(겸손, 구도자의 자세), 영생에 관한 질문(생의 근본문제에 관심), 율법 준수를 잘한 이 건실한 사람에게 예수님이 "한 가지 부족한 것이 있으니"(10:21)라고 지적하자 그는 근심하며 어둠 속으로 사라졌다. 오늘 그대에게 한 가지 부족한 것이 무엇인가? 다 좋은데 그것 하나 때문에 망할 수는 없지 않은가?
2. 과부가 연보 궤에 넣은 돈은 두 렙돈, 곧 한 고드란트였다. 렙돈은 헬라의 화폐로서 로마의 돈, 고드란트의 2분의 1이었다. 고드란트는 앗사리온의 4분의 1에 해당되며 앗사리온은 하루 품삯인 데나리온의 16분의 1이다. 두 렙돈은 고작 몇 백원 정도였다. 그럼에도 예수님께 칭찬을 들은 것은 "구차한 중에서 자기 모든 소유 곧 생활비 전부를 넣었"기 때문이다(12:41-44).

[깊은 연구]

1. 성전은 만민이 기도하는 집 (사 56:7, 막 11:15-18)

예루살렘 성전은 여러 구역으로 나누어져 있다. 성전 안에서 장사를 한 곳은 이방인의 뜰이었다. 즉 이방인들이 하나님께 나올 수 있는 길을 차단하는 유대인의 횡포였고 보편적 은혜를 저지하는 비복음적 행동이었다. 예수님은 이들을 쫓아내셨다. 성전은 역사적으로 솔로몬 성전, 스룹바벨 성전, 헤롯 성전이 있는데, 예수님 당시에는 헤롯 성전이었고 이 성전의 파멸을 예고했다(13:1-2). 〈통독 153일째, 167일째 참고〉

2. 사두개파 사람들은 누구인가? (막 12:18)

유대 종파의 하나로서 종교적이라기보다는 정치적이었다. 그 기원은 솔로몬 때의 제사장인 사독(삼하 8:17) 이후라고 한다. 이들의 구성은 제사장과 관련을 맺고 있으며 대단히 귀족적 성격을 띠고 있다. 바리새파 사람들이 구전율법(口傳律法: Oral Law)도 중요시한 반면에 사두개파 사람들은 부정하였고 오직 기록된 모세오경에만 경전적 권위를 두었다. 그들은 죽은 자의 부활도 없고 내세의 기쁨이나 슬픔까지도 없다고 주장함으로써 하나님과의 관계성도 제거해 버렸고, 천사와 영의 존재도 부인하였다(행 23:8).

■ 이방인의 성전 출입 금지 비문
"이방인(non jews)은 성전 주위의 난간과 경내에 들어올 수 없다. 위반자는 그 결과로서 일어나는 죽음의 처벌에 대하여 책임을 져야 한다."는 글이 적혀 있어서 유대인들은 이방인들이 하나님께로 나올 수 있는 길을 원천적으로 차단하여 '만민이 기도하는 집'(막 11:17)이 되지 못하게 했다. 이 비문은 1871년 예루살렘에서 발견된 완전한 것이며, 1936년에는 붉은 글씨로 쓴 것도 발견되었다. 〈이스탄불 고고학 박물관 소장〉

통독	***168***
확인	

공부 마가복음 10장~12장 : 예루살렘 입성과 가르침

1. 하나님이 짝지어 주신 것을 사람이 나눌 수 있는가, 없는가?(10:9) -
2. 하나님의 나라를 누구같이 받들지 않는 자는 들어가지 못하는가?(10:15) -
3. 영생을 물었던 사람의 한 가지 부족한 것은?(10:21) -
4. 재물이 있는 자가 천국에 들어가기가 힘들다며 하신 비유는?(10:25) -
5. 예수님이 오신 목적은?(10:45을 쓰세요) -
6. 예수님이 소경 거지 바디매오를 구원한 것은 무엇인가?(10:52) -
7. 예수께서 나귀를 타고 입성하신 것은 누구의 예언이었나?(11:7, 관주를 보라) -
8. 기록된바 성전은 어떤 곳이라 했나?(11:17) -
9. 11장 24절을 쓰세요. -
10. 다음 단락의 제목을 보기에서 골라 쓰고 관계있는 내용을 줄로 연결하세요. {보기} 다윗의 자손 문제 / 납세에 대한 문제 / 첫째가는 계명 / 부활에 대한 질문 / 과부의 헌금 / 서기관들을 조심하라 / 포도원 농부의 비유

1) 12:1-12 ( )	가) 건축자들의 버린 돌이 모퉁이의 머릿돌
2) 12:13-17 ( )	나) 하나님은...산 자의 하나님이시라
3) 12:18-27 ( )	다) 모든 사람보다 많이 넣었도다
4) 12:28-34 ( )	라) 네가 하나님의 나라에 멀지 않도다
5) 12:35-37 ( )	마) 하나님의 것은 하나님께 바치라
6) 12:38-40 ( )	바) 그 받는 판결이 더욱 중하리라
7) 12:41-44 ( )	사) 어찌 그의 자손이 되겠느냐

▲▼△▽ -----≪하나마나한 기도≫----- ▽△▼▲

믿음교회는 이번 주일예배를 야외에서 드리기로 했다. 가는 날이 장날이라고 날씨는 간간이 비를 뿌렸다가 해가 나곤 하여 속을 태웠다. 그러나 준비된 일을 연기하거나 취소하기가 어려워 야외예배를 강행하기로 했다. 출발 전에 김백두 목사가 교회 마당에서 큰 소리로 기도했다.

"하나님, 야외에서 하루를 지내게 되는데 날씨가 염려됩니다. 하나님은 모든 자연을 섭리하는 주님이시오니 오늘 비를 내리지 말아 주십시오. 비가 오지 않을 줄 믿~습니다...."

"믿~습니다"의 '믿' 자의 악센트에 모두들 "아멘!" 하고 출발하는데, 순수한 어린이들은 기도에 확신을 갖고 모두 우산을 아동부실에 두고 차에 올랐다. 도중에 한 아이가 외쳤다.

"와, 목사님 우산 무지 크다! '비가 오지 않을 줄 믿습니다'라고 기도했는데 우산을 가지고 가시네요?"

♧ ♧ ♧

아아! 뭔 망신이람. 기도한 대로 믿지 못한 결과다. 기도하는 것, 말하는 것과 실제 믿음의 행위의 차이는 얼마나 큰지 우리 주변을 살펴보면 실망이 많이 된다. 이러한 차이는 사람들의 신뢰를 떨어뜨린다. 내가 기도하고 내가 못 믿는데 어느 누가 믿어 주겠는가?

기도하고 말한 대로 그렇게 살 수 있다면 훌륭한 사람이므로 유창한 기도도 중요하지만 더 중요한 것은 기도의 삶이다. 예수님은 기도의 결과를 분명히 말씀하셨다.

(마가복음 11:24) 그러므로 내가 너희에게 말하노니 무엇이든지 기도하고 구하는 것은 받은 줄로 믿으라 그리하면 너희에게 그대로 되리라

신현주, 〈예화철학〉, 〈예화산책〉, www.sbs66.net

[오늘의 말씀] 마가복음 13장~14장 : 종말 예언과 유월절 만찬 → 먼저 성경 읽기

(13장) 예수님은 감람산에서 예루살렘을 내려다보시며 제자들에게 종말에 관해 말씀하신다.

(14장) 각종 궤계 속에서도 유월절 만찬을 통해 몸과 피를 주심을 가르치신다. 가룟 유다의 배반과 예수의 체포는 연속적으로 이루어져 대제사장 앞에 서신다.

[말씀 묵상]

1. 예수님은 종말에 대해 말씀하시면서 **"그 때에"**(13:21, 24, 25, 26, 27)라는 표현을 여러 번 반복하신다. 성도들은 **'인자가 오시는 그 때'**에 깨어 있어 주님을 맞아야 한다. 언제나 '그 때'가 있음을 깨닫고 준비하는 삶을 살며, 허송세월을 보내지 말고 깨어 주님을 사모하며 살아야 한다.
2. 예수님의 겟세마네 기도는 성도들이 어떻게 기도해야 하는지를 보여 준다. "아바 아버지여 아버지께는 모든 것이 가능하오니 이 잔을 내게서 옮기시옵소서 그러나 나의 원대로 마옵시고 아버지의 원대로 하옵소서"(14:36). 많은 경우에 우리는 먼저 내 뜻을 정해 놓고 그것에 하나님의 뜻을 맞추려는 경향이 있다. 그러나 언제나 아버지의 뜻에 맞추는 자세가 믿음이다.

[깊은 연구]

1. 예루살렘 파멸 예언의 문자적 성취 (막 13:1-4)

헤롯에 의해 주전 19년부터 수축되던 성전은 주후 64년에 완공되었는데 그 후 불과 7년 만인 **주후 70년**에 로마의 티토(Titus)에 의해 파멸되고 말았다. 즉 예수님의 예언 후 약 40년 만에 이루어진 일이다. 로마의 군대는 성전에 불을 질렀는데 이때 성전 내부에 장식되었던 금들이 녹아 돌 사이에 끼게 되었고 군인들이 그 금들을 취하기 위해 돌을 들추었으므로 "돌 하나도 돌 위에 남지 않고 다 무너뜨려지리라"(13:2)는 예언이 성취되었다.

2. 마가복음 전체 이해하기

마가복음 1장 1절부터 8장 26절에서 예수께서는 자신이 누구인지를 행함으로 보여 주셨다. 그런데 8장 27-30절에서 "사람들이 나를 누구라고 하느냐" 물으신 질문을 통해 자신이 그리스도(메시아)이심을 말씀으로 나타내시고, 8장 31절부터 16장 20절에서는 말씀으로 그리스도이심을 선포하신다.

■ 가룟 유다의 입맞춤(막 14:45)
최후의 만찬 후에 예수님이 겟세마네에 가셨을 때 유다는 무리를 이끌고 예수님께 와서 배도의 입맞춤을 한다. 16세기 리모지(Limoges)의 에나멜화다. 〈파리 장식 미술관 소장〉

1:1-8:26	8:27-30	8:31-16:20
예수께서 주로 **행하심으로** 자신의 신분을 나타내셨다.	나를 누구라 하느냐	예수께서 **말씀으로** 자신이 그리스도이심을 선포하셨다.

통독	169
확인	

공부

마가복음 13장~14장 : 종말 예언과 유월절 만찬

1. 예수께서 이르시되 네가 이 큰 (　　　)들을 보느냐 (　　　) 하나도 (　　) 위에 남지 않고 다 무너뜨려지리라. - (13:　　　절)
2. 너희가 (　　　　)을 인하여 모든 사람에게 (　　　)을 받을 것이나 나중까지 (　　　　　　)는 (　　　)을 얻으리라. - (13:　　　절)
3. 거짓 (　　　　　　)들과 거짓 (　　　　)들이 일어나서 이적과 (　　　　)를 행하여 할 수만 있으면 (　　　　　　　　)을 미혹케 하려 하리라. - (13:　　　절)
4. (　　　　)는 없어지겠으나 내 (　　　　)은 없어지지 아니하리라. - (13:　　　절)
5. 그 날과 그 때는 아무도 (　　　　　　　) 하늘에 있는 천사들도, (　　　　　　　)도 모르고 (　　　　)만 아시느니라. - (13:　　　절)

◇ 다음 말이나 행동은 누가 한 것인지 쓰세요(6-12문, 14장).

6. 민요가 날까 하노니 명절에는 말자. - (　　　　　　,　　　　　　)
7. 복음이 전파되는 곳에는 이 여자의 행한 일도 말하여 저를 기념하리라. -
8. 돈을 주기로 약속하니...예수를 어떻게 넘겨 줄 기회를 찾더라. -
9. 이것은 많은 사람을 위하여 흘리는바 나의 피 곧 언약의 피니라. -
10. 내가 주와 함께 죽을지언정 주를 부인하지 않겠나이다. -
11. 나의 원대로 마옵시고 아버지의 원대로 하옵소서. -
12. 너도 나사렛 예수와 함께 있었도다. -

▲▼△▽ -----≪펜타곤의 크기≫----- ▽△▼▲

미국 국방성은 단일 건물로서는 바닥 면적이 세계에서 가장 넓다. 5각형 건물로서 속칭 '펜타곤'(5각형)이라고 한다. 이 건물은 2001년 9월 11일 미국 무역센타와 함께 이슬람권의 공격을 받아 망신을 떨고 더 유명해졌다.

미 육사 동기생 둘이 함께 장군이 되어 국방장관에게 신고를 하러 들어갔다. 화장실을 다녀온 사이에 한 친구는 길을 잃고 국방성 건물에서 미처 빠져 나오지도 못하고 헤맸다.

얼마의 세월이 흘렀을까? 길을 잃고 아직도 헤매고 있던 그는 펜타곤 내에서 큰 행사를 하고 있는 것을 알고 그곳으로 다가가 보았다가 깜짝 놀랐다.

"거기에는 국방장관에게 같이 신고하러 들어왔던 친구가 어느새 퇴역식을 거행하고 있었다."

♧ ♧ ♧

펜타곤이 그만큼 크고 강하다지만 이슬람의 9.11 테러를 당했다.
출발이 같아도 세월은 방향과 성공이 길로 나누어 놓는다.
어느 목사는 큰 교회의 부목사로 있다가 시골 교회에 대한 애정으로 시골에 왔는데 그 사이에 동료들은 잘 나가더라며 알 수 없는 인생의 길과 자신을 오버랩 하는 것을 보았다. 열심히 공부한 그는
교계 신문에 [illegible] 인생을 [illegible] 것을 배운다.

(마가복음 13:2) 예수께서 이르시되 네가 이 큰 건물들을 보느냐 돌 하나도 돌 위에 남지 않고 다 무너뜨려지리라 하시니라

신현주, 〈예화철학〉, 〈예화산책〉, www.sbs66.net

[오늘의 말씀] 마가복음 15장~16장 : 고난과 부활 → 먼저 성경 읽기

(15장) 빌라도는 충동받은 백성들의 요구대로 예수님을 십자가에 못 박도록 내어준다. 예수님은 많은 수모를 받으며 십자가에 못 박히신다.

(16장) 누가 진리를 거스르며 하나님의 일을 막겠나? 그는 살아나셨고 만민에게 복음을 전파하라신다.

[말씀 묵상]

1. 예수님께서 많은 **모욕을 당하고 조롱을 받으심**은(15:16-20, 26-32) 십자가에서 피를 흘리신 것보다 더 아팠으리라. 어디 그뿐이랴! 가룟 유다의 배신, 입성 때 환영하던 무리들의 거짓 증언(14:53-65). 이 아픔을 참으심은 누구를 위함인가? 오늘날 나 자신이 십자가에 달린 예수님을 조롱하듯, 거짓 증인이 되듯, 모든 것을 상황이나 대세에 따라 움직이는 변절자는 되지 말아야 한다.
2. 그리스도의 부활(16장)은 우리에게 확실한 소망이 되고, 인류 구원을 위한 결정적인 관문이다. 문제는 나 자신이 부활을 확신하고 있으며 **부활의 현재성의 삶**을 사느냐에 있다(요 5:24-25, 11:25-26, 고전 15:31-34). 어느 교회에서 항존직들에게 "부활을 믿느냐?" 물었더니, "목사님께서 하도 부활을 믿어야 한다기에 믿어 준다." 했다 한다. 그러나 부활은 확실한 역사적 사건이며, 성도들의 미래에 일어날 일이므로 〈사도신경〉으로도 '몸이 다시 사는 것'을 고백한다.

[깊은 연구]

1. 죄패(罪牌)에는 '유대인의 왕'이라 적었다. (막 15:26)

마태: "이는 유대인의 왕 예수라" **누가**: "이는 유대인의 왕이라" **요한**: "나사렛 예수 유대인의 왕"
이처럼 복음서마다 약간의 차이가 있는 것은 '핵심만을 기록'했기 때문일 것이다. 빌라도가 죄패를 붙이게 한 것은 두 가지 면에서 추측해 볼 수 있다.

1) 십자가에 달린 예수님과 유대인을 조롱하기 위해 썼을 가능성이 있다.

2) '자칭' 유대인의 왕이라고 쓰라는 대제사장의 요구를 묵살하고 "나의 쓸 것을 썼다"(요 19:19-22)라고 단호하게 말한 것을 볼 때 빌라도가 예수님의 무죄함을 알고도 죽게 내어 준 데 대한 일말의 죄책감과 동정심에서 썼을 가능성이 있다.

2. 성소 휘장이 위로부터 아래까지 찢어진 사건 (막 15:38)

성전의 성소에는 휘장이 둘 있었는데 하나는 성소로 들어가는 입구에 있는 것이고, 하나는 성소와 지성소 사이에 있었다. 히브리서 6:19, 9:3, 10:20에 근거해 볼 때 본문에 '찢어진 휘장'은 내부의 휘장(출 26:31-33, 36:36, 대하 3:14)으로 생각된다.

휘장이 찢어진 사건은 진정한 대제사장이신 예수님의 죽음으로 인해 누구든지 직접 거룩하신 하나님 앞에 나아갈 수 있는 길이 열리게 되었음을 의미한다(히 9:3-15, 10:19-20). 예수 그리스도의 이름으로 하나님께 직접 기도하여 우리 죄의 용서를 구할 수 있으니 큰 은혜다.

통독	**170**
확인	

공부 마가복음 15장~16장 : 고난과 부활

1. 명절(유월절)의 전례에 따라 놓임을 받은 사람은?(15:6-15) -
2. 1) 빌라도는 대제사장들이 예수를 무엇 때문에 넘겨준 줄 알았으며 -
   2) 그럼에도 그는 실제 예수를 어떻게 했나?(15:1-15) -
3. 군병들이 브라이도리온이라는 뜰에서 예수님에게 어떻게 했나?(15:16-20)
   -
4. 구레네 사람 시몬은 무엇을 했나?(15:21-32) -
5. 다음 시간에 일어난 일이 무엇인지 쓰세요(15:21-41, 성경 시간에 6을 더하면 오늘날의 시간).
   1) 삼시(오전 ____시) -
   2) 육시(낮 ______시) -
   3) 구시(오후 ____시) -
6. 예수님을 향하여 섰던 백부장의 고백은 무엇인가?(15:33-41) -

◇ 다음 말이 맞으면 O표, 틀리면 X표 하고 틀린 곳을 맞게 고치세요(7-11문, 16장).

7. 여인들이 향품을 가지고 안식일에 매우 일찍이 무덤으로 갔다. (　　　)
8. 무덤에서 흰옷 입은 청년(천사)이 "예수는 살아나셨고 여기 계시지 않는다"라고 했다. (　　　)
9. 부활하신 예수는 야고보의 어머니 마리아에게 제일 먼저 나타나셨다. (　　　)
10. 열한 제자에게 나타나신 예수는 저희의 큰 믿음과 마음이 담대한 것을 칭찬하셨다. (　　　)
11. 예수를 믿는 사람에게 따르는 표적 중에 '병든 사람에게 손을 얹은즉 나으리라' 하셨다. (　　　)

▲▼△▽ -----≪바꿔치기 당한 가격표≫----- ▽△▼▲

한 장교가 미국 육군사관학교를 나와 베트남전에 참전했다. 전투가 심하게 벌어진 날 밤, 모두가 안전한 곳에서 공격을 하고 있었으나 한 병사만이 심한 부상을 입고 생명의 위협을 받고 있었다. 아무도 총탄을 뚫고 나가 그를 구할 용기가 없었으나 그 장교는 사지로 뛰어들어 그 병사를 참호로 밀어 넣고 자신은 적의 총탄에 맞아 그 자리에서 죽었다.

몇 달 후, 치료가 끝난 그 병사는 미국으로 돌아왔다. 장교의 부모는 아들 대신 살아 돌아온 병사를 정중하게 집으로 초대하였다. 그러나 그 병사는 술에 취하였고, 음탕한 농담을 했으며 시끄러웠다. 그가 돌아간 후에 어머니는 울부짖었다.

"내 아들이 저런 사람을 대신하여 죽었다고 생각하니 가슴이 아파요."

♧ ♧ ♧

예수 그리스도는 나에게 생명을 주시려고 십자가에서 죽는 엄청난 대가를 치르셨다. 그대의 가슴에 그 감사와 감격이 살아 있는가? 밥도 제대로 못 먹던 신학생에게 등록금과 기숙사비를 대 주었으나 훗날 그가 큰 교회 목사가 되자 그 일을 부끄럽게 생각하는지 알은체도 안 한다는 어느 권사님의 눈물을 보았는데, 부끄러운 것은 은혜를 모르는 그의 양심이다. 은혜를 모르는 것은 그 마음이 짐승 같기 때문일까? 가격표를 바꿔치기 하듯 실제를 무시하고 가짜를 내세우면 안 된다.

(마가복음 15:20) 희롱을 다한 후 자색 옷을 벗기고 도로 그의 옷을 입히고 십자가에 못 박으려고 끌고 나가니라

신현주, 〈예화철학〉, 〈예화산책〉, www.sbs66.net

[오늘의 말씀] 마가복음 복습 → 먼저 성경 읽기, 단숨에...

네 복음서 중 처음의 세 복음서인 마태, 마가, 누가 복음에는 공통적인 자료를 가지고 있는 반면 요한복음(제4복음서)은 다소 다르다는 인상을 받는다. 1774년 독일의 그리스바흐(J. J. Griesbach)는 처음의 세 복음서를 '공관적'(共觀的: Synoptic)이라고 표현했는데, 그 이유는 세 복음서에 공통적인 자료들이 많기 때문으로 여기에서 〈공관복음〉이라는 용어가 생기게 되었다.

마가복음은 모두 661절인데 그중 606절이 마태복음에 완전히 또는 부분적으로 나타나고 있으며 누가복음에서는 약 380절이 나타나고 있다. 물론 마가복음에는 없고 마태복음과 누가복음만이 공통적으로 갖는 구절도 240절이나 된다.

〈1〉 마가복음 : 예수님의 갈릴리 사역(1-10장)

1. 먼저 마가복음 전체를 단숨에 읽으세요. - 읽었음, 안 읽었음, 읽을 것임, 안 읽을 것임
2. 광야에 외치는 자는 누구인가?(1:1-8) -
3. 나는 너희에게 (　　)로 세례를 주었거니와 그는 (　　)으로 너희에게 세례를 주시리라(1:8).
4. 예수님께서 광야에서 시험을 받으신 일과 관계가 없는 것은?(1:12-13)
   1) 성령이 예수를 광야로 이끄심　2) 사십 일을 시험받으심　3) 천사들도 예수를 시험함
5. 그물을 던지다가 부름 받은 두 제자는?(1:16-20) -
6. 그물을 깁다가 부름 받은 두 제자는?(1:16-20) -
7. 가버나움 회당에서 귀신들린 자가 예수를 누구인 줄 알았나?(1:21-28)
   1) 하나님의 아들　2) 하나님의 거룩한 자　3) 바알세불　4) 권세 있는 자
8. 예수께서 누구의 믿음을 보시고 중풍병자를 고치셨나?(2:1-12)
   1) 저희(중풍병자를 메고 온 사람들)　2) 중풍병자 자신　3) 서기관　4) 무리들
9. 예수님은 누구를 부르러 오셨나?(2:13-17) -
10. 예수님이 제자를 부르신 이유가 아닌 것은?(3:13-15)
    1) 함께 있게　2) 전도도 하게　3) 귀신 쫓아내는 권세 있게　4) 일자리를 얻게
11. 예수님의 12제자의 이름을 쓰세요(3:16-19).
    -
12. 누가 주님의 신령한 가족(형제, 자매, 모친)이 되는가?(3:35) -
13. 씨가 좋은 밭에 떨어진 것은 무엇을 말하는가?(4:20) -
14. 다음 말의 뜻은 무엇인가?
    1) 달리다굼(5:41) -
    2) 고르반(7:11) -
    3) 에바다(7:34) -

15. 예수님의 육신의 형제들의 이름을 쓰세요(6:1-6). -
16. 헤롯이 자신을 책망한 세례 요한을 죽이지 못한 이유는?(6:19-20) -
17. 보리떡 (개)와 물고기 (마리)로 다 배불리 먹고 남은 것이 (바구니)에 가득 찼다(6:30-44).
18. 속에서 나와 사람을 더럽게 하는 것은?(7:20-23)
 -
19. 베드로는 주님(예수님)을 누구라고 고백했나?(8:29) -
20. 비로소 사람들에게 가르치신 것은?(8:31) -
21. 말라기 4장 6절에 나오는 엘리야는 신약에서 누구인가?(9:11-13) -
22. 9장 23절을 쓰세요. -
23. 하나님의 나라를 어떻게 받들지 않으면 천국에 들어가지 못하나?(10:15) -
24. 마가복음의 요절이라고 할 수 있는 10장 45절을 쓰고 암송하세요.
 -
25. 소경 거지 바디매오가 예수님에게 무엇이라 외쳤나?(10:47) -

〈2〉 마가복음 : 예수님의 고난과 부활(11-16장)

26. 하나님의 집은 무엇이라 칭함을 받는가?(11:17) -
27. 무엇이든지 ( )하고 구하는 것은 받은 줄로 ( )(11:24).
28. 사두개인은 무엇이 없다고 하였나?(12:18) -
29. 계명 중에 첫째는 ( ) 사랑, 둘째는 ( ) 사랑이다(12:28-34).
30. 과부의 적은 연보가 칭찬을 받은 이유는?(12:41-44) -
31. 주의 재림의 '그 날'과 '그 때'는 누구만 아는가?(13:32) -
32. 주의 재림을 기다리며 "깨어 있으라"는 말씀의 절수를 쓰세요(13:32-37).
 1) 마태 24: ______절, 2) 마가 13: ____, ____, ____절, 3) 누가 21: ______절
33. 이것은 많은 ( )을 위하여 흘리는바 나의 ( ) 곧 ( )의 피니라(14:24).
34. 예수님이 자신을 "찬송받을 자의 아들 ( )"는 질문에 인정하는 뜻의 대답을 했기 때문에 대제사장이 예수를 사형에 해당하는 자라고 정죄한 것이다(14:61-64).
35. 빌라도는 "네가 유대인의 ( )이냐"고 물었고, 예수는 "네 말이( )" 하셨다(15:1-3).
36. 브라이도리온에서 예수님이 조롱당하신 내용은?(15:16-19)
 -
37. 다음 사건의 시간과 오늘날의 시간을 함께 쓰세요(로마의 시간에 6을 더하면 오늘날의 시간).
 1) 십자가에 못 박음(15:25) - (시 = 현재 시)
 2) 온 땅에 어두움이 임함(15:33) - (시~ 시 = 현재 시~ 시)
 3) 크게 소리 지르심(엘리~ 15:34) - (시 = 현재 시)
38. 예수님의 운명하시는 모습을 지켜본 백부장의 고백은?(15:39) -
39. 예수님은 어느 날에 부활하셨으며 누구에게 먼저 보이셨니?(16:1-11)
40. 마지막 부탁을 하신 후 예수님은 어떻게 하셨나?(16:19) -

〈고린도전서〉를 소개합니다

제목에 대한 해설

서신서는 크게 두 가지로 제목이 붙여진다. 바울 서신은 '수신자 이름'이 책 이름이 되었다. 반면에 공동서신은 그 '발신자의 이름'이 책 이름이 되었다.

바울은 모두 13권의 서신을 기록하였다. 본서의 헬라어 제목은 '프로스 코린티우스 알파'로 '고린도인에게 (보낸) 첫 번째 (편지)'라는 뜻이다. 후대의 번역본들에서 〈고린도인에게 보낸 첫 번째 편지〉, 〈고린도전서〉 등으로 부르게 되었다.

저작에 관하여

저자: 대표 저자는 바울이며 공동저자는 소스데네(1:1)다. 소스데네는 고린도의 유대인 회당장이었을 것이다(18:7).

수신자: 고린도에 있는 그리스도인으로 바울은 이들을 세 겹의 수식구를 사용하여 그들의 특성을 나타낸다(1:2).

연대 및 장소: 바울이 고린도 교회의 어려움과 분쟁에 대한 소식을 듣고 본 서신을 기록하기 시작했다. 고린도 교회의 분쟁이 바울이 3차 전도 여행(주후 53-58년)을 떠나기 직전에 발생한 점과 바울이 에베소 체류 기간이 3차 전도 여행 기간에 포함된다는 점을 감안할 때에 본서의 기록 연대는 주후 55년 전후로 본다. 또한 16장 8절에서 오순절까지 에베소에 머문 뒤 그곳을 떠나겠다고 했으므로 바울의 에베소 체류 기간(주후 53-56년) 중 말기에 완성되었다고 본다. 이보다 앞서 고린도 교인에게 보낸 편지는 분실된 것으로 추정된다(5:9).

고린도 교회 배경 이해

바울의 제2차 전도 여행 때인 주후 50년경, 바울은 실루아노, 디모데와 함께(행 18:5, 고후 1:19) 아덴으로부터 고린도에 와서 18개월을 체류하며 복음을 전하여 고린도 교회를 세웠다(행 18:1-17, 고후 11:7-9).

고린도는 헬라의 대도시로서 주전 1세기 중반경에 로마의 시저(가이사)에 의해 식민지가 되어 총독을 파송하였다. 동서로 바다를 끼고 아시아와 로마 지방과의 교통로에 있다.

바울 시대에는 부유하고 번화한 상업도시였다. 대체로 낮은 신분의 사람들이 살았다. 고린도 교회는 이교(異敎)의 배경하에서 회심한 사람들이 많았다.

성경에 고린도 교회에 대한 기록은 ① 바울이 2년간 전도하여 교회를 설립한 일(행 18:1-8), ② 아볼로가 머물러 있었음(행 19:1), ③ 바울이 에라스도를 머물게 한 일(딤후 4:20), ④ 바울의 동역자인 그리스보, 가이오, 스데바나 등의 거주지(고전 1:14, 16, 행 16:8) 등에서 볼 수 있다.

특기 사항

1) 현대 교회와 고린도 교회

당시에 바울은 고린도 교인들이 안고 있는 문제에 대한 질문 형식의 서신이나 직접 들은 일들에 대하여 답변을 하게 되었을 것이다(1:11, 5:1, 7:1, 16:17). 고린도 교회는 분파, 음행, 소송, 은사 활용에서의 무질서 등 몇 개의 큰 문제를 안고 있었다. 그러나 바울은 이러한 문제를 정확히 진단하고 문제 해결을 제시했으며 영적으로 혼란이 없도록 했다. 〈고린도서〉는 이러한 면에서 현대 교회들이 안고 있는 문제를 이 서신을 통하여 발견하며 그 치유의 방법도 이 서신을 통하여 발견할 수 있다는 점에서 귀하다.

2) 고린도전서에서 바울에게 보고된 문제들

(1) 교회 안의 분쟁(분열 / 1, 3장), (2) 근친상간(近親相姦)의 사례(5장), (3) 교인들 간의 법정 시비(6장), (4) 기독교 자유의 남용(8장), (5) 예배와 만찬에 만연한 혼란(11:17-34).

3) 고린도 교인들이 바울에게 한 질문들

(1) 결혼과 독신 생활에 관하여(7장).

(2) 우상들에게 바쳐진 음식과 신전들에서 거행되는 행사에 관하여(8장).

(3) 여자들이 수건을 써야 할지의 여부와 교회의 집회에서 여자들의 지위 문제에 관하여(11:1-16, 14:34-36).

(4) 성령의 은사들에 대하여(12, 13장).

(5) 죽은 자의 부활의 의미에 관하여(15장).

〈고린도후서〉를 소개합니다

제목에 대한 해설

본서의 헬라어 제목은 '프로스 코린티우스 베타'로 '고린도인에게 (보낸) 두 번째 (편지)'라는 뜻이다. 여기서 베타(Β)는 두 번째라는 뜻으로 고린도전서와 구분하기 위해서다. 후대의 번역본들에서 〈고린도인에게 보낸 두 번째 편지〉, 〈고린도후서〉 등으로 부르게 되었다.

저작에 대하여

저자: "바울과 및 형제 디모데"(1:1)로 되어 있으며 디모데는 바울의 2차 전도 여행 도중부터 바울과 동역했고 끝까지 바울의 훌륭한 믿음의 아들이요 동역자로서의 길을 잃지 않았다.

수신자: 고린도에 있는 하나님의 교회와 온 아가야에 있는 모든 성도다.

연대 및 장소: 〈고린도전서〉보다 약 1년 뒤인 주후 56년 가을경으로 보는 데 이견이 없다. 바울이 에베소를 떠나 마게도냐 지역으로 갔을 때에 기록한 것으로 본다(7:5, 8:1, 9:2-4, 행 20:1-20). 빌립보를 저작 장소로 제시하는 경우도 있으나 빌립보 역시 마게도냐 지역이다(11:9).

고린도후서 배경 설명

고린도 교회의 설립자인 바울은 문제점을 바로잡기 위해 〈고린도전서〉를 기록했다. 그럼에도 그들이 회개하지 않자 방문하여 책망했으나 성과 없이 근심 중에 헤어졌다(고후 2:1, 5). 그 후 바울은 동역자 디도를 보내어 고린도 교회의 악습을 시정하고, 신자들을 격려하여 예루살렘 교회의 가난한 성도를 위한 연보를 모으도록 했다. 바울은 3년간 머물던 에베소를 떠나 마게도냐로 갔다(2:12-13). 그곳에서 디도가 고린도 교회로부터 가져온 소식은 그들이 악행을 회개하고 바울을 사모하게 되었다는 것이다(7:6-16). 그런데 여전히 바울을 불안하게 하는 것은 거짓 교사들에 대한 소식이었다. 이들은 바울이 방문 약속을 지키지 않았기 때문에(1:15-17) 바울이 전한 복음도 믿을 만한 것이 못 된다고 선전하였다. 바울은 고린도 교인들의 오해를 풀고, 그릇된 진리로 유혹하던 거짓 교사들에 대해 단호히 행동해야 할 필요성을 느끼게 되었다.

그래서 바울은 〈고린도후서〉를 써서, 자신이 곧 고린도 교회를 방문할 것과 거짓 교사들과 회개치 아니한 범죄자들을 징계할 것을 분명히 하였다.

본서는 바울의 서신 중에 친밀하고 개인적인 서신일 것이다. 모든 교회를 보살피는 바울의 짐(11:28)의 무게와 그들에 대한 바울의 사랑의 깊이와 그들의 영적인 성장에 대한 관심을 볼 수 있다.

특기 사항

1) 본서에 나타난 바울의 자화상

바울은 그리스도 안에 있는 사람, 그리스도의 종의 모습을 보인다. 그는 풍채는 형편없고 말씨가 보잘것없다고 자신을 소개한다(10:10). 그는 하나님과 그리스도에 대한 감사(1:3, 5:14)와 경외심(5:10-11), 교회에 대한 순수한 사랑을 지닌 사람으로(2:4, 11:1), 그리스도를 위해 고난을 받았고(1:5, 4:10), 투옥되기도 했으며, '육체의 가시'를 가졌다(12:7).

2) 본서를 특징짓는 표현들

(1) "마땅히 기쁘게 하다"(카이레인 데이) - 2:3, 6:10, 7:4, 9, 13, 16

(2) "환난 중에 위로"(파라클레시스 엔 들립세이) - 1:3-7, 7:4, 7, 13

(3) "내가 부득불 자랑하다"(카우카스다이 데이) - 12:1

(4) "약한 데서 온전하여지다"(뒤나미스 엔 아스테네이아) - 12:9

3) 영지주의 사상 배격

본서는 그노스틱 사상(영지주의)을 배격한다. 그노스틱 사상에서 육을 벗은 영적 인간에게는 완전한 구원과 무조건적 도덕적 자유가 있다고 하였다. 고린도 교회가 그러한 영향을 받아 일반적으로 부도덕한 생활을 하고 있었기 때문에 그러한 그노스틱적 경향을 막고, 바른 교훈, 즉 십자가에 못 박혀 죽으셨다가 다시 사신 예수 그리스도에 관한 진리를 선포하기 위해서 이 서신을 기록한 것이다.

고린도전서·후서

[오늘의 말씀] 고린도전서 1장~3장 : 교회 안의 분열 → 먼저 성경 읽기

(1장) 고린도 교회는 분쟁(분파, 파당)으로 인해 어려움을 겪고 있었다. 유대인은 표적을 구하고 헬라인은 지혜를 찾으나 그리스도인은 십자가에 못 박힌 그리스도를 전한다.
(2장) 바울은 고린도 전도(행 18장)를 사람의 지혜로 하지 아니하고 하나님의 지혜로 했음을 회상한다.
(3장) 고린도 교회의 분쟁을 육신에 속한 신자의 행위라며 책망한다.

[말씀 묵상]

1. 바울은 고린도 전도를 회상하며 "내 말과 내 전도함이 지혜의 권하는 말로 하지 아니하고 다만 성령의 나타남과 능력으로"(2:4) 하였음을 강조한다. 많은 경우에 우리는 '지혜의 권하는 말'로 전도를 해야 한다고 생각하지만, 바울은 오히려 이것이 아닌 성령의 나타남과 능력으로 하였듯이 이 시대에는 더욱 인간적인 말이 아닌 바울처럼 성령의 능력을 입어야 한다.
2. 우리는 대단한 존재다. 바울은 "너희가 하나님의 성전인 것과 하나님의 성령이 너희 안에 거하시는 것을 알지 못하느뇨"(3:16)라며 하나님을 믿는 사람들의 존재 가치를 말한다. 당연히 '하나님의 성전'처럼 살아야 할 사명이 있다. 그래서 바울도 "누구든지 하나님의 성전을 더럽히면 하나님이 그 사람을 멸하시리라"(3:17)고 경고를 하고 있다.

[깊은 연구]

1. 분열된 고린도 교회 *(고전 1, 3장)*

"나는 바울에게, 나는 아볼로에게, 나는 게바에게, 나는 그리스도에게 속한 자라"(1:12) 하여 이름이 거론된 당사자들과는 무관하게 고린도 교회는 분쟁으로 아픔을 겪고 있었고 그 소식을 들은 바울은 그러한 행동은 "육신에 속한 자"(3:3)라 했다. 바울은 "같은 말"을 하고 "같은 마음과 같은 뜻으로 온전히 합하라" 한다(1:10). 네 개 분파에 대하여 간략하게 살펴본다. 〈바클레이 성서주석, pp. 38-43에서 요약〉.

1) 바울에게 - 주로 이방인들로 이루어진 분파다. 바울은 그리스도인의 자유의 복음과 율법의 종말을 주장하였다. 이 분파 사람들은 자유를 방종으로 이용하려 했으며 기독교를 방패 삼아 그리스도의 자유로 자기들을 정당화했을 것으로 보인다.

2) 아볼로에게 - 아볼로는 "알렉산드리아에서 난 아볼로라 하는 유대인이 에베소에 이르니 이 사람은 학문이 많고 성경에 능한 자라"(행 18:24)라는 기록으로 알 수 있다. 알렉산드리아는 지적 활동의 중심지였다. 이 도시에서는 성경의 비유적인 해석을 학문적으로 행하여 단순한 구절에서 깊은 의미를 찾아냈다. 이 분파는 기독교를 지성화시킨 사람들로 종교로서가 아닌 철학으로 전환시키고자 했다.

3) 게바에게 - 베드로의 유대 이름으로 이 분파 사람들은 아직도 유대의 율법을 지켜야 한다는 것을 사람들에게 가르쳤을 것이다. 율법을 존중하기 때문에 은총을 경히 여긴 율법주의자들이다.

4) 그리스도에게 - 이 분파는 자기들만이 옳다는 소수의 무리였을 것이다. 자기들만이 그리스도에게 속하며 더 나가서 그리스도께서 자신들에게만 속해 있는 것 같이 행동했다. 독선적인 분파다.

통독	172
확인	

공부 고린도전서 1장~3장 : 교회 안의 분열

1. 고린도전서에 대하여 다음 (　　) 안에 알맞은 말을 쓰세요(1:1-3).
   1) 이 서신을 보내는 자: (　　　　　,　　　　　)
   2) 받는 자: 고린도에 있는 (　　　　　　) 곧 그리스도 예수 안에서 거룩하여지고 (　　　　)라 부르심을 입은 자들과…우리의 주 되신 예수 그리스도의 (　　　)을 부르는 모든 자들
2. 너희가 각각 이르되 나는 (　　　　　)에게, 나는 (　　　　　)에게, 나는 (　　　　　)에게, 나는 (　　　　　)에게 속한 자라 하는 것이니…(1:12).
3. 십자가의 도가…구원을 얻는 우리에게는 (　　　　　　　　　　)이라(1:18).
4. 우리는 십자가에 못 박힌 (　　　　　　)를 전하니 유대인에게는 거리끼는 것이요(1:23).
5. 바울은 무엇 외에는 아무것도 알지 아니하기로 작정하였나?(2:1-5) -
6. 바울의 말과 전도함은 무엇으로 하였나?(2:4) -
7. 우리는 어디로부터 온 영을 받았나?(2:12) -
8. 육에 속한 사람은 무엇을 받지 아니하는가?(2:14) -
9. 바울은 고린도 교인들이 시기와 분쟁이 있기에 "아직도 (　　　　　　　　　　)로다" 했다(3:3).
10. 바울은 심었고 아볼로는 물을 주었으되 하나님은 (　　　　　　　) 하셨나니(3:6).
11. 지혜로운 건축자와 같이… 닦아 두매…이 터는 곧 (　　　　　　　　　　)라(3:10-11).
12. 너희가 하나님의 성전인 것과 (　　　　　　)이 너희 안에 거하시는 것을 알지 못하느뇨(3:16).
13. 너희는 (　　　　　　)의 것이요 그리스도는 (　　　　　　)의 것이니라(3:23).

▲▼△▽ -----≪미국 다녀온 엄마의 자랑≫----- ▽△▼▲

▷ 어느 부인이 "찰~스!", "차알스!" 하며 아이를 부르고 있다. 이름이 이상하여 그 초등학생에게 "네 이름이 서양 이름이구나, 미국서 태어났니?" 했더니 소년이 자기의 이름이 찰~스가 된 사연을 말했다.

"아 글쎄, 우리 엄마가 계를 해 가지고 계원들 몇 명과 함께 일주일 동안 미국 여행을 하고 왔거든요. 그러더니 내 이름이 철수인데, 찰~스라고 부릅니다. 나 원 창피해서…"

▷ 어디 그뿐인가? 성지순례 갔다가 여행사가 기획한 예루살렘에 있는 히브리 대학교에서의 한 시간짜리 성서고고학 강의를 듣고는 한국에 와서 이렇게 말한다.

"내가 히브리 대학교 다닐 때에 쟈콥스 교수에게 성서고고학을 배웠는데 성경 배경이란 게…"

♧ ♧ ♧

미국 여행 일주일 만에 철수를 '찰~스'로 부르며 미국 갔다 온 것을 자랑하는 엄마.
유대 지도자들은 기도·금식·구제를 자랑했으나, 예수님은 은밀하게 해야 하나님께서 상을 주신다고 하셨다. 그런데도 그대는 무언가 조금 했다고 자랑하고 싶은가?
아들이 가출하여 눈물짓는 이웃에게 자기 아들이 장학생으로 대학 들어갔다고 자랑하고, 불행한 부부관계에 있는 집에 가서 생일날 받은 반지를 자랑하는 어리석음은 없는가?

(고린도전서 3:20-21) 또 주께서 지혜 있는 자들의 생각을 헛것으로 아신다 하셨느니라 그런즉 누구든지 사람을 자랑하지 말라 만물이 다 너희 것임이라

신현주, 〈예화철학〉, 〈예화산책〉, www.sbs66.net

[오늘의 말씀] 고린도전서 4장~7장 : 교회 안의 무질서 → 먼저 성경 읽기

(4장) 바울이나 바나바는 그리스도의 일꾼이며 하나님의 비밀을 맡은 자다.
(5장) 또한 고린도 교회는 음행(근친상간: 近親相姦)으로 어려움을 겪고 있었다.
(6장) 성도들이 세상의 판단을 받는 소송으로 겪는 어려움도 있었다.
(7장) 바울의 결혼과 이혼에 대한 가르침은 고린도 교회의 일면을 들여다보게 해 준다.

[말씀 묵상]

1. 고린도 교회의 또 다른 문제는 '음행'이었다. '이방인 중에라도 없는 그 아비의 아내(첩이나 계모라고 해석한다)를 취하는 일'이며 이 문제의 심각성에 대하여 교회의 대처도 바르지 못했음을 바울은 책망한다(5:1-5). 사탄은 하나님의 교회를 쓰러뜨리는 여러 가지 전략을 가지고 있다. 그 중에 음행의 일로 교회를 어지럽게 한다. 때로는 헛소문을 만들어 교회를 넘어뜨리는 사탄의 도구가 되는 경우도 있다. 영적으로 깨어서 바르게 판단하고 행해야 할 것이다.
2. 바울은 7장에서 **'결혼과 이혼'**에 대한 다양한 가르침을 주고 있다. 결혼한 사람의 몸은 상대의 것으로, 상대의 요구에 응하며 의무를 다해야 한다(7:3-4). "분방(分房: 잠자리를 같이하지 않는 것, 별거)하지 말라" 했다. 매일 철야기도를 한다거나 다른 핑계를 내세워 부부로서의 역할을 게을리 한다면 사탄이 틈타서 타락하게 만들 것이다(7:5). 가정에서 만족을 얻지 못하면 어디서 만족을 얻을 것인가? 미혹받는 길로 내어 준 책임이 있다.

[깊은 연구]

1. 바울은 처음부터 독신자였는가? (고전 7장)

1) "나는 모든 사람이 나와 같기를 원하노라...내가 혼인하지 아니한 자들과 및 과부들에게 이르노니 나와 같이 그냥 지내는 것이 좋으니라"(7:7-8)라는 구절에 근거하여 바울은 독신자였다는 것이 일반적인 견해다. 그러나 사실 이 가르침은 방종하기로 유명한 고린도에 있어서 유혹이 닥치지 않도록, 또 위험한 상태를 만들지 않도록 주의시키는 것이다. 바울이 처음부터 독신이었는지에 대해서는 유대인에 대한 배경 연구에서 보면 바울이 결혼한 적이 있다는 것에 비중을 둔다. 〈아래 자료는 '바클레이 주석'을 참고했다〉

2) 바울은 유대교 랍비로서, 정통적인 유대교는 결혼을 의무로 규정하였고, 결혼을 하지 않는 사람은 '자손을 죽였다', '이 세상에 하나님의 형상을 감소시켰다'는 등의 말을 들었다. 하늘로부터 파문당하는 일곱 가지 조건 중에 하나가 '아내가 없거나 아내가 있어도 자녀가 없는 유대인'이었다. 또한 바울은 산헤드린 회원이었을 것인데(행 26:10), 산헤드린 회원은 기혼자만으로 구성되었다.

3) 이런 이유로 바울은 사별을 했거나, 바울이 그리스도인이 되자 아내가(또는 처가가) 가정을 파괴했을 수도 있다. 바울의 선교 여행은 그가 혼자였기에 가능했고, 그는 재혼보다 주의 일에 힘썼기에 다른 사람들에게도 주님의 일과 다가올 재림을 생각하며 독신을 권유한 것으로 보인다. 특히 바울은 당시에 '임박한 재림'에 대한 기대를 강하게 가지고 있었고 그 틀 안에서 이 말을 한 것으로 볼 수 있다.

통독	173
확인	

공부

고린도전서 4장~7장 : 교회 안의 무질서

1. 각 장의 주제는? {보기} 그리스도인과 법정, 그리스도의 일꾼, 성적 부도덕, 결혼과 이혼
   1) 4장 -　　　　　2) 5장 -　　　　　3) 6장 -　　　　　4) 7장 -
2. 사람이 마땅히 우리를 그리스도의 (　　　　)이요 하나님의 (　　　　　　　)로 여길지어다 그리고 맡은 자들에게 구할 것은 (　　　)이니라(4:1-2).
3. 그리스도 안에서 일만 스승이 있으되 (　　　　　　　　　) 그리스도 예수 안에서 복음으로써 내가 (　　　　　　　)이라(4:15).
4. 하나님의 나라는 (　　　　)에 있지 아니하고 오직 (　　　　)에 있음이라(4:20).
5. "음행하는 자들을 사귀지 말라"는 것은 음행하는 '세상 사람'을 사귀지 말라는 것인가, 음행하는 '믿음의 형제'를 사귀지 말라는 것인가?(5:9-11) -
6. 교중 사람(믿는 사람)의 음행은 누가 판단하고 쫓아내라고 했나?(5:1-3, 12-13) -
7. 성도는 전에는 불의한 자였으나 이제는 어떻게 되었나?(6:9-11을 읽고 답은 11절로)
   -
8. 성도의 몸은 실제 무엇이 되었는가?(6:19) -
9. 남편은 그 아내에게 대한 (　　　)를 다하고 아내도 그 남편에게 (　　　　) 할지라(7:3).
10. 왜 분방(잠자리를 따로 하는 것)하지 말라고 했나?(7:5) -
11. "부르심을 받은 그대로"란 다음 두 가지 중에 어떤 뜻인가?(7:17, 20, 24)
    1) 이미 있는 그대로를 수용하고 주님을 섬겨라　　2) 현 상태를 벗어나도록 하라

▲▼△▽ -----≪방귀 뀌고 큰소리≫----- ▽△▼▲

김백두 집사 아들 성은이는 주일학교에서 말썽꾸러기로 예배 분위기를 망쳐서 선생님이나 지도 전도사님의 골칫거리였다.

그 주일에도 성은이는 분반공부 중에 조심은커녕 있는 힘을 다하여 방귀를 뀌었고, 같은 반 아이들은 코를 막고 웃느라 난리였다. 선생님은 그대로 성경공부를 진행할 수 없어서 성은이를 교육관 밖으로 내보냈다. 마침 목사님이 지나가다가 성은이를 보고 '왜 공부는 안하고 밖에 있느냐'고 물었다. 성은이는 "방귀를 뀌고 쫓겨났어요." 하며 웃었고 이에 목사님은 '쫓겨난 주제에 왜 웃느냐' 물었다. 성은이는, "목사님, 웃기잖아요! 저 바보들은 교육관 안에서 내 방귀 냄새를 맡고 있고 저는 신선한 공기를 쐬며 밖에 있고요."

♧ ♧ ♧

죄인은 자유롭게 활보하고 의인은 억울하게 옥에 갇히는 일들이 종종 있었기에 '유전무죄 무전유죄'(有錢無罪 無錢有罪)라는 비아냥이 현실이라면 그런 사회는 문제다.
돈 좀 있다고 교회에서 먼저 중직을 맡는다거나 목소리가 커지는 것은 바람직하지 않으며 자신에게도 손해다. 성은이는 밖에 쫓겨나 신선한 공기를 쐬는 것이라고 하지만 실제는 힘들어도 자신의 위치에 있어야 가장 행복하니. 쫓겨남을 당하지 않아야 한다.

(고린도전서 5:5) 이런 자를 사단에게 내어주었으니 이는 육신은 멸하고 영은 주 예수의 날에 구원 얻게 하려 함이라

신현주, 〈예화철학〉, 〈예화산책〉, www.sbs66.net

[오늘의 말씀] 고린도전서 8장~10장 : 우상 제물, 역사의 교훈 → 먼저 성경 읽기

(8장) 우상의 제물은 고린도 교회에 혼란을 주었기에 바울은 자유를 덕스럽게 활용할 것을 말한다.
(9장) 바울은 사도직의 권리를 변호하며 여러 사람에게 여러 모양으로 대한다.
(10장) 이스라엘 역사의 교훈을 거울삼아 고린도 교인들게 경고를 한다.

[말씀 묵상]

1. 바울은 사도직에 대한 도전에 대해 자신이 사도로서 "권이 없겠느냐"(9:4-6)고 여러 번 사도로서 받을 수 있는 권리를 비유로 말한다. "누가 자비량하고 병정을 다니겠느냐 누가 포도를 심고 그 실과를 먹지 않겠느냐 누가 양떼를 기르고 그 양떼의 젖을 먹지 않겠느냐", "밭 가는 자는 소망을 가지고 갈며 곡식 떠는 자는 함께 얻을 소망을 가지고 떠는 것이라"(9장). 이런 표현들은 바울이 그 권리를 누릴 수 있으나 "복음으로 말미암아 살리라"(9:14)고 함은 그의 위대함을 나타낸다.
2. 10장 1-13절에는 이스라엘의 과거사를 거울삼아 "~하지 말자"고 권면 한다. 즉 우상 숭배, 간음, 시험, 원망하지 말 것을 권면한다. 이스라엘의 광야생활은 힘들고 어려워도 이러한 죄를 범하지 말아야 약속의 땅에 이르는 것이다. 우리는 천국을 향한 성도로서 이런 죄를 범치 말아야 한다.

[깊은 연구]

1. 우상의 제물을 먹는 문제 (고전 8장)

고린도 교회의 고민거리 중에 하나는 우상의 제물 문제였다. 가게에서 파는 대부분의 고기가 우상에게 바쳐졌던 것들이다. "우상은 아무것도 아니"(8:4)라고 생각하여 우상 제물을 먹는 데 제한을 받지 않는 자유도 있고 어떤 형제들은 우상 제물을 먹는 문제로 고민하였다. 바울은 **자유가 옳다**고 했으나 다만 다른 형제들의 **약한 양심을 염려**하였다(8:9-11). 바울은 약자를 생각하여 "만일 식물(食物)이 내 형제로 실족케 하면 나는 영원히 고기를 먹지 아니하여 내 형제를 실족치 않게 하리라"(8:13)고까지 하였다. 바울은 언제나 약자를 돌보는 마음을 가졌다. 오늘 거리낌 없는 내 자유를 다른 성도는 어떻게 받아들일까를 생각해야 한다.

2. 출애굽과 성례전 (고전 10:1-5)

바울은 이스라엘의 애굽 탈출과 광야생활에서 일어난 사건들을 '세례와 성만찬'에 비유한다.

"식물"과 "음료"를 "신령한 것"으로 칭한 것은(10:3-4), 그것이 하나님으로부터 직접 유래한 사실을 감안하고 또 성만찬에서 성례전적으로 분배되는 빵과 포도주와 병행시켰다고 볼 수 있다.

■ 말 달리는 모습의 부조(고전 9:24)
바울은 경주자(달리기)의 비유를 통해 우리의 믿음을 가르쳤다. 이 조각은 2세기 로마의 한 무덤에서 발견된 것이다.

통독	174
확인	

공부 고린도전서 8장~10장 : 우상 제물, 역사의 교훈

1. 우상의 제물 먹는 일에 대하여는 우리가 우상은 세상에 (   ) 또한 하나님은 (   )밖에 없는 줄 아노라(8:4).
2. 식물(食物)은 우리를 하나님 앞에 세우지 못하나니 우리가 먹지 아니하여도 (   )이 없고 먹어도 (   )이 없으리라(8:8).
3. 바울은 왜 고기를 먹지 않겠다고 했나?(8:13, 해설 참고) -

4. 바울이 대접받을 권(권리)이 있으면서 이 권을 쓰지 않은 이유는?(9장을 읽고 답은 12절로) -

5. 여러 사람에게 여러 모양으로 된 이유는?(9:22) -
6. 바울이 "내 몸을 쳐 복종하게" 하는 이유는?(9:27) -

7. 범죄와 그로 인해 벌을 당한 것은 오늘에 무엇이 되어야 하나?(10:1-11절을 읽고 답은 6, 11절에서 한 단어로) -
8. (10:13) 사람이 감당할 ~

9. 누구든지 자기의 유익을 구치 말고 (   )을 구하라(10:24).
10. 너희가 먹든지 마시든지 무엇을 하든지 다 (   ) 하라(10:31).

▲▼△▽ -----≪목사가 끊은 교통법규 위반 딱지≫----- ▽△▼▲

김백두 목사는 '파일럿'이 되었어야 한다는 우스갯소리가 있을 정도로 운전을 한다. 그날도 교차로 신호가 바뀌었음에도 진입했다가 경찰에게 딱 걸렸다. 운전면허증을 미리 꺼내 경찰에게 건네며 미안하다고 했다. 정중함에 놀란 경찰은 목사님을 훑어보고는 말했다. "아저씨, 앞으로 조심하세요. 일단 교통위반을 했으니 벌금이 약한 것으로 스티커를 발부하겠습니다. 으음... 담배꽁초를 무단으로 버린 것으로 끊지요." 목사님은 은행에 벌금을 낼 때 아는 사람들이 오해를 할 것 같아 놀라며 말했다.

"나는 담배를 안 피워요. 다른 것으로 끊어 줄 수는..."

경찰은 머뭇거리다가 딱지에 글을 쓰면서 이렇게 말했다.

"그러면 길가에 무단방뇨한 것으로 끊겠습니다."

♧ ♧ ♧

교통경찰이나 무인카메라를 인식하는 만큼만 임마누엘 하나님을 인식하고 산다면 믿음이 얼마나 많이 자랄 것인가? 목회자들이 교통위반을 하고는 무슨 증명서를 내 보이는 분들이 있는데, 그러지 말고 '신분 인정-벌금 납부 질서 준수'를 하여 모범된 그리스도인, 모범된 시민이 되어야 한다. 전에 한 외국인이 한국인은 신호 대기하는 모습이 마치 자동차 경주에서 출발 신호를 기다리는 것 같다고 지적한 것을 본 적이 있다. 내가 자유롭기 위해 남에게 피해를 주어서는 안 된다.

(고린도전서 8:9) 그런즉 너희 자유함이 약한 자들에게 거치는 것이 되지 않도록 조심하라

신현주, 〈예화철학〉, 〈예화산책〉, www.sbs66.net

[오늘의 말씀] 고린도전서 11장~13장 : 은사에 대한 가르침 → 먼저 성경 읽기

(11장) 여인들의 수건 쓰는 문제와 성찬의 문제를 통하여 교회의 질서를 잡아 가는 모습을 본다.

(12장) 바울 사도는 고린도 교회가 안고 있는 몇 가지 문제(분파, 음행, 은사 활용) 중에 은사에 대한 바른 이해를 위하여 은사와 그것을 주신 분이 성령이심을 가르치며 공동체임을 역설한다.

(13장) 더 큰 은사를 사모하라며 사랑을 말한다. 〈은사는 로마서 12장과 에베소서 4장도 함께 보라〉

[말씀 묵상]

1. 로마와 유대 사람들은 **머리에 수건**을 쓰고 기도했으나 헬라 사람들은 수건을 쓰지 않았다. 남편의 권위와 당시 사회의 예절을 따라 수건을 쓰도록 했다(11:5-6). 성경을 문자적으로만 이해하면 오늘날도 수건을 써야 할 것이다. 천주교에서는 여신도들이 미사보를 쓰며, 특정 교단들 중에서도 수건을 쓰는 경우를 본다. 그러나 오늘날은 이를 당시의 상황으로 이해하며 대부분은 여기에 얽매이지 않는다.
2. "은사는 여러 가지나 성령은 같고... 각 사람에게 성령의 나타남을 주심은 유익하게 하려 하심이라"(12:4, 7) 하였다. 내 은사와 다른 사람의 은사가 다른 만큼 그 은사를 소중히 여기고 서로를 인정해야 한다. 은사의 다양성은 로마서 12장에서도 보게 되는데, 특정한 은사를 선호하기보다는 "같은 한 성령이 행하사 그 뜻대로 각 사람에게 나눠" 주신 것(12:11)이다.

[깊은 연구]

1. 이것을 행하여 나를 기념하라. (고전 11장)

성찬은 계속되어야 하므로 바울은 "나를 기념하라"(11:24-25)라는 예수님의 명령을 전한다. "너희가 이 떡을 먹으며 이 잔을 마실 때마다"라는 구절은 주의 만찬이 때때로 있어야 함을 암시한다. 주의 만찬에서는 "주의 죽으심"의 사실과 의미를 전하는 것이다. 또한 주의 만찬은 단순히 과거의 사건으로서의 십자가의 사실을 상기할 뿐 아니라 "주께서 오실 때까지"(15:23, 16:22)라고 한 것처럼 그리스도의 재림에 있어서의 완성을 기다리며 그 희망을 확증할 때이기도 하다. 이처럼 그리스도의 십자가와 미래의 구원의 완성을 대망한다는 두 가지 면은 최초의 주의 만찬에 있어서도 분명한 동기였다.

2. 고린도 교인들이 바울에게 답변을 요구한 질문들

1) 결혼과 독신 생활에 관한 질문들(7장)
2) 우상에게 바쳐진 음식과 신전에서 거행되는 행사에 관한 질문들(8장)
3) 여자들이 수건을 써야 할지의 여부와 교회의 집회에서 여자들의 지위 문제(11:1-16, 4:34-36)
4) 성령의 은사들에 대한 질문들(12, 13장)
5) 죽은 자의 부활의 의미에 관한 질문들(15장)

■ 고대의 청동 거울(고린도 출토)
"거울로 보는 것 같이 희미하나..."(고전 13:12). 바울 당시 거울은 광택을 낸 금속제로 희미하고 불완전했다.

통독	175
확인	

공부 고린도전서 11장~13장 : 은사에 대한 가르침

1. 당시 고린도 교회에서는 여자가 어떻게 하고 기도나 예언을 했나?(11:5) -
2. (11:12) 여자가 ~

3. 이것은 너희를 위하는 내 (　　)이니 이것을 행하여 (　　　　)하라 하시고...이 잔은 내 (　　)로 세운 새 (　　)이니 이것을 행하여 마실 때마다 (　　　)하라 하셨으니(11:24-25).
4. 주의 몸을 분변치 못하고 (성찬을) 먹고 마신 결과는?(11:23-34을 읽고 답은 29절로) -
5. 예수님을 주(主)라 하는 자의 고백은 무엇으로 하는 것인가?(12:3) -
6. 성령으로 주신 은사들은 어떤 것이 있는지 써 보세요(9가지, 12:8-10, 아래 '은사에 대하여').
   - 지혜의 말씀,
7. 은사는 누가 그 뜻대로 각 사람에게 나눠 주시는가?(12:11) -
8. "몸은 하나인데 많은 지체가 있고"에서 가리키는 것은?(12:12-27) - 너희는 (　　　　)의 몸이요 지체의 (　　　　　)이라
9. 하나님이 교회 중에 몇을 세우신 것은?(12:28)
   -
10. 사람의 방언과 천사의 말도 무엇이 없으면 꽹과리가 되는가?(13:1) -
11. 예언, 방언, 지식도 폐하지만 언제까지든지 떨어지지 아니하는 것은?(13:8) -
12. 그런즉 (　　,　　,　　) 이 세 가지는 항상 있을 것인데 그 중에 제일은 (　　)이라(13:13).

▲▼△▽ ---≪은사에 대하여(고전 12장, 롬 12장, 엡 4장)≫--- ▽△▼▲

〈고전 12:8-10〉에는 9가지 은사를 말한다. "① 어떤 이에게는 성령으로 말미암아 지혜의 말씀을, ② 어떤 이에게는 같은 성령을 따라 지식의 말씀을, ③ 다른 이에게는 같은 성령으로 믿음을, ④ 어떤 이에게는 한 성령으로 병 고치는 은사를, ⑤ 어떤 이에게는 능력 행함을, ⑥ 어떤 이에게는 예언함을, ⑦ 어떤 이에게는 영들 분별함을, ⑧ 다른 이에게는 각종 방언 말함을, ⑨ 어떤 이에게는 방언들 통역함을 주시나니..."라 했다.

〈롬 12:6-8〉에는 7가지 은사를 말한다. "우리에게 주신 은혜대로 받은 은사가 각각 다르니 ① 혹 예언이면 믿음의 분수대로 ② 혹 섬기는 일이면 섬기는 일로 ③ 혹 가르치는 자면 가르치는 일로 ④ 혹 권위(勸慰)하는 자면 권위하는 일로 ⑤ 구제하는 자는 성실함으로 ⑥ 다스리는 자는 부지런함으로 ⑦ 긍휼을 베푸는 자는 즐거움으로 할 것이니라" 〈세1권 통독 제88일째 참고〉

〈엡 4:11〉에는 5가지 은사를 말한다. "그가 ① 혹은 사도로, ② 혹은 선지자로, ③ 혹은 복음 전하는 자로, ④ 혹은 목사와 ⑤ 교사로 주셨으니"라고 하여 주로 직책에 대한 은사이다.

이런 은사들을 모두 합하여 성경에 은사가 몇 가지라고 말할 수 없는 것은 서로 겹치는 부분도 있으며, 이 본문 외에도 다른 곳에서 부분적으로 은사를 말하는 곳도 많기 때문이다.

[오늘의 말씀] 고린도전서 14장~16장 : 은사, 부활, 바울의 계획 → 먼저 성경 읽기

(14장) 은사의 사용에 있어서 바른 규칙들을 제시하며 질서를 유지하도록 가르친다.
(15장) 부활의 확실성과 흔들리지 말 것을 가르치며,
(16장) 바울은 앞으로의 계획과 함께 각인에게 문안 인사를 한다.

[말씀 묵상]

1. 14장에서는 은사 활용에 있어서 **'덕 세우기'**를 강조하고 있다(3, 4, 12, 17, 26절). 아무리 좋은 것도 덕을 세우지 못하고 분쟁과 자기 자랑과 교만으로 행한다면 무슨 소용이 있겠는가? 은사 주신 원래의 목적을 따라 주님의 이름이 영광을 얻도록 해야 한다.
2. 바울은 부활하신 주님이 "만삭되지 못하여 난 자 같은 내게도 보이셨느니라"(15:8)며 자신을 겸손히 낮추고 주님을 체험한 것에 대한 감격을 표한다. 위대한 사도인 바울이 자신을 이렇게 낮추었다면 오늘의 우리가 '예수 귀족' 행세하려는 그 자체가 얼마나 어리석고 추한 모습인지 되돌아보기나 하는지? 한국 교회는 '섬김'보다 '섬김 받음'을 자랑하는 경향이 있기에 이를 바로잡아야 한다.

[깊은 연구]

1. 여자는 오늘의 교회에서도 잠잠해야 하는가? (고전 14:34-36)

1) "여자는 교회에서 잠잠하라 저희의 말하는 것을 허락함이 없나니 율법에 이른 것 같이 오직 복종할 것이요"(14:34)라 하였다. 이것은 당시에 교회의 질서를 위한 것이지 인격을 무시한 것은 아니다.

2) "너는 남편을 사모하고 남편은 너를 다스릴 것이니라"(창 3:16)에 근거하여 창조의 원리와 교회의 질서를 따라 당시 교회에서 은사나 윤리적인 문제로 무리를 빚고 있는 여자들을 절제시켰다(딤전 2:12).

3) 성경은 여자의 은사와 활동에 대하여 인정하고 있으며(욜 2:17, 행 2:17, 21:9), 바울도 여자들의 활동에 대하여 긍정적이다(고전 11:5). 창조 질서나 교회 질서 유지라는 측면에서 남녀 누구라도 성경이 요구하는 참뜻을 저버릴 수 없다.

2. 죽은 자를 위하여 세례를 받을 수 있는가? (고전 15:29)

몇 가지 해석을 보면,

1) 죽은 다른 사람을 위하여 이웃이 대신 세례를 받는다. 그러나 죄사함은 개인적인 체험이어야 하는데 대신 해 줄 수 있다는 것인가?

2) 부활이 거짓이라면 그리스도를 통하여 옛날의 자신이 죽고 새로운 자신이 태어난다는 의미를 지닌 '죽음에 관한 세례'('죽은 자를 위하여'의 재해석)는 무가치하고 형식적인 절차에 불과하다는 것이다.

3) 죽은 자를 위하여 세례를 받는 자들이 당시에 있었는데 이들이 '부활을 믿지 않는다면 이러한 일을 했겠느냐'고 하여 죽은 자를 위한 세례를 교리로 인정한 것이 아니라 '만약 부활이 없다면 세례가 아무 것도 아니지 않겠느냐'는 것이다. 이 견해가 해석상에 무리가 없다.

통독	176
확인	

공부 고린도전서 14장~16장: 은사, 부활, 바울의 계획

1. 바울이 고린도인들이 다 방언 말하기를 원하나 특별히 더 원한 것은?(14:5) -
2. 바울은 너희 모든 사람보다 무엇을 더 말하므로 하나님께 감사했나?(14:18) -
3. 하나님은 어지러움의 하나님이 아니고 어떤 하나님인가?(14:33) -
4. (14:39) 그런즉 ~
5. 부활하신 예수님은 누구누구에게 나타나셨나?(15:3-8)
   ① ② ③
   ④ ⑤ ⑥
6. 그리스도께서 ( ) 가운데서 다시 살아 잠자는 자들의 ( )가 되셨도다(15:20).
7. (15:22) 아담 안에서 ~

8. 첫 사람 아담과 마지막 아담은 각각 어떤 영이 되었는가?(15:45) -
9. 성도는 마지막 나팔에 어떻게 되는가?(15:51) -
10. 바울이 갈 때에 연보를 하지 않도록 미리 저축해 두어야 하는 날은?(16:2) -
11. 바울이 오순절까지 에베소에 유하려 하는 이유는?(16:8-9) -

12. 초대교회 때의 인사 중에 하나는?(16:19-20) - 거룩하게 ( )으로 서로 문안
13. 누구든지 주를 사랑하지 않으면 어떻게 되나?(16:21-24) -

▲▼△▽ -----≪착각과 현실의 큰 차이≫----- ▽△▼▲

아기 딱따구리(크낙새, Woodpeaker)가 어미에게 나무 쪼는 법을 배웠다. 머리를 뒤로 젖히고 부리에 온 힘을 모아 목적한 곳에 정통으로 일격을 가하여 구멍을 뚫어 그 속의 벌레를 잡아먹기 위한 훈련을 반복했다. 나중에 어미는 새끼 혼자 하도록 내버려 두었더니 새끼는 나무 둥지에 벌레가 있음을 알고 온 힘을 다해 가격했다. 머리가 띵 하는 충격에 비해 나무는 조그만 표시밖에 나지 않았다.

두 번, 세 번, 계속 가격을 하는데 마침 번개가 치며 벼락이 그 나무에 떨어져서 큰 나무둥치가 갈라졌다. 착각한 아기 딱따구리는 어깨에 힘이 들어갔고 '내게 대적할 자가 있느냐'고 했다. 동료들이 아기 딱따구리를 산꼭대기 바위 밑 독수리에게로 데려갔다.

"그날 이후로 큰소리치던 아기 딱따구리는 보이지 않게 되었다는 슬픈 이야기."

♧ ♧ ♧

가장 큰 착각을 하는 사람들은 이단자들이 아닌가 싶다. 자기들만 구원받았으며 인치심을 받았다고 착각한다. 거짓에 매여 살면서 그 비참한 현실을 바르게 판단하지 못하고 바른길 간다는 착각. 우리도 입으로는 주님의 은혜로 산다면서, 마음속으로는 나 잘난 덕에 산다고 착각을 하지는 않는가? 열심만 있고 믿음은 없으면서 믿음이 있는 것으로 착각하는 위험은 없는가? 주님 앞에 서는 날, 거기에 진실의 지혜가 [illegible] 것이니라.

(고린도전서 15:10) 그러나 나의 나 된 것은 하나님의 은혜로 된 것이니 내게 주신 그의 은혜가 헛되지 아니하여 내가 모든 사도보다 더 많이 수고하였으나 내가 아니요 오직 나와 함께하신 하나님의 은혜로라

신현주, 〈예화철학〉, 〈예화산책〉, www.sbs66.net

[오늘의 말씀] 고린도후서 1장~4장 : 바울의 교회를 향한 태도 → 먼저 성경 읽기

(1장) 바울은 고린도 교회를 방문할 계획을 갖는다.
(2장) 고린도 교회를 향한 사랑과 그동안의 자신의 형편을 설명한다.
(3장) 고린도 교회가 존재하는 것만으로도 자신에 대한 천거서였고 새 언약의 일꾼이었다.
(4장) 예수 그리스도의 주 되신 것을 전파하는 바울은 핍박이 있어도 영원한 영광의 중한 것을 바라보았다.

[말씀 묵상]

1. "자기를 의뢰하지 말고 오직 죽은 자를 다시 살리시는 하나님만 의뢰하게 하심이라"(1:9)라는 말은 바울이 환난으로 인해 살 소망까지 끊어지고 사형선고를 받은 것 같은 상황에서의 고백이다. 그가 "내가 약할 그 때가 곧 강함이니라"(12:10) 함도 하나님을 의뢰한 결과다. 그 하나님은 과거와 현재와 미래에 우리를 건지시므로 그를 의지하고 사는 것은 확실한 보장이다(1:10).
2. 그리스도인은 "그리스도의 향기"(2:14-15)이며 "그리스도의 편지"(3:3)이다. 내 존재가 좋은 향기로 나타나는지, 아니면 역한 냄새인지, 또한 그리스도를 잘 나타내는 편지인지, 잘못 전하는 편지인지 자신에게 물어보라. 또한 "보배를 질그릇에 가졌으니"라 했는데, 위대한 존재가 되는 그리스도인의 승리를 고린도후서 4장 7-11절의 말씀으로 음미해 보라.

[깊은 연구]

1. 보증으로 성령을 주셨다. (고후 1:20-22)

하나님은 그리스도인들을 그리스도 안에 확고하게 뿌리박게 하시고 '성령'을 선물로 주심으로써 그들을 자기의 백성으로 확인하시고(21절, 기름 부으시고) 자기의 소유물로 표시하시는(22절, 인치시는, 엡 1:13, 4:30 참고) 분이다. 성령은 미래적 완성의 보증, 즉 '선불금'으로 비유하기도 한다.

2. 이기게 하시는 하나님 (고후 2:14-17)

바울은 "항상 우리를 그리스도 안에서 이기게 하시고"(2:14)라 한다. '이기게 하신다'를 직역하면 '개선 행렬에 참가시킨다'이다. 바울이 여기서 1인칭 복수 대명사인 '우리'를 사용했지만 그는 먼저 자기 자신을 염두에 두고 말한다고 볼 수 있다. 하나님께서는 이전의 박해자를 다메섹에서(행 9장) 쳐 이기시고 그를 이제 로마 군대의 개선장군처럼 자기의 개선 행렬, 즉 복음의 승리 행진 속에 참가하게 해 주신 것이다. 또한 바울은 골로새서 2장 16절의 의미로 어둠의 세력에 대한 하나님의 승리를 생각하며 사도들을 그 개선 행렬의 전령으로 본다고도 할 수 있다. 복음 선포 속에서 이것이 "그리스도를 아는 냄새"다.

3. 모세의 수건 (고후 3:14, 출 34:24, 29)

비유로 말한 3장 12-18절에서 바울은 **'모세의 수건'**은 유대인들이 성경의 이해와 그리스도로 인해 구약이 성취되었다는 사실에 대해 바로 인식하지 못했다는 상징으로 말한다. "그 수건은 그리스도 안에서 없어질 것이라"(3:14) 했다. 모세의 수건, 즉 예수 그리스도를 인정하지 않는 영적 무지는 주께로 돌아가면 벗어진다. **'돌아가면'**이란 말 속에는 '돌이키다', '회개하다'라는 의미가 들어 있다.

통독	177
확인	

공부 고린도후서 1장~4장: 바울의 교회를 향한 태도

1. 찬송받으실 하나님은 어떤 분인가?(1:3)
   (　　　　　　　　　　)의 하나님, (　　　　)의 아버지, (　　　　　　)의 하나님
2. 살 소망까지 끊어지고 마음에 사형선고를 받은 줄 알았으나 그 결과는?(1:8-9)
   -
3. 바울의 경영(계획)은 마게도냐 - (　　　　　　) - 유대로 가는 것이었다(1:15-17).
4. 우리에게 인(印)치시고 보증으로 우리 마음에 주신 것은?(1:21-22) -
5. 바울은 고린도 교인들에게 오직 어떤 자가 되려 하나?(1:23-24) -
6. 오직 내가 너희를 향하여 (　　　　　　　)이 있음을 너희로 알게 하려 함이라(2:4).
7. 항상 우리를 그리스도 안에서 (　　　　) 하시고 우리로 말미암아 각처에서 (　　　　　　)를 나타내시는 하나님께 감사하노라(2:14).
8. 우리는 그리스도의 (　　　　)이며, 그리스도의 (　　　　)이다(2:15, 3:3).
9. 더욱 영광이 있는 것은 어떤 직분인가?(3:8) -
10. 주의 영이 계신 곳에는 무엇이 있는가?(3:17) -
11. (4:　절) 우리가 우리를 전파하는 것이 아니라 ~

12. (4:　절) 우리가 이 보배를 질그릇에 가졌으니 ~
13. (4:　절) 우리의 돌아보는 것은 ~

▲▼△▽ -----≪협박 편지로 엽기 내조≫----- ▽△▼▲

어느 도시의 한 주부는 남편이 승진에서 밀린 것과 관련하여 6년여 동안 남편 직장의 사장과 임원, 남편보다 먼저 승진한 사람과 그의 자녀가 다니는 학교의 교장 등 50여 명에게 협박 편지를 보냈다.

남편의 직장 동료이자 고교 동창생이 남편보다 3개월 늦게 입사했는데도 먼저 승진하자 이에 앙심을 품고 남편 회사의 사장과 임원들에게 그를 '해고하지 않으면 회사를 폭파하겠다'는 등의 협박 편지를 보냈다. 또한 먼저 승진한 사람의 자녀가 다니는 초등학교 교장과 유치원장 등에게 '아이들을 당장 퇴학시키지 않으면 재앙이 찾아온다'고 협박했다.

2~3줄짜리의 간단한 것에서 3~4장의 장문도 있었다. 1천 통의 편지 가운데 1백여 통에는 면도칼을, 탄저균 공포 때인 2001년에는 밀가루를 동봉하여 위협해 엽기적이기도 했다.

♧ ♧ ♧

경찰이 회사 직원 80여 명을 조사했으나, 다른 도시까지 가서 편지를 부치는 치밀함을 보이고 남편도 모르게 범행을 저질러 수사에 어려움을 겪다가, 문방구에서 면도칼·봉투·편지지·우표 등을 대량 구입한다는 첩보를 받고 증거를 찾아 범인을 붙잡았다(2003년 5월).
방향이 잘못되어서 그렇지 집착, 몰입, 편집증적인 요소를 전도에 썼다면 은팔찌 대신 금 면류관을 받았을 것이다. 그런 정신병적 요소라도 재생산하는 데 바르게 쓰면 좋은 결과가 있다.

(고린도후서 3:3) 너희는 우리로 말미암아 나타난 그리스도의 편지니 이는 먹으로 쓴 것이 아니요 오직 살아 계신 하나님의 영으로 한 것이며 또 돌비에 쓴 것이 아니요 오직 육의 심비에 한 것이라

신현주, 〈예화철학〉, 〈예화산책〉, www.sbs66.net

[오늘의 말씀] 고린도후서 5장~7장 : 바울의 복음 사역의 자세 → 먼저 성경 읽기

(5장) 바울은 하늘 본향에 대한 동경을 말하고, 이어서 헌신과 화목을 권유한다.
(6장) 바울은 고린도 교인들이 하나님의 인정을 받는 일꾼으로 부끄러움이 없기를 기대했다.
(7장) 마음 문을 닫고 있던 고린도 교인들이 디도를 통해 바울의 편지를 받고 회개함으로 디도가 가져온 소식은 바울에게 큰 위로를 주었다.

[말씀 묵상]

1. 바울은 "우리가 하나님과 함께 일하는 자로서 너희를 권하노니 하나님의 은혜를 헛되이 받지 말라"(6:1) 하였다. 하나님께서 목적과 뜻이 있어서 은혜를 주셨는데 은혜 받은 내가 주신 분의 뜻과는 다른 방향으로 간다면 어떻게 되겠는가? 내가 받은 은혜를 점검하며 또한 "지금은 은혜 받을 만한 때"임도 알자(6:2).
2. 나는 무슨 일로 근심하는가? 무엇을 먹을까 입을까 마실까(마 6:31)를 염려하고 있는가? 바울은 "하나님의 뜻대로 하는 근심은 후회할 것이 없는 구원에 이르게 하는 회개를 이루는 것이요 세상 근심은 사망을 이루는 것이니라"(7:10) 하였다. 당시 바울이 디도 편에 고린도 교인들에게 보낸 편지가 그들로 근심(고민)하게 했지만 이 일로 인해 이들은 회개에까지 이르게 된 것이다. 이처럼 하나님의 뜻대로 근심하면 좋은 결과를 얻는다.

[깊은 연구]

1. 믿지 않는 자와 멍에를 같이하지 말라. (고후 6:11-18)

바울은 "너희는 믿지 않는 자와 멍에를 같이 하지 말라"(6:14) 했는데 어떤 일에 해당될까? 리버티대학교 H. L. 월밍턴 박사는 ① 결혼, ② 동업, ③ 부패한 교회 조직을 제시하며 같이하지 말라고 권면한다. 성경은 구별의 논리로, "너희는 믿지 않는 자와 멍에를 같이하지 말라"며 "① 의와 불법이 어찌 함께하며, ② 빛과 어두움이 어찌 사귀며, ③ 그리스도와 벨리알이 어찌 조화되며, ④ 믿는 자와 믿지 않는 자가 어찌 상관하며, ⑤ 하나님의 성전과 우상이 어찌 일치가 되리요"(6:14-16) 하였다.

2. 바울 서신의 기록 시기를 살펴보라.

바울 서신 13권(〈히브리서〉를 포함하면 14권) 중에 지금 공부하고 있는 〈고린도전서〉, 〈고린도후서〉의 기록 시기를 살펴보라. 아래 도표에서 '전도 여행'의 시기를 〈사도행전〉 읽기(1권)에서 살펴보았다.

1차 전도 여행	휴가	2차 전도 여행	3차 전도 여행	첫 번째 투옥	석방	마지막 투옥
	갈라디아서	데살로니가전서 데살로니가후서	고린도전서 고린도후서 로마서 히브리서(?)	에베소서 골로새서 빌레몬서 빌립보서	디모데전서 디도서	디모데후서

통독	178
확인	

공부

고린도후서 5장~7장: 바울의 복음 사역의 자세

◇ 다음 각 항목에서 성구(요약되기도 함)가 연결되도록 순서대로 번호를 쓰세요(1-4문, 5장).

1. 1) 믿음으로 행하고 보는 것으로 하지 아니함이로라 (　)
   2) 땅에 있는 장막 집이 무너지면...하늘에 있는 (　)
   3) 죽을 것이 생명에게 삼킨 바 되게 하려 함이라 (　)

2. 1) 반드시 그리스도의 심판대 앞에 드러나 (　)
   2) 차라리 몸을 떠나 주와 함께 거하는 그것이라 (　)
   3) 주를 기쁘시게 하는 자 되기를 힘쓰노라 (　)

3. 1) 그리스도 안에 있으면 새로운 피조물이라 (　)
   2) 저희를 대신하여 죽었다가 다시 사신 자를 위하여 (　)
   3) 그리스도의 사랑이 우리를 강권하시는도다 (　)
   4) 우리에게 화목하게 하는 직책을 주셨으니 (　)

4. 1) 너희는 하나님과 화목하라 (　)
   2) 우리가 그리스도를 대신하여 사신(使臣)이 되어 (　)
   3) 하나님이 죄를 알지도 못하신 자로 죄를 삼으신 (　)
   4) 저의 안에서 하나님의 의가 되게 하려 하심 (　)

5. (6:　절) 보라 지금은 (　　　　　　　　) 때요 보라 지금은 (　　　　)의 날이로다.
6. (6:　절) 내가 (　　　　)에게 말하듯 하노니 보답하는 양으로 너희도 마음을 (　　　　　).
7. (6:　절) 너희는 (　　　　　　)와 멍에를 같이하지 말라.
8. (6:　절) 하나님의 (　　)과 (　　)이 어찌 일치가 되리요 우리는 살아 계신 (　　　　)이라.
9. 우리가 하나님을 두려워하는 가운데서 (　　　　)을 온전히 이루어 (　　　　　)의 온갖 더러운 것에서 자신을 깨끗게 하자(7:1).
10. 마게도냐에 이르렀을 때에도...위로하시는 하나님이 (　　　　　　)으로 우리를 (　　　) 하셨으니...너희가 근심함으로 (　　　　)함에 이른 까닭이라(7:5-6, 9).
11. (7:10) 하나님의 뜻대로 하는 근심은 ~

▲▼△▽ -----≪놋요강의 변신≫----- ▽△▼▲

오래된 시골 교회를 대도시의 교회가 재건축을 해 주게 되어 양쪽 교회 모두 신이 났다. 건축 책임자는 작은 제련소를 하는 김백두 장로였다. 오래된 사택도 뜯어내는데, 마루 밑에서 오래전에 사용한 것으로 보이는 깨어지고 쭈그러진 놋요강이 발견되었다. 김 장로는 시골 교회의 전도사님에게 부탁하여 골동품 가치도 없는 요강을 집으로 가져갔다. 수개월 만에 교회와 사택이 완공되었다.

어느 날 김 장로가 시골 교회를 방문하여 자기 공장에서 만든 것이라며 번쩍거리는 놋그릇 한 세트를 선물하고 함께 저녁식사를 하게 되었다. 전도사님은 "새 밥그릇에 밥을 먹으니 더 맛있는 데요." 했다. 김 장로가 새 그릇에 대해 말했다.

"지난번에 가져간 놋요강이 밥그릇으로 변신을 한 겁니다."

♧ ♧ ♧

쇠를 녹이는 용광로의 온도가 보통 2800°C라고 한다. 쓸모가 없는 더러운 요강이 용광로 속에 들어가면 번쩍거리는 밥그릇이 되듯이, 예수님의 사랑의 용광로에 들어가면 옛 모습이 사라진 새로운 인간이 된다. 성령의 용광로 속으로 들어가 새롭게 변화받아야 한다.
옛사람을 벗고 새 사람을 입어 하나님의 쓰심에 합당하게 변해야 생각과 말이 달라지는 모습을 보이게 된다. 그대는 '새로운 피조물'처럼 사는가?

(고린도후서 5:17) 그런즉 누구든지 그리스도 안에 있으면 새로운 피조물이라 이전 것은 지나갔으니 보라 새 것이 되었도다

신현주, 〈예화철학〉, 〈예화산책〉, www.sbs66.net

[오늘의 말씀] 고린도후서 8장~10장 : 바울의 복음 사역의 동기 → 먼저 성경 읽기

(8장) 예루살렘 교인들을 향한 연보를 드림에 있어서 마게도냐 교인들의 모범을 예로 들어 말한다.
(9장) 그리고 연보에 대한 바울의 가르침이 나온다.
(10장) 바울은 고린도 교회의 일부 거짓 교사들로 인해 비난을 받고 있었으므로 여기에 대해 사도로서의 영적 권위를 말하며 주께서 칭찬하시는 자임을 말한다.

[말씀 묵상]

1. 바울은 많은 학문을 한 사람(행 26:24)으로 그의 글은 학문적인 배경 위에 영적인 힘이 실려 있다. 그러나 바울은 "저희 말이 그 편지들은 중하고 힘이 있으나 그 몸으로 대할 때는 약하고 말이 시원치 않다 하니"(10:10)라고 하였다. **바울은 글과 행함이 같다**(10:11)고 하며 또한 "비록 말에는 졸(拙)하나 지식에는 그렇지 아니"하다고 주장한다(11:6). 사람들은 말에 속는 경우가 많다. 달변이 아닌 진실에 귀를 기울여야 한다. 사기꾼 치고 말 못하는 사람 보았나?
2. 바울은 "옳다 인정함을 받는 자는 자기를 칭찬하는 자가 아니요 오직 주께서 칭찬하는 자니라"(10:18) 했는데 자기를 칭찬하는 어리석은 자들이 많다(10:12). 자기 자랑을 하다 보니 주님은 뒷전이다. 주님께서 나를 어떻게 보실까? 주의 칭찬을 기대하는 바른 믿음으로 살아야 한다.

[깊은 연구]

1. 거짓 교사들의 비난에 대한 바울의 태도 (고후 10장)

거짓 교사들은 바울을 "육체대로 행하는 자"라고 비난했다. 그러나 바울은 자신은 "육체에 있어 행하나 육체대로 싸우지 아니"(10:1-3)한다고 하였다. 즉 자신도 인간의 연약성을 초월하지 못하며 죄 많은 성품과 불건전한 행동을 하며 살고 있지만 사도의 직분을 수행함에 있어서 결코 인간의 재능을 의지하거나 인간적인 목적을 위하여 일하지 않았음을 강조하는 말이다. 바울은 자신의 병기를 "하나님 앞에서 견고한 진을 파하는 강력"이라 한다. '견고한 진(陣)'은 거짓 교사들이나 5절의 '하나님께 대항하는 모든 악한 세력'과 '지적 교만'을 가리킨다. 그리고 '강력'(强力)이란 하나님에 의해 강하게 되는 것을 말한다.

2. 연보(헌금)에 대한 자세 (고후 8-9장)

1) 마게도냐 교인들의 헌금의 자세는 모범이 된다(8:2-5).
 (1) 가난에도 불구하고 넘치는 기쁨으로 풍성하게 드렸다.
 (2) 고난을 당하고자 하는 간절한 마음이 있었다.
 (3) 자신들을 주께 드렸기 때문에 아낌없이 헌금할 수 있었다.
2) 한편 바울의 헌금에 대한 가르침(9:6-7).
 (1) 많이 심으면 많이 거두는 원리로 헌금한다.
 (2) 정한 대로 하고 인색함으로 하지 않는다.
 (3) 즐겨 내야 한다.

■ 터키(소아시아)의 넓은 밀밭
바울은 헌금(연보)에 대한 원리를 농사 일로 비유한다. "적게 심는 자는 적게 거두고 많이 심는 자는 많이 거둔다 하는 말이로다"(고후 9:6) 하였다.

통독	179
확인	

공부 고린도후서 8장~10장 : 바울의 복음 사역의 동기

1. 우리 주 예수 그리스도의 (   )를 너희가 알거니와 부요하신 자로서 (   ) 가난하게 되심은 그의 가난함을 인하여 너희로 (   ) 하려 하심이니라. - (8:   절)
2. 너희(고린도 교회)의 유여(有餘)한 것으로 저희(예루살렘 교회) (   )을 보충함은 후에 저희 (   )으로 너희 부족한 것을 보충하여 (   ) 하려 함이라. - (8:   절)
3. 바울에 의해 디도와 함께 고린도 교회로 파송받은 자는 세 사람인데 한 형제는 "복음으로서 모든 교회에서 (   ) 자요", 한 형제는 "너희(고린도 교회)를 크게 (   ) 더욱 간절"하며, 바울은 "디도로 말하면 나의 (   )요 너희를 위한 나의 (   )요 우리 형제들로 말하면 여러 교회의 (   )이요 그리스도의 (   )이니라" 하였다(8:18, 22, 23).
4. 다음 절에 나타난 연보(헌금)에 대한 자세를 간단히 써 보세요(9장).
   1) 5절 -
   2) 6절 -
   3) 7절 -
5. 다음 단락에 '감사'라는 단어가 나온 절수는?(9:6-15) - (절,   절,   절)
6. 우리(그리스도인)의 싸우는 병기는 어디에 속한 것이 아닌가?(10:4) -
7. 고린도 교인들의 바울에 대한 평가는?(10:10) -
8. 자랑하는 자는 (   )에서 자랑할지니라(10:17).
9. 옳다 인정함을 받는 자는 어떤 자인가?(10:18) -

▲▼△▽ -----≪하나님의 몫, 나의 몫≫----- ▽△▼▲

이한라는 교회학교에 와서 착한 아이로 자라고 있었다. 어머니는 매 주일 500원짜리 동전 두 개를 주며 하나는 헌금을 하고 하나는 과자를 사먹으라고 하셨다.

그 주일에도 동전 두 개를 양손에 쥐고 교회로 뛰어 오다가 그만 하나를 떨어뜨렸는데 떼구르르 굴러서 하수구로 들어가고 말았다. 한라는 얼른 이렇게 속삭였다.

"하나님 돈아, 안녕! 다행히 내 돈은 손에 있네!"

헌금을 하지 않자 선생님이 웬일인가 알아보니 자신의 손실을 하나님께 떠맡기고 있는 것이었다.

"정말이라니까요? 내 돈은 여기에 있고, 하필이면 헌금 드릴 하나님의 돈이 하수구에 빠졌다고요!"

♧ ♧ ♧

하나님 앞에 드린 것을 계산하지 않는 마음은 복이며, 하나님은 우리가 부요케 되기를 원하시지만, 바리새인들은 자신들의 헌금이나 구제를 기억하고 자랑했기 때문에 책망을 받았다.
마게도냐 교인들은 힘대로 할 뿐 아니라 힘에 지나도록 자원하여 연보를 하였고 모범의 사례로 전해졌다. 십일조를 드릴 때도 모든 것이 주께로부터 있으며 십의 구는 내가 사용하는 은혜의 표가 됨을 감사하며 드려야 한다.

(고린도후서 8:2) 환난의 많은 시련 가운데서 저희 넘치는 기쁨과 극한 가난이 저희로 풍성한 연보를 넘치도록 하게 하였느니라

신현주, 〈예화철학〉, 〈예화산책〉, www.sbs66.net

[오늘의 말씀] 고린도후서 11장~13장 : 바울의 복음 사역의 권위 → 먼저 성경 읽기

(11장) 고린도 교인들은 거짓 교사들이 전한 다른 예수, 다른 영, 다른 복음을 용납했기에 책망을 받는다.
(12장) 바울은 계시와 환상을 본 영적 체험이 있었음을 말한다.
(13장) 바울은 세 번째로 고린도 교회를 방문할 것이며 그 일에 대해 준비토록 한다.

[말씀 묵상]

1. 복음을 위하여 바울만큼 고난을 당한 사람은 드물다(11:23-27). 그러나 바울은 그 고난은 고사하고 "날마다 내 속에 눌리는 일이 있으니 곧 모든 교회를 위하여 염려하는 것이라"(11:28) 하였다. 이것은 바울의 고린도 교회에 대한 애정 어린 관심이다.
2. "예수 그리스도께서 너희 안에 계신 줄을 너희가 스스로 알지 못하느냐 그렇지 않으면 너희가 버리운 자니라"(13:5). 이 성구는 우리의 믿음의 위치를 돌아보게 한다. 나는 믿음에 있는가? 내 안에 그리스도가 계신가? 버리운 자 되지 않도록!

[깊은 연구]

1. 유대 교사들의 세 가지 주장과 바울의 권위 (고후 11:22)

바울은 유대 교사들에 대하여 자신을 이렇게 소개한다. "저희가 히브리인이냐 나도 그러하며 저희가 이스라엘인이냐 나도 그러하며 저희가 아브라함의 씨냐 나도 그러하며"(11:22).

1) 히브리인 - 바울 시대 히브리어 형태인 아람어의 형태로 고대 히브리어를 말하고 있는 사람들이다. 흩어진 유대인(디아스포라)은 대체로 헬라어를 사용하였다. 바울은 히브리어도 잘 알고 있었다.

2) 이스라엘인 - 하나님의 선민의 한 사람으로서의 유대인을 일컫는 말이다. 바울의 적대자들은 길리기아 다소 출신인 바울을 선민이 아닌 양 대했다.

3) 아브라함의 자손 - 자신들은 아브라함의 직계 자손으로 하나님께서 주신 약속(창 12:1-3)의 상속인이라고 한다. 그러나 바울도 순수한 그 자손임을 말한다(빌 3:5-6).

2. 바울이 말하는 환상과 계시 (고후 12장)

1) 바울이 환상을 본 때는 "십사 년 전"(12:2)이라고 하는데 이때가 주후 41-42년이다. 곧 바울이 회심한 후 6-7년 된 때로서 이방인을 위한 대사명을 받기 이전이다.

2) 자신의 경험을 남의 이야기하듯 '그리스도 안에 한 사람'이라 말한다. '셋째 하늘에 올라갔다' 했는데 이는 하나님 앞을 뜻하는 유대적인 표현이며, 고대인의 우주관이 하늘을 여러 층으로 되어 있다고 믿었는데 셋째 하늘은 그 중에 가장 높은 하늘이다.

3) 바울은 복음 전도에서 환상들을 여러 번 본다(사도행전).

① 다메섹 도상에서의 환상(행 9:4 이하) ② 유다 집에서의 환상(행 9:10-12)
③ 드로아에서의 마게도냐인의 환상(행 16:8-10) ④ 예루살렘 성전에서의 환상(행 22:17 이하)

공부 고린도후서 11장~13장 : 바울의 복음 사역의 권위

1. 바울은 자신이 열심을 내어 하는 일을 무엇에 비유했는가?(11:2)
   1) 고린도 교인들: 정결한 (　　　), 2) 그리스도: 한 (　　　), 3) 자신: (　　　)함
2. 거짓 교사들이 전한 것을 고린도 교인들이 용납한 것들은?(11:4) -
3. 누가 이런 모습으로 가장하는가?(11:13-15)
   1) 그리스도의 사도:　　　　2) 광명의 천사:　　　　3) 의의 일꾼:
4. 바울은 거짓 교사들 못지않게 자신은 더욱 그러하다고 하는 것 네 가지는?(11:22-23)
   1) (　　　)인　2) (　　　)인　3) (　　　)의 씨　4) (　　　)의 일꾼
5. 바울은 무엇을 자랑하리라 했나?(11:30, 12:9) -
6. 바울이 부득불 자랑하리라고 한 것은 주의 (　　　)과 (　　　)이다(12:1).
7. 바울은 "한 사람을 아노니"라며 자신이 (　　　) 하늘에 이끌려 간 것을 말하려 한다(12:2).
8. 너무 자고하지 않게 하시려고 바울에게 육체의 가시 곧 (　　　)를 주셨다고 한다(12:7).
9. 세 번의 간구에 하나님은 "내 (　　　)가 네게 족하도다"라고 응답하셨다(12:8-9).
10. 바울은 언제 강하다고 했나?(12:10) -
11. (13:5) 너희가 믿음에 있는가 ~

12. 초대교회 문안의 한 방법은 거룩함으로 무엇을 하는 것인가?(13:11) -
13. (13:13) 주 예수 그리스도의 ~

▲▼△▽ -----≪의미는 같은데 왜 웃나요?≫----- ▽△▼▲

선교사 한 분이 한국에 오기 전부터 한국어 공부를 해 온 터라 한국에 온 지 6개월 만에 어느 정도 의사소통을 할 수 있게 되었고 원고를 보고 한국말로 간단한 설교와 축도도 할 수 있게 되었다.

어느 주일에 한 교회를 방문했더니 담임목사가 선교사를 알아보고 축도를 부탁했다. 늘 원고를 보고 했으나 이제는 숙달이 됐겠지 싶어 원고 없이 강단에 올라갔다.

막상 축도를 하려 하니 '이제는', 또는 '지금은' 이라는 축도를 시작하는 말이 생각이 나질 않았다. 교회에는 적막이 흘렀고 모두들 안타까워하는데 한참 만에 선교사가 축도를 시작했다.

"요새는...우리 구주 예수 그리스도의 은혜와..."

모두 고개를 숙인 채로 킥킥거리며 은혜롭게 웃었다.

♧ ♧ ♧

은혜가 '이제, 지금, 요새' 어느 때 임해도 다 좋다.

축도는 민수기 6장 23-26절과 고린도후서 13장 13절에 근거하며, 가톨릭은 이를 '강복선언'(降福宣言)이라 하여 권위를 크게 부여했다. 전도사님이 시무하는 어느 교회가 예배를 일찍 끝내고 이웃 교회로 가서 목사님의 축도를 받는다고 하니 그런 믿음이라면 강복은 확실하다.

어린이 예배에 가서 축도를 할 때 함께 손을 따라 드는 성급한 미래 사역자들을 보면 귀엽다.

(고린도후서 13:13) 주 예수 그리스도의 은혜와 하나님의 사랑과 성령의 교통하심이 너희 무리와 함께 있을지어다

신현주, 〈예화철학〉, 〈예화산책〉, www.sbs66.net

[오늘의 말씀] 고린도전서, 고린도후서 복습 → 먼저 성경 읽기, 단숨에...

1. 〈고린도전서〉. 교회 문제와 치유

바울의 제2차 전도 여행 때인 주후 50년경, 바울은 실루아노와 디모데와 함께(행 18:5, 고후 1:19) 아덴으로부터 고린도에 와서 18개월을 체류하며 복음을 전하여 고린도 교회를 세웠다(고전 4:12, 9:1 이하, 고후 11:7-9).

당시에 바울은 고린도 교인들이 안고 있는 문제에 대한 질문의 서신이나 직접 들은 일들에 대하여 답변을 하게 되었을 것이다(1:11, 5:1, 7:1, 16:17). 고린도 교회는 분파, 음행, 소송, 은사 활용에서의 무질서 등 몇 개의 큰 문제를 안고 있었다. 그러나 바울은 이러한 문제를 정확히 진단하고 문제 해결을 제시했으며 영적으로 혼란이 없도록 했다.

1. 고린도 교회 교인들은 어디에 속했다며 분쟁했나?(1:11-12)
   1) 2) 3) 4)
2. 고린도전서 1장 18절을 쓰세요.
   ( )
3. 바울의 말과 전도함은 무엇으로 했나?(2:4) -
4. 나는 ( ) 아볼로는 ( ) 오직 하나님은 ( ) 하셨나니(3:6).
5. 사람이 마땅히 우리를 그리스도의 ( )이요 하나님의 ( )로 여길지어다 그리고 맡은 자들에게 구할 것은 ( )이니라(4:1-2).
6. 다음 각 장의 주제에 알맞은 제목은?
   {보기} 그리스도인과 법정 / 우상의 제물 / 성적 부도덕 / 결혼과 이혼
   1) 5장 - 2) 6장 - 3) 7장 - 4) 8장 -
7. 성도의 몸은 실제 무엇이 되었는가?(6:19) -
8. 남편은 그 아내에게 대한 ( )를 다하고 아내도 그 남편에게 ( ) 할지라(7:3).
9. 여러 사람에게 여러 모양으로 된 이유는?(9:22) -
10. 모든 것이 가하나 모든 것이 ( )한 것이 아니요 모든 것이 가하나 모든 것이 ( )을 세우는 것이 아니니(10:23).
11. 그런즉 (, ,) 이 세 가지는 항상 있을 것인데 그 중에 제일은 ( )이라(13:13).
12. 고린도전서 14장 39절을 쓰세요.
    ( )
13. 부활하신 예수님은 누구누구에게 나타나셨나?(15:4-8) -
14. 만일 누구든지 주를 ( )하지 아니하거든 ( )를 받을지어다(16:22).

통독	181
확인	

2. 〈고린도후서〉. 교인들 위로와 바울 자신의 변호

〈고린도전서,후서〉 사이에는 일 년 정도의 간격이 있다. 〈고린도후서〉는 바울의 서신 중에 친밀하고 개인적인 서신일 것이다. 모든 교회를 보살피는 바울의 짐(11:28)의 무게와 그들에 대한 바울의 사랑의 깊이와 영적인 성장에 대한 관심을 볼 수 있다.

15. 찬송받으실 하나님은 어떤 분인가?(1:3)
   (　　　　　　　　　)의 하나님, (　　　　)의 아버지, (　　　　)의 하나님
16. 살 소망까지 끊어지고 마음에 사형선고를 받은 줄 알았으나 그 결과는?(1:8-9)
   -
17. 우리는 그리스도의 (　　　)이며, 그리스도의 (　　　)이다(2:15, 3:3).
18. 주의 영이 계신 곳에는 무엇이 있는가?(3:17) -
19. 바울이 전파하는 것은 무엇인가?(4:5) -
20. 보이는 것은 (　　　)이요 보이지 않는 것은 (　　　)이니라(4:18).
21. 우리는 다 반드시 그리스도의 (　　　) 앞에 드러나 각각 선악 간에 그 (　　　) 행한 것을 따라 받으려 함이라(5:10).
22. 고린도후서 5장 17절을 쓰세요. -

23. 성도는 그리스도를 대신하여 무엇이 되었나?(5:20) -
24. 너희를 권하노니 (　　　　　　　)를 헛되이 받지 말라(6:1).
25. 마게도냐에 이르렀을 때에...위로하시는 하나님이 (　　　)으로 우리를 (　　)하셨으니...너희가 근심함으로 (　　　　)에 이른 까닭이라(7:5-6, 9).
26. 하나님의 뜻대로 하는 근심은?(7:10) -
27. 예수님께서 가난하게 되심의 결과는?(8:9) -
28. 8장 15절은 무엇을 거두는 일을 예로 든 것인지 한 단어로 말하면?(출 16:18, 31) -
29. 헌금의 결과는?(9:6로)-
30. 다음 단락에 '감사'라는 단어가 나온 절수는?(9:6-15) - (　　절,　　절,　　절)
31. 고린도 교인들의 바울에 대한 평가는?(10:10) -
32. 누가 이런 모습으로 가장하는가?(11:13-15)
   1) 그리스도의 사도:　　　　　2) 광명의 천사:　　　　　3) 의의 일꾼:
33. 세 번의 간구에 하나님은 "내 (　　　)가 네게 족하도다"라고 응답하셨다(12:9).
34. 바울은 무엇을 자랑하리라 했나?(11:30, 12:9) -
35. 바울은 언제 강해지나?(12:10) -
36. 바울이 사도의 표 된 것은?(12:12) -
37. 고린도후서 13장 5절을 쓰세요. -

38. 고린도후서 13장 13절을 쓰세요. -

성경통독
365일
부록

성경통독365일 2 해답집

<성경통독365일②> 해답집

통독 91일째 <여호수아 1-3장>

1. 모세 / 2. (1:5) 내가 모세와 함께 있던 것 같이 너와 함께 있을 것임이라 내가 너를 떠나지 아니하며 버리지 아니하리니 / 3. 삼일 안에 너희가 이 요단을 건너 너희 하나님 여호와께서 너희에게 주사 얻게 하시는 땅을 얻기 위하여 들어갈 것이라 했으므로(해설: 만나는 그쳤으므로 준비) / 4. 모세를 청종한 것같이 당신을 청종하려니와 / 5. 6, 7, 9절(해설: 18절은 백성과 유사들의 말이므로 해당이 안 됨) / 6. 싯딤, 정탐, 여리고, 라합 / 7. 마음, 정신, 상천하지에 하나님 / 8. 붉은 줄, 가족 / 9. 성결케, 기사, 5절 / 10. 가나안, 헷, 히위, 브리스, 기르가스, 아모리, 여부스, 쫓아내실, 10절 / 11. 제사장, 끊어지매, 여리고, 15-16절

통독 92일째 <여호수아 4-6장>

1. 백성의 매 지파에 한 사람씩 / 2. 언약궤가 요단을 건널 때에 요단 물이 끊어졌으므로 이 돌들이 이스라엘 자손에게 영영한 기념이 되리라 / 3. 르우벤, 갓, 므낫세 반 지파, 사만 명가량 / 4. 여호수아의 생존한 날 동안에 백성이 두려워하기를 모세를 두려워하던 것 같이 하였더라 / 5.-라)-e) / 6.-가)-d) / 7.-나)-a) / 8.-마-b) / 9.-다)-c) / 10. 여호와 / 11. 제사장 일곱 / 12. 여호수아 / 13. 여호수아 / 14. 백성들 / 15. 여호수아

통독 93일째 <여호수아 7-9장>

1. 3) / 2. 범죄 / 3. (수 7:18) 유다 → 세라 → 삽디 → 갈미 → 아간 / 4. 시날 산의 아름다운 외투 한 벌과 은 이백 세겔과 오십 세겔중의 금덩이 하나 / 5. 아골 골짜기 / 6. 여호와께 바치라 → 스스로 취하라 / 7. 삼만 명 → 오천 명 / 8. 이만 이천 명 → 일만 이천 명 / 9. 다듬은 → 다듬지 않은 / 10. O표 - 1), 2), 4), 6). 나머지는 X / 11. O표 - 1), 2), 4), 5), 8). 나머지는 X / 12. 어떻게 할 것을 여호와께 묻지 아니했음 / 13. 너희가 영영히 종이 되어서 다 내 하나님의 집을 위하여 나무 패며 물 긷는 자가 되리라

통독 94일째 <여호수아 10-12장>

1. 예루살렘 왕 아도니세덱, 헤브론 왕 호함, 야르뭇 왕 비람, 라기스 왕 야비아, 에글론 왕 드빌(5절로 답을 해도 됨, '예루살렘 왕과 헤브론 왕과 야르뭇 왕과 라기스 왕과 에글론 왕') / 2. 1) 큰 덩이 우박으로 적들을 죽임, 2) 태양이 중천에 머물러서 거의 종일토록 속히 내려가지 아니함 / 3. 막게다, 립나, 라기스, 에글론, 헤브론, 드빌 / 4. 이스라엘의 하나님 여호와께서 이스라엘을 위하여 싸우신 고로 / 5. 말 뒷발의 힘줄을 끊고 불로 그 병거를 사르라 / 6. 하솔, 성읍, 재물, 가축 / 7. 기브온 거민 히위 사람 / 8. 1) 모세와 이스라엘 자손, 2) 여호수아와 이스라엘 자손 / 9. 1) 여호수아, 2) 여호수아, 3) 모세, 4) 여호수아, 5) 모세, 6) 여호수아 / 10. 르우벤, 갓, 므낫세 반 지파 / 11. 31왕

통독 95일째 <여호수아 13-16장>

1. 매우 많이 남아 있었다 / 2. 여호와께 드리는 화제물이 기업이 됨 / 3. 브올의 아들 발람 / 4. 제사장 엘르아살과 눈의 아들 여호수아와 이스라엘 자손 지파의 족장들이 분배 / 5. 므낫세, 에브라임 / 6. 거할 성읍들과 가축과 재물을 둘 들 / 7. 하나님 여호와를 온전히 좇았다 / 8. 40세, 85세 / 9. 헤브론, 기럇 아르바 / 10. 에돔 / 11. 대해, 유다 / 12. 악사, 윗샘과 아랫샘 / 13. 여부스 사람, 예루살렘 / 14. 요셉 / 15. 1) 므낫세, 2) 에브라임 / 16. 가나안 사람

통독 96일째 <여호수아 17-20장>

1. 슬로브핫 / 2. 열 분깃, 므낫세의 여손들이 그 남 자손 중에서 기업을 얻은 까닭 / 3. 이스르엘 골짜기에 거하는 자들이 철병거가 있으므로 / 4. 땅 삼림에 올라가서 스스로 개척하라 / 5. 회막 / 6. 베냐민 지파 / 7. 베냐민 / 8. 1) 시므온, 2) 스불론, 3) 잇사갈, 4) 아셀, 5) 납달리, 6) 단 / 9. 에브라임 산지 딤낫 세라 / 10. 부지중 오살한 자를 도망하게 하여 피의 보수자를 피하도록 / 11.

본래 미워함이 없이 부지중에 그 이웃을 죽였으므로 / 12. 1) 회중의 앞에 서서 재판을 받기까지, 2) 당시 대제사장의 죽기까지 / 13. 6개, 1) 게데스, 2) 세겜, 3) 기럇 아르바(헤브론), 4) 베셀, 5) 길르앗라못, 6) 바산 골란

통독 97일째 <여호수아 21-24장>

1. 거할 성읍들과 가축 먹일 들(野) / 2. 1) 그핫, 2) 게르손, 3) 므라리 / 3. 제사장 아론 자손 / 4. 사십팔(48) 성읍과 그 들(野) / 5. 축복 / 6. 1) 하나님을 섬긴다는 증거, 2) 엣 / 7. (수 23:6) ~ 모세의 율법책에 기록된 것을 다 지켜 행하라 그것을 떠나 좌로나 우로나 치우치지 말라 / 8. (수 23:10) ~ 천 명을 쫓으리니 이는 너희 하나님 여호와 그가 너희에게 말씀하신 것 같이 너희를 위하여 싸우심이라 / 9. 다른 신 / 10. 그러므로 ~ 우리도 여호와를 섬기리니 그는 우리 하나님이심이니이다 / 11. 언약 / 12. 110세, 딤낫세라 / 13. 1) 애굽, 2) 모세, 3) 세겜

통독 98일째 <사사기 1-3장>

1. 유다, 시므온 / 2. 수족의 엄지가락 / 3. 예루살렘, 세새, 아히만, 달매 / 4. 15-16절 / 5. 골짜기의 거민들은 철병거가 있으므로 그들을 쫓아내지 못하였으며 / 6. 여부스 사람 / 7. O / 8. X / 9. O / 10. O / 11. 그들의 딸들을 취하여 아내를 삼으며 자기 딸들을 그들의 아들에게 주며 또 그들의 신들을 섬겼더라 / 12. 1) 옷니엘, 2) 옷니엘, 3) 에훗, 4) 삼갈

통독 99일째 <사사기 4-8장>

1. 드보라 / 2. 겐 사람 헤벨의 아내 야엘의 장막 / 3. 야엘 / 4. (삿 5:9) ~ 그들이 백성 중에서 즐거이 헌신하였음이라 여호와를 찬송하라 / 5. (삿 5:24) ~ 다른 여인보다 복을 받을 것이니 장막에 거한 여인보다 더욱 복을 받을 것이로다 / 6. (삿 5:31) ~ 망하게 하시고 주를 사랑하는 자는 해가 힘 있게 돋음 같게 하시옵소서 하니라 그 땅이 사십 년 동안 태평하였더라 / 7. 악, 7년, 미디안 / 8. 므낫세, 작은 자 / 9. 여호와살롬 / 10. 여룹바알 / 11. 일만 명, 삼백 명 / 12. 나팔, 빈 항아리, 횃불 / 13. 오렙, 스엡 / 14. 에브라임 / 15. 여호와 / 16. 바알브릿('바알'도 포함할 수 있다)

통독 100일째 <사사기 9-12장>

1. 아비멜렉 / 2. 요담 / 3. 가시나무 / 4. 망대에서 한 여인이 맷돌 윗짝을 아비멜렉의 머리 위에 던져 두골을 깨뜨림 / 5. 잇사갈, 돌라, 사밀, 23년 / 6. 야일 / 7. 바알, 아스다롯, 아람의 신들, 시돈의 신〔여신 아스다롯과 풍요의 신(에쉬문 Eshmun)〕, 모압의 신〔그모스(Ghemosh)〕, 암몬 자손의 신들〔밀곰(Milcom), 몰렉〕, 블레셋 사람의 신들(다곤, 물고기신과 바알세붑) / 8. 암몬, 십팔 년, 유다, 베냐민, 에브라임 / 9. 길르앗의 아내의 아들들 / 10. 길르앗 장로들 / 11. 입다 / 12. 입다의 딸 / 13. 암몬 자손과 싸우러 나갈 때에 같이 가지 않았다고 시비 / 14. 씹볼렛 / 15. 베들레헴 사람으로 아들 삼십과 딸 삼십을 두었고 사사로 칠 년 / 16. 스불론 사람으로 십 년 동안 이스라엘을 다스렸다. 스불론 땅 아얄론에 장사 / 17. 아들 사십과 손자 삼십이 있었다. 사사가 된 지 팔 년에 에브라임 땅 아말렉 사람의 산지 비라돈에 장사됨

통독 101일째 <사사기 13-16장>

1. 블레셋 사람, 1절 / 2. 나실인, 5절 / 3. 삼손, 24절 / 4. 지울 것 - 마하네, 삼손 자신 / 5. 아양 떨며, 제삼, 육십 / 6. 1)-나), 2)-다), 3)-가), 4)-마), 5)-바), 6)-라) / 7. 1) 2, 2) 4, 3) 1, 4) 3 / 8. 1) 3, 2) 1, 3) 4, 4) 2

통독 102일째 <사사기 17-18장>

1. 1) 오분 일, 1320, 2) 숫양, 속건 / 2. 한 신상을 새기며 한 신상을 부어 만들었더니 / 3. 에봇과 드라빔 / 4. 아들, 레위 / 5. 왕, 소견 / 6. 거할 기업의 땅을 구하는 중 / 7. 거기 있는 백성을 본즉 염려 없이 거하여 시돈 사람 같이 한가하고 평안하니 / 8. 육백 명 / 9. 새긴 신상, 에봇, 드라빔, 부어 만든 신상 / 10. 단 자손이 자기보다 강함을 보고 돌아갔다 / 11. 라이스, 단 / 12. 1) 실로, 2) 새긴 신상

통독 103일째 <사사기 19-21장>

1. 첩 장인 / 2. 어떤 레위 사람(주인) / 3. 성읍의 비류 / 4. 토막 시체를 보는 자 / 5. 1) 2만 2천 명, O, 2) 1만 8천 명, O, 3) O, 2만 5천1백 명 / 6. 이스라엘 중에서 음행과 망령된 일을 행하였

음을 인함 / 7. 2차전 / 8. 온 성읍과 가축과 만나는 자를 다 칼날로 치고 닥치는 성읍마다 다 불살랐더라 / 9. 이즈러짐(끊쳐짐, 궐이 남) / 10. 야베스 길르앗 여인, 실로의 춤추는 여자 / 11. 1) 6절 2) 1절, 3) 1절, 4) 25절

통독 104일째 <룻기 1-4장>

1. 1) 사사들이 치리하던 때, 2) 유대 땅 베들레헴, 3) 모압 지방, 4) 엘리멜렉, 5) 말론, 기룐, 6) 오르바, 룻 / 2. 여호와께서 자기 백성을 권고하사 그들에게 양식을 주셨다 함을 들었으므로 / 3. 1:16-17 / 4. 마라, 쓰다(괴로움) / 5. 이스라엘, 날개, 상, 12절, 보아스 → 룻에게 / 6. 복, 근족, 무를 자, 20절, 나오미 → 룻에게 / 7. 기업 무를 자 / 8. 1) 네 생명의 회복자, 2) 노년의 봉양자, 3) 일곱 아들보다 귀한 자부 / 9. 헤스론, 암미나답, 보아스, 이새, {라합}, {룻}

통독 105일째 <수, 삿, 룻 복습>

〈1〉 여호수아

1. 모세, 호세아 / 2. 라합, 붉은 / 3. 가나안 족속, 헷 족속, 히위 족속, 브리스 족속, 기르가스 족속, 아모리 족속, 여부스 족속 / 4. 1) 할례, 2) 유월절 / 5. 일곱 번 / 6. 맏아들 아비람, 말째 아들 스굽 / 7. 이스라엘(아간)이 범죄하여 하나님의 언약을 어기고 바친 물건을 취하고 도적하였다 / 8. 축복과 저주하는 율법의 모든 말씀 / 9. 어떻게 할 것을 여호와께 묻지 아니하였다 / 10. 2), 3) / 11. 이스라엘의 하나님 여호와께서 이스라엘을 위하여 싸우신 고로 여호수아가 이 모든 왕과 그 땅을 단번에 취하니라 / 12. 삼십일 왕(31왕) / 13. 제사장 엘르아살, 눈의 아들 여호수아, 이스라엘 자손 지파의 족장들 / 14. 갈렙이 이스라엘의 하나님 여호와를 온전히 좇았다 / 15. 1) 철병거(가나안 사람들이 철병거가 있었으므로) / 16. 실로 / 17. 사십팔 성읍과 그 들(野) / 18. 섬길 자, 여호와. / 19. 110세, 딤낫 세라 / 20. 1) 애굽, 2) 모세, 3) 세겜

〈2〉 사사기

참고: ① 옷니엘, ② 에훗, ③ 삼갈, ④ 드보라, ⑤ 기드온, ⑥ 돌라, ⑦ 야일, ⑧ 입다, ⑨ 입산, ⑩ 엘론, ⑪ 압돈, ⑫ 삼손

1. 유다, 시므온 / 2. 사사를 세우사 노략하는 자의 손에서 그들을 건져내게 하셨다 / 3. 1) 옷니엘, 2) 드보라, 3) 삼손 / 4. 1) 사라, 2) 엘리사벳, 3) 마리아 / 5. 내 머리가 밀리우면 내 힘이 내게서 떠난다 / 6. 2) 정당하지 못하다 / 7. 2) 없었다 / 8. 1) 야베스 길르앗 거민을 죽이고 처녀 사백 인을 데려옴, 2) 실로의 여자들이 무도하러 나왔을 때에 그들을 붙잡아 감

〈3〉 룻기

1. 1) 사사들이 치리하던 때, 2) 유대 땅 베들레헴, 3) 모압 지방, 4) 엘리멜렉, 5) 말론, 기룐, 6) 오르바, 룻 / 2. 여호와께서 자기 백성을 권고하사 그들에게 양식을 주셨다 함을 들었으므로 / 3. 기업 무를 자 / 4. 2) / 5. 헤스론, 암미나답, 보아스, 이새, {라합}, {룻}

통독 106일째 <사무엘상 1-4장>

1. 한나 / 2. 나실인 / 3. ① 사무엘, ② 드렸다 / 4. 홉니, 비느하스 / 5. 미리암, 마리아 / 6. 여호와의 제사를 멸시함 / 7. 세 아들과 두 딸(참고. 2:5의 '일곱 아들'은 관용어법) / 8. (엘리의) 아들들 / 9. 충실한 제사장을 일으키리니 그 사람은 내 마음, 내 뜻대로 행할 것이라 / 10. 4번(4, 6, 8, 10절) / 11. 말씀하옵소서 주의 종이 듣겠나이다 / 12. 엘리의 집 / 13. 여호와의 선지자로 세우심을 입은 줄 알았다 / 14. 하나님의 궤는 빼앗겼고 엘리의 두 아들 홉니와 비느하스는 죽임을 당하였다 / 15. 98세, 비둔한 / 16. 영광이 이스라엘에서 떠났다

통독 107일째 <사무엘상 5-8장>

1. 아스돗 → 가드 → 에그론 / 2. 다곤의 당에 들어가서 다곤의 곁에 / 3. 독종 재앙 / 4. 1)-나), 2)-가), 3)-라), 4)-다), 5)-마) / 5. (여호와께서) 여기까지 우리를 도우셨다 / 6. 벧엘, 길갈, 미스바 / 7. 요엘, 아비야, 뇌물을 취한 일, 판결을 굽게 하는 일 / 8. 1) 사무엘은 늙었다, 2) 아들들은 당신 행위를 따르지 않는다, 3) 열방과 같이 왕이 필요하다 / 9. 여호와 / 10. 다스리는 왕, 전쟁에 앞서는 왕

〈법궤의 이동 경로〉 1. 요단, 제사장, 여리고, 실로 / 2. 실로, 에벤에셀, 블레셋, 아스돗, 가드, 에

그론, 여호수아 / 3. 기랏여아림, 가드, 다윗

통독 108일째 <사무엘상 9-12장>

1. 유다 지파 → 베냐민 지파 / 2. 제물에 절한 → 제물에 축사한 / 3. 제사장을 → 이스라엘 지도자를 / 4. 1) 준수한 청년, 2) 부친께 효도, 3) 하나님의 종 대접, 4) 겸손의 미덕, 5) 신령한 체험, 6) 멸시도 참음 / 5. 10:1, 10:24 / 6. 길르앗 야베스 사람들 → 암몬 사람 나하스 / 7. 사울 → 백성들 / 8. 사무엘 → 백성들 / 9. 왕, 늙어, 2절 / 10. 왕, 범한 죄악, 여호와, 사무엘, 17-18절 / 11. 기도, 죄, 23절

통독 109일째 <사무엘상 13-16장>

1. 사십 세, 2년 / 2. 제사장이 아니었으나 번제를 드린 일 / 3. 철공 / 4. 요나단 / 5. 블레셋 / 6. 요나단 / 7. 짐승을 잡아 피 있는 채 먹었다 / 8. 모압과 암몬 자손과 에돔과 소바의 왕들과 블레셋 사람 / 9. 1) 리스위, 말기수아, 2) 메랍, 미갈, 3) 아히노암 / 10. 3절 / 11. 9절 / 12. 22절 / 13. 33절, 15:2 / 14. 한 왕을 예선하였으므로 기름을 부으러 갔다 / 15. 그 용모와 신장을 보지 말라. 사람은 외모를 보거니와 나 여호와는 중심을 보느니라 / 16. 여호와의 신에게 크게 감동되었다 / 17. 붉고, 빼어나고, 아름답더라, 탈 줄, 호기, 무용, 구변

통독 110일째 <사무엘상 17-20장>

1. 1) 블레셋, 2) 가드, 3) 6규빗, 1뼘, 292 cm / 2. 가)-2), 나)-3), 다)-4) / 3. 골리앗, 머리, 아브넬 / 4. 1) 군대의 장, 2) 사울 왕의 사위 / 5. 사울이 죽인 자는 천천이요 다윗이 죽은 자는 만만이로다 / 6. 1) 여호와께서 사울을 떠나 다윗과 함께 계시므로, 2) 다윗이 크게 지혜롭게 행함을 보고, 3) 사울의 딸 미갈도 다윗을 사랑하므로 / 7. 죽이라, 숨어 / 8. 수금 / 9. 예언, 벌거벗은 / 10. ~나와 사망의 사이는 한 걸음 뿐이라, 3절 / 11. ~여호와께서는 다윗의 대적들을 치실지어다, 16절 / 12. ~치려 한지라 요나단이 그 부친이 다윗을 죽이기로 결심한 줄 알고, 33절

통독 111일째 <사무엘상 21-24장>

1. 5-9절, 안식일 / 2. 아히멜렉, 떡(진설병을 얻음), 골리앗의 칼, 8절(왕의 일이 급하다고 거짓말을 했음) / 3. 가드, 아기스, 미친 체, 침 / 4. 환난당한 모든 자와 빚진 자와 마음이 원통한 자 사백 명가량 / 5. 에돔 사람 도엑 / 6. 왕의 사위도 되고 왕의 모신도 되고 왕실에서 존귀한 자가 아니니이까 / 7. 아비아달 / 8. X / 9. O / 10. X / 11. O / 12. 여호와의 기름 부음을 받은 내 주를 치는 것은 여호와의 금하시는 것이니 그는 여호와의 기름 부음을 받은 자가 됨이니라 / 13. 나는 너를 학대하되(죽이려 했으나) 너는 나를 선대하니(죽일 기회가 있었으나 죽이지 않았으니) 너는 나보다 의롭도다 / 14. 왕

통독 112일째 <사무엘상 25-28장>

1. 놉, 가드, 아둘람 굴, 모압 미스베, 헤렛 수풀, 그일라, 십 황무지, 마온 황무지 아라바, 엔게디 황무지, 바란 광야, 십 황무지, 가드, 시글락, 헤브론 / 2. 라마 / 3. 나발 / 4. 아비가일 / 5. 삼천 명, 아브넬 / 6. 내가 손을 들어 여호와의 기름 부음을 받은 자를 치는 것을 여호와께서 금하시나니 / 7. 내 생명을 여호와께서 중히 여기셔서 모든 환난에서 나를 구하여 내시기를 바라나이다 / 8. 믿지 못했다 / 9. 시글락, 일 년 넉 달 / 10. 신접한 여인을 찾을 정도로 타락 / 11. 신접한 자와 박수를 그 땅에서 쫓아냈다 / 12. 너와 네 아들들이 나와 함께 있으리라(죽는다)

통독 113일째 <사무엘상 29-31장>

1. =로 지울 것: 길보아, 이스르엘, 수넴, 아벡 / 2. 방백들, 아기스 왕 / 3. 만만, 천천 / 4. 사단의 사자 / 5. 아말렉 사람들 / 6. 하나님 여호와를 힘입었다 / 7. 그렛 사람의 남방, 유다에 속한 지방, 갈멜 남방, 시글락 / 8. 전장에 내려갔던 자의 분깃이나 소유물 곁에 머물렀던 자의 분깃이 일반일지니 같이 분배할 것이니라 / 9. 탈취물 / 10. 다윗의 아들 → 사울의 아들 / 11. 칼에 중상을 → 활에 중상을 / 12. 바알의 → 아스다롯의 / 13. 가루로 뿌렸다 → 장사하였다

통독 114일째 <사무엘하 1-4장>

1. 사울, 요나단 / 2. 활, 야살 / 3. 독수리, 사자 / 4. 여인 / 5. 1) 왕으로 예선, 2) 유다 족속의 지지, 3) 온 이스라엘과 유다의 지지 / 6. 이스보셋, 2년 / 7. 아사헬 / 8. 다윗은 점점 강하여 가고 사울의 집은 점점 약하여 가니라 / 9. 1) 암논 - 아히노암, 2) 길르압 - 아비가일, 3) 압살롬 - 마아가, 4) 아도니야 - 학깃, 5) 스바댜 - 아비달, 6) 이드르암 - 에글라 / 10. 통간 / 11. 요압 / 12. 바아나, 레갑 / 13. 므비보셋 / 14. 악인 - 바아나, 레갑, 의인 - 이스보셋

통독 115일째 <사무엘하 5-8장>

1. ① 칠년 육개월, 유다, ② 삼십삼 년, 온 이스라엘과 유다 / 2. 예루살렘, 시온 산성, 다윗 성 / 3. 바알브라심 / 4. 웃사, 오벧에돔, 복 / 5. 수레, (어깨에) 메었다 / 6. 미갈, 자식 / 7. 나는 백향목 궁에 거하거늘 하나님의 궤는 휘장 가운데 있도다 / 8. 1) 내 이름을 위하여 집(성전)을 건축할 것이다, 2) 그 나라 위(왕위)를 견고케 한다 / 9. (삼하 7:22) 여호와 하나님이여 이러므로 주는 광대하시니 이는 우리 귀로 들은 대로는 주와 같은 이가 없고 주 외에는 참신이 없음이니이다 / 10. (삼하 7:29) 이제 청컨대 종의 집에 복을 주사 주 앞에 영원히 있게 하옵소서 주 여호와께서 말씀하셨사오니 주의 은혜로 종의 집이 영원히 복을 받게 하옵소서 하니라 / 11. 아람, 모압, 암몬, 블레셋, 아말렉, 소바 / 12. 사독, 아히멜렉

통독 116일째 <사무엘하 9장-12장>

1. 조부 사울의 밭을 준다, 항상 다윗의 상에서 함께 먹는다 / 2. 미가 / 3. 1) 축하객 → 조문객, 2) 용사의 무리와 같이 나갔다 → 다윗이 요압과 용사의 온 무리를 보냈다, 3) 아비새가 → 다윗이 / 4. 우리아의 아내 밧세바 / 5. 밧세바의 잉태를 우리아로 인한 것으로 조작하려고 / 6. 전쟁 중인데 내가 어찌 내 집으로 가서 처와 같이 자겠는가 / 7. 요압에게 지시하여 우리아가 전쟁터에서 앞서게 하고 아군은 뒤로 빠져 죽게 함 / 8. 1) 간음죄, 7계명(추가를 하면 10계명, 이웃을 탐함), 2) 살인죄, 6계명, 3) 거짓 증거, 9계명 / 9. 1) 다윗, 2) 우리아, 3) 밧세바 / 10. 1) 칼이 네 집에 영영히 떠나지 아니하리라, 2) 다른 사람들이 네 처들로 더불어 백주에 동침하리라 / 11. 솔로몬, 여디디야 / 12. 다윗이 자신의 머리에 썼다

통독 117일째 <사무엘하 13-16장>

1. 암논 / 2. 요나답 / 3. 이제 미워하는 마음이 이왕 연애하던 연애보다 더함 / 4. 죽였다 / 5. 날마다 아들을 인하여 슬퍼함 / 6. 요압 / 7. 이태(2년) / 8. 요압의 보리밭에 불을 놓았다 / 9. 이스라엘 사람의 마음을 도적하였다 / 10. 아히도벨 / 11. 여호와의 은혜를 얻으면 성으로 돌아가서 그 궤를 다시 보게 될 것이다 / 12. 머리를 가리우고 맨발로 울며 행하였다 / 13. 후새 / 14. 계략이다 / 15. 저주 / 16. 아히도벨

통독 118일째 <사무엘하 17-20장>

1. 후새 / 2. 다윗을 돕고자 함 / 3. 아히도벨 / 4. 소비, 마길, 바르실래 / 5. 요압, 아비새, 잇대 / 6. 요압 / 7. 1) 200세겔, 2) 상수리나무에 걸려 공중에 달렸고 요압에게 죽임을 당함 / 8. 자기 이름을 전할 아들이 없음을 한탄함이라 / 9. 내 아들 압살롬아(3회) 내가 너를 대신하여 죽었더면 압살롬 내 아들아 내 아들아 / 10. 왕이 그 아들(압살롬)을 위하여 슬퍼하므로 / 11. 왕을 궁으로 모시는 일에 나중이 되느냐 / 12. 왕을 저주했음(본문 참고) / 13. 아마사, 김함 / 14. 아마사, 배, 군대의 장관

통독 119일째 <사무엘하 21-24장>

1. 1) 화친, 2) 두, 다섯, 기브아 / 2. 사울의 첩 리스바 / 3. 왕은 다시 우리와 함께 전장에 나가지 마옵소서 / 4. 엘하난 / 5. 반석, 요새, 건지시는 자 / 6. 도, 말씀 / 7. 엘르아살 / 8. 베들레헴, 생명, 피 / 9. 원하지 않았다 / 10. 갓, 3일 온역 / 11. 값을 주고, 번제와 화목제

통독 120일째 <사무엘상, 하 복습>

〈1〉 사무엘상

1. 한나 / 2. 사무엘(참고. 한나는 후에 두 아들과 세 딸을 더 낳았다. 2:20-21) / 3. 이스라엘 - 아스돗 - 가드 - 에그론 - 벧세메스 - 기랏여아림 / 4. 여호와께서 여기까지 우리를 도우셨다 / 5. 4) / 6. 기도하기를 쉬는 죄 / 7. 1), 4) / 8. 빛이 붉

고 눈이 빼어나고 얼굴이 아름답더라 / 9. 여호와의 신이 사울에게서 떠나고 여호와의 부리신 악신이 그를 번뇌케 한지라 / 10. 너는 칼과 창과 단창으로 내게 오거니와 나는 만군의 여호와의 이름 곧 네가 모욕하는 이스라엘 군대의 하나님의 이름으로 네게 가노라 / 11. 1) 제사장, 2) 안식일 논쟁 / 12. 2) 나발 / 13. 기름 부음을 받은 자를 치는 것은 여호와의 금하시는 일이므로 / 14. 신접한 여인 / 15. 요나단, 아비나답, 말기수아

〈2〉 사무엘하

16. 1)-나), 2)-가), 3)-다) / 17. 이스보셋, 2년 / 18. 7년 6개월, 33년 / 19. 시온산성, 다윗성 / 20. 1) 수레, 2) (어깨에) 메었다 / 21. 1) 내 이름을 위하여 집(성전)을 건축한다, 2) 그 나라 위(왕위)를 견고케 한다 / 22. O표 - 2) 의복, 3) 수염, 나머지는 X표 / 23. 1) 7계명: 간음하지 말지니라(또는 10계명: 네 이웃의 것을 탐내지 말지니라, 2) 6계명: 살인하지 말지니라, 3) 9계명: 거짓 증거하지 말지니라(요압) / 24. 솔로몬 / 25. 1) 암논, 2) 압살롬 / 26. 삼 년, 이태(2년) / 27. 머리를 가리우고 맨발로 울며 행하였다 / 28. 후새 / 29. 아마사, 배, 군대장관 / 30. 여호수아가 곧 그들과 화친하여 그들을 살리라는 언약을 맺었다 / 31. 삼 일 온역(페스트)

통독 121일째 <열왕기상 1-3장>

1. 수넴, 아비삭 / 2. 요압, 아비아달 / 3. 밧세바(본문 내용으로 보아 나단도 들었을 것임) / 4. 3대, 1) 기혼, 2) 성막, 뿔, 3) 제사장 사독, 4) 브나야, 그렛 사람, 블렛 사람 / 5. 생명 / 6. 1) 죽임, 2) 은총, 3) 죽임 / 7. 30세, 7년, 33년, 70세 / 8. 1) X, 2) O, 3) O, 4) X, 5) O, 6) X, 7) △, 8) O / 9. O표 - 2), 4), 5), 6)

통독 122일째 <열왕기상 4-6장>

1. 1) 사관, 2) 군대장관, 3) 세사상 / 2. 왕과 왕실을 위하여 식물을 예비 / 3. 동양, 애굽, 삼천, 일천다섯 / 4. 1) 백향목 재목, 잣나무 재목, 2) 밀 이만 석, 맑은 기름 이십 석 / 5. 1) 삼만, 2) 칠만, 3) 팔만, 4) 삼천삼백 / 6. 성전의 기초석 / 7. 480년, 4년, 11년, 7년 / 8. 60규빗=30m, 20규빗=10m, 30규빗=15m / 9. 돌을 뜨는 곳에서 치석하고 가져다가 건축하였으므로 / 10. 1) 백향목, 2) 잣나무, 3) 감람목 / 11. 금

통독 123일째 <열왕기상 7-9장>

1. 13년, 100규빗=50m, 50규빗=25m, 30규빗=15m / 2. 놋기둥 둘, 바다, 받침 열, 물두멍 열, 부삽, 대접들 / 3. 야긴, 보아스 / 4. 금단, 진설병의 금상, 정금 등대, 금꽃, 등잔, 불집게, 정금 대접, 주발, 숟가락, 불을 옮기는 그릇, 문의 금 돌쩌귀 / 5. 지성소 / 6. 1)-나, 2)-가, 3)-다, 4)-마, 5)-라, 6)-바, 7)-아, 8)-사, 9)-차, 10)-자 / 7. 회중, 왕 / 8. 전, 왕궁, 20년, 이십 / 9. 8번 / 10. 에돔, 에시온게벨

통독 124일째 <열왕기상 10-12장>

1. 어려운 문제로 솔로몬을 시험코자 / 2. 금 120달란트, 심히 많은 향품, 보석 / 3. 666금 달란트, 200개, 300개 / 4. 금, 은, 상아, 잔나비, 공작 / 5. 1,400, 12,000 / 6. 이방 여인들 / 7. 700명, 300명 / 8. 이방 신 / 9. 대적자 / 10. 여로보암 → 르호보암 / 11. 무겁게 → 가볍게 / 12. 가볍게 → 무겁게 / 13. 여로보암 → 르호보암 / 14. 하나를 만들어 벧엘에 두었다 → 둘을 만들어 벧엘과 단에 두었다

통독 125일째 <열왕기상 13-16장>

=줄로 지울 것. 1. 하나님께 / 2. 받았다 / 3. 정치를 함 / 4. 이스라엘, 범죄, 16절 / 5. 푸른 나무, 산당, 23절 / 6. 제오년, 시삭, 25절 / 7. 아비얌 / 8. 아사 / 9. 아사 / 10. 나답 / 11. 바아사 / 12. 엘라 / 13. 시므리 / 14. 오므리 / 15 아합 / 16. 6장 26절

통독 126일째 <열왕기상 17-19장>

1. 1)-다)-b), 2)-나)-a), 3)-가)-d), 4)-라)-c) / 2. 삼, 사마리아 / 3. 사백오십인, 사백인, 갈멜산 / 4. 여호와, 바알 / 5. 응답, 불, 번제물, 물 / 6. 여호와여 넉넉하오니 지금 내 생명을 취하옵소서 나는 내 열조보다 낫지 못하니이다 / 7. 하나님의 산 호렙 / 8. 바람, 지진, 불 / 9. 1) 하사엘 - 아람 왕, 2) 예후 - 이스라엘 왕, 3) 엘리

사 - 선지자 / 10. 소 한 겨리를 취하여 잡고 소의 기구를 불살라 그 고기를 잡아 백성에게 주어 먹게 하고 일어나 엘리야를 따랐다

통독 127일째 <열왕기상 20-22장>

1. 아람 왕 벤하닷이 이스라엘 왕 아합에게, 3절 / 2. 이스라엘 왕 아합이 아람 왕 벤하닷에게, 4절 / 3. 모든 장로와 백성들이 이스라엘 왕 아합에게, 8절 / 4. 한 선지자가 이스라엘 왕 아합에게, 13절 / 5. 아람 왕 벤하닷이 이스라엘 왕 아합에게, 34절 / 6. 1) 더 아름다운 포도원을 주겠다, 2) 그 값을 돈으로 주겠다 / 7. 열조의 유업을 주는 것은 여호와께서 금하셨으므로 / 8. 나봇이 하나님과 왕을 저주하였다 / 9. 겸비함을 인하여 - 즉 옷을 찢고 굵은 베로 몸을 동이고 금식하고 굵은 베에 누우며 행보도 천천히 함 / 10. X / 11. O / 12. X / 13. O / 14. O / 15. O

통독 128일째 <열왕기하 1-3장>

1. 이스라엘의 하나님이 있는데도 에그론의 신 바알세붑에게 병이 낫겠는가 물어보므로 / 2. 털이 많고 허리에 가죽 띠를 띠었다 / 3. 나의 생명과 당신의 종인 이 오십인의 생명을 당신은 귀히 보소서 / 4. 길갈, 벧엘, 여리고, 요단 / 5. 3) / 6. 3) / 7. 이스라엘, 바알, 떠나지 아니 / 8. 메사, 이스라엘, 유다, 에돔 / 9. 엘리사, 거문고 / 10. 피, 아들

통독 129일째 <열왕기하 4-7장>

1. 1) 과부의 기름, 2) 아들 있을 것 예언과 성취, 3) 수넴 여자의 죽은 아들을 살림, 4) 국솥에 사망의 독 제거, 5) 보리떡 20으로 100명이 먹고 남음 / 2. 한센병(문둥병) / 3. 이스라엘 땅에서 포로로 잡혀온 계집아이 / 4. 너는 가서 요단강에 몸을 일곱 번 씻으라 네 살이 여전하여 깨끗하리라 / 5. 그 살이 여전하여 어린아이 살 같아서 깨끗하게 되었다 / 6. 한센병(문둥병) / =로 지울 것. 7. 긴 끈을 / 8. 군사전략 / 9. 보았다 / 10. 도단, 살해 / 11. 1)-다), 2)-가), 3)-라), 4)-나)

통독 130일째 <열왕기하 8-10장>

1. 7년, 집, 전토, 게하시 / 2. 다메섹, 아람, 하사엘, 예물 / 3. 이불, 얼굴, 왕 / 4. 예루살렘, 악, 다윗 / 5. O / 6. O / 7. X / 8. O / 9. 1)-다-b), 2)-가)-a), 3)-나)-c), 4)-라)-d)

통독 131일째 <열왕기하 11-14장>

1. 6년, 여호야다, 요아스, 7세 / 2. 바알, 맛단 / 3. 여호야다, 산당, 제사하며 분향 / 4. 여호와의 전 / 5. 하사엘, 예루살렘 / 6. 1)-나), 2)-가), 3)-다), 4)-마), 5)-라) / 7. 모세의 율법대로 (자녀를 인하여 아비를 죽이지 말 것이요 아비를 인하여 자녀를 죽이지 말 것이라) / 8. 이스라엘, 요아스 / 9. 선지자 요나

통독 132일째 <열왕기하 15-17장>

1. 1) 남, 10대, 아사랴, 52년, 2) 북, 14대, 스가랴, 6월, 3) 북, 15대, 살룸, 1월, 4) 북, 16대, 므나헴, 10년, 5) 북, 17대, 브가히야, 2년, 6) 북, 18대, 베가, 20년, 7) 남, 11대, 요담, 16년 / 2. 20세, 16년, 정직히, 아들, 불 / 3. 르신, 베가 / 4. 다메섹, 단, 우리야 / 5. 애굽 왕 소 / 6. 할라와 고산 하볼 하숫가와 메대 사람의 여러 고을 / 7. 우상 / 8. 자기들의 신

통독 133일째 <열왕기하 18-21장>

1. O / 2. O / 3. O / 4. X / 5. 히스기야 / 6. 여호와 / 7. 여호와의 전 / 8. 나의 종 다윗 / 9. 에살핫돈 / 10. 해 그림자로 10도를 물러가게 하였다 / 11. 바벨론의 사신에게 보물고, 군기고, 내탕고를 다 보인 일 / 12. 못과 수도를 만들어 물을 성중으로 인도하여 들인 일 / 13. 히스기야, 산당, 아합, 바알, 아세라 목상, 일월성신, 아들, 점, 사술 / 14. 12-15절 / 15. 22세, 2년, 므낫세, 악, 우상

통독 134일째 <열왕기하 22-25장>

1. 여호와의 전의 퇴락한 곳 / 2. 힐기야, 사반 / 3. 재앙 / 4. 언약 / 5. 여호와의 전에서 / 6. 이스라엘 왕 솔로몬 / 7. 느밧의 아들 여로보암이 벧엘에 세웠던 것(왕상 12:25-30 참고) / 8. 유월절 / 9. 애굽, 바로느고 / 10. O / 11. O / 12. O / 13. X / 14. 두 눈을 빼고 사슬로 결박하여 바벨론으로 끌어갔다 / 15. 불사르고 성벽을 헐었다 / 16. 바벨론 / 17. 애굽 / 18. 에윌므로닥

통독 135일째 <열왕기상, 하 복습>

(1) 〈열왕기상〉 1-11장

1. 군대장관 요압, 제사장 아비아달 / 2. 밧세바의 아들 솔로몬 / 3. 1) 제사장 사독, 2) 선지자 나단, 3) 군부 브나야 / 4. 1) 죽임을 당함, 2) 고향으로 밀려남, 3) 죽임을 당함 / 5. 1) 지혜롭고 총명한 마음, 2) 부와 영광 / 6. 삼천, 일천 다섯 / 7. 백향목 재목, 잣나무 재목 / 8. 이스라엘 자손이 애굽 땅에서 나온 지 사백팔십 년이요 솔로몬이 이스라엘 왕이 된지 사년 시브월 곧 이월, 7년 / 9. 1) 장이 육십 규빗이요 광이 이십 규빗이요 고가 삼십 규빗, 2) 야긴, 보아스 / 10. 솔로몬 왕이 왕의 규례대로 스바 여왕에게 물건을 준 외에 또 저의 소원대로 무릇 구하는 것을 주었다(참고. '소원대로 구하는 것'에 솔로몬의 씨를 받아서 에티오피아의 왕족이 되었다는 성경 밖의 전승이 있다) / 11. 칠백인, 이백인, 마음 / 12. 아스다롯, 밀곰, 그모스, 몰록 / 13. 1) 하닷, 2) 르손, 3) 여로보암

(2) 〈열왕기상〉 12장-〈열왕기하〉 17장

14. 2) 르호보암 / 15. 벧엘, 단, 제사장 / 16. 엘리야 / 17. 450, 400, 갈멜 / 18. 1) 하사엘 - 아람 왕, 2) 예후 - 이스라엘 왕, 3) 엘리사 - 선지자 / 19. 열조의 유업을 왕에게 주기를 여호와께서 금하신 일이므로 / 20. 아하시야 / 21. 불수레와 불말, 회리바람, 승천 / 22. 내게로 거문고 탈 자를 불러오소서 / 23. 1) ③, 2) ①, 3) ②, 4) ⑤, 5) ④ / 24. 1) 요단강에 일곱 번 몸을 담금 / 25. 다윗과 그 자손에게 항상 등불을 주겠다고 허하셨음(참고. 삼하 7:13, 나는 그 나라 위를 영원히 견고케 하리라) / 26. 아합, 아하시야, 금송아지를 섬기는 죄 / 27. 요아스, 여호야다, 면류관, 율법책 / 28. 요아스 / 29. 아마샤, 모세의 율법 / 30. 불, 므나헴, 도와주게 / 31. 앗수르 / 32. 호세아

(3) 〈열왕기하〉 18-25장

33. 3) 히스기야 - 이사야 / 34. 15년 / 35. 므낫세 / 36. 1) 바알과 아세라와 하늘의 일월성신을 위하여 만든 모든 기명, 2) 아세라 상, 3) 비농의 집 / 37. 바벨론 왕 느부갓네살 / 38. 바벨론으로 사로잡아 갔다 / 39. 시드기야의 아들들을 저의 목전에서 죽이고 시드기야의 두 눈을 빼고 사슬로 결박하여 바벨론으로 끌어갔더라 / 40. 에윌므로닥

통독 136일째 <역대상 1-3장>

1. 셋, 게난, 마할랄렐, 에녹, 노아 / 2. 셈, 함, 야벳 / 3. 1) 야벳, 2) 함, 3) 셈 / 4. 이삭, 이스마엘, 에서, 이스라엘(야곱) / 5. 에서 / 6. 르우벤, 시므온, 레위, 유다, 잇사갈, 스불론, 단, 요셉, 베냐민, 납달리, 갓, 아셀(참고. 요셉은 후에 에브라임, 므낫세 지파로 나누임) / 7. 5명, 베레스, 세라 / 8. 6명, 33년 / 9. 르호보암, 아사, 여호사밧, 요아스

통독 137일째 <역대상 4-9장>

1. ① 유다, ② 시므온, ③ 르우벤, ④ 갓, ⑤ 므낫세 반(1/2), ⑥ 레위의 아들들, ⑦ 찬송하는 자, ⑧ 아론의 자손, ⑨ 레위의 향리, ⑩ 잇사갈, ⑪ 베냐민, ⑫ 납달리, ⑬ 므낫세, ⑭ 에브라임, ⑮ 아셀 / 2. (4:10) 주께서 내게 복에 복을 더하사 나의 지경을 넓히시고 주의 손으로 나를 도우사 나로 환난을 벗어나 근심이 없게 하옵소서 / 3. 벨라, 아스벨, 아하라, 노하, 라바 / 4. 기스, 요나단, 므립바알, 여호앗다(참고. '므립바알'은 '므비보셋'이다, 삼하 9:12) / 5. 이스라엘 제사장, 레위 사람, 느디님 사람 / 6. 하나님의 전의 일에 수종 들 재능이 있는 자 / 7. 문지기 / 8. 1) 제사장, 2) 문지기, 3) 기명 관리, 향품 관리, 4) 찬송하는 자

통독 138일째 <역대상 10-13장>

1. 자살 / 2. 요나단, 아비나답, 말기수아 / 3. 여호와의 말씀을 지키지 아니했다. 신접자에게 가르치기를 청하였고, 여호와께 묻지 아니했다 / 4. 사무엘 / 5. 여부스, 다윗 성, 요압 / 6. 여부스 사람을 치는 자는 두목과 장관을 삼으리라는 다윗의 말을 시행 / 7. 피(생명을 돌아보지 아니하고 갔던 사람들의 피) / 8. 1) 야소브암, 2) 아비새 / 9. 시위대장관 / 10. 아마새 / 11. 다윗 / 12. 1)-다), 2)-라), 3)-가), 4)-나)

통독 139일째 <역대상 14-17장>

1. 사자들(사신), 백향목, 석수, 목수 / 2. 예루살렘 / 3. 바알브라심 / 4. 레위 사람만이 궤를 멜 수 있는데 그렇게 하지 않고 수레로 옮겼다 / 5. 모세가 여호와의 명하신 대로 하여 레위 자손이, 하나님의 궤를 채에 꿰어 어깨에 메고 옮겼다 / 6. 비

파, 수금, 제금, 각(뿔나팔), 나팔 / 7. 춤추고 뛰어 노는 것을 보고(에봇이 벗겨지듯 했다) / 8. X / 9. O / 10. X / 11. O / 12. 백향목 궁, 휘장 밑 / 13. 나의 거할 집을 건축하지 / 14. 이스라엘의 주권자 / 15. 집을 건축, 영원히 견고 / 16. 나는 누구오며 내 집은 무엇이관대

통독 140일째 <역대상 18-21장>

1. 블레셋, 모압, 소바, 다메섹, 하맛, 에돔, 암몬, 아말렉 / 2. 6절, 13절 / 3. 1) 아비멜렉, 아히멜렉, 아비아달, 2) 사워사, 스라야, 스와 / 4. 수염을 깎고 의복의 중동볼기까지 자름 / 5. 1) 나하라임, 2) 마아가, 3) 소바 / 6. 병거 칠천 승의 군사와 보병 사만을 죽이고 군대장관 소박을 죽임 / 7. 한 달란트 / 8. 엘하난 / 9. 사단, 계수 / 10. 요압, 레위와 베냐민 / 11. 온역(전염병) / 12. 나와 내 아버지 집을 치시고 / 13. 한 단을 쌓으리니

통독 141일째 <역대상 22-25장>

1. 돌, 철, 놋, 백향목 / 2. 땅에 피를 많이 흘렸은즉 / 3. 평강의 사람 / 4. ~놋과 철이 무수하니 너는 일어나 일하라 여호와께서 너와 함께 계실지로다 / 5. 여호와를 위하여(여호와의 이름을 위하여) / 6. 솔로몬 / 7. 여호와의 전 사무를 보살피는 자, 유사, 재판관, 문지기, 찬송하는 자 / 8. 게르손 므라리 그핫, 그핫 / 9. 사독, 아히멜렉 / 10. 십육, 여덟, 제비 뽑아 / 11. 아비야, 여덟 / 12. 아론, 제비 / 13. 왕의 명령을 좇아 신령한 노래를 했다 / 14. 수금을 잡아 신령한 노래를 하며 여호와께 감사하며 찬양했다 / 15. 제금과 비파와 수금을 잡아 여호와의 전에서 노래하며 섬김 / 16. 288인

통독 142일째 <역대상 26-29장>

1. 고라, 므라리 / 2. 오벧에돔 / 3. 성물의 모든 곳간 / 4. 족장, 백부장, 인수, 반차, 이만 사천 / 5. 사독 / 6. (하나님의) 진노 / 7. 왕의 군대장관 / 8. 너는 군인이라 피를 흘렸으니 내 이름을 위하여 전을 건축하지 못하리라 / 9. 유다 / 10. 여호와의 손 / 11. 여호와 하나님을 위한 것 / 12. 성심으로 여호와께 즐거이 드림 / 13. 모든 것이 주께로 말미암았사오니 우리가 주의 손에서 받은 것으로 주께 드렸을 뿐이니이다 / 14. 1) 솔로몬의 명령을 순종, 2) 솔로몬에게 복종 / 15. 선견자 사무엘의 글, 선지자 나단의 글, 선견자 갓의 글, 열국의 시사

통독 143일째 <역대하 1-5장>

1. 하나님의 회막 / 2. 일천 번제를 드렸다 / 3. 지혜, 지식, 부, 재물, 존영 / 4. 애굽, 병거: 1,400, 마병: 12,000 / 5. 크고 화려할 것이다 / 6. 밀과 보리와 기름과 포도주 / 7. 1) 아브라함, 이삭, 2) 다윗, 타작 / 8. 1) 60, 20, 20, 120, 2) 그룹, 20 / 9. 야긴(저가 세우리라), 보아스(그에게 능력이 있다) / 10. 번제에 속한 물건, 제사장 / 11. 제사장과 레위 사람 / 12. 1) 두 돌판(십계명), 2) ① 만나를 담은 금항아리, ② 아론의 싹 난 지팡이, ③ 언약의 비석들 / 13. 여호와의 영광이 하나님의 전에 가득하였으므로

통독 144일째 <역대하 6-9장>

1. O, 10절 / 2. X, 13절 / 3. O, 24-25절 / 4. X, 26-27절 / 5. O, 34-35절(제시한 구절 참고) / 6. 1) 모세와 아론, 2) 엘리야, 3) 기드온, 4) 다윗 / 7. 각각 7일 동안 / 8. 악한 길에서 떠나 스스로 겸비하고 여호와의 얼굴을 구하면 / 9. 재앙 / 10. 8번 / 11. 여호와의 궤가 이른 곳은 다 거룩하므로 이방 여인이 거할 수 없었다 / 12. 안식일, 월삭, 무교절, 칠칠절, 초막절 / 13. 없었다 / 14. 구하는 모든 것 / 15. 1) 금, 2) 상아, 3) 금 / 16. 사십 년(참고. 삼하 5:4-5에 따르면 헤브론에서 7년 6개월, 예루살렘에서 33년을 통치했다)

통독 145일째 <역대하 10-14장>

1. 여로보암 / 2. 르호보암과 함께 자라난 소년들 / 3. 아히야로 여로보암에게 고한 말씀 / 4. "형제와 싸우지 말라. 이 일(왕국 분열)은 여호와께로서 난 것이라"는 하나님의 사람 스마야의 말을 들었다 / 5. 여호와 하나님께 제사하려고 / 6. 18명, 60명, 28명, 60명 / 7. 견고, 율법, 1절 / 8. 버렸으므로, 시삭, 5절 / 9. 애굽, 예루살렘, 여호와의 전, 왕궁, 금방패, 9절 / 10. 1) 40만, 80만, 50만, 2) 여호와께 부르짖고 의지함 / 11. 이방 백성의 풍습을 좇아 삼되, 누구든지 수송아지 하나와 숫양 일곱을 끌고 오면 제사장이 되었다(성직 매매) / 12. 조석으로 번제를 드렸고, 저녁마다 등대에 불을 켰다 / 13. 평안 / 14. 없이, 주상 / 15. 구스,

부르짖어

통독 146일째 <역대하 15-18장>

1. 오뎃의 아들 아사랴 / 2. 유다 왕 아사 / 3. 유다의 무리들 / 4. (아사의 모친) 마아가 / 5. 이스라엘 왕 바아사 / 6. 하나니 / 7. 여호와께 구하지 아니하고 의원들에게 구하였다 / 8. X / 9. O / 10. X / 11. O / 12. 연혼, 길르앗 라못 / 13. 거짓 / 14. 옥에 가두고 고생의 떡과 고생의 물을 먹게 되었다 / 15. 이스라엘 왕 아합

통독 147일째 <역대하 19-23장>

1. 1) 악한 자(아합)를 돕고 여호와를 미워하는 자를 사랑하는 것, 2) 아세라 목상들을 이 땅에서 없이하고 마음을 오로지 하여 하나님을 찾음 / 2. 1) 대제사장 아마랴, 2) 스바댜, 3) 레위 사람들 / 3. 여호와께로 낯을 향하여 간구하고 온 유다 백성에게 금식하라 공포 / 4. 하나님께 속한 것 / 5. 저희(암몬, 모압)가 피차에 살육하였다 / 6. 산당 / 7. 왕이 아하시야와 교제하는 고로 여호와께서 왕의 지은 것을 파하시리라 / 8. 모든 아우와 이스라엘 방백 중 몇 사람을 칼로 죽였더라 / 9. 에돔, 립나 / 10. 유다 여러 산에 산당을 세워 예루살렘 거민으로 음란하듯 우상을 섬기게 하고 또 유다를 미혹케 하였으므로 / 11. 블레셋 사람, 아라비아 사람 / 12. 모친의 꾀임(아달랴로서 이방 여인) / 13. 요람(북국 왕) / 14. 여호람 왕의 딸이요 아하시야의 누이요 제사장 여호야다의 아내더라 / 15. 요아스 / 16. 아달랴

통독 148일째 <역대하 24-28장>

1. 악한 여인 아달랴의 아들들이 하나님의 전을 깨뜨리고 또 여호와의 전의 모든 성물을 바알들에게 드렸기 때문에 / 2. 여호와의 전 뜰안에서 돌로 쳐 죽였다 / 3. 아람 사람: 요아스를 징벌, 신복들: 요아스를 모반하여 그 침상에서 쳐 죽였다 / 4. X / 5. O / 6. O / 7. X / 8. 형통케 / 9. 농사 / 10. 문둥병 / 11. 여호와 보시기에 정직히 행하였으나 백성은 오히려 사악을 행하였다 / 12. 은 일백 달란트, 밀 일만 석, 보리 일만 석 / 13. 바알 우상을 부어 만듦, 힌놈 골짜기에서 자녀를 불사름, 산당 산 위 푸른 나무 아래에서 제사를 드리고 분향, 다메섹 신들에게 제사 / 14. 아람, 이스라엘, 에돔, 블레셋 / 15. 여호와의 진노

통독 149일째 <역대하 29-32장>

1. 정직히 / 2. 언약 / 3. 여호와의 전 / 4. 제사장 / 5. 1) 조롱하며 비웃었다, 2) 스스로 겸비하여 예루살렘에 이르렀다, 3) 일심으로 준행하였다 / 6. 자기를 깨끗게 하지 아니하고 유월절 양을 먹었다 / 7. O / 8. X / 9. O / 10. X / 11. 앗수르 왕 산헤립 / 12. 하늘을 향하여 부르짖어 기도하였다 / 13. 기혼의 윗 샘물을 막아 그 아래로 좇아 다윗 성 서편으로 곧게 인도하였다

통독 150일째 <역대하 33-36장>

1. 읽음 / 2. 여호와의 이름 / 3. 앗수르 왕의 군대장관의 공격을 받고 바벨론으로 끌려감 / 4. 여호와 앞에서 스스로 겸비치 않았다 / 5. 1) 요시야의 개혁, 2) 요시야의 우상 제거, 3) 여호와의 전 수리, 4) 율법책 발견, 5) 여선지 훌다의 예언, 6) 여호와 앞에서 언약 / 6. 노래하는 자들 / 7. 무교절을 칠 일간 지킴 / 8. 갈그미스 / 9. 애굽 / 10. 쇠사슬로 결박하고 바벨론으로 잡아갔다 / 11. 악을 행하였다 / 12. 선지자 예레미야가 여호와의 말씀을 전함 / 13. 하나님의 전의 대소 기명들과 여호와의 전의 보물과 왕과 방백들의 보물을 다 바벨론으로 가져가고 또 하나님의 전을 불살랐다 / 14. 포로생활 칠십 년을 마치면 바벨론을 벌하고 너희는 귀환된다 / 15. 바사 왕 고레스

통독 151일째 <역대상, 하 복습>

〈역대상〉

(1) 1. 4) 아담 / 2. 르우벤, 시므온, 레위, 유다, 잇사갈, 스불론, 단, 요셉, 베냐민, 납달리, 갓, 아셀 / 3. 다윗 / 4. 야베스 / 5. 1) 여호와의 말씀을~ 지키지 아니함, 2) 신접한 자에게 가르치기를 청함, 3) 여호와께~ 묻지 아니하였음

(2) 6. 요압 / 7. 내가 네 뒤에~ 네 씨 곧 네 아들 중 하나를 세우고 그 나라를 견고하게 하리니 저는 나를 위하여 집을 건축할 것이요 나는 그 위를 영원히 견고하게 하리라 / 8. 다윗이 어디로 가든지 여호와께서 이기게 하셨다 / 9. 자기 머리에 썼다 / 10. 오르난의 타작마당, 번제와 화목제 / 11. 피를 많이 흘려서(성구 참고. 너는 피를 심히 많이

흘렸고 크게 전쟁하였느니라 네가 내 앞에서 땅에 피를 많이 흘렸은즉 내 이름을 위하여 전을 건축하지 못하리라)

(3) 12. 1) 요압 / 13. 사독, 아히멜렉(참고. 이들은 제사장의 두 그룹으로 후대에는 경쟁관계가 되어 다윗의 후임 왕을 세울 때에 갈라진다. 18:16에서는 '사독과 아비멜렉'으로 나온다) / 14. 수금과 비파와 제금을 잡아 신령한 노래를 하게 하였다 / 15. 조사하기를 시작하고 끝내지 못하여서 그 일로 인하여 진노가 이스라엘에게 임했다 / 16. 선견자 사무엘의 글, 선지자 나단의 글, 선견자 갓의 글, 이스라엘과 온 세상 열국의 시사

〈역대하〉

(1) 17. 일천 희생으로 번제를 드림(참고. 일천 마리의 희생 제물을 드렸다는 말이지, 1천 번의 번제를 드렸다는 횟수에 대한 말이 아님) / 18. 예루살렘 모리아산(전에 여호와께서 그 아비 다윗에게 나타나신 곳이요 여부스 사람 오르난의 타작마당에 다윗이 정한 곳) / 19. 두 그룹의 형상 / 20. 1) 두 돌판(십계명 돌판), 2) ① 만나를 담은 금항아리, ② 아론의 싹 난 지팡이, ③ 언약의 비석들

(2) 21. 유다, 베냐민 / 22. 여로보암 / 23. 나라가 평안함 / 24. 여호와, 견고히, 선지자, 형통 / 25. 블레셋 사람과 아라비아 사람 / 26. 요아스 / 27. 악한 여인 아달랴의 아들들이 하나님의 전을 깨뜨리고 또 여호와 전의 모든 성물을 바알들에게 드렸으므로 / 28. 1) 문둥병, 2) 여호와의 전, 3) 별궁, 4) 열조(해설: '열왕'의 묘에 장사되지 못하는 불명예) / 29. 1) 원래는 1월 15일인데, 특별한 경우 2월 15일에도 지켰다, 2) 에브라임과 므낫세와 잇사갈과 스불론의 많은 무리는 자기를 깨끗게 하지 아니하고 유월절 양을 먹어 기록한 규례에 어긴지라(그럼에도 다 용납해 주었다) / 30. 레위(해설. 역대기에서 레위인은 제사장 못지않은 역할을 하므로 '역대기 역사서'가 기록되던 바벨론 포로 후기의 시대적 배경으로 이해하기도 한다) / 31. 여호와의 율법책 / 32. 제사장들과 레위 사람들과 모인 온 유다와 이스라엘 무리와 예루살렘 거민 / 33. 1) 겸비, 2) 범죄, 3) 비웃고

〈역대하 정리〉

① 르호보암, ② 아비얌, ③ 아사, ④ 여호사밧, ⑤ 여호람, ⑥ 아하시야, ⑦ 아달랴, ⑧ 요아스, ⑨ 아마샤, ⑩ 아사랴(웃시야), ⑪ 요담, ⑫ 아하스, ⑬ 히스기야, ⑭ 므낫세, ⑮ 아몬, ⑯ 요시야, ⑰ 여호아하스, ⑱ 여호야김, ⑲ 여호야긴, ⑳ 시드기야

통독 152일째 〈에스라 1-3장〉

1. 4) / 2. 2) / 3. 538년 / 4. 1)-나), 2)-가), 3)-다) / 5. 1)-다), 2)-가), 3)-나) / 6 1) 42,360명, 2) 7,337명, 3) 200명 / 7. 1) 61,000다릭, 5,000마네, 2) 100벌 / 8. 예수아, 스룹바벨 / 9. 예루살렘 하나님의 전에 이른 지 이년 이월(참고. 주전 538년 해방령을 기준으로 하면 성전 지대를 놓은 것은 536년이다) / 10. 1) 예복을 입고 나팔을 들었다, 2) 제금을 들고 서서 이스라엘의 왕 하나님을 찬송했다, 3) 여호와를 찬송하며 큰 소리로 즐거이 불렀다, 4) 첫 성전을 보았던 고로 대성통곡하였다

통독 153일째 〈에스라 4-6장〉

1. 손, 건축, 바사, 다리오, 뇌물 / 2. 초본, 성읍, 성곽, 조공, 손해 / 3. 1)-다), 2)-라), 3)-나), 4)-가) / 4. 1) 느부갓네살 왕의 → 고레스 왕의, 2) 소청은 거절하라 → 소청대로 영락없이 날마다 주라, 3) 잇도의 → (잇도의 손자) 스가랴의, 4) 아하수에로의 → 아닥사스다의, 5) 화목제를 → 속죄제를, 초막절을 → 유월절을

통독 154일째 〈에스라 7-8장〉

1. O / 2. O / 3. O / 4. X / 5. 1) X, 2) O, 3) X / 6. 1) O, 2) O, 3) X / 7. 1) O, 2) X, 3) O

통독 155일째 〈에스라 9-10장〉

1. 이스라엘 백성과 제사장들과 레위 사람들이 우상을 섬기고 이방 족속과 혼인을 하였다는 소식 / 2. 우리 죄악이 많아 정수리에 넘치고 우리 허물이 커서 하늘에 미침이니이다 / 3. 바벨론에 포로가 되었다가 바사에 의해 해방되었다(참고 성경. 왕하 25장, 대하 36장, 스 1장) / 4. 15절, 여자, 딸, 아들, 평강, 영영, 12절 / 5. 에스라 / 6. 스가냐 / 7. 유다, 베냐민 / 8. 요나단, 야스야 / 9. 속건제

통독 156일째 <느헤미야 1-2장>

1. 1) 아닥사스다 왕, 2) 술 맡은 관원 / 2. 큰 환난을 만나고 능욕을 받으며 예루살렘 성은 훼파되고 성문들은 소화되었다 / 3. 앉아서 울고 수일 동안 슬퍼하며 하늘의 하나님 앞에 금식하며 기도했다 / 4. 모세 / 5. 아닥사스다 왕, 2절 / 6. 느헤미야, 5, 8절 / 7. 느헤미야, 15절 / 8. 1) 산발랏, 2) 도비야, 3) 게셈, 19절

통독 157일째 <느헤미야 3-4장>

1.-다) / 2.-가) / 3.-나) / 4.-라) / 5.-마) / 6.-사) / 7.-바) / 8.-아) / 9. 산발랏 / 10. 암몬 사람 도비야 / 11. 산발랏, 도비야, 아라비아 사람, 암몬 사람, 아스돗 사람 / 12. 느헤미야, 귀인들과 민장과 남은 백성에게 / 13. 성을 건축하는 자, 담부하는 자 / 14. 동틀 때부터 별이 나기까지

통독 158일째 <느헤미야 5-7장>

1. 오늘, 포도원, 집, 돈, 곡식, 기름, 11절 / 2 십이 년, 형제, 녹, 14절 / 3. 하나님, 백성, 기억, 은혜, 19절 / 4. 1) / 5. 2) / 6. 2) / 7. 하나니, 하나냐 / 8. 보계 중에서 자기 이름을 찾아도 얻지 못한 자 / 9. 42,360명, 7,337명, 245명 / 10. 1,000다릭, 50개, 530벌 / 11. 20,000다릭, 2,200마네, 67벌

통독 159일째 <느헤미야 8-10장>

1. 율법책 / 2. 모든 백성이 손을 들고 아멘 아멘 응답하고 몸을 굽혀 얼굴을 땅에 대고 여호와께 경배하였다 / 3. 다 울었다 / 4. 초막절 / 5. 금식, 굵은 베, 티끌, 절교, 죄와 허물, 1-2절 / 6. 은혜, 긍휼히, 더디, 인자, 17절 / 7. 멸하지, 버리지, 31절 / 8. 언약, 방백, 레위, 제사장, 인, 38절 / 9. 방백, 제사장, 레위 사람들, 백성의 두목들 / 10. 1) O, 2) X, 3) X, 4) O

통독 160일째 <느헤미야 11-13장>

1. 1) 예두살렘, 2) 예루살렘, 3) 다른 성읍 / 2. 유다 자손, 베냐민 자손 / 3. 스라야 / 4. 맛디냐 / 5. 예수아, 예레미야, 에스라 / 6. 족장, 다리오 / 7. 학사 에스라 / 8. 율법에 정한 대로- 거제물, 처음 익은 것, 십일조 / 9. 율법책 / 10. 엘리아십, 세간을 그 방 밖으로 다 내어 던지고 방을 정결케 하라고 명함 / 11. 1) 하나님의 전 맡은 자에 관한 개혁, 2) 안식일 준수에 관한 개혁, 3) 잡혼 금지에 관한 개혁

통독 161일째 <에스더 1-3장>

1. 1) O, 2) O, 3) O, 4) X / 2. 1) O, 2) O, 3) X, 4) O / 3. 왕명을 좇지 아니하므로 / (4-7문 - 다음은 맞는 것임, 나머지는 =로 지움) 4. 처녀, 모르드개, 딸 / 5. 기뻐하여, 민족, 종족 / 6. 사랑, 은혜, 왕후 / 7. 모살, 두, 궁중일기 / 8. O / 9. O / 10. X(참고. 일만 달란트) / 11. X(참고. 아달월)

통독 162일째 <에스더 4-6장>

1. 굵은, 재, 3절 / 2. 안뜰, 왕, 죽이는, 금홀, 11절 / 3. 왕후, 이때를 위함, 14절 / 4. 금식, 규례, 죽으면, 16절 / 5. 1) 소원이 무엇이며 요구가 무엇이냐? 나라의 절반이라도 주겠노라, 2) 내일 / 6. 11-12절 / 7. 오십 규빗이나 되는 높은 나무를 세우고 내일 왕에게 모르드개를 그 나무에 달기를 구하라 / 8. 아하수에로 왕 / 9. 하만 / 10. 아하수에로 왕 / 11. 친구 및 아내 세레스

통독 163일째 <에스더 7-10장>

1. 나라의 절반이라 할지라도 시행하겠노라 / 2. 내 생명을 내게 주시고 내 요구대로 내 민족을 내게 주소서 / 3. 저가 궁중 내 앞에서 왕후를 강간까지 하고자 하는가 / 4. 하르보나 / 5. 시 37:14-15 / 6. 에스더, 모르드개 / 7. 모르드개 / 8. 유대인을 멸하려고 피하고 쓴 조서 / 9. 1) 생명, 2) 죽이고 도륙하고 진멸하고 그 재산을 탈취 / 10. X / 11. O / 12. O / 13. 3:10, 8:1, 9:10, 9:24 / 14. 메대와 바사 열왕의 일기

통독 164일째 <스, 느, 에 복습>

(1) 〈에스라〉

1. 1), 2), 3) / 2. 1), 3), 4) / 3. 42,360명 / 4. 예수아, 스룹바벨 / 5. 1) 예복을 입고 나팔을 불고, 2) 제금을 들고 여호와를 찬송, 3) 여호와를 찬송, 4) 대성통곡 / 6. 학개, 스가랴 / 7. 다리오 왕 육년 아달월 삼일(참고. 주전 515년, 이

성전을 통칭 '제2성전' 또는 '스룹바벨 성전'이라 부른다) / 8. 에스라[참고 ① 스룹바벨 - 1차(주전 538년), ② 에스라 - 2차(주전 458년), ③ 느헤미야 - 3차(주전 445년)] / 9. 금식 / 10. 1) 머리털, 수염, 2) 여자, 딸, 아들 / 11. 속건제

(2) 〈느헤미야〉

12. 아닥사스다 왕 때, 술 관원 / 13. 산발랏, 도비야, 게셈 / 14. 1절- 양문, 함메아 망대, 하나넬 망대, 3절- 어문, 6절- 옛문, 11절- 풀무 망대, 13절- 골짜기 문, 14절- 분문, 15절- 샘문, 25절 - 내어민 망대, 28절- 미문 / 15. 12년 / 16. 실상은 느헤미야를 해코자 함이다 / 17. 오십이 일(52일) / 18. 사만 이천삼백육십 명(42,360명) / 19. 모세의 율법책 / 20. 백성들은 울었다, 초막절 / 21. 유다 자손, 베냐민 자손 / 22. 제금 치며 비파와 수금을 타며 / 23. 1) 14절, 2) 22절, 3) 29-31절

(3) 〈에스더〉

24. 삼 년, 일백팔십 일 / 25. 와스디, 아리따움 / 26. 면류관 / 27. 아하수에로 왕을 모살하려는 일을 방지 / 28. 유대인 모르드개가 하만에게 꿇지도 절하지도 아니하므로 / 29. 죽으면 죽으리이다 / 30. 내일 / 31. 오십 규빗(1규빗=약 45cm)의 높은 나무를 세우고 내일 왕에게 모르드개를 그 나무에 달기를 구하고 왕과 함께 즐거이 잔치에 나아가소서 / 32. 궁중일기 / 33. 시 37:14-15(참고. 악인이 칼을 빼고 활을 당기어 가난하고 궁핍한 자를 엎드러뜨리며 행위가 정직한 자를 죽이고자 하나 그 칼은 자기의 마음을 찌르고 그 활은 부러지리로다) / 34. 아각 사람 함므다다의 아들 하만이 왕의 각 도에 있는 유다인을 멸하려고 꾀하고 쓴 조서 / 35. 부림절 / 36. 아하수에로 왕의 다음, 이익을 도모 / 37. 나오지 않는다

통독 165일째 〈마가복음 1-3장〉

1. 하나님의 아들 예수 그리스도 복음의 시작이라 / 2. 이사야 / 3. 회개, 물, 성령 / 4. 사십, 마귀, 천사 / 5. 때가 찼고 하나님의 나라가 가까왔으니 회개하고 복음을 믿으라 / 6. 1) 시몬, 안드레, 2) 야고보, 요한 / 7. 새벽, 미명 / 8. 저희(중풍병자를 메고 온 사람들) / 9. 세관 / 10. 안식일 / 11. 바리새인, 헤롯당 / 12. 자기와 함께 있게 하시고 또 보내사 전도도 하며 귀신을 내어 쫓는 권세도 있게 하려 하심이러라 / 13. 시몬(베드로), 야고보, 요한, 안드레, 빌립, 바돌로매, 마태, 도마, (알패오의 아들) 야고보, 다대오, (가나안인) 시몬, 가룟 유다 / 14. 성령을 훼방하는 죄 / 15. 하나님의 뜻대로 하는 자

통독 166일째 〈마가복음 4-6장〉

1. 1)-라)-a), 2)-나)-d), 3)-가)-c), 4)-다)-b) / 2. (막 4:34) 비유가 아니면~ 말씀하지 아니하시고 다만 혼자 계실 때에 그 제자들에게 모든 것을 해석하시더라 / 3. (막 4:41) 저희가 심히 두려워하여~ 서로 말하되 저가 뉘기에 바람과 바다라도 순종하는고 하였더라 / 4. "지극히 높으신 하나님의 아들 예수여 나와 당신과 무슨 상관이 있나이까 원컨대 하나님 앞에 맹세하고 나를 괴롭게 마옵소서" / 5. "집으로 돌아가 주께서 네게 어떻게 큰 일을 행하사 너를 불쌍히 여기신 것을 네 친속에게 고하라" / 6. 예수님의 옷에 손을 대므로 / 7. 소녀야 내가 네게 말하노니 일어나라 / 8. 야고보와 요셉과 유다와 시몬 / 9. 아무 권능도 행하실 수 없어 다만 소수의 병인에게 안수하여 고치실 뿐이었다 / 10. 회개하라 전파, 많은 귀신을 쫓아냄, 많은 병인에게 기름을 발라 고침 / 11. 세례 요한, 엘리야, 선지자 / 12. 헤로디아의 딸이 어머니의 말대로 / 13. 떡 5개, 물고기 2마리, 남은 것은 12바구니 / 14. 떡 떼시던 일을 깨닫지 못하고 도리어 그 마음이 둔하여졌기 때문이다

통독 167일째 〈마가복음 7-9장〉

1. 1) 이사야 29:13, 2) 출애굽기 20:12, 3) 레위기 20:9 / 2. 1) 하나님께 드림이 되었다, 2) 열리라 / 3. 1)-라)-d), 2)-나)-c), 3)-가)-b), 4)-다)-a) / 4. 모세, 엘리야 / 5. 예수 / 6. (막 9:23) 예수께서 이르시되 할 수 있거든이 무슨 말이냐 믿는 자에게는 능치 못할 일이 없느니라 / 7. 죽임, 삼일 / 8. 상(賞) / 9. 구더기도 죽지 않고 불도 꺼지지 아니하는 곳

통독 168일째 〈마가복음 10-12장〉

1. 없다(나누지 못할지니라) / 2. 어린아이와 같이 / 3. 한 가지 부족한 것이 있으니 가서 네 있는

것을 다 팔아 가난한 자들을 주라 / 4. 약대가 바늘 귀로 나가는 것이 부자가 하나님의 나라에 들어가는 것보다 쉬우니라 / 5. (막 10:45) 인자의 온 것은 섬김을 받으려 함이 아니라 도리어 섬기려 하고 자기 목숨을 많은 사람의 대속물로 주려 함이니라 / 6. 네 믿음이 너를 구원하였느니라 / 7. 스가랴 선지자(슥 9:9) / 8. 내 집은 만민의 기도하는 집 / 9. (막 11:24) 그러므로 내가 너희에게 말하노니 무엇이든지 기도하고 구하는 것은 받은 줄로 믿으라 그리하면 너희에게 그대로 되리라 / 10. 1) 포도원 농부의 비유-가), 2) 납세에 대한 문제-마), 3) 부활에 대한 질문-나), 4) 첫째가는 계명-라), 5) 다윗의 자손 문제-사), 6) 서기관들을 조심하라-바), 7) 과부의 헌금-다)

통독 169일째 〈마가복음 13-14장〉

1. 건물, 돌, 돌, 2절 / 2. 내 이름, 미움, 견디는 자, 구원, 13절 / 3. 그리스도, 선지자, 기사, 택하신 백성, 22절 / 4. 천지, 말, 31절 / 5. 모르나니, 아들, 아버지, 32절 / 6. 대제사장들, 서기관 / 7. 예수 / 8. 유다 / 9. 예수 / 10. 베드로 / 11. 예수 / 12. 비자

통독 170일째 〈마가복음 15-16장〉

1. 바라바 / 2. 1) '시기'로 예수를 넘겨 준 줄 알았다(10절), 2) 예수는 채찍질하고 십자가에 못 박히게 넘겨주었다 / 3. 예수에게 자색 옷을 입히고 가시 면류관을 엮어 씌우고 예하고 가로되 유대인의 왕이여 평안할지어다 하고 갈대로 그의 머리를 치며 침을 뱉으며 꿇어 절하더라 / 4. 예수의 십자가를 대신 지고 갔다 / 5. 1) 9시, 십자가에 못 박으니라, 2) 12시, 온 땅에 어두움이 임하여 제 구 시까지 계속, 3) 3시, 예수께서 크게 소리 지르시되 엘리 엘리 라마 사박다니 하시고...큰 소리를 지르시고 운명하셨다 / 6. 이 사람은 진실로 하나님의 아들이었도다. / 7. 안식일 날 → 안식 후 첫 날, X / 8. O / 9. 야고보의 어머니 마리아 → 막달라 마리아, X / 10. 큰 믿음과 마음이 담대한 것은 칭찬하셨다 → 믿음이 없는 것과 마음이 완악한 것을 꾸짖으셨다, X / 11. O

통독 171일째 〈마가복음 복습〉

(1). 〈마가복음〉 1-10장

1. 읽으세요 / 2. 세례 요한 / 3. 물, 성령 / 4. 3) / 5. 시몬, 안드레 / 6. 야고보, 요한 / 7. 2) / 8. 1) / 9. 죄인 / 10. 4) / 11. 시몬(베드로), 야고보, 요한, 안드레, 빌립, 바돌로매, 마태, 도마, (알패오의 아들) 야고보, 다대오, (가나안인) 시몬, 가룟 유다 / 12. 하나님의 뜻대로 하는 자 / 13. 말씀을 듣고 받아 삼십 배와 육십 배와 백 배의 결실을 하는 자 / 14. 1) 소녀야 내가 네게 명하노니 일어나라, 2) 하나님께 드림이 되었다, 3) 열리라 / 15. 야고보, 요셉, 유다, 시몬, 누이들 / 16. 헤롯이 요한을 의롭고 거룩한 사람으로 알고 두려워하여 보호하며 또 그의 말을 들을 때에 크게 번민을 느끼면서도 달게 들음이러라 / 17. 다섯 개, 두 마리, 열두 바구니 / 18. 악한 생각, 곧 음란과 도적질과 살인과 간음과 탐욕과 악독과 속임과 음탕과 흘기는 눈과 훼방과 교만과 광패니 이 모든 악한 것이 다 속에서 나와서 사람을 더럽게 하느니라 / 19. 주는 그리스도 / 20. 인자가 많은 고난을 받고 장로들과 대제사장들과 서기관들에게 버린 바 되어 죽임을 당하고 사흘 만에 살아나야 할 것을 가르치심 / 21. 세례 요한 / 22. 예수께서 이르시되 "할 수 있거든이 무슨 말이냐 믿는 자에게는 능치 못할 일이 없느니라" / 23. 어린아이와 같이 / 24. 인자의 온 것은 섬김을 받으려 함이 아니라 도리어 섬기려 하고 자기 목숨을 많은 사람의 대속물로 주려 함이니라 / 25. 다윗의 자손 예수여 나를 불쌍히 여기소서

(2) 〈마가복음〉 11-16장

26. 만민이 기도하는 집 / 27. 기도, 믿으라 / 28. 부활 / 29. 하나님, 이웃 / 30. 구차한 중에서 자기 모든 소유 곧 생활비 전부를 넣었느니라 / 31. 아버지(하나님) / 32. 1) 42절, 2) 33, 35, 37절, 3) 36절 / 33. 사람, 피, 언약 / 34. 그리스도냐 / 35. 왕, 옳도다 / 36. 예수에게 자색 옷을 입히고 가시 면류관을 엮어 씌우고 예하여 가로되 유대인의 왕이여 평안할지어다 하고 갈대로 그의 머리를 치며 침을 뱉으며 꿇어 절하더라 / 37. 1) 삼시, 오전 9시, 2) 육시, 십이시, 12시-오후 3시, 3) 구시, 오후 3시 / 38. 이 사람은 진실로 하나님의 아들이었도다 / 39. 안식 후 첫날, 막달라 마리아 / 40. 하늘로 올리우사 하나님 우편에 앉으시니라

통독 172일째 <고린도전서 1-3장>

1. 1) 바울, 소스데네, 2) 하나님의 교회, 성도, 이름 / 2. 바울, 아볼로, 게바, 그리스도 / 3. 하나님의 능력 / 4. 그리스도 / 5. 그리스도와 그의 십자가에 못 박히신 것 / 6. 성령의 나타남과 능력으로 / 7. 하나님께로 온 영 / 8. 하나님의 성령의 일/ 9. 육신에 속한 자 / 10. 자라나게 / 11. 예수 그리스도 / 12. 하나님의 성령 / 13. 그리스도, 하나님

통독 173일째 <고린도전서 4-7장>

1. 1) 4장 - 그리스도의 일꾼, 2) 5장 - 성적 부도덕, 3) 6장 - 그리스도인과 법정, 4) 7장 - 결혼과 이혼 / 2. 일꾼, 비밀을 맡은 자, 충성 / 3. 아비는 많지 아니하니, 너희를 낳았음 / 4. 말, 능력 / 5. 음행하는 믿음의 형제 / 6. 너희가(고린도 교인) / 7. 주 예수 그리스도의 이름과 우리 하나님의 성령 안에서 씻음과 거룩함과 의롭다 하심을 얻었느니라 / 8. 성령의 전 / 9. 의무, 그렇게 / 10. 절제 못함을 인하여 사단으로 너희를 시험하지 못하게 하려 함이라 / 11. 1)

통독 174일째 <고린도전서 8-10장>

1. 아무것도 아니며, 한 분 / 2. 부족함, 풍성함 / 3. 식물(食物)이 형제를 실족케 한다면(해설: 바울은 자유가 옳다고 했으나 다만 다른 형제들의 약한 양심을 염려하였다) / 4. 그리스도의 복음에 아무 장애가 없게 하려고 / 5. 몇몇 사람을 구원코자 / 6. 남에게 전파한 후에 자기가 도리어 버림이 될까 두려워함이로라 / 7. 거울 / 8. (고전 10:13) 사람이 감당할~ 시험밖에는 너희에게 당한 것이 없나니 오직 하나님은 미쁘사 너희가 감당치 못할 시험당함을 허락지 아니하시고 시험당할 즈음에 또한 피할 길을 내사 너희로 능히 감당하게 하시느니라 / 9. 남의 유익 / 10. 하나님의 영광을 위하여

통독 175일째 <고린도전서 11-13장>

1. 머리에 (수건을) 쓰고 / 2. (고전 11:12) 여자가~ 남자에게서 난 것 같이 남자도 여자로 말미암아 났으나 모든 것이 하나님에게서 났느니라 / 3. 몸, 나를 기념, 피, 언약, 나를 기념 / 4. 자기의 죄를 먹고 마시는 것이니라 / 5. 성령으로 / 6. 지혜의 말씀, 지식의 말씀, 믿음, 병 고치는 은사, 능력 행함, 예언함, 영들 분별함, 각종 방언 말함, 방언들 통역 / 7. 성령 / 8. 그리스도, 각 부분 / 9. 사도, 선지자, 교사, 능력, 병 고치는 은사, 서로 돕는 것, 다스리는 것, 각종 방언을 하는 것 / 10. 사랑이 없으면 / 11. 사랑 / 12. 믿음, 소망, 사랑, 사랑

통독 176일째 <고린도전서 14-16장>

1. 예언하기 / 2. 방언 / 3. 화평의 하나님 / 4. (고전 14:39) 그런즉~ 내 형제들아 예언하기를 사모하며 방언 말하기를 금하지 말라 / 5. ① 게바, ② 열두 제자, ③ 오백여 형제, ④ 야고보, ⑤ 모든 사도, ⑥ 내게(바울) / 6. 죽은 자, 첫 열매 / 7. (고전 15:22) 아담 안에서~ 모든 사람이 죽은 것 같이 그리스도 안에서 모든 사람이 삶을 얻으리라 / 8. 첫 사람 아담은 산 영이 되었다. 마지막 아담은 살려 주는 영이 되었다 / 9. 다 잠잘 것이 아니요 마지막 나팔에 순식간에 홀연히 다 변화하리니 / 10. 매 주일 첫날 / 11. 광대하고 공효를 이루는 문이 열리고 대적하는 자가 많으므로 / 12. 입맞춤 / 13. 저주를 받을지어다

통독 177일째 <고린도후서 1-4장>

1. 주 예수 그리스도, 자비, 모든 위로 / 2. 자기를 의뢰하지 말고 오직 죽은 자를 다시 살리시는 하나님만 의뢰하게 하심 / 3. 너희(고린도) / 4. 성령 / 5. 기쁨을 돕는 자 / 6. 넘치는 사랑 / 7. 이기게, 그리스도를 아는 냄새 / 8. 향기, 편지 / 9. 영의 직분 / 10. 자유함 / 11. (고후 4:5) 우리가 우리를 전파하는 것이 아니라~ 오직 그리스도 예수의 주 되신 것과 또 예수를 위하여 우리가 너희의 종 된 것을 전파함이라 / 12. (고후 4:7) 우리가 이 보배를 질그릇에 가졌으니~ 이는 능력의 심히 큰 것이 하나님께 있고 우리에게 있지 아니함을 알게 하려 함이라 / 13. (고후 4:18) 우리의 돌아보는 것은~ 보이는 것이 아니요 보이지 않는 것이니 보이는 것은 잠간이요 보이지 않는 것은 영원함이니라

통독 178일째 <고린도후서 5-7장>

1. 1) 3, 2) 1, 3) 2 / 2. 1) 3, 2) 1, 3) 2 / 3. 1) 3, 2) 2, 3) 1, 4) 4 / 4. 1) 2,

2) 1, 3) 3, 4) 4 / 5. 2절, 은혜 받을 만한, 구원 / 6. 13절, 자녀, 넓히라 / 7. 14절, 믿지 않는 자 / 8. 16절, 성전, 우상, 하나님의 성전 / 9. 거룩함, 육과 영 / 10. 디도의 옴, 위로, 회개 / 11. (고후 7:10) 하나님의 뜻대로 하는 근심은~ 후회할 것이 없는 구원에 이르게 하는 회개를 이루는 것이요

통독 179일째 <고린도후서 8-10장>

1. 은혜, 너희를 위하여, 부요케, 9절 / 2. 부족한 것, 유여한 것, 평균하게, 14절 / 3. 칭찬받는, 믿으므로, 형제, 동역자, 사자들, 영광 / 4. 1) 미리 준비, 2) 많이 심는 자는 많이 거둔다는 자세로, 3) 마음에 정한 대로, 인색함으로나 억지로 하지 말지니 / 5. 11절, 12절, 15절 / 6. 오직 하나님 앞에서 견고한 진을 파하는 강력이라 / 7. 편지들은 중하고 힘이 있으나 그 몸으로 대할 때는 약하고 말이 시원치 않다 / 8. 주 안 / 9. 자기를 칭찬하는 자가 아니요 오직 주께서 칭찬하시는 자

통독 180일째 <고린도후서 11-13장>

1. 1) 처녀, 2) 남편, 3) 중매 / 2. 다른 예수, 다른 영, 다른 복음 / 3. 1) 거짓 사도, 2) 사단, 3) 사단의 일꾼 / 4. 1) 히브리, 2) 이스라엘, 3) 아브라함, 4) 그리스도 / 5. 여러 약한 것들 / 6. 환상, 계시 / 7. 셋째 / 8. 사단의 사자 / 9. 은혜 / 10. 약할 그때 / 11. (고후 13:5) 너희가 믿음에 있는가~ 너희 자신을 시험하고 너희 자신을 확증하라 예수 그리스도께서 너희 안에 계신 줄을 너희가 스스로 알지 못하느냐 그렇지 않으면 너희가 버리운 자니라 / 12. 입맞춤 / 13. (고후 13:13) 주 예수 그리스도의~ 은혜와 하나님의 사랑과 성령의 교통하심이 너희 무리와 함께 있을지어다

통독 181일째 <고린도전, 후서 복습>

(1) 〈고린도전서〉

1. 1) 바울, 2) 아볼로, 3) 게바, 4) 그리스도 / 2. (고전 1:18) 십자가의 도가 멸망하는 자들에게는 미련한 것이요 구원을 얻는 우리에게는 하나님의 능력이라 / 3. 성령의 나타나심과 능력으로 / 4. 심었고, 물을 주었으되, 자라나게 / 5. 일꾼, 비밀을 맡은 자, 충성 / 6. 1) 성적 부도덕, 2) 그리스도인과 법정, 3) 결혼과 이혼, 4) 우상의 제물 / 7. 성령의 전 / 8. 의무, 그렇게 / 9. 아무쪼록 몇몇 사람을 구원코자 / 10. 유익한, 덕 / 11. 믿음, 소망, 사랑, 사랑 / 12. 그런즉 내 형제들아 예언하기를 사모하며 방언 말하기를 금하지 말라 / 13. ① 게바, ② 열두 제자, ③ 오백여 형제, ④ 야고보, ⑤ 모든 사도, ⑥ 내게(바울) / 14. 사랑, 저주

(2) 〈고린도후서〉

15. 우리 주 예수 그리스도, 자비, 모든 위로 / 16. 우리로 자기를 의뢰하지 말고 오직 죽은 자를 다시 살리시는 하나님만 의뢰하게 하심이라 / 17. 향기, 편지 / 18. 자유함 / 19. 오직 그리스도 예수의 주 되신 것과 또 예수를 위하여 우리가 너희의 종 된 것 / 20. 잠깐, 영원함 / 21. 심판대, 몸으로 / 22. (고후 5:17) 그런즉 누구든지 그리스도 안에 있으면 새로운 피조물이라 이전 것은 지나갔으니 보라 새것이 되었도다 / 23. 사신(使臣) / 24. 하나님의 은혜 / 25. 디도의 옴, 위로, 회개함 / 26. 후회할 것이 없는 구원에 이르게 하는 회개를 이루는 것 / 27. 그의 가난함을 인하여 너희로 부요케 하려 하심 / 28. 만나 / 29. 적게 심는 자는 적게 거두고 많이 심는 자는 많이 거둔다(헌금을 많이 하면 많은 복을 받고 적게 하면 적은 복을 받는다) / 30. 11절, 12절, 15절 / 31. 그 편지들은 중하고 힘이 있으나 그 몸으로 대할 때는 약하고 말이 시원치 않다 / 32. 거짓 사도, 사단, 사단의 일꾼 / 33. 은혜 / 34. 약한 것 / 35. 약할 그때 / 36. 모든 참음과 표적과 기사와 능력을 행한 것 / 37. (고후 13:5) 너희가 믿음에 있는가 너희 자신을 시험하고 너희 자신을 확증하라 예수 그리스도께서 너희 안에 계신 줄을 너희가 스스로 알지 못하느냐 그렇지 않으면 너희가 버리운 자니라 / 38. (고후 13:13) 주 예수 그리스도의 은혜와 하나님의 사랑과 성령의 교통하심이 너희 무리와 함께 있을지어다(축도의 모범)

실로암성경학교

실로암성경학교는
하나님의 말씀에 대하여 눈을 뜨게 도와줍니다.
실로암은 '보냄을 받았다'는 뜻으로서
기혼샘의 물이 '실로암 못'으로 보내졌으며
소경이 보냄 받고 '눈을 뜬 곳'입니다.
실로암성경학교의 〈주간성경공부〉 〈성경통독 오십일(주간)〉 〈성경통독 이백주간〉 및 〈성경통독 365일〉 〈성서대지도〉 〈성서연대표〉 등 각종 성경 연구 교재와 강의는
한국 교회 성도들의 심령에 시원한 생수가 되며
신령한 눈을 뜨게 하는 데 일익을 담당할 것입니다.

◘ * 감수 또는 추천 * <원문은 '성경통독 이백주간'이나 www.sbs66.net 참고>

* 신학자 *

강사문 박사 (구약학, 장로회신학대학교)
차준희 박사 (구약학, 한세대학교)
최재덕 박사 (신약학, 장로회신학대학교)
원용국 박사 (구약학, 안양대학교)
이 달 박사 (신약학, 한남대학교)

* 목회자 *

강상원 목사 (새밝교회)
김형준 목사 (충남대학병원 원목)
박태희 목사 (성락성결교회)
곽전태 목사 (구로중앙감리교회)
박조준 목사 (갈보리교회)
최복규 목사 (한국중앙장로교회)

◘ * 저술 작업 *

대표저자 : 신현주 목사 / 실로암성경학교 대표, 남양주영락교회 담임목사
(장로회신학대학교 구약학 신학석사, 미 코헨대학교 구약학 신학박사)

전문저자 : 이원희 목사(포토바이블 대표, 성서지도 및 성지 자료 제공)
협력저자 : 조남용 · 신정임 목사(성덕장로교회, 책임교정)
유경준 목사(성내중앙감리교회, 책임교정)
성명희 목사(벧엘장로교회) · 전영섭 목사(대진감리교회)
정훈우 목사(희망장로교회) · 윤석진 선교사(용산그리스도교회)
박성은 목사(모세장로교회) · 서승아 전도사(이화여자대학교)
영동성서연구회 : 김광덕 목사(예닮장로교회) · 김기준 목사(한마음침례교회)
김형남 목사(전원침례교회) · 이귀성 목사(하평장로교회)
임용남 목사(동산감리교회) · 조민희 목사(소명성결교회)
최기성 목사(대산장로교회) · 황석영 목사(축복장로교회)

성경통독학교 운영 및 세미나 상담 (실로암성경학교)
016-354-5554 / www.sbs66.net

365 DIARY OF BIBLE READING 2
by Siloam Bible School
www.sbs66.net